石油天然气建设工程质量监督手册

《石油天然气建设工程质量监督手册》编委会 编

石油工业出版社

内容提要

本书按照现行的法律法规和工程建设标准编写，重点阐述了监督抽查的抽查频次、抽查时机、主要检查依据、主要检查内容，并提供了各质监点监督抽查记录样表统一格式。

本书可作为石油天然气工程质量监督人员在油气田、长输管道和炼油化工等建设工程质量监督工作中的操作指导，也可作为参与石油天然气工程建设的建设、监理和施工人员的业务参考用书。

图书在版编目（CIP）数据

石油天然气建设工程质量监督手册/《石油天然气建设工程质量监督手册》编委会编 . —— 北京：石油工业出版社，2017.6

ISBN 978-7-5183-1912-1

Ⅰ.①石… Ⅱ.①石… Ⅲ.①石油工程–工程质量监督–中国–手册②天然气工业–工程质量监督–中国–手册 Ⅳ.①F426.22-62

中国版本图书馆 CIP 数据核字（2017）第 105873 号

出版发行：石油工业出版社

（北京安定门外安华里 2 区 1 号　100011）

网　址：www.petropub.com

编辑部：（010）64523550　　图书营销中心：（010）64523633

经　销：全国新华书店

印　刷：北京中石油彩色印刷有限责任公司

2017 年 6 月第 1 版　2017 年 6 月第 1 次印刷
787×1092 毫米　开本：1/16　印张：32.5
字数：620 千字

定价：140.00 元
（如出现印装质量问题，我社图书营销中心负责调换）

版权所有，翻印必究

《石油天然气建设工程质量监督手册》
编 委 会

主　　编：武文辉

副 主 编：肖　津　张显政

委　　员：（按姓氏笔画顺序）

　　　　　丁　兰　于　婧　王　政　王振科　孔令超　申　俊
　　　　　安富平　谷庆军　辛冬旭　张宏升　张春杰　林志军
　　　　　杨志勇　周晓琛　陈均涛　胡光同　咸志才　侯明辉
　　　　　姚子健　秦瑞昌　郭　涛　梁晓杰　蒋　胜　曾登高
　　　　　解清宜　鞠铁峰

《石油天然气建设工程质量监督手册》
审定委员会

主 任 委 员：赵金法

副主任委员：锁海兵　郝朝利　周　宇

委　　员：（按姓氏笔画顺序）

　　　　　于德林　王东文　王　兵　王明生　王国强　邓　微
　　　　　史维良　司长波　刘润昌　陈　玉　何立民　陈伟志
　　　　　吴　旭　李　扬　李忠魁　李耀武　宋国忱　张　辉
　　　　　卓文滨　邹永新　林志军　杨柳青　范　敏　姜立伟
　　　　　赵兰慧　高晓飞　谭建祥　裴润有

前言

多年来，广大石油天然气建设工程质量监督人员恪尽职守，辛勤工作，在工程质量监督工作中积累了丰富的实践经验，为石油天然气工程建设发挥了重要的质量保障作用。本书是在总结历年以来质量监督工作经验的基础上，按照现行的法律法规和工程建设标准进行编写的。全书共分十二章。

第一章为对参建各方责任主体质量行为监督，本章依据《建设工程质量管理条例》等国家法律法规和《中国石油天然气集团公司工程建设项目质量管理规定》等中国石油天然气集团公司工程质量管理相关规定，分别阐述了对建设单位、PMC（项目管理）单位、监理单位、勘察设计单位、施工单位、检测单位等工程建设各方责任主体实施质量行为监督的相关检查要求，明确了监督抽查的抽查频次、抽查时机、主要检查依据、主要检查内容，并提供监督抽查记录样表格式供监督人员参考。

第二章至第十二章为实体质量监督，针对石油天然气建设工程所涉及的油气田集输及长输管道、工业管道、动设备、静设备、防腐绝热、电气、自动化仪表、通信、建筑、钢结构、道路及桥梁等11类主要专业工程，分别阐述了监督抽查的抽查频次、抽查时机、主要检查依据、主要检查内容，并提供监督抽查记录样表格式供监督人员参考。

本书中引用的国家法律法规、标准规范、中国石油天然气集团公司相关管理规定等均为现行有效版本，在使用过程中如遇更新，应按照新的要求执行。此外，由于各专业标准规范很多，本书难以全部列出，因此，在各章中所引用标准规范均为石油天然气行业建设工程常用的标准规范，如果在工程建设中设计另有要求，尚应按照设计要求的相应标准执行。

本书在编审过程中，得到了中国石油天然气集团公司质量安全环保部领导的亲切关怀和指导,也得到了各石油天然气工程质量监督站的大力支持和帮助,很多同志为此默默无闻地做了大量认真细致的工作,在此一并表示衷心的感谢。

本书主要适用于石油天然气工程质量监督人员在油气田、长输管道和炼油化工等建设工程质量监督工作中的操作指导,也可作为参与石油天然气工程建设的建设、监理和施工人员的业务参考用书。

本书在编写过程中虽经反复核对和推敲,但由于时间仓促,难免存在一些不妥甚至疏漏和错误之处,在此恳请广大读者予以批评指正,以便今后再版时修改。

《石油天然气建设工程质量监督手册》编委会

2017 年 3 月 9 日

目录

第一章 对参建各方责任主体质量行为监督 1
第一节 建设单位质量行为 1
第二节 PMC（项目管理）单位质量行为 15
第三节 监理单位质量行为 23
第四节 EPC（总承包）单位质量行为 48
第五节 勘察、设计单位质量行为 58
第六节 施工单位质量行为 68
第七节 检测单位质量行为 81

第二章 油气田集输及长输管道安装工程质量监督 91
第一节 油气田集输管道安装工程 91
第二节 长输管道安装工程 100
第三节 单出图的大型穿、跨越工程 123

第三章 工业管道安装工程质量监督 148
第一节 有毒、可燃、腐蚀性介质金属管道安装工程 148
第二节 非金属管道安装工程 163

第四章 动设备安装工程质量监督 167
第一节 泵及风机类安装工程 167
第二节 汽轮机安装工程 178
第三节 往复式压缩机组主机安装工程 192
第四节 离心式压缩机组主机安装工程 202
第五节 轴流式压缩机组主机安装工程 211

第六节	燃（烟）气轮机主机安装工程	220
第七节	电动机安装工程	235
第八节	抽油机安装工程	242
第九节	硫磺成型机安装工程	244
第十节	燃气发电机安装工程	250

第五章 静设备安装工程质量监督 256

第一节	整体到货压力容器安装工程	256
第二节	立式筒形储蓄罐制作安装工程	261
第三节	球形储罐制作安装工程	271
第四节	分段（片）现场组装容器类安装工程	285
第五节	反应器、再生器安装工程	304
第六节	空冷器安装工程	322
第七节	普通工业炉安装工程	326
第八节	转化炉、乙烯裂解炉安装工程	334
第九节	锅炉（含快装锅炉）安装工程	344

第六章 防腐、绝热工程质量监督 365

| 第一节 | 防腐工程 | 365 |
| 第二节 | 绝热工程 | 370 |

第七章 电气安装工程质量监督 375

第一节	架空电力线路安装工程	375
第二节	电气装置安装工程	394
第三节	爆炸和火灾危险环境电气装置安装工程	413
第四节	接地装置安装工程	415

第八章 自动化仪表安装工程质量监督 418

| 第一节 | 仪表设备及取源部件安装工程 | 418 |
| 第二节 | 仪表线路安装工程 | 432 |

第三节　仪表管道安装工程……………………………………………… 434
　　第四节　仪表试验………………………………………………………… 437
第九章　通信工程质量监督……………………………………………………… 440
第十章　建筑安装工程质量监督………………………………………………… 445
　　第一节　建筑工程………………………………………………………… 445
　　第二节　建筑电气安装及给排水、消防、采暖管道安装工程………… 468
第十一章　钢结构工程质量监督………………………………………………… 473
第十二章　道路和桥梁工程质量监督…………………………………………… 481
　　第一节　桥梁工程………………………………………………………… 481
　　第二节　道路工程………………………………………………………… 492
　　第三节　隧道工程………………………………………………………… 502

第一章　对参建各方责任主体质量行为监督

第一节　建设单位质量行为

一、建设单位质量行为项目审批手续

（一）抽查频次

至少1次。

（二）监督抽查时机

工程报监申请时或第一次检查时。

（三）监督抽查依据

《建设工程质量管理条例》《中国石油天然气集团公司工程建设项目质量管理规定》及相关的工程建设强制性标准、规范。

（四）监督抽查的内容

工程质量监督人员应抽查但不仅限于下列内容：
（1）核查建设单位项目的可行性研究报告、初步设计文件是否已经过审批签发。
（2）工程开工时开工报告或施工许可证是否申请办理完毕。

（五）监督抽查的记录

工程质量监督人员在进行抽查时，应及时填写《建设单位项目审批手续监督记录》表单（表1-1）。对于《建设单位项目审批手续监督记录》表单覆盖不了的其他检查内容，应同时填写质量监督巡视检查记录。

二、建设单位质量行为质量计划

（一）抽查频次

至少1次。

（二）监督抽查时机

第一次检查时。

表 1-1 建设单位项目审批手续监督记录

单位工程名称:		第 1 页,共 1 页
被检查单位:	监督检查时间	
监督检查部位:建设单位质量行为		
质监点:建设单位项目审批手续(必监点) 第 1 次抽查		

☑ 行性研究报告

是否出具并经过审批	审批页附件	问题情况
□是 □否	添加	□存在问题 □未发现问题

添加:

☑ 初步设计文件

是否已经完成并经过审批签发	审批页附件	问题情况
□是 □否	添加	□存在问题 □未发现问题

添加:

☑ 开工报告或施工许可证

开工前是否办理完毕	证书附件	问题情况
□是 □否	添加	□存在问题 □未发现问题

添加:

其他检查内容:

☑ 存在问题:

监督结论:

监督工程师		总监督工程师	

（三）监督抽查依据

《建设工程质量管理条例》《中国石油天然气集团公司工程建设项目质量管理规定》及相关的工程建设强制性标准、规范。

（四）监督抽查的内容

工程质量监督人员应抽查但不仅限于下列内容：

（1）核查建设单位是否建立了质量责任制，是否明确质量责任制。

（2）是否明确质量目标和编制质量计划。

（五）监督抽查的记录

工程质量监督人员在进行抽查时，应及时填写《建设单位项目质量计划监督记录》表单（表1–2）。对于《建设单位质量行为质量计划监督记录》表单覆盖不了的其他检查内容，应同时填写质量监督巡视检查记录。

三、建设单位质量行为委托监理

（一）抽查频次

至少1次。

（二）监督抽查时机

第一次检查时。

（三）监督抽查依据

《建设工程质量管理条例》《中国石油天然气集团公司工程建设项目质量管理规定》及相关的工程建设强制性标准、规范。

（四）监督抽查的内容

工程质量监督人员应抽查但不仅限于下列内容：

（1）核查建设单位的监理委托书。

（2）核查建设单位与监理单位签订的监理、检测合同。

（3）核查监理单位与施工单位的隶属及其他利害关系。

（五）监督抽查的记录

工程质量监督人员在进行抽查时，应及时填写《建设单位委托监理监督记录》表单（表1–3）。对于《建设单位委托监理监督记录》表单覆盖不了的其他检查内容，应同时填写质量监督巡视检查记录。

表 1-2 建设单位项目质量计划监督记录

单位工程名称:		第 1 页,共 1 页
被检查单位:	监督检查时间	
监督检查部位:建设单位质量行为		
质监点:建设单位项目质量计划(必监点) 第 1 次抽查		

☑ 质量责任制

是否明确人员的质量责任制	质量责任制附件	问题情况
□是 □否	添加	□存在问题 □未发现问题

添加:

☑ 质量目标

是否明确质量目标	质量目标附件	问题情况
□是 □否	添加	□存在问题 □未发现问题

添加:

☑ 质量计划

是否明确质量计划	质量计划附件	问题情况
□是 □否	添加	□存在问题 □未发现问题

添加:

其他检查内容:

☑ 存在问题:

监督结论:

监督工程师		总监督工程师	

表 1-3　建设单位委托监理监督记录

单位工程名称:		第1页,共1页
被检查单位:	监督检查时间	

监督检查部位:建设单位质量行为

质监点:建设单位委托监理(必监点) 第1次抽查

☑ 委托监理

是否委托监理	委托书附件	问题情况
□是 □否	添加	□存在问题 □未发现问题
是否签订监理合同	合同扉页附件	问题情况
□是 □否	添加	□存在问题 □未发现问题

添加:

其他检查内容:与监理隶属关系或其他利害关系情况

☑ 存在问题:

监督结论:

监督工程师		总监督工程师	

四、建设单位质量行为委托第三方检测

(一) 抽查频次

至少1次。

(二) 监督抽查时机

第一次检查时。

(三) 监督抽查依据

《建设工程质量管理条例》《中国石油天然气集团公司工程建设项目质量管理规定》及相关的工程建设强制性标准、规范。

(四) 监督抽查的内容

工程质量监督人员应抽查但不仅限于下列内容：
(1) 核查建设单位的第三方检测委托书。
(2) 核查建设单位与第三方检测单位签订的监理、检测合同。
(3) 核查第三方检测单位与施工单位的隶属及其他利害关系。

(五) 监督抽查的记录

工程质量监督人员在进行抽查时，应及时填写《建设单位委托第三方检测监督记录》表单(表1-4)。对于《建设单位委托第三方检测监督记录》表单覆盖不了的其他检查内容，应同时填写质量监督巡视检查记录。

五、建设单位质量行为设计交底和施工图会审

(一) 抽查频次

至少1次。

(二) 监督抽查时机

第一次检查时或项目实施过程中。

(三) 监督抽查依据

《建设工程质量管理条例》《中国石油天然气集团公司工程建设项目质量管理规定》及相关的工程建设强制性标准、规范。

(四) 监督抽查的内容

工程质量监督人员应抽查但不仅限于下列内容：
(1) 核查建设单位是否组织设计交底。

表 1-4　建设单位委托第三方检测监督记录

单位工程名称:		第 1 页,共 1 页
被检查单位:	监督检查时间	
监督检查部位:建设单位质量行为		
质监点:建设单位委托第三方检测(必监点) 第 1 次抽查		

☑ 委托第三方检测

是否委托第三方检测	委托书附件	问题情况
□是 □否	添加	□存在问题 □未发现问题
是否签订检测合同	合同扉页附件	问题情况
□是 □否	添加	□存在问题 □未发现问题

添加:

其他检查内容:与检测单位隶属关系或其他利害关系情况

☑ 存在问题:

监督结论:

监督工程师		总监督工程师	

（2）核查建设单位是否进行了施工图会审。

（五）监督抽查的记录

工程质量监督人员在进行抽查时，应及时填写《建设单位设计交底和施工图会审监督记录》表单（表1-5）。对于《建设单位设计交底和施工图会审监督记录》表单覆盖不了的其他检查内容，应同时填写质量监督巡视检查记录。

六、建设单位质量行为设计变更审批

（一）抽查频次

至少1次。

（二）监督抽查时机

项目实施过程中或完工交接时。

（三）监督抽查依据

《建设工程质量管理条例》《中国石油天然气集团公司工程建设项目质量管理规定》及相关的工程建设强制性标准、规范。

（四）监督抽查的内容

工程质量监督人员应抽查但不仅限于下列内容：
核查建设单位在项目实施过程中是否对发生的设计变更进行了审批。

（五）监督抽查的记录

工程质量监督人员在进行抽查时，应及时填写《建设单位设计变更审批监督记录》表单（表1-6）。对于《建设单位设计变更审批监督记录》表单覆盖不了的其他检查内容，应同时填写质量监督巡视检查记录。

七、建设单位质量行为项目过程管理、质量问题处理、质量事故处理

（一）抽查频次

至少2次。

（二）监督抽查时机

项目实施过程中。

（三）监督抽查依据

《建设工程质量管理条例》《中国石油天然气集团公司工程建设项目质量管理规定》及相关的工程建设强制性标准、规范。

第一章 | 对参建各方责任主体质量行为监督

表 1-5　建设单位设计交底和施工图会审监督记录

单位工程名称:			第 1 页,共 1 页
被检查单位:		监督检查时间	
监督检查部位:建设单位质量行为			
质监点:建设单位施工图会审和设计交底(巡监点) 第 1 次抽查			
☑施工图会审			
是否组织施工图会审	施工图会审记录或会议纪要附件		问题情况
□是 □否	添加		□存在问题 □未发现问题
添加:			
☑设计交底			
是否组织进行设计交底	设计交底记录或会议纪要附件		问题情况
□是 □否	添加		□存在问题 □未发现问题
添加:			
其他检查内容:			
☑存在问题:			
监督结论:			
监督工程师		总监督工程师	

表 1-6 建设单位设计变更审批监督记录

单位工程名称:			第1页,共1页
被检查单位:		监督检查时间	
监督检查部位:建设单位质量行为			
质监点:建设单位项目设计变更审批(巡监点) 第1次抽查			

☑ 设计变更

是否发生设计变更	设计变更附件	问题情况
□是 □否	添加	□存在问题 □未发现问题
设计变更审批程序是否正确	设计变更附件	问题情况
□是 □否	添加	□存在问题 □未发现问题

添加:

其他检查内容:

☑ 存在问题:

监督结论:

监督工程师		总监督工程师	

（四）监督抽查的内容

工程质量监督人员应抽查但不仅限于下列内容：

（1）核查建设单位是否审查承包商的资源投入、质量管理体系建立情况。

（2）核查建设单位是否对施工、监理、检测单位的质量管理及质量控制情况进行检查。

（3）核查建设单位是否施工组织设计、施工方案、检测方案、质量检验计划、监理规划等重要施工技术及质量管理文件进行审批。

（4）核查建设单位是否针对存在的问题召开质量问题处理分析会。

（5）核查建设单位是否对检测、监理及监督单位发现的质量问题督促整改。

（6）发生质量事故是否向工程质量监督站报告，并组织事故调查。

（五）监督抽查的记录

工程质量监督人员在进行抽查时，应及时填写《建设单位项目过程管理、质量问题处理、质量事故处理监督记录》表单（表1-7）。对于《建设单位项目过程管理、质量问题处理、质量事故处理监督记录》表单覆盖不了的其他检查内容，应同时填写质量监督巡视检查记录。

八、建设单位质量行为工程验收

（一）抽查频次

至少1次。

（二）监督抽查时机

单位（子单位）、项目工程完工交接或竣工验收时。

（三）监督抽查依据

《建设工程质量管理条例》《中国石油天然气集团公司工程建设项目质量管理规定》及相关的工程建设强制性标准、规范。

（四）监督抽查的内容

工程质量监督人员应抽查但不仅限于下列内容：

（1）检查建设单位是否组织相关单位对单位（子单位）、项目工程进行完工交接或竣工验收。

（2）检查建设单位对单位（子单位）、项目工程交工或竣工验收的组织、程序、内容是否符合要求。

（3）检查验收时相关责任主体项目质量管理工作总结（评价）资料。

（五）监督抽查的记录

工程质量监督人员在进行抽查时，应及时填写《建设单位工程验收监督记录》表单（表1-8）。对于《建设单位工程验收监督记录》表单覆盖不了的其他检查内容，应同时填写质量监督巡视检查记录。

表 1-7 建设单位项目过程管理、质量问题处理、质量事故处理监督记录

单位工程名称:		第 1 页,共 2 页
被检查单位:	监督检查时间	

监督检查部位:建设单位质量行为

质监点:建设单位项目管理过程(必监点)   第　次抽查

☑ 对承包商管理能力的审查		
是否审查承包商的资源投入及质量管理体系的运行	审查记录附件	问题情况
□是 □否	添加	□存在问题 □未发现问题

添加:

☑ 施工过程中质量检查		
是否对施工、检测、监理单位工作质量进行监督检查	监督检查记录附件	问题情况
□是 □否	添加	□存在问题 □未发现问题

添加:

☑ 重要技术及质量管理文件的审批		
是否对重要施工技术及质量管理文件进行审批	审批扉页附件	问题情况
□是 □否	添加	□存在问题 □未发现问题

添加:

☑ 质量问题处理		
针对各单位发现的质量问题是否督促处理、整改	质量问题处理会议纪要、函件等附件	问题情况
□是 □否	添加	□存在问题 □未发现问题

添加:

续表

单位工程名称：		第2页,共2页
被检查单位：	监督检查时间	

监督检查部位：建设单位质量行为

质监点：建设单位项目管理过程(必监点) 第　次抽查

☑ 质量分析会		
是否召开过质量分析会	质量分析会会议纪要等附件	问题情况
□是 □否	添加	□存在问题 □未发现问题
添加：		

☑ 质量事故处理		
是否向质量监督站报告	报告附件	问题情况
□是 □否	添加	□存在问题 □未发现问题
是否组织调查组调查	调查报告附件	问题情况
□是 □否	添加	□存在问题 □未发现问题
添加：		

☑ 存在问题：
监督结论：

监督工程师		总监督工程师	

表 1-8　建设单位工程验收监督记录

单位工程名称：			第 1 页,共 1 页
被检查单位：		监督检查时间	
监督检查部位:建设单位质量行为			
质监点:建设单位工程验收(必监点) 第 1 次抽查			
☑组织			
是否组织相关单位进行工程验收	验收记录附件		问题情况
□是 □否	添加		□存在问题 □未发现问题
添加:			
☑程序			
验收程序是否符合要求			问题情况
□是 □否			□存在问题 □未发现问题
添加:			
☑质量管理总结及相关资料:			
各责任单位是否进行质量管理总结,相关资料是否齐全	总结汇报情况附件		问题情况
□是 □否	添加		□存在问题 □未发现问题
添加:			
其他检查内容:			
☑存在问题:			
监督结论:			
监督工程师		总监督工程师	

第二节　PMC（项目管理）单位质量行为

一、PMC（项目管理）单位企业资质

（一）抽查频次

至少1次，覆盖工程所涉及的所有PMC单位。

（二）监督抽查时机

对PMC单位首次检查时抽查。

（三）监督抽查依据

《建设工程质量管理条例》《中国石油天然气集团公司工程建设项目质量管理规定》、GB/T 50358《建设项目工程PMC管理规范》《关于培育发展工程PMC和工程项目管理企业的指导意见》。

（四）监督抽查的内容

工程质量监督人员应抽查但不仅限于下列内容：
（1）PMC（项目管理）单位专业和资质与工程、合同的符合性。
（2）PMC（项目管理）单位资质证书是否在有效期内。
（3）PMC（项目管理）单位在同一个项目上同时承担工程PMC和工程项目管理业务。
（4）工程分包单位（勘察、设计、施工）的专业和资质与工程、合同的符合性。

（五）监督抽查的记录

工程质量监督人员在进行抽查时，应及时填写《PMC（项目管理）单位企业资质监督记录》表单（表1-9）。对于《PMC（项目管理）单位企业资质监督记录》表单覆盖不了的其他检查内容，应同时填写质量监督巡视检查记录。

二、PMC（项目管理）单位质量行为人员资格

（一）抽查频次

至少1次，覆盖工程所涉及的所有PMC（项目管理）单位。

（二）监督抽查时机

对PMC（项目管理）单位首次检查。

（三）监督抽查依据

《建设工程质量管理条例》《中国石油天然气集团公司工程建设项目质量管理规定》、

表1-9 PMC（项目管理）单位企业资质监督记录

单项(位)工程名称：		第1页,共1页	
被检查单位：		监督检查时间	
监督检查部位：PMC（项目管理）单位质量行为			
质检点：企业资质（巡监点） 必监点 第1次抽查			

☑ PMC（项目管理）企业资质

企业名称	资质等级	与工程、合同符合情况	附件	问题情况
			添加	□存在问题 □未发现问题

添加：

☑ PMC（项目管理）资质证书有效期

资质证书有效期	年检记录		附件	问题情况
			添加	□存在问题 □未发现问题

添加：

☑ 分包单位企业资质

企业名称	资质等级	与工程、合同符合情况	附件	问题情况
			添加	□存在问题 □未发现问题

添加：

☑ 分包单位资质证书有效期

资质证书有效期	年检记录		附件	问题情况
			添加	□存在问题 □未发现问题

添加：

其他检查内容

☑ 存在问题：

监督结论：

监督工程师		总监督工程师	

GB/T 50358《建设项目工程 PMC 管理规范》。

（四）监督抽查的内容

工程质量监督人员应抽查但不仅限于下列内容：

（1）PMC（项目管理）单位项目部项目经理等相关专业人员是否配备齐全，是否与招标文件人员相符合，相应的资格是否符合管理规范要求。

（2）相关人员任命文件。

（五）监督抽查的记录

工程质量监督人员在进行抽查时，应及时填写《PMC（项目管理）单位人员资格监督记录》表单（表 1-10）。对于《PMC（项目管理）单位人员资格监督记录》表单覆盖不了的其他检查内容，应同时填写质量监督巡视检查记录。

三、PMC（项目管理）单位设备材料监造

（一）抽查频次

至少 2 次，覆盖合同约定的重要、关键设备、材料监造检验。

（二）监督抽查时机

对 PMC（项目管理）单位批准设备、材料进场使用后抽查；施工过程中随机抽查。

（三）监督抽查依据

《建设工程质量管理条例》、《中国石油天然气集团公司工程建设项目质量管理规定》、GB/T 50358《建设项目工程 PMC 管理规范》。

（四）监督抽查的内容

工程质量监督人员应抽查但不仅限于下列内容：

（1）核查对进场的设备、材料监造和检验资料。
（2）核查进场的设备、材料追溯性管理制度及相关资料。
（3）重要、关键设备驻厂监造情况。

（五）监督抽查的记录

工程质量监督人员在进行抽查时，应及时填写《PMC（项目管理）单位材料设备监造审核监督记录》表单（表 1-11）。对于《PMC（项目管理）单位材料设备监造审核监督记录》表单覆盖不了的其他检查内容，应同时填写质量监督巡视检查记录。

四、PMC（项目管理）单位施工变更管理

（一）抽查频次

至少 2 次，覆盖工程所涉及的施工变更。

表 1-10 PMC（项目管理）单位人员资格监督记录

单项(位)工程名称：				第 1 页,共 1 页	
被检查单位：			监督检查时间		
监督检查部位:PMC（项目管理）单位质量行为					
质监点:人员资格(巡监点) 第 1 次抽查					
☑ 项目经理					
姓名	资格证书		任命文件	附件	问题情况
				添加	☐存在问题 ☐未发现问题
添加：					
☑ 项目部其他主要管理人员					
姓名	资格证书		任命文件	附件	问题情况
				添加	☐存在问题 ☐未发现问题
添加：					
☑					
				附件	问题情况
				添加	☐存在问题 ☐未发现问题
添加：					
☑					
				附件	问题情况
				添加	☐存在问题 ☐未发现问题
添加：					
其他检查内容：					
☑ 存在问题：					
监督结论：					
监督工程师			总监督工程师		

表 1-11　PMC（项目管理）单位材料设备监造审核监督记录

单项(位)工程名称：				第 1 页,共 1 页	
被检查单位：			监督检查时间		
监督检查部位：PMC（项目管理）单位质量行为					
质监点：设备材料监造（巡监点） 第 1 次抽查					
☑ 设备材料进场监造、检验资料					
材料/设备名称	监造情况		检验情况	附件	问题情况
				添加	□存在问题 □未发现问题
添加：					
☑ 设备材料管理制度、相关资料					
管理制度编制审批	制度的执行情况		相关资料	附件	问题情况
				添加	□存在问题 □未发现问题
添加：					
☑ 重要、关键设备驻厂监造					
监造计划及审批情况	计划与合同的符合性		计划执行情况	附件	问题情况
				添加	□存在问题 □未发现问题
添加：					
☑					
					问题情况
					□存在问题 □未发现问题
添加：					
其他检查内容：					
☑ 存在问题：					
监督结论：					
监督工程师			总监督工程师		

(二)监督抽查时机

(1)对PMC(项目管理)单位首次施工变更签认后抽查。
(2)施工过程施工变更实施后随机抽查。

(三)监督抽查依据

《建设工程质量管理条例》、《中国石油天然气集团公司工程建设项目质量管理规定》、GB/T 50358《建设项目工程PMC管理规范》。

(四)监督抽查的内容

工程质量监督人员应抽查但不仅限于下列内容:
(1)核查PMC(项目管理)单位是否按规定程序实施施工变更。
(2)核查施工变更的书面文件和记录,相关方代表签字情况。

(五)监督抽查的记录

工程质量监督人员在进行抽查时,应及时填写《PMC(项目管理)单位施工变更管理监督记录》表单(表1-12)。对于《PMC(项目管理)单位施工变更管理监督记录》表单覆盖不了的其他检查内容,应同时填写质量监督巡视检查记录。

五、PMC(项目管理)单位分包管理

(一)抽查频次

至少1次,覆盖工程所涉及的所有分包单位。

(二)监督抽查时机

PMC(项目管理)单位对分包单位资质及资源投入情况审核批准进场后抽查。

(三)监督抽查依据

《建设工程质量管理条例》、《中国石油天然气集团公司工程建设项目质量管理规定》、GB/T 50358《建设项目工程PMC管理规范》。

(四)监督抽查的内容

工程质量监督人员应抽查但不仅限于下列内容:
(1)核查对分包单位企业资质、人员资格、资源投入情况、质量体系的审查资料,分包项目与企业资质的符合性。
(2)核查对设计、施工过程接口质量与控制的管理资料。

(五)监督抽查的记录

工程质量监督人员在进行抽查时,应及时填写《PMC(项目管理)单位分包管理监督记录》表单(表1-13)。对于《PMC(项目管理)单位分包管理监督记录》表单覆盖不了的其他检查内容,应同时填写质量监督巡视检查记录。

表 1-12 PMC（项目管理）单位施工变更管理监督记录

单项(位)工程名称：				第 1 页,共 1 页	
被检查单位：			监督检查时间		
监督检查部位:PMC（项目管理）单位质量行为					
质监点:施工变更(巡监点) 第 1 次抽查					
☑施工变更					
工序名称	变更程序符合情况	书面文件、记录签认情况	附件	问题情况	
			添加	☐存在问题 ☐未发现问题	
添加：材料代用					
☑					
原设计材料	拟代用材料	书面文件、记录签认情况	附件	问题情况	
			添加	☐存在问题 ☐未发现问题	
添加：					
☑：					
			附件	问题情况	
			添加	☐存在问题 ☐未发现问题	
添加：					
☑					
			附件	问题情况	
			添加	☐存在问题 ☐未发现问题	
添加：					
其他检查内容：					
☑存在问题：					
监督结论：					
监督工程师			总监督工程师		

表 1-13 PMC（项目管理）单位分包管理监督记录

单项(位)工程名称：				第 1 页，共 1 页	
被检查单位：			监督检查时间		
监督检查部位：PMC（项目管理）单位质量行为					
质监点：分包管理（巡监点） 第 1 次抽查					
☑分包单位					
分包单位名称	资质证书及等级	与分包项目的符合性	附件	问题情况	
			添加	□存在问题 □未发现问题	
添加：					
☑分包单位审核记录					
审核情况	审核人	资源投入的符合情况	附件	问题情况	
			添加	□存在问题 □未发现问题	
添加：					
☑接口质量与控制					
设计	施工	管理资料	附件	问题情况	
			添加	□存在问题 □未发现问题	
添加：					
☑专业人员					
专业人员报审情况	专业人员配备	专业人员资格	附件	问题情况	
			添加	□存在问题 □未发现问题	
添加：					
其他检查内容：					
☑存在问题：					
监督结论：					
监督工程师			总监督工程师		

第三节　监理单位质量行为

一、监理单位企业资质

（一）抽查频次

至少1次，覆盖工程所涉及的所有监理单位。

（二）监督抽查时机

对监理单位首次检查时抽查。

（三）监督抽查依据

《建设工程质量管理条例》、《中国石油天然气集团公司工程建设项目质量管理规定》、GB/T 50319《建设工程监理规范》、《工程监理企业资质管理规定》。

（四）监督抽查的内容

工程质量监督人员应抽查但不仅限于下列内容：
（1）监理单位专业和资质与工程、合同的符合性。
（2）监理单位资质证书是否在有效期内。
（3）监理单位与施工、材料、设备供应和检测单位有无隶属关系或其他利害关系。

（五）监督抽查的记录

工程质量监督人员在进行抽查时，应及时填写《监理单位企业资质监督记录》表单（表2-14）。对于《监理单位企业资质监督记录》表单覆盖不了的其他检查内容，应同时填写质量监督巡视检查记录。

二、监理单位项目监理机构

（一）抽查频次

至少1次，覆盖工程所涉及的所有监理单位。

（二）监督抽查时机

对监理单位首次检查时抽查。

（三）监督抽查依据

《建设工程质量管理条例》、《中国石油天然气集团公司工程建设项目质量管理规定》、GB/T 50319《建设工程监理规范》。

表 1-14　监理单位企业资质监督记录

单项(位)工程名称:		第 1 页,共 1 页	
被检查单位:		监督检查时间	
监督检查部位:			
质检点:监理单位企业资质(必监点) 必监点第 1 次抽查			

☑ 企业资质

单位名称	资质等级	与工程、合同符合情况	附件	问题情况
			添加	□存在问题 □未发现问题

添加:

☑ 监理单位资质证书有效期

资质证书有效期	年检记录		附件	问题情况
			添加	□存在问题 □未发现问题

添加:

☑ 与其他单位的关系

隶属关系	利害关系		附件	问题情况
			添加	□存在问题 □未发现问题

添加:

☑

工序名称	覆盖情况	与实际符合情况	附件	问题情况
			添加	□存在问题 □未发现问题

添加:

其他检查内容

☑ 存在问题:

监督结论:

监督工程师		总监督工程师	

（四）监督抽查的内容

工程质量监督人员应抽查但不仅限于下列内容：

（1）项目监理机构的组织形式和规模是否符合监理合同的约定。

（2）项目监理机构的监理人员配备是否满足工程监理的需要。

（3）机构成立、人员任命文件，与监理合同的符合性。

（五）监督抽查的记录

工程质量监督人员在进行抽查时，应及时填写《监理单位项目监理机构监督记录》表单（表1-15）。对于《监理单位项目监理机构监督记录》表单覆盖不了的其他检查内容，应同时填写质量监督巡视检查记录。

三、监理单位人员资格

（一）抽查频次

至少1次，覆盖工程所涉及的所有监理单位。

（二）监督抽查时机

对监理单位首次检查、总监调换或监理人员变动频繁时抽查。

（三）监督抽查依据

《建设工程质量管理条例》《中国石油天然气集团公司工程建设项目质量管理规定》、GB/T 50319《建设工程监理规范》《工程监理企业资质管理规定》。

（四）监督抽查的内容

工程质量监督人员应抽查但不仅限于下列内容：

（1）核查监理单位项目监理部总监、总代、专业监理工程师等相关专业人员是否配备齐全，是否与招标文件人员相符合，相应的资格是否符合管理及规范要求。

（2）不可替换人员执行情况。

（五）监督抽查的记录

工程质量监督人员在进行抽查时，应及时填写《监理单位人员资格监督记录》表单（表1-16）。对于《监理单位人员资格监督记录》表单覆盖不了的其他检查内容，应同时填写质量监督巡视检查记录。

四、监理单位资源投入

（一）抽查频次

至少1次，覆盖工程所涉及的所有监理单位。

表 1-15 监理单位项目监理机构监督记录

单项(位)工程名称:				第 1 页,共 1 页
被检查单位:		监督检查时间		
监督检查部位:监理单位质量行为				
质监点:项目监理机构(巡监点) 第 1 次抽查				
☑ 项目监理机构				
项目机构成立文件	总监任命文件	与合同的符合性	附件	问题情况
			添加	□存在问题 □未发现问题
添加:				
☑ 监理人员配备				
人员配备情况	与合同的符合性		附件	问题情况
			添加	□存在问题 □未发现问题
添加:				
☑				
				问题情况
			添加	□存在问题 □未发现问题
添加:				
☑				
				问题情况
			添加	□存在问题 □未发现问题
添加:				
其他检查内容:				
☑ 存在问题:				
监督结论:				
监督工程师		总监督工程师		

表 1-16　监理单位人员资格监督记录

单项(位)工程名称：				第 1 页,共 1 页	
被检查单位：			监督检查时间		
监督检查部位：监理单位质量行为					
质监点：人员资格(必监点) 第 1 次抽查					
☑ 总监					
姓名	资格证书		编号	证书附件	问题情况
				添加	☐存在问题 ☐未发现问题
添加：					
☑ 总代					
姓名	资格证书		编号	证书附件	问题情况
				添加	☐存在问题 ☐未发现问题
添加：					
☑ 安装专业监理工程师					
姓名	资格证书		编号	证书附件	问题情况
				添加	☐存在问题 ☐未发现问题
添加：					
☑ 土建专业监理工程师					
姓名	资格证书		编号	证书附件	问题情况
				添加	☐存在问题 ☐未发现问题
添加：					
其他检查内容：其他专业监理工程师证书					
☑ 存在问题：					
监督结论：					
监督工程师			总监督工程师		

（二）监督抽查时机

对监理单位首次检查时抽查。

（三）监督抽查依据

《建设工程质量管理条例》、《中国石油天然气集团公司工程建设项目质量管理规定》、GB/T 50319《建设工程监理规范》。

（四）监督抽查的内容

工程质量监督人员应抽查但不仅限于下列内容：
（1）配备的仪器、设备，与监理规划、合同要求的符合性。
（2）配备的检测仪器、设备计量检定情况。
（3）配备标准规范的有效性，是否满足监理工作需要。

（五）监督抽查的记录

工程质量监督人员在进行抽查时，应及时填写《监理单位资源投入监督记录》表单（表1-17）。对于《监理单位资源投入监督记录》表单覆盖不了的其他检查内容，应同时填写质量监督巡视检查记录。

五、监理单位监理规划与监理实施细则

（一）抽查频次

至少1次，覆盖工程所涉及的监理规划与相关专业监理实施细则。

（二）监督抽查时机

对监理单位首次检查及施工过程中随机抽查。

（三）监督抽查依据

《建设工程质量管理条例》、《中国石油天然气集团公司工程建设项目质量管理规定》、GB/T 50319《建设工程监理规范》。

（四）监督抽查的内容

工程质量监督人员应抽查但不仅限于下列内容：
（1）监理规划、监理实施细则的编制和审批程序的符合性。
（2）监理规划编制的工作内容、范围、工作目标与合同的符合性。
（3）组织机构、人员、设备配备的合理性。
（4）巡视、平行检验、旁站的抽查比例和控制要求。

第一章 | 对参建各方责任主体质量行为监督

表1-17 监理单位资源投入监督记录

单项(位)工程名称:				第1页,共1页	
被检查单位:			监督检查时间		
监督检查部位:监理单位质量行为					
质监点:资源投入(巡监点) 第1次抽查					
☑仪器、设备:					
主要仪器、设备名称	与规划/合同的符合性		计量检定情况	附件	问题情况
				添加	□存在问题 □未发现问题
添加:					
☑标准规范					
标准规范配备情况	有效性		是否满足需要	附件	问题情况
				添加	□存在问题 □未发现问题
添加:					
☑					
					问题情况
				添加	□存在问题 □未发现问题
添加:					
☑					
					问题情况
				添加	□存在问题 □未发现问题
添加:					
其他检查内容:					
☑存在问题:					
监督结论:					
监督工程师			总监督工程师		

（五）监督抽查的记录

工程质量监督人员在进行抽查时,应及时填写《监理单位监理规划与细则监督记录》表单(表 1-18)。对于《监理单位监理规划与细则监督记录》表单覆盖不了的其他检查内容,应同时填写质量监督巡视检查记录。

六、监理单位监理指令

（一）抽查频次

至少 2 次,覆盖工程所涉及的各项指令。

（二）监督抽查时机

工程开工指令下达后；施工过程中随机抽查。

（三）监督抽查依据

《建设工程质量管理条例》、《中国石油天然气集团公司工程建设项目质量管理规定》、GB/T 50319《建设工程监理规范》、《合同》以及相关的工程建设强制性标准、规范。

（四）监督抽查的内容

工程质量监督人员应抽查但不仅限于下列内容：
（1）工程开工令,与现场实际的符合情况。
（2）工程暂时停工令与复工指令,与现场实际的符合情况。
（3）工程变更（设计）指令,变更程序的符合性。
（4）工地现场指令,与现场实际的符合性。

（五）监督抽查的记录

工程质量监督人员在进行抽查时,应及时填写《监理单位监理指令监督记录》表单(表 1-19)。对于《监理单位监理指令监督记录》表单覆盖不了的其他检查内容,应同时填写质量监督巡视检查记录。

七、监理单位报审文件审查

（一）抽查频次

至少 1 次,覆盖工程所涉及的施工组织设计、施工（检测）方案、质量检验计划等。

（二）监督抽查时机

监理单位审查批准开工报告、施工组织设计、施工（检测）方案、质量检验计划实施后抽查。

表 1-18 监理单位监理规划与细则监督记录

单项(位)工程名称:				第1页,共1页	
被检查单位:			监督检查时间		
监督检查部位:监理单位质量行为					
质监点:监理规划与细则(必监点) 第1次抽查					
☑ 监理规划					
编制审批情况	与合同符合情况	人员、设备配备情况	附件	问题情况	
			添加	□存在问题 □未发现问题	
添加:					
☑ 监理实施细则					
编制审批情况	抽检比例的符合性		附件	问题情况	
			添加	□存在问题 □未发现问题	
添加:					
☑					
			附件	问题情况	
			添加	□存在问题 □未发现问题	
添加:					
☑					
				问题情况	
				□存在问题 □未发现问题	
添加:					
其他检查内容:					
☑ 存在问题:					
监督结论:					
监督工程师			总监督工程师		

表 1-19 监理单位监理指令监督记录

单项(位)工程名称:				第 1 页,共 1 页	
被检查单位:			监督检查时间		
监督检查部位:监理单位质量行为					
质监点:监理指令(必监点) 第 1 次抽查					
☑ 工程开工令					
工程名称	签发人	与实际符合情况	附件	问题情况	
			添加	☐存在问题 ☐未发现问题	
添加:					
☑ 工程暂时停工令及复工指令					
工程名称	签发人	与实际符合情况	附件	问题情况	
			添加	☐存在问题 ☐未发现问题	
添加:					
☑ 工程变更(设计)指令					
工程名称	签发人	变更程序的符合性	附件	问题情况	
			添加	☐存在问题 ☐未发现问题	
添加:					
☑ 工地现场指令					
工程名称	签发人	与实际符合情况	附件	问题情况	
			添加	☐存在问题 ☐未发现问题	
添加:					
其他检查内容:					
☑ 存在问题:					
监督结论:					
监督工程师			总监督工程师		

(三)监督抽查依据

《建设工程质量管理条例》《中国石油天然气集团公司工程建设项目质量管理规定》、GB/T 50319《建设工程监理规范》及相关强制性标准、规范。

(四)监督抽查的内容

工程质量监督人员应抽查但不仅限于下列内容：

（1）核查监理单位对报审的施工组织设计、施工（检测）方案、质量检验计划等资料有无滞后、漏签、漏报和未审查就签认的现象，与实际执行的符合性。

（2）开工报告审核与现场实际的符合性。

(五)监督抽查的记录

工程质量监督人员在进行抽查时，应及时填写《监理单位报审文件审查监督记录》表单（表1-20）。对于《监理单位报审文件审查监督记录》表单覆盖不了的其他检查内容，应同时填写质量监督巡视检查记录。

八、监理单位施工分包单位审核

(一)抽查频次

至少1次，覆盖工程所涉及的所有分包单位。

(二)监督抽查时机

监理单位对施工分包单位资质及资源投入情况审核批准进场后抽查。

(三)监督抽查依据

《建设工程质量管理条例》《中国石油天然气集团公司工程建设项目质量管理规定》、GB/T 50319《建设工程监理规范》。

(四)监督抽查的内容

工程质量监督人员应抽查但不仅限于下列内容：

施工分包单位资质及资源投入情况。

(五)监督抽查的记录

工程质量监督人员在进行抽查时，应及时填写《监理单位施工分包单位审核监督记录》表单（表1-21）。对于《监理单位施工分包单位审核监督记录》表单覆盖不了的其他检查内容，应同时填写质量监督巡视检查记录。

表 1-20 监理单位报审文件审查监督记录

单项(位)工程名称:				第 1 页,共 1 页	
被检查单位:			监督检查时间		
监督检查部位:监理单位质量行为					
质监点:报审文件审查(巡监点) 第 1 次抽查					
☑ 开工报告					
审批情况	与实际符合情况		附件	问题情况	
			添加	□存在问题 □未发现问题	
添加:					
☑ 施工组织设计					
审批情况	与实际执行的符合性		附件	问题情况	
			添加	□存在问题 □未发现问题	
添加:					
☑ 施工(检测)方案					
审批情况	与实际执行的符合性			问题情况	
			添加	□存在问题 □未发现问题	
添加:					
☑ 质量检验计划					
审批情况	与实际执行的符合性			问题情况	
			添加	□存在问题 □未发现问题	
添加:					
其他检查内容:					
☑ 存在问题:					
监督结论:					
监督工程师			总监督工程师		

表 1-21 监理单位施工分包单位审核监督记录

单项(位)工程名称:				第 1 页,共 1 页	
被检查单位:			监督检查时间		
监督检查部位:监理单位质量行为					
质监点:施工分包单位审核(巡监点) 第 1 次抽查					
☑ 施工分包单位					
分包单位名称	资质证书及等级	与承包工程的符合性	附件	问题情况	
			添加	□存在问题 □未发现问题	
添加:					
☑ 分包单位审核记录					
审核情况	审核人	资源投入的符合情况	附件	问题情况	
			添加	□存在问题 □未发现问题	
添加:					
☑					
				问题情况	
			添加	□存在问题 □未发现问题	
添加:					
☑					
				问题情况	
			添加	□存在问题 □未发现问题	
添加:					
其他检查内容:					
☑ 存在问题:					
监督结论:					
监督工程师			总监督工程师		

九、监理单位材料设备审核

（一）抽查频次

至少 2 次，覆盖工程所涉及的工程原材料、构配件和设备。

（二）监督抽查时机

对监理单位首次检查批准进场使用后抽查；施工过程中随机抽查。

（三）监督抽查依据

《建设工程质量管理条例》、《中国石油天然气集团公司工程建设项目质量管理规定》、GB/T 50319《建设工程监理规范》及相关的工程建设强制性标准、规范。

（四）监督抽查的内容

工程质量监督人员应抽查但不仅限于下列内容：

（1）核查对进场的工程材料、构配件、设备的质量证明文件是否及时审核和签认，进口材料是否附有商检合格证明文件，新材料、新产品是否附有鉴定合格证书，是否标注了使用部位。

（2）进场的材料、设备平行检验记录结论是否与实际相符。

（3）见证取样的材料是否符合已发布的《房屋建筑工程和市政基础设施工程实行见证取样和送检规定》，送检批量与数量的符合情况，检测结论。

（五）监督抽查的记录

工程质量监督人员在进行抽查时，应及时填写《监理单位材料设备审核监督记录》表单（表 1–22）。对于《监理单位材料设备审核监督记录》表单覆盖不了的其他检查内容，应同时填写质量监督巡视检查记录。

十、监理单位设计交底、工程变更

（一）抽查频次

至少 2 次，覆盖工程所涉及的所有设计交底、工程变更。

（二）监督抽查时机

（1）设计交底会议纪要签认后抽查。

（2）施工过程中监理单位审核签认设计变更、工程变更实施后随机抽查。

表 1-22 监理单位材料设备审核监督记录

单项(位)工程名称:			第 1 页,共 1 页	
被检查单位:		监督检查时间		
监督检查部位:监理单位质量行为				
质监点:材料设备审核(必监点) 第 1 次抽查				
☑ 材料设备进场报验审核记录				
材料/设备名称	签认情况	与实际符合情况	附件	问题情况
			添加	□存在问题 □未发现问题
添加:				
☑ 平行检验记录				
材料/设备名称	抽检情况	与实际符合情况	附件	问题情况
			添加	□存在问题 □未发现问题
添加:				
☑ 见证取样送检				
送检材料名称	批量与数量的符合情况	检测结论	附件	问题情况
			添加	□存在问题 □未发现问题
添加:				
☑				
				问题情况
				□存在问题 □未发现问题
添加:				
其他检查内容:				
☑ 存在问题:				
监督结论:				
监督工程师		总监督工程师		

(三)监督抽查依据

《建设工程质量管理条例》《中国石油天然气集团公司工程建设项目质量管理规定》、GB/T 50319《建设工程监理规范》。

(四)监督抽查的内容

工程质量监督人员应抽查但不仅限于下列内容：

（1）核查监理单位图纸会审前对施工图设计文件的审查意见。

（2）核查监理单位对设计交底和图纸会审记录的签认情况以及监理单位对设计单位是否按设计交底和图纸会审记录进行设计变更签认情况。

（3）核查《工程变更》的附件是否齐全，审核程序和签认是否符合规定，是否有未履行变更手续就实施工程变更的行为。

(五)监督抽查的记录

工程质量监督人员在进行抽查时，应及时填写《监理单位设计交底、工程变更监督记录》表单（表1-23）。对于《监理单位设计交底、工程变更监督记录》表单覆盖不了的其他检查内容，应同时填写质量监督巡视检查记录。

十一、监理单位工序质量控制

(一)抽查频次

至少3次，覆盖工程所涉及的关键工序。

(二)监督抽查时机

测量放线控制成果、隐蔽工程等关键工序验收合格后；施工过程中各道工序完成验收合格后。

(三)监督抽查依据

《建设工程质量管理条例》《中国石油天然气集团公司工程建设项目质量管理规定》、GB/T 50319《建设工程监理规范》及相关的工程建设强制性标准、规范。

(四)监督抽查的内容

工程质量监督人员应抽查但不仅限于下列内容：

（1）核查测量放线记录、隐蔽工程验收记录等是否及时签认，与实际情况是否相符。

（2）平行检验记录、旁站记录等是否覆盖监理实施细则，设置的内容、数量、比例是否满

表 1-23　监理单位设计交底、工程变更监督记录

单项(位)工程名称：				第1页,共1页	
被检查单位：		监督检查时间			
监督检查部位：监理单位质量行为					
质监点：设计交底、工程变更(巡监点) 第1次抽查					
☑图纸会审前					
专业工程师	图纸审查意见		附件	问题情况	
			添加	□存在问题 □未发现问题	
添加：					
☑设计交底、图纸会审					
组织情况	记录签认情况	设计变更签认情况	附件	问题情况	
			添加	□存在问题 □未发现问题	
添加：					
☑工程变更					
审核程序	签认情况	附件是否齐全	附件	问题情况	
			添加	□存在问题 □未发现问题	
添加：					
☑					
				问题情况	
			添加	□存在问题 □未发现问题	
添加：					
其他检查内容：					
☑存在问题：					
监督结论：					
监督工程师			总监督工程师		

足合同及监理规划要求。

（五）监督抽查的记录

工程质量监督人员在进行抽查时,应及时填写《监理单位工序质量控制监督记录》表单（表1-24）。对于《监理单位工序质量控制监督记录》表单覆盖不了的其他检查内容,应同时填写质量监督巡视检查记录。

十二、监理单位质监点报监

（一）抽查频次

至少1次,覆盖工程所涉及的所有监理单位。

（二）监督抽查时机

施工过程及工序验收过程中。

（三）监督抽查依据

《建设工程质量管理条例》、《中国石油天然气集团公司工程建设项目质量管理规定》、GB/T 50319《建设工程监理规范》。

（四）监督抽查的内容

工程质量监督人员应抽查但不仅限于下列内容：
监理单位是否根据施工进度按照项目监督计划书向质量监督机构进行质监点报监。

（五）监督抽查的记录

工程质量监督人员在进行抽查时,应及时填写《监理单位质监点报监监督记录》表单（表1-25）。对于《监理单位质监点报监监督记录》表单覆盖不了的其他检查内容,应同时填写质量监督巡视检查记录。

十三、监理单位质量问题处理

（一）抽查频次

至少2次,覆盖工程所涉及的《监理工程师通知单》、《工程暂停令》和监督机构签发《质量问题处理通知单》。

表 1-24 监理单位工序质量控制监督记录

单项(位)工程名称:				第1页,共1页	
被检查单位:			监督检查时间		
监督检查部位:					
质检点:监理单位工序质量控制(必监点) 必监点第1次抽查					
☑测量放线记录					
工序名称	签认情况	与实际符合情况	附件	问题情况	
			添加	□存在问题 □未发现问题	
添加:					
☑隐蔽工程验收记录					
工序名称	签认情况	与实际符合情况	附件	问题情况	
			添加	□存在问题 □未发现问题	
添加:					
☑平行检验记录					
工序名称	抽检比例	与实际符合情况	附件	问题情况	
			添加	□存在问题 □未发现问题	
添加:					
☑旁站记录					
工序名称	覆盖情况	与实际符合情况	附件	问题情况	
			添加	□存在问题 □未发现问题	
添加:					
其他检查内容					
☑存在问题:					
监督结论:					
监督工程师			总监督工程师		

表 1-25 监理单位质监点报监监督记录

单项(位)工程名称:			第 1 页,共 1 页
被检查单位:		监督检查时间	
监督检查部位:监理单位质量行为			
质监点:质监点报监(巡监点) 第 次抽查			

☑ 质监点报监

质监点名称	是否依据质监点报监 总监确认情况	附件	问题情况
	□是 □否	添加	□存在问题 □未发现问题

添加:

其他检查内容:

☑ 存在问题:

☑ 附件

监督结论:

监督工程师		总监督工程师	

（二）监督抽查时机

（1）监理工程师通知单、工程暂停令整改确认后。

（2）项目监督机构签发《质量问题处理通知单》及相关单位提出的质量问题,监理单位确认整改后。

（3）质量事故处理后。

（三）监督抽查依据

《生产安全事故报告和调查处理条例》、GB/T 50319《建设工程监理规范》及相关的工程建设强制性标准、规范。

（四）监督抽查的内容

工程质量监督人员应抽查但不仅限于下列内容：

（1）监理工程师通知单及监理通知回复单,与工程实际情况是否相符。

（2）对项目监督机构等相关单位提出质量问题督促整改记录,与工程实际情况是否相符。

（3）质量事故处理,处理结果的检查、鉴定、验收情况。

（五）监督抽查的记录

工程质量监督人员在进行抽查时,应及时填写《监理单位质量问题处理监督记录》表单（表1-26）。对于《监理单位质量问题处理监督记录》表单覆盖不了的其他检查内容,应同时填写质量监督巡视检查记录。

十四、监理单位监理日志

（一）抽查频次

至少1次,覆盖工程所涉及的所有监理单位。

（二）监督抽查时机

每次抽查。

（三）监督抽查依据

《建设工程质量管理条例》、《中国石油天然气集团公司工程建设项目质量管理规定》、GB/T 50319《建设工程监理规范》。

表 1-26　监理单位质量问题处理监督记录

单项(位)工程名称：		第 1 页,共 1 页
被检查单位：	监督检查时间	
监督检查部位：监理单位质量行为		
质监点：质量问题处理(必监点) 第 1 次抽查		

☑ 监理工程师通知单及监理通知回复单

工序名称	整改确认情况	与实际符合情况	附件	问题情况
			添加	□存在问题 □未发现问题

添加：

☑ 监督机构等单位提出质量问题督促整改确认记录

工序名称	整改确认情况	与实际符合情况	附件	问题情况
			添加	□存在问题 □未发现问题

添加：

☑ 质量事故处理

事故处理方案	处理结果的检查鉴定验收	处理结论	附件	问题情况
			添加	□存在问题 □未发现问题

添加：

☑

				问题情况
			添加	□存在问题 □未发现问题

添加：

其他检查内容：

☑ 存在问题：

监督结论：

监督工程师		总监督工程师	

（四）监督抽查的内容

工程质量监督人员应抽查但不仅限于下列内容：

（1）项目各专业监理工程师是否按照规范要求写监理日志。

（2）监理日志的内容是否翔实、准确。

（五）监督抽查的记录

工程质量监督人员在进行抽查时，应及时填写《监理单位监理日志监督记录》表单（表1-27）。对于《监理单位监理日志监督记录》表单覆盖不了的其他检查内容，应同时填写质量监督巡视检查记录。

十五、监理单位工程验收

（一）抽查频次

至少3次，覆盖工程所涉及影响结构安全和重要使用功能的主要工序的检验批、分项、分部（子分部）的验收。

（二）监督抽查时机

（1）涉及影响结构安全和重要使用功能的主要工序的检验批、分项、分部工程监理单位首次检查确认后。

（2）验收过程中随机（监理签认后）抽查。

（三）监督抽查依据

GB/T 50139《建设工程监理规范》、GB 50300《建筑工程施工质量验收统一标准》。

（四）监督抽查的内容

工程质量监督人员应抽查但不仅限于下列内容：

核查监理单位是否及时组织检验批、分项、分部（子分部）工程验收，验收结论是否与工程实际情况相符，验收项目是否与工程项目划分一致。

（五）监督抽查的记录

工程质量监督人员在进行抽查时，应及时填写《监理单位工程验收情况监督记录》表单（表1-28）。对于《监理单位工程验收情况监督记录》表单覆盖不了的其他检查内容，应同时填写质量监督巡视检查记录。

表 1-27　监理单位监理日志监督记录

单项(位)工程名称：		第 1 页,共 1 页	
被检查单位：		监督检查时间	
监督检查部位:监理单位质量行为			
质监点:监理资料(巡监点) 第 1 次抽查			

☑ 监理日志

监理工程师名字	是否写监理日志	监理日 是否翔实、准确	附件	问题情况
	□是 □否	□是 □否	添加	□存在问题 □未发现问题

添加：

其他检查内容：

☑ 存在问题：

监督结论：

监督工程师		总监督工程师	

表 1-28　监理单位工程验收情况监督记录

单项(位)工程名称：				第 1 页,共 1 页	
被检查单位：			监督检查时间		
监督检查部位：监理单位质量行为					
质监点：工程验收(必监点) 第 1 次抽查					
☑检验批工程验收确认记录					
检验批名称	验收签认情况	结论与实际符合情况	附件	问题情况	
			添加	□存在问题 □未发现问题	
添加：					
☑分项工程验收确认记录					
分项名称	验收签认情况	结论与实际符合情况	附件	问题情况	
			添加	□存在问题 □未发现问题	
添加：					
☑分部工程验收确认记录					
分项名称	验收签认情况	结论与实际符合情况	附件	问题情况	
			添加	□存在问题 □未发现问题	
添加：					
☑					
			附件	问题情况	
			添加	□存在问题 □未发现问题	
添加：					
其他检查内容：					
☑存在问题：					
监督结论：					
监督工程师			总监督工程师		

第四节 EPC（总承包）单位质量行为

一、EPC（总承包）单位企业资质

（一）抽查频次

至少1次，覆盖工程所涉及的所有总承包单位。

（二）监督抽查时机

对总承包单位首次检查时抽查。

（三）监督抽查依据

《建设工程质量管理条例》《中国石油天然气集团公司工程建设项目质量管理规定》、GB/T 50358《建设项目工程总承包管理规范》《关于培育发展工程总承包和工程项目管理企业的指导意见》。

（四）监督抽查的内容

工程质量监督人员应抽查但不仅限于下列内容：
（1）总承包（项目管理）单位专业和资质与工程、合同的符合性。
（2）总承包（项目管理）单位资质证书是否在有效期内。
（3）总承包（项目管理）单位在同一个项目上同时承担工程总承包和工程项目管理业务。
（4）工程分包单位（勘察、设计、施工）的专业和资质与工程、合同的符合性。

（五）监督抽查的记录

工程质量监督人员在进行抽查时，应及时填写《EPC（总承包）单位企业资质监督记录》表单（表1-29）。对于《EPC（总承包）单位企业资质监督记录》表单覆盖不了的其他检查内容，应同时填写质量监督巡视检查记录。

二、EPC（总承包）单位质量计划

（一）抽查频次

至少1次。

（二）监督抽查时机

第一次检查时。

表 1-29 EPC（总承包）单位企业资质监督记录

单项(位)工程名称：				第1页,共1页	
被检查单位：			监督检查时间		
监督检查部位：总承包（项目管理）单位质量行为					
质检点：企业资质（巡监点） 必监点第1次抽查					
☑ 总承包（项目管理）企业资质					
企业名称	资质等级	与工程、合同符合情况		附件	问题情况
				添加	□存在问题 □未发现问题
添加：					
☑ 总承包（项目管理）资质证书有效期					
资质证书有效期	年检记录			附件	问题情况
				添加	□存在问题 □未发现问题
添加：					
☑ 分包单位企业资质					
企业名称	资质等级	与工程、合同符合情况		附件	问题情况
				添加	□存在问题 □未发现问题
添加：					
☑ 分包单位资质证书有效期					
资质证书有效期	年检记录			附件	问题情况
				添加	□存在问题 □未发现问题
添加：					
其他检查内容					
☑ 存在问题：					
监督结论：					
监督工程师			总监督工程师		

(三)监督抽查依据

《建设工程质量管理条例》《中国石油天然气集团公司工程建设项目质量管理规定》及相关的工程建设强制性标准、规范,制定本程序。

(四)监督抽查的内容

工程质量监督人员应抽查但不仅限于下列内容:
(1)核查EPC单位是否建立了质量责任制,明确质量责任制。
(2)是否明确质量目标和编制质量检验计划。

(五)监督抽查的记录

工程质量监督人员在进行抽查时,应及时填写《EPC(总承包)单位项目质量计划监督记录》表单(表1-30)。对于《EPC(总承包)单位项目质量计划监督记录》表单覆盖不了的其他检查内容,应同时填写质量监督巡视检查记录。

三、EPC(总承包)单位人员资格

(一)抽查频次

至少1次,覆盖工程所涉及的所有EPC(总承包)单位。

(二)监督抽查时机

对EPC(总承包)单位首次检查。

(三)监督抽查依据:

《建设工程质量管理条例》、《中国石油天然气集团公司工程建设项目质量管理规定》、GB/T 50358《建设项目工程总承包管理规范》。

(四)监督抽查的内容

工程质量监督人员应抽查但不仅限于下列内容:
(1)EPC(总承包)单位项目部项目经理等相关专业人员是否配备齐全,是否与招标文件人员相符合,相应的资格是否符合管理规范要求。
(2)相关人员任命文件。

(五)监督抽查的记录

工程质量监督人员在进行抽查时,应及时填写《EPC(总承包)单位人员资格监督记录》表单(表1-31)。对于《EPC(总承包)单位人员资格监督记录》表单覆盖不了的其他检查内容,应同时填写质量监督巡视检查记录。

表 1-30　EPC（总承包）单位项目质量计划监督记录

单位工程名称：		第 1 页,共 1 页
被检查单位：	监督检查时间	
监督检查部位:EPC（总承包）单位质量行为		
质监点:EPC（总承包）单位项目质量计划(必监点) 第 1 次抽查		

☑ 质量责任制

是否明确人员的质量责任制	质量责任制附件	问题情况
□是 □否	添加	□存在问题 □未发现问题

添加：

☑ 质量计划

是否明确质量计划	质量计划附件	问题情况
□是 □否	添加	□存在问题 □未发现问题

添加：

其他检查内容：

☑ 存在问题：

监督结论：

监督工程师		总监督工程师	

表 1-31 EPC（总承包）单位人员资格监督记录

单项(位)工程名称：				第 1 页,共 1 页	
被检查单位：			监督检查时间		
监督检查部位:EPC（总承包）单位质量行为					
质监点：人员资格(巡监点) 第 1 次抽查					
☑ 项目经理					
姓名	资格证书	任命文件	附件	问题情况	
			添加	□存在问题 □未发现问题	
添加：					
☑ 项目部其他主要管理人员					
姓名	资格证书	任命文件	附件	问题情况	
			添加	□存在问题 □未发现问题	
添加：					
☑					
			附件	问题情况	
			添加	□存在问题 □未发现问题	
添加：					
☑					
			附件	问题情况	
			添加	□存在问题 □未发现问题	
添加：					
其他检查内容：					
☑ 存在问题：					
监督结论：					
监督工程师			总监督工程师		

四、EPC（总承包）单位设备材料监造

（一）抽查频次

至少 2 次，覆盖合同约定的重要、关键设备、材料监造检验。

（二）监督抽查时机

对 EPC（总承包）单位批准设备、材料进场使用后抽查；施工过程中随机抽查。

（三）监督抽查依据

《建设工程质量管理条例》《中国石油天然气集团公司工程建设项目质量管理规定》、GB/T 50358《建设项目工程总承包管理规范》。

（四）监督抽查的内容

工程质量监督人员应抽查但不仅限于下列内容：
（1）核查对进场的设备、材料监造和检验资料。
（2）核查进场的设备、材料追溯性管理制度及相关资料。
（3）重要、关键设备驻厂监造情况。

（五）监督抽查的记录

工程质量监督人员在进行抽查时，应及时填写《EPC（总承包）单位材料设备监造审核监督记录》表单（表 1-32）。对于《EPC（总承包）单位材料设备监造审核监督记录》表单覆盖不了的其他检查内容，应同时填写质量监督巡视检查记录。

五、EPC（总承包）单位施工变更管理

（一）抽查频次

至少 2 次，覆盖工程所涉及的施工变更。

（二）监督抽查时机

（1）对 EPC（总承包）单位首次施工变更签认后抽查。
（2）施工过程施工变更实施后随机抽查。

（三）监督抽查依据

《建设工程质量管理条例》《中国石油天然气集团公司工程建设项目质量管理规定》、GB/T 50358《建设项目工程总承包管理规范》。

表 1-32　EPC（总承包）单位材料设备监造审核监督记录

单项(位)工程名称：				第 1 页,共 1 页	
被检查单位：			监督检查时间		
监督检查部位：总承包(项目管理)单位质量行为					
质监点：设备材料监造(巡监点) 第 1 次抽查					
☑ 设备材料进场监造、检验资料					
材料/设备名称	监造情况	检验情况	附件	问题情况	
			添加	□存在问题 □未发现问题	
添加：					
☑：设备材料管理制度、相关资料					
管理制度编制审批	制度的执行情况	相关资料	附件	问题情况	
			添加	□存在问题 □未发现问题	
添加：					
☑ 重要、关键设备驻厂监造					
监造计划及审批情况	计划与合同的符合性	计划执行情况	附件	问题情况	
			添加	□存在问题 □未发现问题	
添加：					
☑					
				问题情况	
				□存在问题 □未发现问题	
添加：					
其他检查内容：					
☑ 存在问题：					
监督结论：					
监督工程师			总监督工程师		

（四）监督抽查的内容

工程质量监督人员应抽查但不仅限于下列内容：

（1）核查 EPC（总承包）单位是否按规定程序实施施工变更。

（2）核查施工变更的书面文件和记录，相关方代表签字情况。

（五）监督抽查的记录

工程质量监督人员在进行抽查时，应及时填写《EPC（总承包）单位施工变更管理监督记录》表单（表 1-33）。对于《EPC（总承包）单位施工变更管理监督记录》表单覆盖不了的其他检查内容，应同时填写质量监督巡视检查记录。

六、EPC（总承包）单位分包管理

（一）抽查频次

至少 1 次，覆盖工程所涉及的所有分包单位。

（二）监督抽查时机

EPC（总承包）单位对分包单位资质及资源投入情况审核批准进场后抽查。

（三）监督抽查依据

《建设工程质量管理条例》、《中国石油天然气集团公司工程建设项目质量管理规定》、GB/T 50358《建设项目工程总承包管理规范》。

（四）监督抽查的内容

工程质量监督人员应抽查但不仅限于下列内容：

（1）核查对分包单位企业资质、人员资格、资源投入情况、质量体系的审查资料，分包项目与企业资质的符合性。

（2）核查对设计、施工过程接口质量与控制的管理资料。

（五）监督抽查的记录

工程质量监督人员在进行抽查时，应及时填写《EPC（总承包）单位分包管理监督记录》表单（表 1-34）。对于《EPC（总承包）单位分包管理监督记录》表单覆盖不了的其他检查内容，应同时填写质量监督巡视检查记录。

表1-33　EPC（总承包）单位施工变更管理监督记录

单项(位)工程名称：				第1页,共1页	
被检查单位：			监督检查时间		
监督检查部位：总承包(项目管理)单位质量行为					
质监点：施工变更(必监点) 第1次抽查					
☑ 施工变更					
工序名称	变更程序符合情况	书面文件、记录签认情况	附件	问题情况	
			添加	□存在问题 □未发现问题	
添加：材料代用					
☑					
原设计材料	拟代用材料	书面文件、记录签认情况	附件	问题情况	
			添加	□存在问题 □未发现问题	
添加：					
☑					
			附件	问题情况	
			添加	□存在问题 □未发现问题	
添加：					
☑					
				问题情况	
			添加	□存在问题 □未发现问题	
添加：					
其他检查内容：					
☑ 存在问题：					
监督结论：					
监督工程师			总监督工程师		

表 1-34 EPC（总承包）单位分包管理监督记录

单项(位)工程名称：				第1页,共1页	
被检查单位：			监督检查时间		
监督检查部位：总承包(项目管理)单位质量行为					
质监点：分包管理(巡监点) 第1次抽查					
☑ 分包单位					
分包单位名称	资质证书及等级	与分包项目的符合性	附件	问题情况	
			添加	□存在问题 □未发现问题	
添加：					
☑ 分包单位审核记录					
审核情况	审核人	资源投入的符合情况	附件	问题情况	
			添加	□存在问题 □未发现问题	
添加：					
☑ 接口质量与控制					
设计	施工	管理资料	附件	问题情况	
			添加	□存在问题 □未发现问题	
添加：					
☑ 专业人员					
专业人员报审情况	专业人员配备	专业人员资格	附件	问题情况	
			添加	□存在问题 □未发现问题	
添加：					
其他检查内容：					
☑ 存在问题：					
监督结论：					
监督工程师			总监督工程师		

第五节　勘察、设计单位质量行为

一、勘察、设计单位企业资质

(一)监督抽查频次

至少 1 次,但覆盖到参与项目工程的有关勘察、设计单位。

(二)监督抽查时机

建设单位办理工程质量监督注册申请时,一并提交勘察、设计单位的企业资质等相关资料。

(三)监督抽查依据

《建设工程勘察、设计管理条例》《建设工程质量管理条例》《中国石油天然气集团公司工程建设项目质量管理规定》等。

(四)监督抽查内容

工程质量监督人员抽查,但不局限于下列内容。
(1)勘察单位企业资质、营业执照等。
(2)设计单位企业资质、营业执照等。

(五)监督抽查记录

监督人员根据抽查内容,及时填写《勘察、设计单位企业资质监督记录》表单(表 1-35)。对于《勘察、设计单位企业资质监督记录》表单覆盖不了的其他检查内容,应同时填写质量监督巡视检查记录。

二、勘察、设计单位人员资格

(一)监督抽查频次

至少 1 次,但覆盖到参与项目工程的勘察、设计单位相关人员。

(二)监督抽查时机

勘察、设计图纸会审后,在工程施工过程按照勘探、设计文件签名人员逐个核对其执业资格。

(三)监督抽查依据

《建设工程勘察、设计管理条例》《建设工程质量管理条例》《中国石油天然气集团公司工程建设项目质量管理规定》等。

表 1-35 勘察、设计单位企业资质监督记录

单位工程名称:				第 页,共 页	
被检查单位:			监督检查时间	请选择监督检查时间	
抽查部位:					

企业资质
必监点第 1 次监督抽查

序号	企业资质证书	证书编号	资质级别	是否符合要求	问题情况
1				□是 □否	□未发现问题 □存在问题
2				□是 □否	□未发现问题 □存在问题
3				□是 □否	□未发现问题 □存在问题

□ 存在问题

添加附件

监督结论:

添加附件

监督工程师		总监督工程师	

（四）监督抽查内容

工程质量监督人员抽查，但不局限于下列内容。

（1）工程勘察、设计图纸签名。

（2）有关勘察、设计人员执业资格证书。

（五）监督抽查记录

监督人员根据抽查内容，及时填写《勘察、设计单位人员资格监督记录》表单（表1-36）。对于《勘察、设计单位人员资格监督记录》表单覆盖不了的其他检查内容，应同时填写质量监督巡视检查记录。

三、勘察、设计单位施工图设计文件

（一）监督抽查频次

至少1次，但覆盖到参与工程设计的有关单位。

（二）监督抽查时机

设计图纸审查、会审以后。

（三）监督抽查依据

《建设工程勘察、设计管理条例》《建设工程质量管理条例》《中国石油天然气集团公司工程建设项目质量管理规定》及规范标准。

（四）监督抽查内容

工程质量监督人员抽查，但不局限于下列内容。

（1）施工图设计文件执行的法律法规及强制性标准、规范。

（2）设计深度符合国家及行业规定。

（3）满足设备材料采购、非标准设备制作和施工需要，并注明建设工程合理使用年限。

（4）设计文件中选用的材料、构配件、设备，应当注明其规格、型号、性能等技术指标，其质量符合国家标准规定。

（5）除有特殊要求的建筑材料、专用设备和工艺生产线等外，设计单位不得指定生产厂、供应商。

（五）监督抽查记录

监督人员根据抽查内容，及时填写《勘察、设计单位施工图设计文件监督记录》表单（表1-37）。对于《勘察、设计单位施工图设计文件监督记录》表单覆盖不了的其他检查内容，应同时填写质量监督巡视检查记录。

表 1-36 勘察、设计单位人员资格监督记录

单位工程名称:				第 页,共 页	
被检查单位:			监督检查时间	请选择监督检查时间	
抽查部位:					
人员资格 巡监点第 1 次抽查					
序号	姓名	专业	执业资格注册证号	是否符合要求	问题情况
1				□是　□否	□未发现问题 □存在问题
2				□是　□否	□未发现问题 □存在问题
3				□是　□否	□未发现问题 □存在问题
□ 存在问题 添加附件					
监督结论: 添加附件					
监督工程师			总监督工程师		

表1-37 勘察、设计单位施工图设计文件监督记录

单位工程名称：			第 页,共 页
被检查单位：		监督检查时间	请选择监督检查时间
抽查部位：			

施工图设计文件
必检点第1次抽查

序号	抽查内容	是否符合要求	问题情况
1	施工图设计文件执行的法律法规及强制性标准、规范	□是 □否	□未发现问题 □存在问题
2	设计深度符合国家及行业规定	□是 □否	□未发现问题 □存在问题
3	满足设备材料采购、非标准设备制作和施工的需要,并注明建设工程合理使用年限	□是 □否	□未发现问题 □存在问题
4	设计文件中选用的材料、构配件、设备,应当注明其规格、型号、性能等技术指标,其质量要求符合国家标准规定	□是 □否	□未发现问题 □存在问题
5	除有特殊要求的建筑材料、专用设备和工艺生产线等外,设计单位不得指定生产厂、供应商	□是 □否	□未发现问题 □存在问题

□ 存在问题
添加附件

监督结论：
添加附件

监督工程师		总监督工程师	

四、勘察、设计单位设计交底、变更

（一）监督抽查频次

至少1次，但覆盖到参与项目工程设计的有关单位。

（二）监督抽查时机

设计技术交底后，项目工程整个施工阶段。

（三）监督抽查依据

《建设工程勘察、设计管理条例》《建设工程质量管理条例》《中国石油天然气集团公司工程建设项目质量管理规定》及规范标准。

（四）监督抽查内容

工程质量监督人员抽查，但不局限于下列内容。
（1）工程设计交底记录。
（2）设计变更通知单。

（五）监督抽查记录

监督人员根据抽查内容，及时填写《勘察、设计单位设计交底、变更监督记录》表单（表1-38）。对于《勘察、设计单位设计交底、变更监督记录》表单覆盖不了的其他检查内容，应同时填写质量监督巡视检查记录。

五、勘察、设计单位现场技术服务

（一）监督抽查频次

至少2次，但覆盖到参与工程设计的有关单位。

（二）监督抽查时机

工程施工阶段。

（三）监督抽查依据

《建设工程质量管理条例》《中国石油天然气集团公司工程建设项目质量管理规定》及相关规范标准的要求。

表 1-38 勘察、设计单位设计交底、变更监督记录

单位工程名称:			第 页,共 页
被检查单位:		监督检查时间	请选择监督检查时间
抽查部位:			

设计交底、变更
必检点第 1 次抽查

序号	抽查内容	是否符合要求	问题情况
1	工程设计交底记录	□是 □否	□未发现问题 □存在问题
2	设计变更通知单	□是 □否	□未发现问题 □存在问题

□ 存在问题

添加附件

监督结论:

添加附件

监督工程师		总监督工程师	

（四）监督抽查内容

工程质量监督人员抽查，但不局限于下列内容。

（1）设计代表现场技术服务情况。

（2）设计代表现场处理问题记录。

（五）监督抽查记录

监督人员根据抽查内容，及时填写《勘察、设计单位现场技术服务监督记录》表单（表1-39）。对于《勘察、设计单位现场技术服务监督记录》表单覆盖不了的其他检查内容，应同时填写质量监督巡视检查记录。

六、勘察、设计单位工程验收

（一）监督抽查频次

至少1次，但覆盖到参与项目工程的有关设计单位。

（二）监督抽查时机

工程按照设计图纸完成工作量以后。

（三）监督抽查依据

《建设工程质量管理条例》《中国石油天然气集团公司工程建设项目质量管理规定》、设计文件、规范标准。

（四）监督抽查内容

工程质量监督人员抽查，但不局限于下列内容。

（1）大型项目工程单位（子单位）工程验收情况。

（2）项目工程设计总结及质量评价。

（五）监督抽查记录

监督人员根据抽查内容，及时填写《勘察、设计单位工程验收监督记录》表单（表1-40）。对于《勘察、设计单位工程验收监督记录》表单覆盖不了的其他检查内容，应同时填写质量监督巡视检查记录。

表1-39 勘察、设计单位现场技术服务监督记录

单位工程名称:			第 页,共 页
被检查单位:		监督检查时间	请选择监督检查时间
抽查部位:			

现场技术服务
巡检点第1次抽查

序号	抽查内容	是否符合要求	问题情况
1	设计代表现场技术服务情况	□是 □否	□未发现问题 □存在问题
2	设计代表现场处理问题记录	□是 □否	□未发现问题 □存在问题

□存在问题

添加附件

监督结论:

添加附件

监督工程师		总监督工程师	

表 1-40 勘察、设计单位工程验收监督记录

单位工程名称:			第 页,共 页
被检查单位:		监督检查时间	请选择监督检查时间
抽查部位:			

工程验收
必检点第 1 次抽查

序号	抽查内容	是否符合要求	问题情况
1	大型项目工程单位(子单位)工程验收情况	□是 □否	□未发现问题 □存在问题
2	项目工程设计总结及质量评价	□是 □否	□未发现问题 □存在问题

□ 存在问题

添加附件

监督结论:			
添加附件			
监督工程师		总监督工程师	

第六节　施工单位质量行为

一、施工单位企业资质

（一）监督抽查频次

至少1次，但覆盖到参与项目工程的有关施工单位。

（二）监督抽查时机

工程质量监督注册申请后，第一次到场监督检查时。

（三）监督抽查依据

《建设工程质量管理条例》《中国石油天然气集团公司工程建设项目质量管理规定》及规范标准。

（四）监督抽查内容

工程质量监督人员抽查，但不局限于下列内容。
（1）施工企业资质、营业执照、安全生产许可证等。
（2）电力工程施工企业电监会电力设施承建（修、试）许可证。
（3）石油化工施工企业压力管道施工许可证。

（五）监督抽查记录

监督人员根据抽查内容，及时填写《企业资质监督记录》表单（表1–41）。对于《企业资质监督记录》表单覆盖不了的其他检查内容，应同时填写质量监督巡视检查记录。

二、施工单位质量计划

（一）监督抽查频次

至少1次，但覆盖到参与项目工程全部施工项目组织机构。

（二）监督抽查时机

工程质量监督注册申请办理完毕，第一次到场监督检查时。

表 1-41　企业资质监督记录

单位工程名称：					第　页,共　页
被检查单位：				监督抽查时间	
抽查部位：					

企业资质
巡监点第 1 次监督抽查

序号	企业资质证书	证书编号	资质级别	是否满足要求	问题情况
1				□是　□否	□未发现问题 □存在问题
2				□是　□否	□未发现问题 □存在问题
3				□是　□否	□未发现问题 □存在问题

□ 存在问题 添加附件
监督结论： 添加附件

监督工程师		总监督工程师	

（三）监督抽查依据

《建设工程质量管理条例》《中国石油天然气集团公司工程建设项目质量管理规定》及规范标准等。

（四）监督抽查内容

工程质量监督人员抽查，但不局限于下列内容。

（1）质量管理体系组织架构流程图。

（2）质量目标、质量计划的编制审批及质量责任制落实情况的检查记录等资料。

（五）监督抽查记录

监督人员根据抽查内容，及时填写《质量计划监督记录》表单（表1-42）。对于《质量计划监督记录》表单覆盖不了的其他检查内容，应同时填写质量监督巡视检查记录。

三、施工单位人员资格

（一）抽查频次

至少2次，但覆盖到参与项目工程的全部施工单位。

（二）监督抽查时机

工程质量监督注册申请办理完毕，监督人员到达施工现场抽查时，逐个核对施工单位项目部管理及特殊工种人员的资格。

（三）监督抽查依据

《建设工程质量管理条例》《中国石油天然气集团公司工程建设项目质量管理规定》及标准规范等。

（四）监督抽查内容

工程质量监督人员抽查，但不局限于下列内容。

（1）项目经理建造师注册证、安全培训证。

（2）技术负责人职称证。

（3）质量检查员培训证。

（4）特殊工种资格证（或上岗证）等。

表 1-42 质量计划监督记录

单位工程名称:			第　页,共　页
被检查单位:		监督检查时间	请选择监督检查时间
抽查部位:			

质量计划
必监点第 1 次抽查

序号	监督抽查内容	是否符合要求	问题情况
1	质量管理体系组织架构流程图	□是　□否	□未发现问题 □存在问题
2	质量目标、质量计划的编制审批及质量责任制落实情况的检查记录等资料	□是　□否	□未发现问题 □存在问题

□ 存在问题

添加附件

监督结论:

添加附件

监督工程师		总监督工程师	

(五)监督抽查记录

监督人员根据抽查内容,及时填写《人员资格监督记录》表单(表 1-43)。对于《人员资格监督记录》表单覆盖不了的其他检查内容,应同时填写质量监督巡视检查记录。

四、施工单位施工组织设计、施工方案

(一)监督抽查频次

至少 2 次,但覆盖到参与项目工程的全部组织设计、施工方案。

(二)监督抽查时机

工程质量监督注册申请办理完毕,第一次到场监督检查时。

(三)监督抽查依据

《建设工程质量管理条例》《中国石油天然气集团公司工程建设项目质量管理规定》及相关规范。

(四)监督抽查内容

工程质量监督人员抽查,但不局限于下列内容。
(1)施工组织设计编制依据。
(2)施工组织设计的完整性、针对性和可操作性。
(3)施工组织设计的报批程序履行情况。

(五)监督抽查记录

监督人员根据抽查内容,及时填写《施工组织设计、施工方案监督记录》表单(表 1-44)。对于《施工组织设计、施工方案监督记录》表单覆盖不了的其他检查内容,应同时填写质量监督巡视检查记录。

五、施工单位资源投入

(一)监督抽查频次

至少 1 次,但覆盖到参与项目工程的全部施工单位。

(二)监督抽查时机

工程质量监督注册申请办理完毕,第一次到场监督检查时。

表 1-43 人员资格监督记录

单位工程名称：		第 页,共 页
被检查单位：	监督检查时间	
抽查部位：		

人员资格
必监点第 1 次抽查

序号	姓名	岗位	资格(或上岗)证编号	是否符合要求	问题情况
1				□是 □否	□未发现问题 □存在问题
2				□是 □否	□未发现问题 □存在问题
3				□是 □否	□未发现问题 □存在问题
4				□是 □否	□未发现问题 □存在问题
5				□是 □否	□未发现问题 □存在问题

□ 存在问题

添加附件

监督结论：

添加附件

监督工程师		总监督工程师	

表 1-44 施工单位施工组织设计、施工方案监督记录

单位工程名称:		第 页,共 页
被检查单位:	监督抽查时间	
抽查部位:		

施工组织设计、施工方案
巡监点第 1 次抽查

序号	监督抽查内容	是否满足工程要求	问题情况
1	施工组织设计编制依据	□是 □否	□未发现问题 □存在问题
2	施工组织设计的完整性、针对性和可操作性	□是 □否	□未发现问题 □存在问题
3	施工组织设计的报批程序履行情况	□是 □否	□未发现问题 □存在问题

□ 存在问题

添加附件

监督结论:

添加附件

监督工程师		总监督工程师	

(三)监督抽查依据

《建设工程质量管理条例》《中国石油天然气集团公司工程建设项目质量管理规定》及相关规定。

(四)监督抽查内容

工程质量监督人员抽查,但不局限于下列内容。
(1)项目管理人员、特殊工种配备。
(2)标准、规范配备。
(3)检测仪器、设备、工具配备。

(五)监督抽查记录

监督人员根据抽查内容,及时填写《施工单位资源投入监督记录》表单(表1-45)。对于《施工单位资源投入监督记录》表单覆盖不了的其他检查内容,应同时填写质量监督巡视检查记录。

六、施工单位质量控制

(一)监督抽查频次

至少2次,但覆盖到项目工程的材料、构(配)件、设备质量以及施工工序质量控制。

(二)监督抽查时机

工程质量监督注册申请办理完毕,项目工程施工的不同阶段。

(三)监督抽查依据

《建设工程质量管理条例》《中国石油天然气集团公司工程建设项目质量管理规定》及规范标准等。

(四)监督抽查内容

工程质量监督人员抽查,但不局限于下列内容。
(1)原材料、设备等进场报验制度的履行资料。
(2)工序报验及质量验收制度的落实情况。
(3)材料送(取)样检验制度的执行情况。
(4)质量检测检验仪器、设备的合法性。
(5)施工组织设计、施工技术措施、焊接工艺规程、监理指令的执行情况。

表 1-45 施工单位资源投入监督记录

单位工程名称：			第 页,共 页
被检查单位：		监督检查时间	请选择监督检查时间
抽查部位：			

资源投入
必监点第 1 次抽查

序号	抽查内容	是否满足要求	问题情况
1	项目管理人员、特殊工种配备	□是 □否	□未发现问题 □存在问题
2	标准、规范配备	□是 □否	□未发现问题 □存在问题
3	检测仪器、设备、工具配备	□是 □否	□未发现问题 □存在问题

□ 存在问题

添加附件

监督结论：

添加附件

监督工程师		总监督工程师	

（6）无损检测、管道设备试压执行规范标准情况。
（7）施工技术交底记录等资料。
（8）各类专项检查提出的质量问题及整改资料。
（9）监理工程师通知单指出的质量问题及整改资料。
（10）工程质量监督工程师书面通知处理的质量问题及整改资料。

（五）监督抽查记录

监督人员根据抽查内容，及时填写《施工单位质量控制监督记录》表单（表1-46）。对于《施工单位质量控制监督记录》表单覆盖不了的其他检查内容，应同时填写质量监督巡视检查记录。

七、施工单位工程验收

（一）监督抽查频次

至少1次，但覆盖到项目工程所含的重要点位工程。

（二）监督抽查时机

完成检验批、分项、分部（子分部）工程验收，工程质量合格；单位（子单位）工程验收合格；交工资料准备齐全。

（三）监督抽查依据

《建设工程质量管理条例》《中国石油天然气集团公司工程建设项目质量管理规定》及相关的规范标准等。

（四）监督抽查内容

工程质量监督人员抽查，但不局限于下列内容。
（1）检验批、分项、分部（子分部）工程质量验收资料。
（2）单位（子单位）工程质量验收资料。
（3）单位（子单位）工程交工验收申请报告及质量控制资料。

（五）监督抽查记录

监督人员根据抽查内容，及时填写《施工单位工程验收监督记录》表单（表1-47）。对于《施工单位工程验收监督记录》表单覆盖不了的其他检查内容，应同时填写质量监督巡视检查记录。

表 1-46 施工单位质量控制监督记录

单位工程名称:		第 页,共 页
被检查单位:	监督检查时间	请选择监督检查时间
抽查部位:		

质量控制
必监点第 1 次抽查

序号	监督抽查内容	是否符合要求	问题情况
1	原材料、设备等进场报验制度的履行资料	□是 □否	□未发现问题 □存在问题
2	工序报验及质量验收制度的落实情况	□是 □否	□未发现问题 □存在问题
3	材料送(取)样检验制度的执行情况	□是 □否	□未发现问题 □存在问题
4	质量检测检验仪器、设备的合法性	□是 □否	□未发现问题 □存在问题
5	施工组织设计、施工技术措施、焊接工艺规程、监理指令的执行情况	□是 □否	□未发现问题 □存在问题
6	无损检测、管道设备试压执行规范标准情况	□是 □否	□未发现问题 □存在问题
7	施工技术交底记录	□是 □否	□未发现问题 □存在问题

续表

单位工程名称：			第 页,共 页
被检查单位：		监督检查时间	请选择监督检查时间
抽查部位：			
质量控制 必监点第 1 次抽查			
□质量问题整改情况			
专项检查通报名称及问题数量		整改并书面回执	复查情况
		□是　□否	□未发现问题 □存在问题
添加附件			
□监理工程师检查质量问题编号及数量		整改并书面回执	复查情况
		□是　□否	□未发现问题 □存在问题
添加附件			
□质量监督工程师检查质量问题编号及数量		整改并书面回执	复查情况
□		□是　□否	□未发现问题 □存在问题
添加附件			
□存在问题 添加附件			
监督结论： 添加附件			
监督工程师		总监督工程师	

表 1-47 施工单位工程验收监督记录

单位工程名称:			第 页,共 页
被检查单位:		监督抽查时间	请选择监督检查时间
抽查部位:			

工程验收
巡监点第 1 次抽查

序号	监督抽查内容	是否符合要求	问题情况
1	检验批、分项、分部(子分部)工程质量验收资料	□是 □否	□未发现问题 □存在问题
2	单位(子单位)工程质量验收资料	□是 □否	□未发现问题 □存在问题
3	单位(子单位)工程交工验收申请报告及质量控制资料	□是 □否	□未发现问题 □存在问题

□ 存在问题

添加附件

监督结论:

添加附件

监督工程师		总监督工程师	

第七节 检测单位质量行为

一、检测单位质量行为企业资质

(一)抽查频次

至少 1 次。

(二)监督抽查时机

工程报监申请时或第一次检查时。

(三)监督抽查依据

《建设工程质量管理条例》《中国石油天然气集团公司工程建设项目质量管理规定》及相关的工程建设强制性标准、规范,制定本程序。

(四)监督抽查的内容

工程质量监督人员应抽查但不仅限于下列内容:
(1)检查第三方检测单位资质等级。
(2)第三方检测单位资质与工程规模是否符合要求。

(五)监督抽查的记录

工程质量监督人员在进行抽查时,应及时填写《检测单位企业资质监督记录》表单(表1-48)。对于《检测单位企业资质监督记录》表单覆盖不了的其他检查内容,应同时填写质量监督巡视检查记录。

二、检测单位质量行为人员资格

(一)抽查频次

至少 1 次。

(二)监督抽查时机

工程报监申请时或第一次检查时。

(三)监督抽查依据

《建设工程质量管理条例》《中国石油天然气集团公司工程建设项目质量管理规定》及相关的工程建设强制性标准、规范,制定本程序。

表 1-48　检测单位企业资质监督记录

单位工程名称：		第 1 页，共 1 页
被检查单位：	监督检查时间	

监督检查部位：检测单位质量行为

质监点：检测单位企业资质（巡监点） 第 1 次抽查

☑ 企业资质等级

是否提供	资质等级附件	问题情况
□是 □否	添加	□存在问题 □未发现问题

添加：

☑ 企业资质等级与承包规模是否相符

是否已经工程质量监督部门审批签发	承包规模附件	问题情况
□是 □否	添加	□存在问题 □未发现问题

添加：

其他检查内容：

☑ 存在问题：

监督结论：

监督工程师		总监督工程师	

（四）监督抽查的内容

工程质量监督人员应抽查但不仅限于下列内容：

（1）检查检测单位管理人员（项目经理、技术负责人、质检员、安全员等）资格，是否符合标准规范规定。

（2）检查检测单位无损检测操作人员、X射线评（复）片人员的资格是否符合规范要求。

（五）监督抽查的记录

工程质量监督人员在进行抽查时，应及时填写《检测单位人员资格监督记录》表单（表1-49）。对于《检测单位人员资格监督记录》表单覆盖不了的其他检查内容，应同时填写质量监督巡视检查记录。

三、检测单位质量行为质量体系文件

（一）抽查频次

至少2次。

（二）监督抽查时机

第一次检查时及项目实施过程中。

（三）监督抽查依据

《建设工程质量管理条例》、《中国石油天然气集团公司工程建设项目质量管理规定》及相关的工程建设强制性标准、规范，制定本程序。

（四）监督抽查的内容

工程质量监督人员应抽查但不仅限于下列内容：

（1）核查检测单位是否建立了质量责任制，是否有质量管理体系。
（2）是否成立质量管理部门，明确质量责任制。
（3）质量管理体系中是否明确质量目标和质量计划。
（4）检查检测单位是否按照质量管理体系进行质量控制。

（五）监督抽查的记录

工程质量监督人员在进行抽查时，应及时填写《检测单位质量体系文件监督记录》表单（表1-50）。对于《检测单位质量体系文件监督记录》表单覆盖不了的其他检查内容，应同时填写质量监督巡视检查记录。

表 1-49　检测单位人员资格监督记录

单位工程名称:		第 1 页,共 1 页
被检查单位:	监督检查时间	
监督检查部位:检测单位质量行为		
质监点:检测单位人员资格(必监点) 第 1 次抽查		

☑ 无损检测人员资格

X 射线评片人员	姓名	资格证书类型及编号	资格证书附件	问题情况
			添加	□存在问题 □未发现问题
X 射线复片人员	姓名	资格证书类型及编号	资格证书附件	问题情况
			添加	□存在问题 □未发现问题
超声波检测人员	姓名	资格证书类型及编号	资格证书附件	问题情况
			添加	□存在问题 □未发现问题

添加:
其他检查内容:
☑ 存在问题:
监督结论:

监督工程师		总监督工程师	

表 1-50　检测单位质量体系文件监督记录

单位工程名称：		第 1 页，共 1 页	
被检查单位：		监督检查时间	
监督检查部位：检测单位质量行为			
质监点：检测单位质量体系文件（必监点） 第 1 次抽查			
☑ 质量管理机构			
是否成立质量管理机构	质量管理机构附件	问题情况	
□是 □否	添加	□存在问题 □未发现问题	
添加：			
☑ 质量责任制			
是否明确人员的质量责任制	质量责任制附件	问题情况	
□是 □否	添加	□存在问题 □未发现问题	
添加：			
☑ 质量目标：			
是否明确质量目标	质量目标附件	问题情况	
□是 □否	添加	□存在问题 □未发现问题	
添加：			
☑ 质量计划：			
是否编制质量计划	质量计划附件	问题情况	
□是 □否	添加	□存在问题 □未发现问题	
添加：			
其他检查内容：是否按照质量体系进行过程质量检查和控制			
☑ 存在问题：			
监督结论：			
监督工程师		总监督工程师	

四、检测单位质量行为施工组织设计和检测方案

(一)抽查频次

至少1次。

(二)监督抽查时机

工程报监申请时或第一次检查时。

(三)监督抽查依据

《建设工程质量管理条例》《中国石油天然气集团公司工程建设项目质量管理规定》及相关的工程建设强制性标准、规范,制定本程序。

(四)监督抽查的内容

工程质量监督人员应抽查但不仅限于下列内容:
(1)检查检测单位无损检测工艺规程编制的正确性、符合性及审批程序是否符合要求。
(2)检查检测单位无损检测工艺卡编制的正确性与否,是否覆盖本工程所有的检测项目。
(3)无损检测工艺规程及工艺卡编制人员的资格是否符合要求。

(五)监督抽查的记录

工程质量监督人员在进行抽查时,应及时填写《检测单位施工组织设计和检测方案监督记录》表单(表1-51)。对于《检测单位施工组织设计和检测方案监督记录》表单覆盖不了的其他检查内容,应同时填写质量监督巡视检查记录。

五、检测单位资源投入

(一)抽查频次

至少1次,覆盖工程所涉及的所有检测单位。

(二)监督抽查时机

第一次检查及项目实施过程中。

(三)监督抽查依据

《建设工程质量管理条例》《中国石油天然气集团公司工程建设项目质量管理规定》及相关的工程建设强制性标准、规范,制定本程序。

表 1-51　检测单位施工组织设计和检测方案监督记录

单位工程名称：		第 1 页,共 1 页	
被检查单位：		监督检查时间	
监督检查部位:检测单位质量行为			
质监点:检测单位施工组织设计和检测方案(必监点) 第 1 次抽查			
☑无损检测工艺规程			
是否编制,正确性与否	审批页附件	问题情况	
□是 □否	添加	□存在问题 □未发现问题	
编制人员资格及审批程序是否符合要求	审批页、人员资格附件	问题情况	
□是 □否		□存在问题 □未发现问题	
添加:			
☑无损检测工艺卡			
是否编制	审批页附件	问题情况	
□是 □否	添加	□存在问题 □未发现问题	
编制人员资格及审批程序是否符合要求	审批页、人员资格附件	问题情况	
□是 □否		□存在问题 □未发现问题	
正确性与否,是否覆盖本工程检测项目	错误工艺卡附件	问题情况	
□是 □否		□存在问题 □未发现问题	
添加:			
其他检查内容:			
☑存在问题:			
监督结论:			
监督工程师		总监督工程师	

(四)监督抽查的内容

工程质量监督人员应抽查但不仅限于下列内容：

(1)配备的仪器、设备,与施工组织设计的符合性,能否满足工程需要。

(2)配备的检测仪器、设备计量检定情况。

(3)配备标准规范的有效性,是否满足工作需要。

(五)监督抽查的记录

工程质量监督人员在进行抽查时,应及时填写《检测单位资源投入监督记录》表单(表1-52)。对于《检测单位资源投入监督记录》表单覆盖不了的其他检查内容,应同时填写质量监督巡视检查记录。

六、检测单位检测工作质量

(一)抽查频次

至少2次,覆盖工程所涉及的所有检测单位。

(二)监督抽查时机

项目实施过程中。

(三)监督抽查依据

《建设工程质量管理条例》、《中国石油天然气集团公司工程建设项目质量管理规定》及相关的工程建设强制性标准、规范,制定本程序。

(四)监督抽查的内容

工程质量监督人员应抽查但不仅限于下列内容：

(1)抽查检测单位检测指令执行情况。

(2)抽查检测单位射线底片评定正确与否。

(3)抽查检测单位超声波检测的执行情况。

(4)抽查检测单位报告签发的及时性及签发人员的资格情况。

(五)监督抽查的记录

工程质量监督人员在进行抽查时,应及时填写《检测单位检测工作质量监督记录》表单(表1-53)。对于《检测单位检测工作质量监督记录》表单覆盖不了的其他检查内容,应同时填写质量监督巡视检查记录。

表 1-52　检测单位资源投入监督记录

单项(位)工程名称：				第1页,共1页	
被检查单位：		监督检查时间			
监督检查部位：检测单位质量行为					
质监点：检测单位资源投入(巡监点) 第1次抽查					
☑ 仪器、设备：					
主要仪器、设备名称	与施工组织设计/合同的符合性	计量检定情况	附件	问题情况	
			添加	□存在问题 □未发现问题	
添加：					
☑ 标准规范					
标准规范配备情况	有效性	是否满足需要	附件	问题情况	
			添加	□存在问题 □未发现问题	
添加：					
☑					
				问题情况	
			添加	□存在问题 □未发现问题	
添加：					
☑					
				问题情况	
			添加	□存在问题 □未发现问题	
添加：					
其他检查内容：					
☑ 存在问题：					
监督结论：					
监督工程师		总监督工程师			

表 1-53 检测单位检测工作质量监督记录

单项(位)工程名称:				第1页,共1页	
被检查单位:			监督检查时间		
监督检查部位:检测单位质量行为					
质监点:检测单位工作质量(必监点) 第1次抽查					
☑ 检测指令执行情况					
单位工程名称	抽查比例的符合性	执行正确性		附件	问题情况
				添加	☐存在问题 ☐未发现问题
添加:					
☑ 射线底片的评定质量					
抽查焊口编号	评定是否正确			附件	问题情况
				添加	☐存在问题 ☐未发现问题
添加:					
☑ 超声波检测质量					
焊口编号					问题情况
				添加	☐存在问题 ☐未发现问题
添加:					
☑ 检测报告					
检测项目	及时性	签发人员资格		添加	问题情况
射线					☐存在问题 ☐未发现问题
超声					
添加:					
其他检查内容:					
☑ 存在问题:					
监督结论:					
监督工程师			总监督工程师		

第二章　油气田集输及长输管道安装工程质量监督

第一节　油气田集输管道安装工程

一、管道埋深

(一)监督抽查的频次

监督抽查的频次不少于1次,且覆盖到每个标段内的所有施工单位。

(二)监督抽查的时机

工程质量监督人员应事先与监理单位约定抽查的基本单元,根据工程的实际情况,抽查的基本单元可以是一定长度特殊地段或者任意一个检验批管道埋深。

在所约定的地段管道下沟完成且具备检查条件,接到监理单位的报监后,监督机构可组织人员进行该质监点的监督检查。

(三)监督抽查的依据

监督抽查的主要依据有 GB 50819《油气田集输管道施工规范》、SY 4204《石油天然气建设工程施工质量验收规范　油气田集输管道工程》,以及管沟开挖作业指导文件等。

(四)监督抽查的内容

工程质量监督人员应抽查但不限于下列内容:

(1)核查施工单位管沟开挖施工验收记录、管道下沟后管顶标高测量记录、防腐绝缘层电火花检测记录以及工程质量评定记录等工程资料,并经过监理签字确认。

(2)现场实测管顶标高是否符合设计要求,直线段应每100m测一点,曲线段可对曲线的始点、中点和终点进行测量。

(3)核查管道是否放置到管沟中心位置,距沟中心线的偏差应小于150mm,管道壁和管沟壁之间的间隙不应小于150 mm。管道应与沟底充分结合,局部悬空应用细土填塞密实。

(4)核查石方、戈壁或冻土段管沟沟底细土垫层不小于200mm,细土的最大粒径不应大于20mm。

(五)监督抽查的记录

工程质量监督人员在进行监督抽查时,应及时填写《管道埋深监督记录》表单(表2-1)。

表 2-1 管道埋深监督记录

单位工程名称：		第 页,共 页	
被检查单位：	监督检查时间		年 月 日
监督检查部位：			
管道埋深 质监点第　次抽查			

■下沟前检查

焊接、无损检测、补扣补伤 施工已完	石方或戈壁段管沟 细土回填	问题情况
○是　○否	○是　○否	○未发现问题 ○存在问题

■管道埋深检查

■检查区段		○未发现问题 ○存在问题
■管道是否检漏	○是　○否	○未发现问题 ○存在问题
■管道下沟实测数据	距沟中心线的偏差： 管道壁和管沟壁间距：	○未发现问题 ○存在问题
■管道埋深实测数据	管顶标高： 埋深：	○未发现问题 ○存在问题
■管道悬空长度		○未发现问题 ○存在问题

□其他监督检查内容 1. 2.
□存在问题 添加附件
监督结论
添加附件

监督工程师：	总监督工程师：

二、焊接工艺规程

(一)监督抽查的频次

监督抽查要覆盖到各施工单位,抽查数量可根据工程量大小确定,但各单位工程质监点的抽查频次不小于1次。对于需编制监督方案的较大项目,应在方案中明确检查频次。

(二)监督抽查的时机

焊接施工开始前,监督机构收到监理单位书面报监后按照约定的时间进行监督检查。
(1)施工准备阶段,主要检查焊接工艺规程,审批程序。
(2)焊接作业开始,主要检查焊接工艺规程变更情况和焊接工艺规程的执行情况。

(三)监督抽查的依据

监督抽查的主要依据有 SY 4204《石油天然气建设工程施工质量验收规范 油气田集输管道工程》、GB 50819《油气田集输管道施工规范》,以及其他有关标准等。

(四)监督抽查的内容

工程质量监督人员应抽查但不仅限于下列内容:
(1)焊接工艺评定符合规程、规范情况要求。
(2)焊接工艺规程编制、审查、批准、向监理报验情况。
(3)核对现场施焊的管材、焊接材料、焊接方法、焊接方向、接头设计、对口器的类型和拆移、焊接防护措施、焊接工艺参数等是否符合焊接工艺规程的规定。
(4)当变更任何一个基本要素时,是否重新进行了焊接工艺评定;当变更基本要素以外的因素时,是否重新编制了焊接工艺规程。

(五)监督抽查的记录

工程质量监督人员在进行监督抽查时,应及时填写《焊接工艺规程监督记录》表单(表2-2)。对于《焊缝工艺规程监督记录》表单覆盖不了的其他监督检查内容,应同时填写质量监督巡视检查记录。

三、管道焊缝无损检测

(一)监督抽查的频次

监督抽查要覆盖到各检测单位,抽查数量可根据工程量大小确定,但各单位工程质监点的抽查频次不小于1次。对于需编制监督方案的较大项目,应在方案中明确检查频次。

(二)监督抽查的时机

(1)管道焊缝无损检测作业开始前,监督机构收到监理单位书面报监后按照约定的时

表 2-2 焊接工艺规程监督记录

单位工程名称			第 1 页,共 1 页
被检查单位		监督检查时间	
监督检查部位			
焊接工艺规程 质监点第 1 次抽查质监点名称:焊接工艺规程 检查方式:必监点抽查(　　)　　　巡查(　　)			
焊接工艺评定＿＿＿＿（编号）＿＿＿＿符合规程、规范情况			
是否符合要求		存在缺陷	问题情况
○是○否			○未发现问题 ○存在问题
添加 问题情况描述或其他:			
焊接工艺规程＿＿＿＿（编号）＿＿＿＿编制、审查、批准、向监理报验情况			
是否符合要求		存在缺陷	问题情况
○是○否			○未发现问题 ○存在问题
添加 问题情况描述或其他:			
施工现场施焊,焊口号:			
是否符合要求		存在缺陷	问题情况
○是○否			○未发现问题 ○存在问题
添加 问题情况描述或其他:			
变更情况,焊接工艺规程编号:			
是否符合要求		存在缺陷	问题情况
○是○否			○未发现问题 ○存在问题
添加 问题情况描述或其他:			
存在问题 问题情况描述或其他:			
监督结论			
监督工程师:		总监督工程师:	

间进行抽查。

（2）管道焊缝无损检测作业开始后，监督机构收到监理单位书面报监后按照约定的时间进行抽查。

（三）监督抽查的依据

监督抽查的主要依据有 SY 4204《石油天然气建设工程施工质量验收规范　油气田集输管道工程》、GB 50819《油气田集输管道施工规范》、SY/T 4109《石油天然气钢质管道无损检测》，以及其他有关标准等。

（四）监督抽查的内容

工程质量监督人员应抽查但不仅限于下列内容：

管道焊缝无损检测作业开始前：

（1）无损检测工艺文件是否满足规范要求。

（2）无损检测人员资格证书及监理签认的文件。

（3）无损检测监理工程师的无损检测资格证书。

（4）监理单位无损检测工程师对焊缝外观质量的检查记录和对施工单位焊缝外观质量检查合格的签认文件。

（5）对无损检测申请、无损检测指令、审批程序进行抽查，主要抽查检测方法的选取、检测比例及各种焊口（转焊、固定口、弯管等）检测覆盖面、合格等级。

管道焊缝无损检测作业开始后：

（1）RT 检测底片合格判定准确性。

（2）焊缝无损检测指令现场执行情况。

（3）无损检测报告的签认文件。

（五）监督抽查的记录

工程质量监督人员在进行监督抽查时，应及时填写《管道焊缝无损检测监督记录》表单（表2-3）。对于《管道焊缝无损检测监督记录》表单覆盖不了的其他监督检查内容，应同时填写质量监督巡视检查记录。

四、试压

（一）监督抽查的频次

监督抽查要覆盖到各施工单位，抽查数量可根据工程量大小确定，但各单位工程质监点的抽查频次不小于1次。对于需编制监督方案的较大项目，应在方案中明确检查频次。

表 2-3 管道焊缝无损检测监督记录

单位工程名称			第 1 页,共 2 页
被检查单位		监督检查时间	
监督检查部位			
管道焊缝无损检测 质监点第 1 次抽查质监点名称:管道焊缝无损检测 检查方式:必监点抽查( )　　　巡查( )			

无损检测工艺文件是否满足规范要求		
是否符合要求	存在缺陷	问题情况
○是○否		○未发现问题 ○存在问题

添加:
问题情况描述或其他:

无损检测人员资格证书及监理签认的文件		
是否符合要求	存在缺陷	问题情况
○是○否		○未发现问题 ○存在问题

添加:
问题情况描述或其他:

无损检测监理工程师的无损检测资格证书		
是否符合要求	存在缺陷	问题情况
○是○否		○未发现问题 ○存在问题

添加:
问题情况描述或其他:

焊缝外观质量的检查记录		
是否符合要求	存在缺陷	问题情况
○是○否		○未发现问题 ○存在问题

添加:
问题情况描述或其他:

续表

单位工程名称		第 2 页,共 2 页
被检查单位	监督检查时间	
监督检查部位		

管道焊缝无损检测
质监点第 1 次抽查质监点名称:管道焊缝无损检测
检查方式:必监点抽查( )　　　　巡查( )

焊缝无损检测指令

是否符合要求	存在缺陷	问题情况
○是○否		○未发现问题 ○存在问题

添加:
问题情况描述或其他:

无损检测报告是否符合要求

是否符合要求	存在缺陷	问题情况
○是○否		○未发现问题 ○存在问题

添加:
问题情况描述或其他:

存在问题: 问题情况描述或其他:

监督结论

监督工程师:	总监督工程师:

(二)监督抽查的时机

油气集输管道可根据具体情况,在试压过程中到位监督或在试压后检查试压记录。项目监督机构收到监理单位书面报监后可按照约定的时间进行现场监督检查。

(三)监督抽查的依据

监督抽查的主要依据有 SY 4204《石油天然气建设工程施工质量验收规范 油气田集输管道工程》、GB50819《油气田集输管道施工规范》,以及其他有关标准等。

(四)监督抽查的内容

工程质量监督人员应抽查但不仅限于下列内容:

(1)试压方案符合施工规范的规定并经业主或监理单位审批。

(2)试压使用的试压设备及介质的种类符合规定。

(3)试压压力值、稳压时间及合格标准符合设计或相应施工规范的规定。

(4)试压过程的各类记录填写内容符合设计及标准规范要求。

记录管道压力试验参数(MPa)。

GB 50819《油气田集输管道施工规范》

分类	试验介质	强度试验		严密试验	
输油管道一般地段	水	压力值	1.25 倍设计压力值	压力值	设计压力
输油管道人口稠密地区	水	压力值	1.5 倍设计压力值	压力值	设计压力
输气管道一级地区	水或气体	压力值	1.1 倍设计压力值	压力值	设计压力
输气管道二级地区	水或气体	压力值	1.25 倍设计压力值	压力值	设计压力
输气管道三级地区	水	压力值	1.4 倍设计压力值	压力值	设计压力
输气管道四级地区	水	压力值	1.5 倍设计压力值	压力值	设计压力

注:当输油管道采用气体作为试压介质时,其强度试验压力为1.1倍设计压力,严密性试验压力为设计压力。

(五)监督抽查记录

工程质量监督人员在进行监督抽查时,应及时填写《管道试压监督记录》表单(表2-4)。对于《管道试压监督记录》表单覆盖不了的其他监督检查内容,应同时填写质量监督巡视检查记录。

表 2-4 管道试压监督记录

单位工程名称		第 1 页,共 1 页
被检查单位	监督检查时间	
监督检查部位		

管道试压 质监点第 1 次抽查质监点名称:管道试压 检查方式:必监点抽查( )　　　巡查( )		
试压方案符合施工规范的规定并经业主或监理单位审批		
是否符合要求	存在缺陷	问题情况
○是　○否		○未发现问题 ○存在问题
问题情况描述或其他:		
试压使用的试压设备及介质的种类符合规定		
是否符合要求	存在缺陷	问题情况
○是　○否		○未发现问题 ○存在问题
问题情况描述或其他:		
试压压力值、稳压时间及合格标准符合设计或相应施工规范的规定		
是否符合要求	存在缺陷	问题情况
○是　○否		○未发现问题 ○存在问题
问题情况描述或其他:		
试压过程的各类记录填写内容符合设计及标准规范要求		
是否符合要求	存在缺陷	问题情况
○是　○否		○未发现问题 ○存在问题
问题情况描述或其他:		
存在问题 问题情况描述或其他:		
监督结论		
监督工程师:	总监督工程师:	

第二节 长输管道安装工程

一、特殊地段回填

(一)监督抽查的频次

监督抽查的频次不少于1次,且覆盖到每个标段内的所有施工单位。

(二)监督抽查的时机

工程质量监督人员应事先与监理单位约定抽查的基本单元,根据工程的实际情况,抽查的基本单元可以是一定长度的石方段、戈壁段、黄土塬地段、陡坡地段、水网沼泽地段、冻土段、河流段管沟。

在所约定的特殊地段细土回填、稳管措施完成具备检查条件,接到监理单位的报监后,监督机构可组织人员进行该质监点的监督检查。

(三)监督抽查的依据

监督抽查的主要依据有 GB 50369《长输管道工程施工验收规范》、SY 4208《石油天然气建设工程施工质量验收规范输油输气管道线路工程》,以及管沟回填作业指导文件等。

(四)监督抽查的内容

工程质量监督人员应抽查但不限于下列内容:

(1)核查施工单位管沟开挖施工验收记录、防腐绝缘层电火花检测记录、防腐补口剥离强度试验记录及工程质量评定记录等工程资料,并经过监理签字确认。

(2)核查稳管设施的安装是否符合设计要求。

(3)复测管沟中心线、沟底标高、沟底宽度、变坡点位移的允许偏差是否符合下表规定。

项目	允许偏差,mm
管沟中心线偏移	<150
沟底标高	+50,-100
沟底宽度	-100
变坡点位移	<1000

(4)核查管道下沟后,回填土是否符合下列要求:

① 回填土应平整密实。

② 石方、戈壁或冻土段管沟应先回填细土至管顶上方300mm,后回填原土石方。细土的最大粒径不应大于20mm,原土石方最大粒径不得大于250mm。

③ 黄土塬地段管沟回填应按设计要求做好垫层及夯实。

④陡坡地段管沟回填宜采取袋装土分段回填。

⑤填土宜高出地面0.3m以上,覆土应与管沟中心线一致,其宽度为管沟上开口宽度,并应做成有规则的外形。管道最小覆土层厚度应符合设计要求。

⑥沿线施工时破坏的挡水墙、田埂、排水沟、便道等地面设施应及时恢复。

(5)核查回填后可能遭受洪水冲刷或浸泡的管沟,是否采取压实管沟、引流或压沙袋等防冲刷、防管道漂浮的措施。

(五)监督抽查的记录

工程质量监督人员在进行监督抽查时,应及时填写《特殊地段管沟回填监督记录》表单(表2-5)。

二、管道埋深

(一)监督抽查的频次

监督抽查的频次不少于1次,且覆盖到每个标段内的所有施工单位。

(二)监督抽查的时机

工程质量监督人员应事先与监理单位约定抽查的基本单元,根据工程的实际情况,抽查的基本单元可以是一定长度特殊地段或者任意一个检验批管道埋深。

在所约定的地段管道下沟完成且具备检查条件,接到监理单位的报监后,监督机构可组织人员进行该质监点的监督检查。

(三)监督抽查的依据

监督抽查的主要依据有GB 50369《长输管道工程施工验收规范》、SY 4208《石油天然气建设工程施工质量验收规范输油输气管道线路工程》,以及管沟开挖作业指导文件等。

(四)监督抽查的内容

工程质量监督人员应抽查但不限于下列内容:

(1)核查施工单位管沟开挖施工验收记录、管道下沟后管顶标高测量记录、防腐绝缘层电火花检测记录以及工程质量评定记录等工程资料,并经过监理签字确认。

(2)现场实测管顶标高是否符合设计要求,直线段应每100m测一点,曲线段可对曲线的始点、中点和终点进行测量。

(3)核查管道是否放置到管沟中心位置,距沟中心线的偏差应小于150mm,管道壁和管沟壁之间的间隙不应小于150mm。管道应与沟底充分结合,局部悬空应用细土填塞密实。

(4)核查石方、戈壁或冻土段管沟沟底细土垫层不小于200mm,细土的最大粒径不应大于20mm。

(五)监督抽查的记录

工程质量监督人员在进行监督抽查时,应及时填写《管道埋深监督记录》表单(表2-6)。

表 2-5 特殊地段管沟回填监督记录

单位工程名称			第 页,共 页	
被检查单位		监督检查时间	年 月 日	
监督检查部位				
特殊地段回填 质监点第　次抽查				
■下沟前检查				
焊接、无损检测、补扣补伤 施工已完 ○是　○否		石方或戈壁段管沟 细土回填 ○是　○否	问题情况 ○未发现问题 ○存在问题	
■管道下沟回填检查				
■检查区段			○未发现问题 ○存在问题	
■管道是否检漏	○是　○否		○未发现问题 ○存在问题	
■回填土是否平整密实	○是　○否		○未发现问题 ○存在问题	
■管道下沟实测数据	管道下沟吊点数量：　　　距沟中心线的偏差： 管道壁和管沟壁间距：		○未发现问题 ○存在问题	
■管道回填实测数据	管顶上方回填土厚度：　　回填土最大粒径： 原土石方最大粒径：		○未发现问题 ○存在问题	
■管道悬空长度			○未发现问题 ○存在问题	
■管道埋深				
■管顶标高			○未发现问题 ○存在问题	
■实测埋深			○未发现问题 ○存在问题	
□其他监督检查内容 1. 2.				
□存在问题				
监督结论				
监督工程师：		总监督工程师：		

表 2-6 管道埋深监督记录

单位工程名称：		第 页,共 页	
被检查单位：	监督检查时间		年 月 日
监督检查部位：			
管道埋深 质监点第　次抽查			

■下沟前检查

焊接、无损检测、补扣补伤 施工已完	石方或戈壁段管沟 细土回填	问题情况
○是　○否	○是　○否	○未发现问题 ○存在问题

■管道埋深检查

■检查区段		○未发现问题 ○存在问题
■管道是否检漏	○是　○否	○未发现问题 ○存在问题
■管道下沟实测数据	距沟中心线的偏差： 管道壁和管沟壁间距：	○未发现问题 ○存在问题
■管道埋深实测数据	管顶标高： 埋深：	○未发现问题 ○存在问题
■管道悬空长度		○未发现问题 ○存在问题

□其他监督检查内容 1. 2.
□存在问题 添加附件
监督结论   添加附件

监督工程师：	总监督工程师：

三、焊接工艺规程

(一)监督抽查的频次

监督抽查的频次不少于 1 次,且覆盖到每种材质的管材。

(二)监督抽查的时机

因为焊接工艺评定是验证和确定拟定的管道焊接工艺是否达到设计要求的基本方法,合格的焊接工艺评定报告是编制现场焊接工艺规程的依据,所以,这些工作必须在施工准备阶段完成,并经监理审批。

管道焊接施工开始后,监督机构收到监理单位书面报监后,按照约定的时间到现场进行监督检查。

(三)监督抽查的依据

监督抽查的主要依据有 GB 50369《长输管道工程施工验收规范》、SY 4208《石油天然气建设工程施工质量验收规范输油输气管道线路工程》、SY/T 4103《钢制管道焊接及验收》以及国家相关标准规范。

(四)监督抽查的内容

工程质量监督人员应抽查但不限于下列内容:

(1)核查焊接工艺评定报告和焊接工艺规程(包括返修焊接工艺规程)的编制是否符合 SY/T 4103《钢制管道焊接及验收》的规定,是否由具有相应能力的单位出具,并经审核批准。

(2)核查现场施焊的管材、焊接材料、焊接方法、焊接方向、接头设计、对口器的类型和拆移、焊接防护措施、焊接工艺参数是否符合焊接工艺规程的规定。

(3)当焊接工艺规程中的基本要素变更时,应对焊接工艺重新评定,当焊接工艺规程有基本要素以外的变更时,应修订焊接工艺规程,但不必对焊接工艺重新评定。基本要素的变更见下表。

序号	基本要素	需重新进行工艺评定时基本要素的变更要求
1	焊接方法	焊接工艺规程中焊接方法的变更
2	管材	焊接工艺规程中管材组别的变更。所有碳钢及低合金钢分组如下: (1)规定最小屈服强度小于或等于 290MPa。 (2)规定最小屈服强度高于 290MPa,但小于 448MPa。 (3)对最小屈服强度为 448MPa 或高于此值的各级碳钢及低合金钢均应进行单独的评定试验
3	接头设计	接头设计的重大变更(如 V 型坡口改为 U 型坡口,或反之)。坡口角度或钝边的变更不属于基本要素

续表

序号	基本要素	需重新进行工艺评定时基本要素的变更要求
4	焊接位置	由旋转焊变为固定焊,或反之。固定焊应指明水平固定焊接位置(5G)、垂直焊接位置(2G)或45°倾斜固定管位置(6G)。6G位可替代5G位和2G位,其他不可相互替代
5	壁厚	从一个壁厚分组到另一个壁厚分组的变更
6	填充金属	填充金属的下列变更: (1)从一组填充金属变为另一组填充金属。 (2)对于规定最小屈服强度大于或等于448MPa的管材填充进行型号的变更
7	电特性	直流焊接时焊条(焊丝)接正变更为接负或反之;将直流电变为交流电或反之。焊接电流和电压的变更
8	焊道之间时间间隔	完成根焊和开始第二层焊之间允许最大时间间隔的增加
9	焊接方向	从下向焊改为上向焊,或者反之
10	保护气体和流量	一种气体换成另一种气体,或一种混合气体换成另一种混合气体,或保护气体流量范围较大地增加或减少
11	保护焊剂	保护焊的变更
12	焊接速度	焊接速度范围的变更
13	预热	降低焊接工艺规程的最低预热温度
14	焊后热处理	增加或取消焊后热处理工艺或改变焊接工艺规程中焊后热处理的温度

(4)现场焊接作业人员资格与所从事的焊接作业是否相符合。

(5)现场焊接作业采用的焊接参数是否符合焊接工艺规程的要求。

(五)监督抽查的记录

工程质量监督人员在进行监督抽查时,应及时填写《焊接工艺规程监督记录》表单(表2-7)。

四、焊缝外观

(一)监督抽查的频次

监督抽查的数量不小于焊口总数的0.5‰,且覆盖到单项工程内所有焊接机组。

(二)监督抽查的时机

因长输管道工程焊接施工为连续作业,所以工程质量监督人员应事先与监理单位约定抽查的基本单元,根据工程的实际情况,抽查的基本单元可以是一段时间、一定数量、一个机组或特殊地段或部位的焊缝。

表 2-7 焊接工艺规程监督记录

单位工程名称					第　页,共　页	
被检查单位			监督检查时间		年　月　日	
监督检查部位						
焊接工艺规程 质监点第　次抽查						

■管材

钢管编号	管材规格及材质	使用部位	质量证明文件	是否报验	问题情况
			附件:添加附件	○是○否	○未发现问题 ○存在问题

■焊材

焊材品牌及标准号	批号及数量	合格证	检验报告	是否报验	问题情况
		附件:添加附件	附件:添加附件	○是○否	○未发现问题 ○存在问题

■焊工资格

焊工姓名	资格证书	上岗证书	是否报验	问题情况
	附件:添加附件	附件:添加附件	○是○否	○未发现问题 ○存在问题

■计量器具

工具名称	规格型号	检定证书	是否报验	问题情况
		附件:添加附件	○是○否	○未发现问题 ○存在问题

续表

单位工程名称			第 页,共 页	
被检查单位		监督检查时间	年 月 日	
监督检查部位				
焊接工艺规程 质监点第 次抽查				
■焊接工艺参数				
	■焊口编号			○未发现问题 ○存在问题
	■焊接工艺规程编号			○未发现问题 ○存在问题
	■焊接方法	○ GTAW ○ GMAW ○ FCAW ○ SMAW		○未发现问题 ○存在问题
	■对口方式	○外对口器　○内对口器		○未发现问题 ○存在问题
	■加热方式	○火焰加热　○电加热		○未发现问题 ○存在问题
	■温度	预热温度：　层间温度：		○未发现问题 ○存在问题
	■电流	根焊：　热焊： 填充：　盖面：		○未发现问题 ○存在问题
	■电压	根焊：　热焊： 填充：　盖面：		○未发现问题 ○存在问题
	■现场环境	环境温度：　环境湿度： 风速：		○未发现问题 ○存在问题
	■对口器撤离情况			○未发现问题 ○存在问题
	■焊后热处理			○未发现问题 ○存在问题
	■焊接层数			○未发现问题 ○存在问题
添加				
□其他监督检查内容 1. 2.				
□存在问题 添加附件				
监督结论 				
添加附件				
监督工程师：		总监督工程师：		

在所约定的基本单元焊接作业完成具备检查条件,接到监理单位的报监后,监督机构可组织人员进行该质监点的监督检查。

(三)监督抽查的依据

监督抽查的主要依据有 GB 50369《长输管道工程施工验收规范》、SY 4208《石油天然气建设工程施工质量验收规范输油输气管道线路工程》、TSG Z6002《特种设备焊接操作人员考核细则》以及现行国家、行业其他有关标准规范等。

(四)监督抽查的内容

工程质量监督人员应抽查但不限于下列内容:

(1)核查焊接作业人员资格是否与所从事的焊接作业相适应,是否与向监理报验的资格相符。

(2)使用焊缝检验尺、专用量规、钢卷尺等测量方法检查焊缝外观表面质量,应符合下列规定:

① 焊缝外观成型应均匀一致,焊缝及其热影响区表面上不得有裂纹、未熔合、气孔、夹渣、飞溅、弧坑等缺陷;

② 焊缝表面不应低于母材表面,焊缝余高应在 0~3mm 范围内,向母材的过渡应平滑;

③ 焊缝表面每侧宽度宜比坡口表面宽 1~2mm;

④ 咬边的最大尺寸应符合下表规定。

深度	长度
小于或等于 0.4mm,小于或等于管壁厚的 6%,取二者中的较小值	任何长度均为合格
大于 0.4mm 且小于或等于 0.8mm,大于管壁厚的 6% 且小于或等于 12.5%,取二者中的较小值	在焊缝任何 300mm 连续长度上不超过 50mm,或焊缝长度的 1/6,取二者中的较小值
大于 0.8mm,大于管壁厚的 12.5%,取二者中的较小值	任何长度均为合格

(3)工程质量监督人员还应对焊口组对、钢管短节长度等其他有关质量情况进行监督抽查。

(4)核查焊口焊完后是否清除表面焊渣和飞溅;焊口是否有标志,焊口标志应包括工程名称缩写、标段号、桩位号、流水号,标志可用记号笔写在距焊口(油、气流动方向下游)1m处防腐层表面,并应同时做好焊接记录。

(5)核查焊缝返修及处理是否符合下列规定:

① 所有带裂纹的焊缝应从管线上切除,焊道出现的非裂纹性缺陷,可直接返修;

② 焊缝返修应使用评定合格的返修焊接工艺规程。焊缝在同一部位的返修不应超过 2 次,根部只应返修 1 次。返修后,宜按原标准检测。

(6)工程质量监督人员应对钢管、防腐管及焊接材料质量证明文件或复验报告、施工单位焊缝外观质量检查记录、监理人员的检查记录及监理单位对施工单位材料和工序报验的签认文件等资料进行监督抽查。

(五)监督抽查的记录

工程质量监督人员在进行监督抽查时,应及时填写《焊缝外观监督记录》表单(表 2-8)。

五、焊缝无损检测

(一)监督抽查的频次

监督抽查的数量不小于焊口总数的 1‰,且覆盖到单项工程内所有焊接机组。

(二)监督抽查的时机

基本单元焊接结束,管道焊缝补口前,有可供抽查的工程部位,且该部位焊缝外观检查合格,无损检测完成并出具了检测报告,监督机构接到监理单位的报监后,按照约定的时间进行监督检查。抽查的基本单元可以是一个时期、一个机组、一个检验批或者一个分项工程等。

(三)监督抽查的依据

监督抽查的主要依据有 GB 50369《长输管道工程施工验收规范》、SY 4208《石油天然气建设工程施工质量验收规范输油输气管道线路工程》、SY/T 4109《石油天然气钢制管道无损检测》、GB/T 50818《石油天然气管道工程全自动超声波检测技术规范》以及现行国家行业其他有关标准规范等。

(四)监督抽查的内容

工程质量监督人员应抽查但不限于下列内容:

(1)核查无损检测工艺规程是否满足规范要求。无损检测工艺规程应包括专用规程和工艺卡。

无损检测专用工艺规程应按设计文件和设计指定标准编制,满足石油天然气有关安全、环保、防护等相关法规、标准的要求。应由无损检测中级(Ⅱ级)及以上人员编制,无损检测责任工程师审核,本单位技术负责人批准。无损检测专用工艺规程修订、更改时也应履行上述程序。无损检测工艺卡应根据工艺规程编制。

表 2-8 焊缝外观监督记录

单位工程名称						第　页,共　页	
被检查单位				监督检查时间		年　月　日	
监督检查部位							
焊缝外观 必监点第　次抽查							
□焊缝外观质量							
焊缝编号	宽度	余高	错边	咬边是否合格	存在缺陷	问题情况	
				○是　○否	请选择	○未发现问题 ○存在问题	
□其他焊缝质量							
焊口编号	短接长度		外观修补长度		制管焊缝组对错开间距	问题情况	
						○未发现问题 ○存在问题	
□焊工资格							
焊工姓名		资格证书		上岗证书		问题情况	
						○未发现问题 ○存在问题	
□其他监督检查内容 1. 2.							
□存在其他问题 添加附件							
监督结论							
监督工程师:				总监督工程师:			

无损检测工艺卡应由无损检测中级（Ⅱ级）及以上人员编制，无损检测责任工程师审核。无损检测工艺卡修订、更改时也应履行上述程序。

（2）核查无损检测人员资格证书及监理签认的文件。检测单位的无损检测人员必须持有国家有关部门颁发的并与所从事工作相适应的资格证书，方可从事检验检测工作，并应有监理单位对人员资格的审核签认。检验检测人员从事检验检测工作，必须在特种设备检验检测机构执业，但不得同时在两个以上检验检测机构中执业。

（3）核查无损检测监理工程师的无损检测资格证书。现场负责无损检测监理工作和签发无损检测报告的监理工程师应持有国家有关部门颁发的与所从事工作相适应的Ⅱ级及Ⅱ级以上无损检测资格证书。

（4）核查现场无损检测方法和比例执行情况。

① 输油管道的无损检测方法及比例应符合下列规定：

a）采用射线检测检验时，应对焊工当日所焊不少于30%的焊缝全周长进行射线检测；

b）采用超声检测时，应对焊工当日所焊焊缝的全部进行检查，并对其中10%环焊缝的全周长用射线检测复验；

c）对通过居民区、工矿企业和穿越、跨越大中型水域、一二级公路、铁路、隧道的管道环焊缝，以及所有碰死口焊缝，应进行100%超声检测和射线检测。

② 输气管道的检测方法及比例应符合下列规定：

a）所有焊接接头应进行全周长100%无损检测，无损检测方法应选用射线检测和超声检测。焊缝表面缺陷应选用磁粉或液体渗透检测。

b）当采用超声检测对焊缝进行无损检测时，应按下列比例采用射线检测对每个焊工或流水作业焊工组当天完成的全部焊缝进行复验：一级地区中焊缝的5%，二级地区中焊缝的10%，三级地区中焊缝的20%。

c）穿越、跨越水域、公路、铁路的管道焊缝，弯头与直管段焊缝及未经试压的管道碰死口焊缝，均应进行100%超声检测和射线检测。

（5）核查无损检测合格级别。无损检测应符合国家现行标准GB/T 50818《石油天然气管道工程全自动超声波检测技术规范》和SY/T 4109《石油天然气钢质管道无损检测》的规定，射线检测及超声检测的合格等级均应为Ⅱ级。

（6）核查射线底片质量及评定的准确性。抽查底片标记、成像质量、透照方式、黑度、像质计灵敏度等是否符合要求，底片评定范围内不应有妨碍缺欠影像识别的水迹、划痕、斑纹等伪缺陷影像。

抽查一定数量的底片，应覆盖到转动口、固定口、与管件连接的焊口，核查检测工作是否按规定的焊缝无损检测验收标准对缺陷进行评定和分级,缺欠(陷)的定性、定量是否准确。

(7)核查不合格焊口的返修、处理及扩探情况。射线检测复验、抽查中,有一个焊口不合格,应对该焊工或流水作业焊工组在该日或该检查段中焊接的焊口加倍检查。如再有不合格的焊口,则对其余的焊口逐个进行射线检测。

(8)核查无损检测报告是否符合情况。核查检测报告中检测比例、检测标准、透照方式、检测工艺、缺陷评定、报告签署等是否符合要求;出具无损检测报告的人员及审核人员具有与从事的检测工作相适应的Ⅱ级及Ⅱ级以上无损检测资格。

(五)监督抽查的记录

工程质量监督人员在进行监督抽查时,应及时填写《焊缝无损检测监督记录》表单(表2-9)。

六、管段施压

(一)监督抽查的频次

监督抽查的频次不小于1次,且覆盖到单项工程内所有施工单位。

(二)监督抽查的时机

试压管段焊接、无损检测、补口、补伤、下沟回填、清管测径施工完毕验收合格,管道试压已经进入升压阶段,监督机构收到报监,按照约定的时间到位进行监督检查。

(三)监督抽查的依据

监督抽查的主要依据有GB 50369《长输管道工程施工验收规范》、SY 4208《石油天然气建设工程施工质量验收规范输油输气管道线路工程》以及批准的试压方案等。

(四)监督抽查的内容

工程质量监督人员应抽查但不限于下列内容:

(1)核查现场监理人员对管道焊接、无损检测、补口、下沟回填或穿跨越、清管测径等合格认定的书面文件,包括:无损探伤报告、补口补伤记录、电火花检漏记录、管沟回填相关记录、管道清管测径记录和分项工程质量评定记录等工程资料。

(2)核查施工单位编制的施压方案与施工规范的符合性。

①试压介质的选用应符合下列规定:

a)输油管道试压介质应采用水,在高寒、陡坡等特殊地段,经设计校核可采用空气作为

表 2-9 焊缝无损检测监督记录

单位工程名称				第 页,共 页	
被检查单位			监督检查时间	年 月 日	
监督检查部位					
焊缝无损检测 必监点第 次抽查					

□ 人员资格					
姓名	持证项目—级别	执业单位	资格证书	是否报验	问题情况
			附件:	○是 ○否	○未发现问题 ○存在问题

□ 检测设备/仪器				
设备名称	规格型号	合格证	是否报验	问题情况
			○是 ○否	○未发现问题 ○存在问题

□ 材料				
材料名称	规格型号	合格证	是否报验	问题情况
			○是 ○否	○未发现问题 ○存在问题

□ 资料核查			
□检测工艺规程	编制程序符合要求:○是 ○否 内容符合要求:○是 ○否 附件:		○未发现问题 ○存在问题
□检测工艺卡	编制程序符合要求:○是 ○否 内容符合要求:○是 ○否 附件:		○未发现问题 ○存在问题
□检测指令、检测记录、检测报告	齐全:○是 ○否 及时:○是 ○否 内容符合要求:○是 ○否 附件:		○未发现问题 ○存在问题
□检测比例	比例值: 符合设计要求:○是 ○否		○未发现问题 ○存在问题

续表

单位工程名称		第 页,共 页
被检查单位	监督检查时间	年 月 日
监督检查部位		

焊缝无损检测 必监点第 次抽查

☐ 线路无损检测

焊缝编号	黑度	像质指数	底片质量	原评定级别	现评定级别	问题情况
						○未发现问题 ○存在问题

☐ 连头死口无损检测

焊缝编号	黑度	像质指数	底片质量	原评定级别	现评定级别	问题情况
						○未发现问题 ○存在问题

☐ 返修口无损检测

焊缝编号	黑度	像质指数	底片质量	原评定级别	现评定级别	问题情况
						○未发现问题 ○存在问题

☐ 其他监督检查内容
1.
2.

☐ 存在其他问题

添加附件

监督结论

监督工程师:	总监督工程师:

试压介质,但管材必须满足止裂要求。试压时必须采取防爆安全措施。

b)输气管道位于一、二级地区的管段宜用水作试压介质,在高寒、陡坡等特殊地段可采用空气作试压介质。

c)输气管道位于三、四级地区的管段应采用水作试压介质。

d)管道试压水质应使用洁净水。

② 分段施压应符合下列规定:

a)水压试验的管段长度不宜超过35km,应根据该段的纵断面图,计算管道低点的静水压力,核算管道低点试压时所承受的环向应力,其值不应大于管材最低屈服强度的0.9倍,对特殊地段经设计允许,其值最大不得大于0.95倍。试验压力值的测量应以管道最高点测出的压力值为准,管道最低点的压力值应为试验压力与管道液位高差静压之和。

b)气压试验的管段长度不宜超过18km。

③ 水压试验应符合下列规定:

a)水压试验应符合现行国家标准GB/T 16805《液体石油管道压力试验》的有关规定。

b)试压充水宜加入隔离球,并应在充水时采取背压措施,以防止空气存于管内,隔离球可在试压后取出。应避免在管线高点开孔排气。压力试验宜在24h后进行,以缩小温度差异。

c)输油管道分段水压试验时的压力值、稳压时间及合格标准应符合所执行标准的要求。

d)架空输气管道采用水压试验前,应核算管道及其支撑结构的强度,必要时应临时加固,防止管道及支撑结构受力变形。

e)试压宜在环境温度5℃以上进行,当不能满足时,应采取防冻措施。

f)试压合格后,应将管段内积水清扫干净,山区清扫时应采取背压等措施,清扫出的污物应排放到规定区域,清扫应以不再排出游离水为合格。

④ 气压试验应符合下列规定:

a)试压用的压力表应经过校验,并应在有效期内。压力表精度不应低于1.6级,量程应为被测最大压力的1.5~2倍,表盘直径不应小于150mm,最小刻度应能显示0.05MPa。试压时的压力表不应少于2块,并应分别安装在试压管段的两端。稳压时间应在管段两端压力平衡后开始计算。试压管段的两端应各安装1支温度计,且应避免阳光直射,温度计的最小刻度应小于或等于1℃。

b)试压时的升压速度不宜过快,压力应缓慢上升,每小时升压不得超过1MPa。当压力升至 0.3 倍和 0.6 倍强度试验压力时,应分别停止升压,稳压 30min,并应检查系统有无异常情况,如无异常情况可继续升压。

c) 检漏人员在现场查漏时,管道的环向应力不应超过钢材规定的最低屈服强度的 20%;在管道的环向应力首次开始从钢材规定的最低屈服强度的 50% 提升到最高试验压力,直到又降至设计压力为止的时间内,试压区域内严禁有非试压人员,试压巡检人员应与管线保持 6m 以上的距离。试压设备和试压段管线 50m 以内为试压区域。

d) 油气管道分段气压试验的压力值、稳压时间及合格标准应符合下表的规定。

分类		强度试验	严密性试验
输油管道	压力值,MPa	1.1 倍试验压力	设计压力
	稳压时间,h	4	24
一级地区输气管道	压力值,MPa	1.1 倍试验压力	设计压力
	稳压时间,h	4	24
二级地区输气管道	压力值,MPa	1.25 倍试验压力	设计压力
	稳压时间,h	4	24
合格标准		不破裂、无泄漏	压降不大于 1% 试验压力值,且不大于 0.1MPa

e) 气体排放口不得设在人口居住稠密区、公共设施集中区。

(3) 核查所有受压系统的阀门、管件的压力等级是否符合规定的试验压力,管口焊接、管道补口及补伤、螺纹连接及法兰连接、阀门设备是否已验收合格。

(4) 核查试验设备及辅助设施、测量用仪器、仪表是否与试压方案相符,满足试压的需要并经检验合格,安装是否正确。

(5) 核查分段试压是否符合规范规定的长度、高差。

(6) 核查试压使用的试压介质的种类是否符合规定。

(7) 核查升压过程是否按相应规范及批准的方案进行。

(8) 核查水压试验受压系统是否被试压介质充满,并按规定进行排空。

(9) 核查强度和严密性试验结果是否符合设计文件或施工规范的规定。

(10) 检查管道试压过程建立的各类记录是否能清楚反映管道的试压按要求完成。

(五) 监督抽查的记录

工程质量监督人员在进行监督抽查时,应及时填写《管段施压监督记录》表单(表 2–10)。

表 2-10 管段施压监督记录

单位工程名称				第 页,共 页	
被检查单位			监督检查时间	年 月 日	
监督检查部位					
管段施压 必监点第 次抽查					

☐ 计量器具

器具名称	规格型号	检定证书	是否向监理报验	问题情况
压力表		附件:	○是 ○否	○未发现问题 ○存在问题
温度计		附件:	○是 ○否	○未发现问题

☐ 现场施压

施压部位	环境温度	水质情况	试压装置及连接	问题情况
		○是 ○否	○是 ○否	○未发现问题 ○存在问题

☐ 资料核查

☐无损检测报告	内容符合要求:○是 ○否 附件:	○未发现问题 ○存在问题
☐清管、测径记录	内容符合要求:○是 ○否 附件:	○未发现问题 ○存在问题
☐试压方案审批	审批程序符合要求:○是 ○否 附件:	○未发现问题 ○存在问题
☐补口补伤记录、电火花检漏记录	内容符合要求:○是 ○否 附件:	○未发现问题 ○存在问题

续表

单位工程名称		第 页,共 页
被检查单位	监督检查时间	年 月 日
监督检查部位		

管段施压 必监点第 次抽查

☐试压记录		
☐强度施压	强度试压值:稳压时间:	○未发现问题 ○存在问题
☐严密性施压	严密性试压值:稳压时间:	○未发现问题 ○存在问题
☐试压结果		○未发现问题 ○存在问题
☐试压记录	附件:	○未发现问题 ○存在问题

☐其他监督检查内容 1. 2.

☐存在问题

监督结论

监督工程师:	总监督工程师:

七、输气管道干燥

(一)监督抽查的频次

监督抽查的频次不小于1次,且覆盖到单项工程内所有施工单位。

(二)监督抽查的时机

输气管道试压、清管测径结束后,干燥施工正在进行时,监督机构收到报监,按照约定的时间到位监督检查。

(三)监督抽查的依据

监督抽查的主要依据有 GB 50369《长输管道工程施工验收规范》、SY/T 4114《天然气输送管道干燥施工技术规范》以及批准的干燥方案等。

(四)监督抽查的内容

工程质量监督人员应抽查但不限于下列内容:

(1)核查现场监理人员对管道试压、清管测径等合格认定的书面文件,包括:管道试压报告、管道清管、测径记录和分项工程质量评定记录等工程资料。

(2)核查输气管道干燥前管道内游离水清扫情况。使用机械清管器进行检验,应以末端没有明水为合格。使用泡沫清管器进行检验,合格标准为连续两个泡沫清管器含水量不大于($1.5DN/1000$)kg。清管器的过盈量可取管道内径的3%~8%。

(3)核查施工单位编制的干燥方案与施工技术规范的符合性。

① 干燥验收应符合下列规定:

a)当采用干燥气体或氮气干燥时,密闭试验后露点升高不超过3℃,且不高于-20℃的空气露点,为合格。

b)当采用干燥剂干燥时,干燥后管道末端排出的混合液中,干燥剂含水量的质量分数应小于20%为合格。

c)当采用真空法时,当管内压力降到0.1kPa(管内气体对应的露点为-20℃)时,应关闭真空泵组,密闭24h,观察管道内压力的变化,如压力的变化值小于0.6kPa,即为合格。

② 在干燥验收合格后,应向管道内注入露点不低于-40℃、压力为50~70kPa的干空气或氮气,保持管道密闭,并应对管道进行密封和标识。

(4)核查干燥残液、残气的排放情况以及干燥结果是否达到标准要求。

(五)监督抽查的记录

工程质量监督人员在进行监督抽查时,应及时填写《输气管道干燥监督记录》表单(表2-11)。

表 2-11 输气管道干燥监督记录

单位工程名称			第 页,共 页	
被检查单位		监督检查时间		年 月 日
监督检查部位				

输气管道干燥
必监点第 次抽查

□ 干燥方案

方案内容是否符合标准要求	方案审批情况	问题情况
○是 ○否	附件:	○未发现问题 ○存在问题

□ 管道干燥

□管道规格		○未发现问题 ○存在问题
□干燥区间		○未发现问题 ○存在问题
□密闭试验时露点温度		○未发现问题 ○存在问题
□测试条件是否符合标准要求	○是 ○否	○未发现问题 ○存在问题
□干燥前管道扫水检验记录	附件:	
□管道干燥施工记录	附件:	

□ 露点仪

规格型号	有效日期	检定报告	问题情况
		附件:	○未发现问题 ○存在问题

□其他监督检查内容
1.
2.

□存在问题
添加附件

监督结论

监督工程师:	总监督工程师:

八、管道测径

（一）监督抽查的频次

监督抽查的频次不小于 1 次，且覆盖到单项工程内所有施工单位。

（二）监督抽查的时机

管道清管结束后，监督机构收到报监，按照约定的时间到位监督检查。管道测径应在试压前后分别进行测径，监督人员可选择清管结束后到现场监督检查，也可在管道试压合格后监督检查。

（三）监督抽查的依据

监督抽查的主要依据有 GB 50369《长输管道工程施工验收规范》、SY 4208《石油天然气建设工程施工质量验收规范输油输气管道线路工程》以及批准的管道清管测径方案等。

（四）监督抽查的内容

工程质量监督人员应抽查但不限于下列内容：

（1）核查现场监理人员对管道清管合格认定的书面文件，包括：管道清管记录和分项工程质量评定记录等工程资料。

（2）核查管道清管施工作业是否符合规范要求。

① 采用清管球（器）进行清管，清管介质应用空气。清管次数不应少于 2 次，以开口端不再排出杂物为合格。

② 分段清管应设临时清管器收发装置，清管器接收装置应选择在地势较高且 50m 内没有建筑物和人口的区域内，并应设置警示标志。

③ 清管宜选用复合式清管器，管径较小时也可选用清管球。清管球充水后直径过盈量应为管内径的 5%～8%。

④ 清管时的最大压力不得超过管材最小屈服强度的 30%。

⑤ 清管器应适用于管线弯管的曲率半径。

（3）核查清管测径施工方案编制和审批情况。

（4）核查测径板的材质和尺寸是否符合规范要求。测径宜采用铝质测径板，直径为试压段中最大壁厚钢管或者弯头内径的 90%，当测径板通过管段后，无变形、褶皱可判为合格。

（五）监督抽查的记录

工程质量监督人员在进行监督抽查时，应及时填写《管道测径监督记录》表单（表 2–12）。

表 2-12 管道测径监督记录

单位工程名称			第　页,共　页	
被检查单位		监督检查时间	年　月　日	
监督检查部位				
管道测径 必监点第　次抽查				
□清管测径方案				
	方案内容是否符合标准要求	方案审批情况	问题情况	
	○是　○否	附件:	○未发现问题 ○存在问题	
□管道测径				
	□管道规格		○未发现问题 ○存在问题	
	□测径区间		○未发现问题 ○存在问题	
	□测径板尺寸		○未发现问题 ○存在问题	
	□清管器规格型号		○未发现问题 ○存在问题	
	□管道清管记录	附件:	○未发现问题 ○存在问题	
	□测径施工记录	附件:	○未发现问题 ○存在问题	
□其他监督检查内容 1. 2. 添加				
□存在问题 添加附件				
监督结论 添加附件				
监督工程师:		总监督工程师:		

第三节 单出图的大型穿、跨越工程

一、焊接工艺规程

（一）监督抽查的频次

监督抽查的频次不少于1次,且覆盖到每种材质的管材。

（二）监督抽查的时机

焊接工艺评定是验证和确定拟定的管道焊接工艺是否达到设计要求的基本方法,合格的焊接工艺评定报告是编制现场焊接工艺规程的依据,所以,这些工作必须在施工准备阶段完成,并经监理审批。

管道焊接施工开始后,监督机构收到监理单位书面报监后,按照约定的时间到现场进行监督检查。

（三）监督抽查的依据

监督抽查的主要依据有 GB 50369《长输管道工程施工验收规范》、SY 4207《石油天然气建设工程施工质量验收规范 管道穿跨越工程》、SY/T 4103《钢制管道焊接及验收》以及国家相关标准规范。

（四）监督抽查的内容

工程质量监督人员应抽查但不限于下列内容:

（1）核查焊接工艺评定报告和焊接工艺规程（包括返修焊接工艺规程）的编制是否符合 SY/T 4103《钢制管道焊接及验收》的规定,是否由具有相应能力的单位出具,并经审核批准。

（2）核查现场施焊的管材、焊接材料、焊接方法、焊接方向、接头设计、对口器的类型和拆移、焊接防护措施、焊接工艺参数是否符合焊接工艺规程的规定。

（3）当焊接工艺规程中的基本要素变更时,应对焊接工艺重新评定,当焊接工艺规程有基本要素以外的变更时,应修订焊接工艺规程,但不必对焊接工艺重新评定。基本要素的变更见下表。

序号	基本要素	需重新进行工艺评定时基本要素的变更要求
1	焊接方法	焊接工艺规程中焊接方法的变更
2	管材	焊接工艺规程中管材组别的变更。所有碳钢及低合金钢分组如下: （1）规定最小屈服强度小于或等于290MPa。 （2）规定最小屈服强度高于290MPa,但小于448MPa。 （3）对最小屈服强度为448MPa或高于此值的各级碳钢及低合金钢均应进行单独的评定试验

续表

序号	基本要素	需重新进行工艺评定时基本要素的变更要求
3	接头设计	接头设计的重大变更(如V型坡口改为U型坡口,或反之)。坡口角度或钝边的变更不属于基本要素
4	焊接位置	由旋转焊变为固定焊,或反之。固定焊应指明水平固定焊接位置(5G)、垂直焊接位置(2G)或45°倾斜固定管位置(6G)。6G位可替代5G位和2G位,其他不可相互替代
5	壁厚	从一个壁厚分组到另一个壁厚分组的变更
6	填充金属	填充金属的下列变更: (1)从一组填充金属变为另一组填充金属。 (2)对于规定最小屈服强度大于或等于448MPa的管材填充进行型号的变更
7	电特性	直流焊接时焊条(焊丝)接正变更为接负或反之;将直流电变为交流电或反之。焊接电流和电压的变更
8	焊道之间时间间隔	完成根焊和开始第二层焊之间允许最大时间间隔的增加
9	焊接方向	从下向焊改为上向焊,或者反之
10	保护气体和流量	一种气体换成另一种气体,或一种混合气体换成另一种混合气体,或保护气体流量范围较大地增加或减少
11	保护焊剂	保护焊的变更
12	焊接速度	焊接速度范围的变更
13	预热	降低焊接工艺规程的最低预热温度
14	焊后热处理	增加或取消焊后热处理工艺或改变焊接工艺规程中焊后热处理的温度

(4)现场焊接作业人员资格与所从事的焊接作业是否相符合。

(5)现场焊接作业采用的焊接参数是否符合焊接工艺规程的要求。

(五)监督抽查的记录

工程质量监督人员在进行监督抽查时,应及时填写《焊接工艺规程监督记录》表单(表2-13)。

二、焊缝无损检测

(一)监督抽查的频次

监督抽查的数量不小于焊口总数的1‰,且覆盖到单项工程内所有焊接机组。

(二)监督抽查的时机

基本单元焊接结束,管道焊缝补口前,有可供抽查的工程部位,且该部位焊缝外观检查合格,无损检测完成并出具了检测报告,监督机构接到监理单位的报监后,按照约定的时间

表 2-13 焊接工艺规程监督记录

单位工程名称：				第　页,共　页		
被检查单位：			监督检查时间		年　月　日	
监督检查部位：						
焊接工艺规程 质监点第　次抽查						

■管材

钢管编号	管材规格及材质	使用部位	质量证明文件	是否报验	问题情况
			附件:添加附件	○是○否	○未发现问题 ○存在问题

添加：

■焊材

焊材品牌及标准号	批号及数量	合格证	检验报告	是否报验	问题情况
		附件:添加附件	附件:添加附件	○是○否	○未发现问题 ○存在问题

添加：

■焊工资格

焊工姓名	资格证书	上岗证书	是否报验	问题情况
	附件:添加附件	附件:添加附件	○是○否	○未发现问题 ○存在问题

添加：

■计量器具

工具名称	规格型号	检定证书	是否报验	问题情况
		附件:添加附件	○是○否	○未发现问题 ○存在问题

添加：

■焊接工艺参数

■焊口编号		○未发现问题 ○存在问题
■焊接工艺规程编号		○未发现问题 ○存在问题
■焊接方法	○ GTAW ○ GMAW ○ FCAW ○ SMAW	○未发现问题 ○存在问题

续表

单位工程名称：		第　页，共　页	
被检查单位：	监督检查时间		年　月　日
监督检查部位：			
焊接工艺规程 质监点第　次抽查			

■对口方式	○外对口器　　○内对口器	○未发现问题 ○存在问题
■加热方式	○火焰加热　　○电加热	○未发现问题 ○存在问题
■温度	预热温度：　　层间温度：	○未发现问题 ○存在问题
■电流	根焊：　　热焊： 填充：　　盖面：	○未发现问题 ○存在问题
■电压	根焊：　　热焊： 填充：　　盖面：	○未发现问题 ○存在问题
■现场环境	环境温度：　　环境湿度： 风速：	○未发现问题 ○存在问题
■对口器撤离情况		○未发现问题 ○存在问题
■焊后热处理		○未发现问题 ○存在问题
■焊接层数		○未发现问题 ○存在问题

添加：

□其他监督检查内容
1.
2.
添加：

□存在问题
添加附件

监督结论

添加附件

监督工程师：	总监督工程师：

进行监督检查。抽查的基本单元可以是一个时期、一个机组、一个检验批或者一个分项工程等。

（三）监督抽查的依据

监督抽查的主要依据有 GB 50369《长输管道工程施工验收规范》、SY 4208《石油天然气建设工程施工质量验收规范输油输气管道线路工程》、SY/T 4109《石油天然气钢制管道无损检测》、GB/T 50818《石油天然气管道工程全自动超声波检测技术规范》,以及现行国家行业其他有关标准规范等。

（四）监督抽查的内容

工程质量监督人员应抽查但不限于下列内容：

（1）核查无损检测工艺规程是否满足规范要求。无损检测工艺规程应包括专用规程和工艺卡。

无损检测专用工艺规程应按设计文件和设计指定标准编制,满足石油天然气有关安全、环保、防护等相关法规、标准的要求。应由无损检测中级（Ⅱ级）及以上人员编制,无损检测责任工程师审核,本单位技术负责人批准。无损检测专用工艺规程修订、更改时也应履行上述程序。无损检测工艺卡应根据工艺规程编制。

无损检测工艺卡应由无损检测中级（Ⅱ级）及以上人员编制,无损检测责任工程师审核。无损检测工艺卡修订、更改时也应履行上述程序。

（2）核查无损检测人员资格证书及监理签认的文件。检测单位的无损检测人员必须持有国家有关部门颁发的并与所从事工作相适应的资格证书,方可从事检验检测工作,并应有监理单位对人员资格的审核签认。检验检测人员从事检验检测工作,必须在特种设备检验检测机构执业,但不得同时在两个以上检验检测机构中执业。

（3）核查无损检测监理工程师的无损检测资格证书。现场负责无损检测监理工作和签发无损检测报告的监理工程师应持有国家有关部门颁发的与所从事工作相适应的Ⅱ级及Ⅱ级以上无损检测资格证书。

（4）核查现场无损检测方法和比例执行情况。

①输油管道的无损检测方法及比例应符合下列规定：

a）采用射线检测检验时,应对焊工当日所焊不少于 30% 的焊缝全周长进行射线检测。

b）采用超声检测时,应对焊工当日所焊焊缝的全部进行检查,并对其中 10% 环焊缝的全周长用射线检测复验。

c）对通过居民区、工矿企业和穿越、跨越大中型水域、一二级公路、铁路、隧道的管道环焊缝,以及所有碰死口焊缝,应进行 100% 超声检测和射线检测。

②输气管道的检测方法及比例应符合下列规定：

a）所有焊接接头应进行全周长 100% 无损检测,无损检测方法应选用射线检测和超声检测。焊缝表面缺陷应选用磁粉或液体渗透检测。

b）当采用超声检测对焊缝进行无损检测时，应按下列比例采用射线检测对每个焊工或流水作业焊工组当天完成的全部焊缝进行复验：一级地区中焊缝的5%，二级地区中焊缝的10%，三级地区中焊缝的20%。

c）穿越、跨越水域、公路、铁路的管道焊缝，弯头与直管段焊缝及未经试压的管道碰死口焊缝，均应进行100%超声检测和射线检测。

（5）核查无损检测合格级别。无损检测应符合国家现行标准，射线检测及超声检测的合格等级均应为Ⅱ级。

（6）核查射线底片质量及评定的准确性。抽查底片标记、成像质量、透照方式、黑度、像质计灵敏度等是否符合要求，底片评定范围内不应有妨碍缺欠影像识别的水迹、划痕、斑纹等伪缺陷影像。

抽查一定数量的底片，应覆盖到转动口、固定口、与管件连接的焊口，核查检测工作是否按规定的焊缝无损检测验收标准对缺陷进行评定和分级，缺欠（陷）的定性、定量是否准确。

（7）核查不合格焊口的返修、处理及扩探情况。射线检测复验、抽查中，有一个焊口不合格，应对该焊工或流水作业焊工组在该日或该检查段中焊接的焊口加倍检查。如再有不合格的焊口，则对其余的焊口逐个进行射线检测。

（8）核查无损检测报告是否符合情况。核查检测报告中检测比例、检测标准、透照方式、检测工艺、缺陷评定、报告签署等是否符合要求；出具无损检测报告的人员及审核人员具有与从事的检测工作相适应的Ⅱ级及Ⅱ级以上无损检测资格。

（五）监督抽查的记录

工程质量监督人员在进行监督抽查时，应及时填写《焊缝无损检测监督记录》表单（表2-14）。

三、管段施压

（一）监督抽查的频次

监督抽查的频次不小于1次，且覆盖到单项工程内所有施工单位。

（二）监督抽查的时机

试压管段焊接、无损检测、补口、补伤、下沟回填、清管测径施工完毕验收合格，管道施压已经进入升压阶段，监督机构收到报监，按照约定的时间进行监督检查。

（三）监督抽查的依据

监督抽查的主要依据有 GB 50369《长输管道工程施工验收规范》、SY 4208《石油天然气建设工程施工质量验收规范输油输气管道线路工程》以及批准的试压方案等。

表 2-14 焊缝无损检测监督记录

单位工程名称				第 页,共 页	
被检查单位			监督检查时间	年 月 日	
监督检查部位					
焊缝无损检测 必监点第 次抽查					
□ 人员资格					
姓名	持证项目—级别	执业单位	资格证书	是否报验	问题情况
			附件:	○是 ○否	○未发现问题 ○存在问题
□ 检测设备/仪器					
设备名称	规格型号		合格证	是否报验	问题情况
				○是 ○否	○未发现问题 ○存在问题
□ 材料					
材料名称	规格型号		合格证	是否报验	问题情况
				○是 ○否	○未发现问题 ○存在问题
□ 资料核查					
□检测工艺规程		编制程序符合要求:○是 ○否 内容符合要求:○是 ○否 附件:			○未发现问题 ○存在问题
□检测工艺卡		编制程序符合要求:○是 ○否 内容符合要求:○是 ○否 附件:			○未发现问题 ○存在问题
□检测指令、检测记录、检测报告		齐全:○是 ○否 及时:○是 ○否 内容符合要求:○是 ○否 附件:			○未发现问题 ○存在问题
□检测比例		比例值: 符合设计要求:○是 ○否			○未发现问题 ○存在问题

续表

单位工程名称		第　页,共　页	
被检查单位		监督检查时间	年　月　日
监督检查部位			
焊缝无损检测 必监点第　次抽查			

☐ 线路无损检测

焊缝编号	黑度	像质指数	底片质量	原评定级别	现评定级别	问题情况
						○未发现问题 ○存在问题

☐ 连头死口无损检测

焊缝编号	黑度	像质指数	底片质量	原评定级别	现评定级别	问题情况
						○未发现问题 ○存在问题

☐ 返修口无损检测

焊缝编号	黑度	像质指数	底片质量	原评定级别	现评定级别	问题情况
						○未发现问题 ○存在问题

☐ 其他监督检查内容
1.
2.

☐ 存在其他问题
添加附件

监督结论

添加附件

监督工程师:	总监督工程师:

（四）监督抽查的内容

工程质量监督人员应抽查但不限于下列内容：

（1）核查现场监理人员对管道焊接、无损检测、补口、下沟回填或穿跨越、清管测径等合格认定的书面文件，包括：无损探伤报告、补口补伤记录、电火花检漏记录、管沟回填相关记录、管道清管测径记录和分项工程质量评定记录等工程资料。

（2）核查施工单位编制的施压方案与施工规范的符合性。

① 试压介质的选用应符合下列规定：

a）输油管道试压介质应采用水，在高寒、陡坡等特殊地段，经设计校核可采用空气作为试压介质，但管材必须满足止裂要求。试压时必须采取防爆安全措施。

b）输气管道位于一、二级地区的管段宜用水作试压介质，在高寒、陡坡等特殊地段可采用空气作试压介质。

c）输气管道位于三、四级地区的管段应采用水作试压介质。

d）管道试压水质应使用洁净水。

② 分段施压应符合下列规定：

a）水压试验的管段长度不宜超过35km，应根据该段的纵断面图，计算管道低点的静水压力，核算管道低点试压时所承受的环向应力，其值不应大于管材最低屈服强度的0.9倍，对特殊地段经设计允许，其值最大不得大于0.95倍。试验压力值的测量应以管道最高点测出的压力值为准，管道最低点的压力值应为试验压力与管道液位高差静压之和。

b）气压试验的管段长度不宜超过18km。

③ 水压试验应符合下列规定：

a）水压试验应符合现行国家标准 GB/T 16805《液体石油管道压力试验》的有关规定。

b）试压充水宜加入隔离球，并应在充水时采取背压措施，以防止空气存于管内，隔离球可在试压后取出。应避免在管线高点开孔排气。压力试验宜在24h后进行，以缩小温度差异。

c）输油管道分段水压试验时的压力值、稳压时间及合格标准应符合下表的规定。

分类		强度试验	严密性试验
输油管道一般地段	压力值，MPa	1.25倍试验压力	设计压力
	稳压时间，h	4	24
输油管道大中型穿（跨）越及管道通过人口稠密区	压力值，MPa	1.5倍试验压力	设计压力
	稳压时间，h	4	24
合格标准		无泄漏	压降不大于1%试验压力值，且不大于0.1MPa

d) 输气管道分段水压试验时的压力值、稳压时间及合格标准应符合下表的规定。

分 类		强度试验	严密性试验
一级地区输气管道	压力值, MPa	1.1 倍试验压力	设计压力
	稳压时间, h	4	24
二级地区输气管道	压力值, MPa	1.25 倍试验压力	设计压力
	稳压时间, h	4	24
三级地区输气管道	压力值, MPa	1.4 倍试验压力	设计压力
	稳压时间, h	4	24
四级地区输气管道	压力值, MPa	1.5 倍试验压力	设计压力
	稳压时间, h	4	24
合格标准		无泄漏	压降不大于1%试验压力值，且不大于0.1MPa

e) 架空输气管道采用水压试验前,应核算管道及其支撑结构的强度,必要时应临时加固,防止管道及支撑结构受力变形。

f) 试压宜在环境温度5℃以上进行,当不能满足时,应采取防冻措施。

g) 试压合格后,应将管段内积水清扫干净,山区清扫时应采取背压等措施,清扫出的污物应排放到规定区域,清扫应以不再排出游离水为合格。

④ 气压试验应符合下列规定:

a) 试压用的压力表应经过校验,并应在有效期内。压力表精度不应低于1.6级,量程应为被测最大压力的1.5~2倍,表盘直径不应小于150mm,最小刻度应能显示0.05MPa。试压时的压力表不应少于2块,并应分别安装在试压管段的两端。稳压时间应在管段两端压力平衡后开始计算。试压管段的两端应各安装1支温度计,且应避免阳光直射,温度计的最小刻度应小于或等于1℃。

b) 试压时的升压速度不宜过快,压力应缓慢上升,每小时升压不得超过1MPa。当压力升至0.3倍和0.6倍强度试验压力时,应分别停止升压,稳压30min,并应检查系统有无异常情况,如无异常情况可继续升压。

c) 检漏人员在现场查漏时,管道的环向应力不应超过钢材规定的最低屈服强度的20%;在管道的环向应力首次开始从钢材规定的最低屈服强度的50%提升到最高试验压力,直到又降至设计压力为止的时间内,试压区域内严禁有非试压人员,试压巡检人员应与管线保持6m以上的距离。试压设备和试压段管线50m以内为试压区域。

d）油气管道分段气压试验的压力值、稳压时间及合格标准应符合下表的规定。

分　类		强度试验	严密性试验
输油管道	压力值,MPa	1.1倍试验压力	设计压力
	稳压时间,h	4	24
一级地区 输气管道	压力值,MPa	1.1倍试验压力	设计压力
	稳压时间,h	4	24
二级地区 输气管道	压力值,MPa	1.25倍试验压力	设计压力
	稳压时间,h	4	24
合格标准		不破裂、无泄漏	压降不大于1%试验压力值,且不大于0.1MPa

e）气体排放口不得设在人口居住稠密区、公共设施集中区。

（3）核查所有受压系统的阀门、管件的压力等级是否符合规定的试验压力,管口焊接、管道补口及补伤、螺纹连接及法兰连接、阀门设备是否已验收合格。

（4）核查试验设备及辅助设施、测量用仪器、仪表是否与试压方案相符,满足试压的需要并经检验合格,安装是否正确。

（5）核查分段试压是否符合规范规定的长度、高差。

（6）核查试压使用的试压介质的种类是否符合规定。

（7）核查升压过程是否按相应规范及批准的方案进行。

（8）核查水压试验受压系统是否被试压介质充满,并按规定进行排空。

（9）核查强度和严密性试验结果是否符合设计文件或施工规范的规定。

（10）检查管道试压过程建立的各类记录是否能清楚反映管道的试压按要求完成。

（五）监督抽查的记录

工程质量监督人员在进行监督抽查时,应及时填写《管段试压监督记录》表单（表2-15）。

四、穿越稳管

（一）监督抽查的频次

监督抽查的频次不少于1次,且覆盖到单项工程内所有施工单位。

（二）监督抽查的时机

穿越管沟开挖,管道安装、检测、防腐验收合格后,施工单位准备稳管施工或者稳管作业完成后,接到监理单位的报监后,工程质量监督人员到现场进行该质监点的监督检查。

表 2-15 管段施压监督记录

单位工程名称		第 页,共 页
被检查单位	监督检查时间	年 月 日
监督检查部位		
管段施压 必监点第 次抽查		

☐ 计量器具

器具名称	规格型号	检定证书	是否向监理报验	问题情况
		附件：	○是 ○否	○未发现问题 ○存在问题

☐ 现场施压

施压部位	环境温度	水质情况	试压装置及连接	问题情况
		○是 ○否	○是 ○否	○未发现问题 ○存在问题

☐ 资料核查

☐无损检测报告	内容符合要求：○是 ○否 附件：	○未发现问题 ○存在问题
☐清管、测径记录	内容符合要求：○是 ○否 附件：	○未发现问题 ○存在问题
☐试压方案审批	审批程序符合要求：○是 ○否 附件：	○未发现问题 ○存在问题
☐补口补伤记录、电火花检漏记录	内容符合要求：○是 ○否 附件：	○未发现问题 ○存在问题

续表

单位工程名称		第 页,共 页	
被检查单位	监督检查时间	年 月 日	
监督检查部位			
管段施压 必监点第 次抽查			
□试压记录			
□强度施压	强度试压值:稳压时间:	○未发现问题 ○存在问题	
□严密性施压	严密性试压值:稳压时间:	○未发现问题 ○存在问题	
□试压结果		○未发现问题 ○存在问题	
□试压记录	附件:	○未发现问题 ○存在问题	
□其他监督检查内容 1. 2.			
□存在问题			
监督结论			
监督工程师:	总监督工程师:		

(三)监督抽查的依据

监督抽查的主要依据有 GB 50369《长输管道工程施工验收规范》、SY 4207《石油天然气建设工程施工质量验收规范 输油输气管道线路工程》、GB 50424《油气管道穿越工程施工规范》以及批准的稳管施工方案等。

(四)监督抽查的内容

工程质量监督人员应抽查但不限于下列内容:

(1)核查穿越管段焊接、无损检测、防腐补口、电火花检漏验收合格的确认文件,包括:无损探伤报告、补口补伤记录、电火花检漏记录和分项工程质量评定记录等工程资料。

(2)核查施工单位编制的稳管方案采用的措施是否符合设计文件或者标准要求。

(3)核查管沟尺寸是否符合设计要求和规范规定。

① 不带水河底管沟几何尺寸和质量应符合下列规定:

a)河底管沟的沟底宽度和边坡尺寸应根据土石性质、水流速度、开挖深度和施工方法或试挖资料确定。当无试验条件和资料时,可按下表确定沟底宽度和边坡数据。

土石名称	沟底最小宽度,m	管沟边坡	
		沟深≤2.5m	沟深>2.5m
淤泥、粉细砂	$D+4(8)$	1:3.5	1:5
中粗砂、卵砾	$D+3(6)$	1:3	1:4
砂石	$D+2(5)$	1:2.5	1:3
黏土	$D+2(5)$	1:2	1:2
岩石	$D+2(5)$	1:0.5	1:1
注:D 为管子外径。			

b)河底管沟应平直,不应有土坎,中心线偏移不应超过 200mm,管沟深度应符合设计要求,其允许偏差应为 ±200mm。

② 带水河底管沟几何尺寸和质量应符合下列规定:

a)河底管沟的沟底宽度和边坡尺寸应根据土石性质、水流速度、开挖深度和施工方法或试挖资料确定。当无试验条件和资料时,可按下表确定沟底宽度和边坡数据。

土石名称	沟底最小宽度,m	管沟边坡	
		沟深≤2.5m	沟深>2.5m
淤泥、粉细砂	$D+5$	1:4	1:6
中粗砂、卵砾	$D+4$	1:3.5	1:5
砂石	$D+3$	1:2.5	1:4

续表

土石名称	沟底最小宽度，m	管沟边坡	
		沟深≤2.5m	沟深>2.5m
黏土	D + 3	1∶2	1∶3
岩石	D + 2	1∶0.5	1∶1

注：D为管子外径。

b）河底管沟应平直，不应有土坎，中心线偏移不应超过500mm，管沟深度应符合设计要求，其允许偏差应为 ±300mm。

（4）核查混凝土配重块稳管型式是否符合下列要求：

① 压重块重量和外观质量符合设计要求。

② 稳管后管道不应发生漂浮和滚动。

③ 压重块安装牢固，数量与布设间距符合设计要求。

④ 配重块与防腐层接触面平整、光滑，安装压重块不得破坏防腐绝缘层。

（5）核查混凝土连续覆盖层稳管型式是否符合下列要求：

① 混凝土振捣密实，满足全沟槽浇筑混凝土要求。

② 稳管后管道未发生漂浮和滚动。

③ 混凝土连续覆盖层厚度不小于设计值。

（五）监督抽查的记录

工程质量监督人员在进行监督抽查时，应及时填写《穿越稳管监督记录》表单（表2-16）。

五、大型跨越混凝土基础

（一）监督抽查的频次

监督抽查的频次不少于1次，且覆盖到单项工程内所有施工单位。

（二）监督抽查的时机

基础施工完毕，基础上部结构施工前，监督机构接到监理单位的报监后，监督人员到现场进行该质监点的监督检查。

（三）监督抽查的依据

监督抽查的主要依据有GB 50460《油气输送管道跨越工程施工规范》、SY 4207《石油天然气建设工程施工质量验收规范 管道穿跨越工程》、GB 50204《混凝土结构工程施工质量验收规范》以及批准的跨越施工方案等。

表 2-16 穿越稳管监督记录

单位工程名称			第 页,共 页	
被检查单位		监督检查时间	年 月 日	
监督检查部位				
穿越稳管 必监点第 次抽查				
□稳管原材料				
	□材料名称			○未发现问题 ○存在问题
	□质量证明文件	附件:		○未发现问题 ○存在问题
	□检验、复检报告	附件:		○未发现问题 ○存在问题
	□混凝土配合比设计单	附件:		○未发现问题 ○存在问题
	□混凝土抗压强度试验报告	附件:		○未发现问题 ○存在问题
□实体质量				
	□稳管方式			○未发现问题 ○存在问题
	□配重块的数量			○未发现问题 ○存在问题
	□配重块的布设间距			○未发现问题 ○存在问题
	□配重块重量			○未发现问题 ○存在问题
	□安装压实后有无破坏防腐绝缘层	○是 ○否		○未发现问题 ○存在问题
	□混凝土连续覆盖层厚度			
□其他监督检查内容 1. 2. 添加				
□存在问题 添加附件				
监督结论 添加附件				
监督工程师:		总监督工程师:		

(四)监督抽查的内容

工程质量监督人员应抽查但不限于下列内容:
(1)核查施工单位基坑开挖、基桩及基础施工记录,质量验收记录以及桩基检测报告。
(2)核查原材料(或成品、半成品)的质量证明文件、进场验收记录及相关复检报告
(3)核查混凝土配合比试验报告,混凝土抗压强度试验报告
(4)核查监理单位对基坑开挖、桩基及基础的检查及监理认定合格的书面文件。
(5)核查混凝土塔架基础的位置、外形尺寸及预埋件允许偏差应符合下表规定。

序号	项目		基础,mm	承台,mm	塔基础,mm
1	几何尺寸		±50	±20	±15
2	垂直或倾斜度		—	—	$0.001H$ 且 ≤ 30
3	地面标高		±50	—	±50
4	顶面标高		±30	±15	±10
5	轴线偏移		30	15	10
6	预埋件位置		—	—	5
7	塔基础螺栓位置		—	—	5
8	跨度	中、小型	—	—	±20
		大型	—	—	$\pm L/1000$ 且 ≤ 30

注:L 为设计跨度;H 为结构高度。

(6)核查基础的预埋件、预留孔和预留洞是否存在遗漏,且位置应正确,安装应牢固。
(7)核查大体积混凝土浇筑,施工时是否采取降低水化热的有效措施,并应按要求控制混凝土内外温度差在25℃以内。
(8)核查施工缝是否按设计要求的位置和方式留置,施工缝的处理是否按设计规定执行。
(9)核查现浇结构外观质量缺陷,缺陷应由监理单位、施工单位等各方根据其对结构性能和使用功能影响的严重程度按下表确定。

名称	现象	严重缺陷	一般缺陷
露筋	构件内钢筋未被混凝土包裹而外露	纵向受力钢筋有露筋	其他钢筋有少量露筋
蜂窝	混凝土表面缺少水泥砂浆而形成石子外露	构件主要受力部位有蜂窝	其他部位有少量蜂窝
孔洞	混凝土中孔穴深度和长度均超过保护层厚度	构件主要受力部位有孔洞	其他部位有少量孔洞

续表

名称	现象	严重缺陷	一般缺陷
夹渣	混凝土中夹有杂物且深度超过保护层厚度	构件主要受力部位有夹渣	其他部位有少量夹渣
疏松	混凝土中局部不密实	构件主要受力部位有疏松	其他部位有少量疏松
裂缝	缝隙从混凝土表面延伸至混凝土内部	构件主要受力部位有影响结构性能和使用功能的裂纹	其他部位有少量不影响结构性能和使用功能的裂纹
连接部位缺陷	构件连接处混凝土有缺陷或连接钢筋、连接件松动	连接部位有影响结构传力性能的缺陷	连接部位有基本不影响结构传力性能的缺陷
外形缺陷	缺棱掉角、棱角不直、翘曲不平、飞边凸肋等	清水混凝土构件有影响使用功能或装饰效果的外形缺陷	其他混凝土构件有不影响使用功能的外形缺陷
外表缺陷	构件表面麻面、掉皮、起砂、沾污等	具有重要装饰效果的清水混凝土构件有外表缺陷	其他混凝土构件有不影响使用功能的外表缺陷

（10）现浇结构的外观质量不应有严重缺陷。对已经出现的严重缺陷，应由施工单位提出技术处理方案，并经监理单位认可后进行处理；对裂缝或连接部位的严重缺陷及其他影响结构安全的严重缺陷，技术处理方案尚应经设计单位认可。对经处理的部位应重新验收。

（11）现浇结构的外观质量不应有一般缺陷。对已经出现的一般缺陷，应由施工单位按技术处理方案进行处理。对经处理的部位应重新验收。

（五）监督抽查的记录

工程质量监督人员在进行监督抽查时，应及时填写《大型跨越混凝土基础监督记录》表单（表2-17）。

六、管道隧道支护

（一）监督抽查的频次

监督抽查的频次不少于1次，且覆盖到单项工程内所有施工单位。

（二）监督抽查的时机

管道隧道支护施工已经开始，有供监督查的作业面或者已经完成的工程部位，监督机构接到监理单位的报监后，监督人员到现场进行该质监点的监督检查。

（三）监督抽查的依据

监督抽查的主要依据有 GB 50424《油气输送管道穿越工程施工规范》、SY 4207《石油天然气建设工程施工质量验收规范 管道穿跨越工程》以及批准的隧道支护施工方案等。

表 2-17 大型跨越混凝土基础监督记录

单位工程名称			第 页,共 页	
被检查单位		监督检查时间	年 月 日	
监督检查部位				
大型跨越混凝土基础 必监点第 次抽查				

□ 混凝土基础			
□名称	○扩大基础　○锚固墩		○未发现问题 ○存在问题
□图中编号			○未发现问题 ○存在问题

□ 混凝土基础材料		
□材料名称		○未发现问题 ○存在问题
□质量证明文件	附件:	○未发现问题 ○存在问题
□检验、复检报告	附件:	○未发现问题 ○存在问题
□材料的见证取样及送检情况	附件:	○未发现问题 ○存在问题
□混凝土配合比设计单	附件:	○未发现问题 ○存在问题
□混凝土抗压强度试验报告	附件:	○未发现问题 ○存在问题

□ 混凝土基础偏差		
□顶面标高		○未发现问题 ○存在问题
□轴线偏移		○未发现问题 ○存在问题
□预埋件位置		○未发现问题 ○存在问题
□柱式墩台帽相邻间距		○未发现问题 ○存在问题

续表

单位工程名称		第 页,共 页	
被检查单位		监督检查时间	年 月 日
监督检查部位			
大型跨越混凝土基础 必监点第 次抽查			

□跨径		○未发现问题 ○存在问题
□地脚螺栓位置		○未发现问题 ○存在问题
□截面尺寸		○未发现问题 ○存在问题
□垂直或斜坡		○未发现问题 ○存在问题

□混凝土基础质量

□是否存在裂纹	○是 ○否 裂纹尺寸:	○未发现问题 ○存在问题
□混凝土外观缺陷	□蜂窝 □麻面 □露筋	○未发现问题 ○存在问题
□表面是否平整密实	○是 ○否	○未发现问题 ○存在问题
□钢筋隐蔽记录	附件:	○未发现问题 ○存在问题
□混凝土基础验收记录	附件:	○未发现问题 ○存在问题

□其他监督检查内容
1.
2.
添加

□存在问题
添加附件

监督结论

添加附件

监督工程师:	总监督工程师:

(四)监督抽查的内容

工程质量监督人员应抽查但不限于下列内容：

(1)核查施工单位支护施工记录以及隧道开挖方案、钻爆方案、隧道开挖质量验收记录。

(2)核查支护原材料(或成品、半成品)的质量证明文件、进场验收记录及相关复验报告。

(3)核查混凝土配合比试验报告、抗压强度试验报告、抗渗试验报告。

(4)核查管道隧道支护施工方案是否符合设计和规范要求，以及方案审批情况。

(5)核查隧道支护施工是否符合下列规定：

① 隧道施工，应配合开挖及时支护。

② 隧道支护应采用喷锚支护，并应根据围岩特点、断面大小和使用条件等选择喷混凝土、锚杆、钢筋网和钢架等单一或组合的支护形式。

③ 当开挖工作面不能自稳时，应根据具体地质条件进行超前支护和预加固处理。

④ 喷锚支护施工中，应做好下列工作：

a)填写喷锚支护施工记录；

b)提供喷混凝土的强度、厚度、外观尺寸等项检查和试验报告；

c)填写监控量测记录；

d)在地质条件复杂地段，应提供地质素描资料。

(6)核查喷射混凝土施工是否符合下列规定：

① 喷射混凝土应在开挖后及时进行。

② 喷射混凝土宜采用湿喷工艺。

③ 喷射混凝土的施工配合比应通过试验确定，并应满足混凝土强度和喷射工艺的要求。

④ 喷射机应具有良好的密封性能，输料连续、均匀，附属机具的技术条件应满足喷射作业需要。

⑤ 喷射混凝土前应做好下列准备工作：

a)检查开挖断面净空尺寸，清除松动岩块和拱、墙脚处的岩屑等杂物；

b)用高压水冲洗受喷面，当受喷岩面遇水容易潮解、泥化时，采用高压风吹净岩面；

c)设置控制喷射混凝土厚度的标志；

d)检查机具通风设备和风、水、电等管线，并试运；

e)当受喷面有滴水、淋水、集中出水点时，应进行处理。

⑥ 喷射混凝土作业应符合下列规定：

a)喷射作业应分段、分片、分层，由下至上顺序进行，当岩面有较大凹洼时，应先填平；

b)当分层喷射时，一次喷射厚度可根据喷射部位和设计厚度确定；

c)应紧跟开挖工作面及时喷射混凝土，在喷射结束后 4h 内不应进行下一循环的爆破作业；

d）混合料应随拌随喷，不掺速凝剂的干混合料，存放时间不应大于2h；掺有速凝剂的干混合料，存放时间不应大于20min；

e）速凝剂掺量应准确，并应添加均匀，不应随意增加或减少；

f）外加剂的选用应符合现行国家标准GB 50119《混凝土外加剂应用技术规范》的有关规定，外加剂应对混凝土和钢材无腐蚀作用，且不应影响混凝土和钢材的使用性能；

g）喷嘴应与岩面垂直，同时应保持适当的距离和喷射压力；

h）喷射后应进行养护和保护。

（7）核查锚杆施工是否符合下列规定：

① 锚杆类型应根据地质条件、使用要求及锚固特性进行选择，可选用中空注浆锚杆、树脂锚杆、自钻式锚杆、砂浆锚杆和摩擦型锚杆等。

② 锚杆安装前应进行抗拔力试验，锚杆杆体的抗拉力不应小于150kN，锚杆直径宜为20～22mm。

③ 锚杆用的水泥砂浆，其强度不应低于M20。

④ 锚杆施工应及时进行。

⑤ 锚杆钻孔应符合下列规定。

a）钻孔机具应根据锚杆类型、规格及围岩情况选择；

b）应按设计要求确定孔位，孔位允许偏差应为±150mm；

c）应保护直线，并宜与其所在部位的岩层主要结构面垂直；

d）深度及直径应与杆体相匹配。

⑥ 锚杆安装应符合下列规定：

a）杆体插入锚杆孔时，应保持位置居中，插入深度应满足设计要求，当插入困难时，可采用自钻式锚杆；

b）有水地段应先引出孔内的水或在附近另行钻孔，再安装锚杆；

c）砂浆锚杆孔内灌注砂浆应饱满密实；

d）早强药包锚杆、树脂锚杆应先检查药包和树脂卷质量，受潮或变质者不应使用；

e）锚杆应安装垫板，垫板应与喷混凝土面密贴。

（8）核查钢筋网铺设是否符合下列规定：

① 除在砂土地层中开挖隧道外，钢筋网宜在喷一层混凝土后铺挂。

② 砂层地段应先铺挂钢筋网，并应沿环向压紧后再喷混凝土。

③ 采用双层钢筋网时，第二层钢筋网应在第一层钢筋网被混凝土覆盖后铺设，其覆盖厚度不应小于30mm。

④ 钢筋网应与锚杆或其他固定装置连接牢固。

⑤ 开始喷射时，应减少喷头至受喷面的距离，并应调整喷射角度，钢筋保护层厚度不应小于30mm。

⑥ 喷射中如有脱落石块或混凝土块被钢筋网卡住时，应及时清除。

（9）核查钢架施工是否符合下列规定：

① 钢架宜选用钢筋、型钢等制成，格栅钢架的主筋直径不宜小于18mm。

② 钢架应在开挖或喷混凝土后及时架设。

③ 钢架安装应符合下列规定：

a）安装前应清除底脚下的虚碴及杂物，钢架安装横向和高程允许偏差应为±50mm，垂直度允许偏差应为±2°；

b）钢架安装可在开挖面以人工进行，各节钢架间宜以螺栓连接；

c）沿钢架外缘每隔2m应用钢楔或混凝土预制块楔紧。

d）钢架应与喷混凝土形成一体，钢架与围岩间的间隙应用喷射混凝土充填密实；钢架应全部被喷射混凝土覆盖，保护层厚度不应小于40mm。

（10）核查超前支护和预加固处理是否符合下列规定：

① 隧道在开挖后自稳时间小于完成支护时间的地段，应根据围岩情况、开挖方式、进度要求、机械配套情况，选择下列一种或几种措施进行超前支护和预加固处理：

a）喷射混凝土封闭开挖工作面；

b）超前锚杆或超前小导管支护；

c）管棚超前支护；

d）设置临时仰拱；

e）地表锚杆或地表注浆加固；

f）小导管周边注浆和围岩深孔注浆。

② 喷射混凝土封闭开挖面时，应采用早强混凝土，喷射厚度宜为50～100mm；

③ 超前锚杆、小导管支护应符合下列规定：

a）宜和格栅架配合使用；

b）长度宜为3.0～3.5m，并应大于循环进尺的2倍；

c）超前锚杆外插角宜为10°～20°，小导管外插角宜小于10°。

④ 管棚超前支护应符合下列规定：

a）管棚用钢管直径宜为76～127mm，钢管中心间距宜为管径的2～3倍；

b）管棚长度应根据地层情况选用，不宜小于10m；

c）纵向两组管棚的搭接长度应大于3m。

⑤ 临时仰拱应根据围岩情况及量测数据确定设置区段，可采用型钢或喷射混凝土等修筑。

⑥ 当在软弱围岩及富水地层中施工时，可采用注浆法加固地层，并应根据地质情况、隧道断面形状、施工机具等条件，选用小导管周边预注浆、深孔注浆或地表注浆。

（五）监督抽查的记录

工程质量监督人员在进行监督抽查时，应及时填写《管道隧道支护监督记录》表单（表2-18）。

表 2-18 管道隧道支护监督记录

单位工程名称：		第　页,共　页	
被检查单位：		监督检查时间	年　月　日
监督检查部位：			
管道隧道支护 必监点第　次抽查			

□ 支护方案		
方案内容是否符合标准要求	方案审批情况	问题情况
○是　○否	附件：	○未发现问题 ○存在问题

□ 支护原材料		
□材料名称		○未发现问题 ○存在问题
□质量证明文件	附件：	○未发现问题 ○存在问题
□检验、复检报告	附件：	○未发现问题 ○存在问题
□混凝土配合比设计单	附件：	○未发现问题 ○存在问题
□混凝土抗压强度试验报告	附件：	○未发现问题 ○存在问题
□混凝土抗渗试验报告	附件：	○未发现问题 ○存在问题

续表

单位工程名称：		第　页,共　页
被检查单位：	监督检查时间	年　月　日
监督检查部位：		
管道隧道支护 必监点第　次抽查		

□ 实体质量		
□支护方式		○未发现问题 ○存在问题
□喷射混凝土施工		○未发现问题 ○存在问题
□喷锚支护施工		○未发现问题 ○存在问题
□锚杆施工		○未发现问题 ○存在问题
□钢筋网铺设		○未发现问题 ○存在问题
□钢架施工		○未发现问题 ○存在问题
□超前支护和预加固处理		○未发现问题 ○存在问题

□其他监督检查内容 1. 2. 添加
□存在问题 添加附件

监督结论

添加附件

监督工程师：	总监督工程师：

第三章　工业管道安装工程质量监督

第一节　有毒、可燃、腐蚀性介质金属管道安装工程

一、合金材质管道组成件检验

（一）监督抽查的频次

监督抽查的频次不少于 1 次，且覆盖到每个单位工程。

（二）监督抽查时机

随着合金材质管道组成件陆续进场验收，可按进场先后顺序或与专业监理工程师事先约定抽查的管道组成件类别进行抽查。

（三）监督抽查依据

监督抽查的依据有设计文件、SH 3501《石油化工有毒、可燃介质钢制管道工程施工及验收规范》、GB 50184《工业金属管道工程施工质量验收规范》、《石油天然气建设工程质量监督工作程序》及相关类别管道组成件制造标准等。

（四）监督抽查内容

工程质量监督人员应抽查但不限于下列内容：

（1）合金材质管道组成件外观质量；

标准	检查内容
管道组成件合格标准 SH 3501	5.1.5 管道组成件和支承件在使用前应逐件进行外观检查，其表面质量除应符合产品标准规定外，尚应符合下列要求： a）无裂纹、缩孔、夹渣、重皮等缺陷； b）锈蚀、凹陷及其他机械损伤的深度，不应超过产品标准允许的壁厚负偏差； c）螺纹、密封面、坡口的加工精度及粗糙度应达到设计文件或产品标准要求； d）焊缝应成形良好，且与母材圆滑过渡，不得有裂纹、未熔合、未焊透等缺陷； e）金属波纹管膨胀节、弹簧支吊架等装运件或定位销块应齐全完整，并无松动现象
合格标准 GB 50184	4.0.8 管道元件和材料的材质、规格、型号、数量和标识应符合国家现行有关标准和设计文件的规定。其外观质量和几何尺寸应符合国家现行有关产品标准和设计文件的规定。材料标识应清晰完整，并应追溯到产品质量证明文件

（2）合金管道组成件的材质复验报告，重点核查检验执行的标准、抽检种类、数量及检

验结论。

（3）合金材质管道组成件的标识及其与质量证明文件的可追溯性,管道组成件质量证明文件应重点包括下列内容：

①制造厂名称；

②产品标准号；

③材质牌号、品种名称、规格及质量等级；

④炉号、批号和订货合同规定的其他标识；

⑤产品标准和订货合同规定的各项检验结果；

⑥质量检查部门的印记等。

（4）施工单位自检记录,监理单位对相关施工内容报验的签认文件等。

（5）使用站内光谱分析仪对合金材质进行抽检。

（五）监督抽查记录

工程质量监督人员在进行监督抽查时,应及时填写的《合金材质管道组成件检验监督记录》表单（表 3-1）。

二、管道焊接

（一）监督抽查的频次

监督抽查的数量不小于焊口总数的 0.5‰,且覆盖到每个单位工程。

（二）监督抽查时机

管道焊接基本单元结束后,施工单位自查合格并已经得到监理单位的确认,监督机构在接到监理单位报监后可按照约定的时间到现场进行监督检查。抽查的基本单元可以是一定的工作量、一个时期或一个分项工程。主要抽查焊接工艺规程或焊接工艺卡的变更情况、执行情况及焊缝外观质量是否符合规范要求。

（三）监督抽查依据

设计文件、SH 3501《石油化工有毒、可燃介质钢制管道工程施工及验收规范》、GB 50683《现场设备、工业管道焊接工程施工质量验收规范》、TSG Z 6002《特种设备焊接操作人员考核细则》、《石油天然气建设工程质量监督工作程序》及相关作业指导文件、其他有关标准等。

（四）监督抽查内容

工程质量监督人员应抽查但不限于下列内容：

（1）焊接工艺评定报告及焊接工艺规程（焊接工艺卡）,重点抽查焊接工艺规程（焊接工艺卡）与焊接工艺评定报告的符合性。

表 3-1 合金材质管道组成件检验监督记录

单位工程名称					第 1 页,共 1 页	
被检查单位				监督检查时间:		
监督检查部位						
合金材质管道组成件检验:巡监点第　次抽查 监督依据:□ SH 3501 □ GB 50184 □						

□合金材质管道组成件外观质量抽查

种类	规格型号	材质	外观质量是否合格	存在缺陷	问题情况
			○是○否		○未发现问题 ○存在问题

添加:

□合金材质管道组成件光谱分析报告抽查

报告编号	试样名称、规格、材质	产品标准代号	检测单位及检测结果	检测比例核查是否符合要求	问题情况
			○是○否	○是○否	○未发现问题 ○存在问题

添加:

□现场抽检合金材料关键合金元素

种类	规格型号	材质	外观质量是否合格	存在缺陷	问题情况
			○是○否		○未发现问题 ○存在问题

添加:

□其他:

□存在问题:

□口头通知,问题处理:

□质量问题通知书,编号:

　　　　问题描述:

监督人员:　　　　　　　　　　　　　　　　总监督工程师:

（2）管道组对的坡口型式、坡口角度、制备方法、清理、组对间隙、错边量等是否符合焊接工艺规程（焊接工艺卡）及相关标准的要求。

（3）焊缝外观质量是否符合相关标准要求。

标准	检查内容
SH 3501	7.5.2 焊缝外观应成型良好，对接环焊缝的宽度以每边盖过坡口边缘2mm为宜。 7.5.3 角焊缝（包括承插焊缝）可采用凹形和凸形，外形应平缓过渡。平焊法兰或承插焊的角焊缝应符合图5的规定。焊脚尺寸的最小值X_{min}可取1.4倍的直管名义厚度或法兰颈部厚度两者中的较小值。 7.5.4 焊接接头表面的质量应逐件进行外观检查，并符合下列要求： a）不允许有裂纹、未熔合、气孔、夹渣、飞溅存在； b）设计温度低于−29℃的管道、不锈钢和抗拉强度下限值大于或等于540MPa的合金钢管道焊缝表面，不得有咬边现象。其他管道咬边深度不应大于0.5mm，连续咬边长度不应大于100mm，且焊缝两侧咬边总长不大于该焊缝全长的10%； c）焊缝表面不得有低于母材的局部凹陷。焊缝余高Δh应符合下述规定： 1）质量检查等级为1级管道的对接接头，焊缝余高应小于或等于0.1倍的坡口最大宽度和1的和，且不应大于2mm； 2）其余焊接接头，焊缝余高应小于或等于0.2倍的坡口最大宽度和1的和，且不应大于3mm

表 8.1.2-1 管道焊缝外观质量

标准	检查等级		Ⅰ	Ⅱ	Ⅲ	Ⅳ	Ⅴ
GB 50683	无损检测要求		100%检验	≥20%检验	≥10%检验	≥5%检验	不要求
	缺陷名称	裂纹、未焊透、未熔合	不允许	不允许	不允许	不允许	不允许
		表面气孔	不允许	不允许	不允许	不允许	不允许
		外露夹渣	不允许	不允许	不允许	不允许	不允许
		未焊满	不允许	不允许	不允许	不允许	不允许
		咬边	不允许	深度：纵缝不允许，其他焊缝≤0.05T且≤0.5mm；连续长度≤100mm，两侧咬边总长度≤10%焊缝全长	深度：纵缝不允许，其他焊缝≤0.05T且≤0.5mm；连续长度≤100mm，两侧咬边总长度≤10%焊缝全长	深度：纵缝不允许，其他焊缝≤0.05T且≤0.5mm；连续长度≤100mm，两侧咬边总长度≤10%焊缝全长	深度：纵缝不允许，其他焊缝≤0.1T且≤1mm；长度不限
		根部收缩（根部凹陷）	不允许	深度≤2+0.02T且≤0.5mm；长度不限	深度≤0.2+0.02T且≤1.0mm；长度不限	深度≤0.2+0.02T且≤1.0mm；长度不限	深度≤0.2+0.04T且≤2.0mm；长度不限
		角焊缝厚度不足	不允许	不允许	≤0.3+0.05T且≤1.0mm；每100mm焊缝长度内缺陷总长度≤25mm	≤0.3+0.05T且≤1.0mm；每100mm焊缝长度内缺陷总长度≤25mm	≤0.3+0.05T且≤2.0mm；每100mm焊缝长度内缺陷总长度≤25mm
		角焊缝焊脚不对称	差值≤1+0.1t	差值≤1+0.15t	差值≤1+0.15t	差值≤1+0.15t	差值≤2+0.2t

续表

标准	检查内容					
GB 50683	表 8.1.2-2 管道焊缝外观质量（余高和根部凸出）（mm）					
	母材厚度 T	≤6	>6～13	>13～25	>25～50	>50
	检查等级 Ⅰ	≤1.5	≤1.5	≤3.0	≤3.0	≤4.0
	检查等级 ⅡⅢⅣ	≤1.5	≤3.0	≤4.0	≤5.0	—
	检查等级 Ⅴ	≤2.0	≤4.0	≤5.0	≤5.0	—

注：表中 T 为母材厚度；t 为设计焊缝厚度。

（4）焊接工艺纪律执行情况，重点抽查焊材的使用符合性，焊接工艺参数及过程控制是否符合工艺卡的要求或相应规范的具体要求。

（5）焊材质量证明文件、复验报告及焊材现场质量管理。

（6）施焊焊工资格、施焊项目及有效期是否满足现场施工要求，且该焊工资格是否已进行网上公示。

（7）热处理时机、热处理报告及焊缝硬度值。

（8）焊接记录、管道轴侧图标识与现场焊缝标识是否相符。

（9）无损检测委托单中，管道级别划分、检测比例、合格级别是否符合设计及相关标准要求，专业监理工程师是否对抽检焊缝进行见证取样。

（10）施工单位焊接质量自检记录，监理单位对相关施工内容报验的签认文件等。

（五）监督抽查记录

工程质量监督人员在进行监督抽查时，应及时填写《管道焊接监督记录》表单（表 3-2）。

三、焊缝热处理

（一）监督抽查的频次

监督抽查的数量不小于焊口总数的 1‰，且覆盖到每个单位工程。

（二）监督抽查时机

管道基本单元热处理结束后，监督机构在接到监理单位正式的书面报监后可按照约定的时间到现场进行监督检查。抽查的基本单元可以是一定的工作量、一个时期或一个分项工程。主要审查焊缝热处理工艺执行情况、热处理曲线及硬度检测报告。

（三）监督抽查依据

设计文件、SH 3501《石油化工有毒、可燃介质钢制管道工程施工及验收规范》、GB 50683《现场设备、工业管道焊接工程施工质量验收规范》、《石油天然气建设工程质量监督工作程序》及相关作业指导文件、其他有关标准等。

表 3-2 管道焊接监督记录

单位工程名称：				第　页,共　页	
被检查单位：			监督检查时间：		
监督检查部位：					
管道焊接：必监点第　次抽查 监督依据：SH 3501，GB 50683					

□焊接工艺文件（按材质抽查一次）

文件及编号	材质及类别	焊材选用	焊接方法	审批程序是否合格	问题情况
工艺评定报告				○是○否	○未发现问题 ○存在问题
工艺规程/卡				○是○否	○未发现问题 ○存在问题

□组对质量抽查

管线号及焊缝号	坡口制备质量是否合格	组对间隙	错边量	定位焊表面质量是否合格	问题情况
	○是○否			○是○否	○未发现问题 ○存在问题

□焊缝外观质量

管线号及焊缝号	焊缝表面质量是否合格	焊缝余高 mm	焊缝宽度 mm	咬边是否合格	存在缺陷	问题情况
	○是○否		○是○否	○是○否		○未发现问题 ○存在问题

□焊工资格抽查

焊工姓名及代号	焊工资格证编号	考试合格项目及有效期	问题情况
			○未发现问题 ○存在问题

□其他：

□存在问题：
□ 口头通知，问题描述：
□ 质量问题通知书，编号：
　　　　问题描述：

监督人员：　　　　　　　　总监督工程师：

(四)监督抽查内容

工程质量监督人员应抽查但不限于下列内容:

(1)焊缝热处理工艺文件与焊接工艺评定报告的符合性,热处理工艺参数是否符合相关规范要求,焊缝热处理工艺文件是否经相关方审核批准。热处理工艺要求见表3-3。

表3-3 热处理工艺要求

SH 3501—2002《石油化工有毒、可燃介质管道工程施工及验收规范》	7.4.1 焊后热处理工艺应在焊接工艺卡中规定,并经焊接工艺评定验证。除设计文件另有规定外,常用钢材焊接接头的热处理温度,宜按下表规定确定。奥氏体不锈钢钢管稳定化处理、固溶处理应符合设计文件要求。低温钢焊后热处理应符合SH/T 3525的规定。 **表10 常用钢材焊接接头热处理** | 母材类别	名义厚度 mm	母材最小规定抗拉强度 MPa	金属热处理温度 ℃	恒温时间 min/mm	最短恒温时间 h	布氏硬度 HB
---	---	---	---	---	---	---
碳钢、碳锰钢	>19	全部	600~650	2.4	1	≤200
Cr≤0.5%的铬钼合金钢	>19	全部	600~720	2.4	1	≤225
	全部	>490				
0.5%<Cr≤2%的铬钼合金钢	>13	全部	700~750	2.4	2	≤225
	全部	>490				
2.25%≤Cr≤3%和C≤0.15%的铬钼合金钢	>13	全部	700~760	2.4	2	≤241
3%<Cr≤10%的铬钼合金钢	全部	全部	700~760	2.4	2	≤241
2.25%≤Cr≤10%且C>0.15%的铬钼合金钢	全部	全部	700~760	2.4	2	≤241	 注:当设计对碳钢热处理后的硬度试验有规定时,其硬度可按本表取值。 7.4.5 铬钼合金钢和标准抗拉强度下限值大于或等于540MPa钢材的管道焊接接头,焊后应立即进行热处理。否则,焊后应立即均匀加热至300℃~350℃保温缓冷。加热保温范围应与焊后热处理要求相同。 7.4.6 热处理加热范围为焊缝两侧各不少于焊缝宽度的3倍,且不少于25mm。加热范围以外100mm区域内应予以保温。管道两端应封闭。 7.4.7 热处理的加热速度及冷却速度,应符合下列要求: (1)升温至300℃后,加热速度应按5125/T(℃/h)计算,且不大于220℃/h; (2)恒温期间各测点的温度均应在热处理温度规定的范围内,其差值不得大于50℃; (3)恒温后的冷却速度应按6500/T(℃/h)计算,且不大于260℃/h。冷至300℃后可自然冷却。 7.4.11 经焊后热处理的焊接接头,应对焊缝和热影响区进行100%硬度值测定,其硬度值均不得超过表10的规定。热影响区的测定区域应紧邻熔合线。 7.4.12 异种钢焊接时,焊接接头两侧均应各自符合表10规定的硬度值

续表

GB 50236—2011《现场设备、工业管道焊接工程施工规范》	7.4.9 焊后热处理的方式应符合下列规定： （3）采用局部加热热处理时,加热带应包括焊缝、热影响区及其相邻母材。焊缝每侧加热范围不应小于焊缝宽度的3倍,加热带以外100 mm的范围应进行保温。 7.4.11 焊前预热及焊后热处理过程中,焊件内外壁温度应均匀。管道后热及焊后热处理宜采用电加热法。 7.4.12 焊前预热及焊后热处理时,应测量和记录其温度,测温点的部位和数量应合理,测温仪表应经检定合格。 7.4.13 热处理温度在整个热处理过程中应连续自动记录,记录图表上应能区分每个测温点的数值。热处理过程中应防止热电偶与焊件接触松动。 7.4.14 对易产生焊接延迟裂纹的钢材,焊后应立即进行焊后热处理。当不能立即进行焊后热处理时,应在焊后立即均匀加热至200℃～350℃,并进行保温缓缓冷。保温时间应根据后热温度和焊缝金属的厚度确定,不应小于30min。其加热范围不应小于焊前预热的范围。 7.4.15 焊后热处理的加热速度及冷却速度应符合下列规定： （1）当加热温度升至400℃时,加热速度不应大于（205×25/t）℃/h（t为焊件焊后热处理的厚度,下同）,且不得大于205℃/h。 （2）恒温期间最高与最低温差应小于65℃。 （3）恒温后的冷却速度不应超过（260×25/t）℃/h,且不得大于260℃/h,400℃以下可自然冷却
GB 50235—2010《工业金属管道工程施工规范》	6.0.10 工业金属管道及管道组成件的焊后热处理应符合设计文件的规定。当设计文件无规定时,应按表6.0.10-1的规定执行。焊后热处理的厚度应为焊接接头处较厚组成件的壁厚,且应符合下列规定： 1 支管连接时,热处理厚度应为主管或支管的厚度,不应计入支管连接件(包括整体补强或非整体补强件)的厚度。当任一截面上支管连接的焊缝厚度大于表6.0.10-1所列厚度的2倍或焊接接头处各组成件的厚度小于表6.0.10-1规定的最小厚度时,仍应进行热处理。支管连接的焊缝厚度应符合表6.0.10-2的规定计算。 表6.0.10-1 管道热处理基本要求 | 母材类别	名义厚度 t mm	母材最小规定抗拉强度 MPa	热处理温度 ℃	恒温时间 min/mm	最短恒温时间 h
---	---	---	---	---	---
碳钢（C）、碳锰钢（C-Mn）	≤19	全部	不要求	—	—
	>19	全部	600～650	2.4	1
铬钼合金钢（C-Mo Mn-Mo Cr-Mo）Cr≤0.5%	≤19	≤490	不要求		
	>19	全部	600～720	2.4	1
	全部	>490			
铬钼合金钢（Cr-Mo）0.5%<Cr≤2%	≤13	≤490	不要求		
	>13	全部	700～750	2.4	2
	全部	>490			
铬钼合金钢（Cr-Mo）2.25%≤Cr≤3%	≤13	全部	不要求		
	>13	全部	700～760	2.4	2
铬钼合金钢 3%<Cr≤10%	全部	全部	700～760	2.4	2
马氏体不锈钢	全部	全部	730～790	2.4	2
铁素体不锈钢	全部	全部	不要求	—	—
奥氏体不锈钢	全部	全部	不要求	—	—
低温镍钢（Ni≤4%）	≤19	全部	不要求	—	—
	>19	全部	600～640	1.2	1	

续表

	表 6.0.10-2 支管连接的焊缝厚度	
	支管连接结构形式	焊缝厚度
	安放式焊接支管[图6.0.8（a）]	$T_{tn}+t_c$
	插入式焊接支管[图6.0.8（b）]	$T_{tn}+t_c$
	带补强圈的安放式焊接支管[图6.0.8（c）]	$T_{tn}+t_c$ 或 $T_{tn}+t_c$，取较大值
GB 50235—2010《工业金属管道工程施工规范》	带补强圈的插入式焊接支管[图6.0.8（d）]	$T_{tn}+t_r+t_c$
	带鞍形补强件的焊接支管[图6.0.8（e）]	$T_{tn}+t_c$
	2 对用于平焊法兰、承插焊法兰、公称直径小于或等于50mm的管子连接角焊缝、螺纹接头的密封焊缝和管道支吊架与管道的连接焊缝，当任一截面的焊缝厚度大于表6.0.10-1所列厚度的2倍，焊接接头处各组成件的厚度小于表6.0.10-1规定的最小厚度时，仍应进行热处理。但下列情况可不进行热处理： 1）对于碳钢材料，当角焊缝厚度不大于16mm时。 2）对于铬钼合金钢材料，当角焊缝厚度不大于13mm，并采用了不低于推荐的最低预热温度，且母材规定的最小抗拉强度小于490MPa时。 3）对于铁素体材料，当其焊缝采用奥氏体或镍基填充金属时。 6.0.11 热处理的加热速率和冷却速率应符合下列规定： 1 当加热温度升至400℃时，加热速率不应超过（205×25/t）℃/h，且不得大于205℃/h。 2 恒温后的冷却速率不应超过（260×25/t）℃/h，且不得大于260℃/h，400℃以下可自然冷却	

GB 50683—2011《现场设备、工业管道焊接工程施工质量验收规范》	7.0.2 现场设备和管道焊后热处理效果检查，应符合设计文件、国家现行有关标准GB 50236《现场设备、工业管道焊接工程施工规范》的规定。当规定制作产品焊接检查试件时，应符合本规范第8.4.1条的规定。当规定进行硬度检验时，应符合下列规定： 1 除设计文件另有规定外，热处理焊缝和热影响区硬度值应符合表7.0.2的规定。表7.0.2中未列入的材料，其焊接接头的焊缝和热影响区硬度值为：碳素钢不应大于母材硬度测定值的120%；合金钢不应大于母材硬度测定值的125%。 2 当焊缝重新进行热处理时，应重新进行硬度检验。 3 焊缝的硬度检查区域应包括焊缝和热影响区。对于异种金属的焊缝，两侧母材热影响区均应进行硬度检查。 检查数量：应符合设计文件的规定。 检查方法：检查热处理记录，检查硬度检验报告。 表 7.0.2 热处理焊缝和热影响区硬度值

母材类别	布氏硬度 HB
碳钼钢（C-Mo）、锰钼钢（Mn-Mo）、铬钼钢（Cr-Mo）Cr≤0.5%	≤225
铬钼钢（Cr-Mo）0.5%＜Cr≤2%	≤225
铬钼钢（Cr-Mo）2.25%≤Cr≤10%	≤241
马氏体不锈钢	≤241

（2）核查施工单位提供的热处理报告、硬度检测报告。热处理报告应包括下列内容：管线号、焊缝号、规格、材质、热处理曲线、硬度试验结果、说明和相关人员签字等。

（3）核查监理单位提供的平行检验记录及认定合格的书面文件。

（4）检查现场采用的热处理设备、自动记录的热处理曲线及热处理工艺措施是否与工艺文件相符。

（5）检查施工单位提供的热处理报告、硬度检测报告、管道单线图标注是否与实际相符。

（6）检查或核查热处理焊缝硬度是否控制在工艺文件规定的范围内。

（五）监督抽查记录

工程质量监督人员在进行监督抽查时，应及时填写《焊缝热处理监督记录》表单（表3-4）。

四、焊缝无损检测

（一）监督抽查的频次

监督抽查的数量不小于焊口总数的1‰，且覆盖到单位工程。

（二）监督抽查时机

按照事先与监理单位的约定，抽查的基本单元可以是一定的工作量、一个时间段或一个分项工程等；或管道系统试验前，无损检测单位按管道系统出具了无损检测报告后且该无损检测报告已经得到监理单位的确认，监督机构在接到监理单位的报监后可按照约定的时间进行监督检查。

（三）监督抽查依据

SH 3501《石油化工有毒、可燃介质钢制管道工程施工及验收规范》、GB 50683《现场设备、工业管道焊接工程施工质量验收规范》、NB/T 47013.1~.6《承压设备无损检测》、《石油天然气建设工程质量监督工作程序》及相关作业指导文件、其他有关标准等。

（四）监督抽查内容

工程质量监督人员应抽查但不限于下列内容：

（1）检测室管理是否符合相关要求。

（2）无损检测工艺文件是否满足现场施工要求和相关标准要求。

（3）抽查一定数量的底片（应覆盖到转动口、固定口、与管件连接的焊口），核查检测工作是否按规定的焊缝无损检测验收标准对缺陷进行评定和分级，缺陷的定性、定量是否准确。

表 3-4　焊缝热处理监督记录

单位工程名称：				第　页,共　页
被检查单位：	监督检查时间：			
监督检查部位：				
焊缝热处理：必监点第　次抽查 监督依据：□ SH 3501　□ GB 50683　□				

□热处理工艺文件（按材质抽查一次）

编号	材质及类别	热处理工艺参数是否符合相关规范要求	审批程序是否合格	问题情况
		○是○否	○是○否	○未发现问题 ○存在问题

添加：

□热处理报告抽查

报告编号	管线号及焊缝编号	加热方式及材质规格	热处理工艺参数是否与工艺文件相符	问题情况
			○是○否	○未发现问题 ○存在问题

□硬度试验报告抽查

报告编号	管线号及焊缝编号	材质及规格	硬度值是否符合要求	问题情况
			○是○否	○未发现问题 ○存在问题

□其他：

□存在问题：　　　　　　　　　　　　　　□口头通知,问题处理：

□质量问题通知书,编号：
　　　　问题描述：

监督人员：　　　　　　　　　　　　总监督工程师：

（4）无损检测过程检测记录是否符合工艺文件要求和相关标准要求。

（5）无损检测委托单中,管道级别划分、检测比例、合格级别是否符合设计及相关标准要求,专业监理工程师是否对抽检焊缝进行见证取样。

（6）核查无损检测报告内容是否与实际相符,且符合相关要求。

（五）监督抽查记录

工程质量监督人员在进行监督抽查时,应按照检测方法及时填写《焊缝无损检测监督记录》表单(表3-5)。

五、管道系统试压

（一）监督抽查的频次

监督抽查的频次不少于1次,且覆盖到每个单位工程。

（二）监督抽查时机

可根据具体情况在试压过程中到位监督或在试压后检查试压记录。监督机构在接到监理单位正式的书面报监后可按照约定的时间进行现场监督检查。

（三）监督抽查依据

设计文件、SH 3501《石油化工有毒、可燃介质钢制管道工程施工及验收规范》、GB 50235《工业金属管道工程施工规范》、GB 50184《工业金属管道工程施工质量验收规范》及经批准的试压方案等。

（四）监督抽查内容

工程质量监督人员应抽查但不仅限于下列内容：
（1）焊接接头热处理记录及硬度试验报告是否齐全、完整且已向专业监理工程师报验。
（2）无损检测报告是否齐全且已向专业监理工程师报验。
（3）试压使用的试压介质的种类是否符合设计要求或规范规定。
（4）升压过程是否按相应规范及批准的方案进行。
（5）检查强度和严密性试验结果是否符合设计文件或施工规范的要求。
（6）试压结束后,可抽查管道系统试压记录。

（五）监督抽查记录

工程质量监督人员在进行监督抽查时,应及时填写《管道系统试压监督记录》表单(表3-6)。

表 3-5 焊缝无损检测监督记录

单位工程名称：			第　页,共　页
被检查单位：		监督检查时间：	
监督检查部位：			
焊缝无损检测：必监点第　次抽查 监督依据：□ NB/T 47013.1—2015　　□ NB/T 47013.2—2015　□ 　　　　　□ NB/T 47013.3—2015　　□ NB/T 47013.4—2015　□			

□检测工艺卡(□UT　□MT　□PT)

编号	设备类型、条件及参数是否符合要求	编制人及审核人资格是否符合要求	问题情况
	○是○否	○是○否	○未发现问题 ○存在问题

添加：

□检测委托单(□UT　□MT　□PT)

编号	管线号或设备位号	规格、材质	执行标准、检测比例、合格级别是否符合相关标准要求	委托手续是否符合要求	问题情况
			○是○否	○是○否	○未发现问题 ○存在问题

添加：

□操作人员资格(□UT　□MT　□PT)

操作人及其资格	确认人及其资格	人员是否符合要求	问题情况
		○是○否	○未发现问题 ○存在问题

添加：

□过程质量控制及记录(□UT　□MT　□PT)

检测器材是否与工艺卡一致	检测程序及操作方法是否与工艺卡一致	被检测工件表面状态是否符合要求	原始记录及示意图是否符合要求	问题情况
○是○否	○是○否	○是○否	○是○否	○未发现问题 ○存在问题

添加

续表

单位工程名称:		第　　页,共　　页
被检查单位:		监督检查时间:
监督检查部位:		

焊缝无损检测：必监点第　　次抽查
监督依据：□ NB/T 47013.1—2015　　□ NB/T 47013.2—2015　　□
　　　　　□ NB/T 47013.3—2015　　□ NB/T 47013.4—2015　　□

□过程质量控制及记录（RT）

检测记录及评片记录是否符合要求	底片标识、黑度、灵敏度是否符合要求	底片评定结论及准确性是否符合要求	返修通知单下发是否符合要求	问题情况
○是○否	○是○否	○是○否	○是○否	○未发现问题 ○存在问题

添加：

□底片及焊接质量抽查（RT）

委托编号	管线号或设备位号	检测比例及合格级别	材质及规格	焊缝编号	片数	返修及扩探情况

注：

□检测报告（□ UT　□ MT　□ PT　□ RT ）

编号	管线号或设备位号	检测方法、执行标准、检测比例、合格级别是否符合要求	编制人及审核人资格是否符合要求	返修执行情况是否符合要求	问题情况
		○是○否	○是○否	○是○否	○未发现问题 ○存在问题

添加：

□其他：

□存在问题：
　□口头通知，问题处理：
　□质量问题通知书，编号：
　　　　问题描述：

监督人员：　　　　　　　　总监督工程师：

表 3-6 管道系统试压监督记录

单位工程名称：						第　　页,共　　页	
被检查单位：				监督检查时间：			
监督检查部位：							
管道系统试压：必监点第　　次抽查 监督依据：□ SH 3501　　□ GB 50235　　□ GB 50184　　□							
试压系统或线号： □压力试验前应具备条件抽查							
管道系统安装完毕是否符合设计要求	无损检测报告是否齐全	热处理及硬度检测是否齐全完整	设计变更及材料代用文件是否合规	试压方案是否经审批且经技术交底	焊缝及其他部位是否隐蔽	问题情况	
○是○否	○是○否	○是○否	○是○否	○是○否	○是○否	○未发现问题 ○存在问题	
添加：							

□工程实体抽查			
试验压力（MPa）	试验介质	试验过程是否符合设计、规范要求	问题情况
	○水 ○空气 ○	○是○否	○未发现问题 ○存在问题
添加：			

□管道系统试验记录				
专业监理工程师确认内容是否全面	强度试验压力（MPa）	试验介质	结论是否合格	问题情况
○是○否		○水 ○空气 ○	○是○否	○未发现问题 ○存在问题
添加：				

□其他：

□存在问题：
□口头通知,问题处理：
□质量问题通知书,编号：
　　　　问题描述：

监督人员：　　　　　　　　　　　　　总监督工程师：

第二节 非金属管道安装工程

一、非金属管道焊接

(一) 监督抽查的频次

监督抽查的数量不小于接口总数的 0.5‰,且覆盖到每个单位工程。

(二) 监督抽查时机

非金属管道接口作业基本单元结束后,监督机构在接到监理单位的报监后可按照约定的时间进行现场监督检查。抽查的基本单元按照事先与监理单位约定可以是一个时间段、一定工作量或一个分项工程。

(三) 监督抽查依据

设计文件、SY/T 6769.1《非金属管道设计、施工及验收规范 第 1 部分:高压玻璃纤维管线管》、SY/T 6769.2《非金属管道设计、施工及验收规范 第 2 部分:钢骨架聚乙烯塑料复合管》及经批准的施工方案。

(四) 监督抽查内容

工程质量监督人员应抽查但不限于下列内容:
(1) 钢骨架聚乙烯塑料复合管焊接工艺的确认。
(2) 非金属管道组成件的质量证明文件。
(3) 非金属管道接口的连接方式及过程是否符合设计或相关标准的要求。
(4) 复合管道的连接操作人员资格是否符合相关标准要求。
(5) 非金属管道接口准备工作是否符合相应规范要求。

(五) 监督抽查记录

工程质量监督人员在进行监督抽查时,应及时填写《非金属管道连接监督记录》表单(表3-7)。

二、非金属管道系统试压

(一) 监督抽查的频次

监督抽查的频次不少于 1 次,且覆盖到每个单位工程。

(二) 监督抽查时机

在管道系统试验过程中或在试验结束后,监督机构在接到监理单位正式的书面报监后

表 3-7　非金属管道连接监督记录

单位工程名称：	第 1 页,共 1 页
被检查单位：	监督检查时间：
监督检查部位：	

管道焊接：巡监点第　次抽查
监督依据：□ SY/T 6769.1　　□ SY/T 6769.2　□

□连接质量抽查

管线号	连接方式	接口准备质量是否合格	定位焊表面质量是否合格	问题情况
	○螺纹连接 ○法兰连接 ○电熔连接	○是 ○否	○是 ○否	○未发现问题 ○存在问题

添加：

□焊工资格抽查

焊工姓名及代号	焊工资格证编号	考试合格项目及有效期	问题情况
			○未发现问题 ○存在问题

添加：

□其他：

□存在问题：

□口头通知,问题描述：

□质量问题通知书,编号：

　　　　问题描述：

监督人员：	总监督工程师：

可按照约定的时间进行现场监督检查。按照事先与监理单位的约定,抽查的基本单元可以是一个管道系统或一个管道系统的一个区段。

(三)监督抽查依据

设计文件、SY/T 6769.1《非金属管道设计、施工及验收规范 第1部分:高压玻璃纤维管线管》、SY/T 6769.2《非金属管道设计、施工及验收规范 第2部分:钢骨架聚乙烯塑料复合管》及经批准的施压方案。

(四)监督抽查内容

工程质量监督人员应抽查但不限于下列内容:
(1)试压前应具备的条件是否符合设计或规范要求。
(2)压力试验分段长度是否符合设计或规范规定。
(3)强度及严密性试验的试验压力、保压时间及压力降是否符合设计或规范要求。
(4)管道压力试验记录。

(五)监督抽查记录

工程质量监督人员在进行监督抽查时,应及时填写《非金属管道系统试压监督记录》表单(表3-8)。

表3-8 非金属管道系统试压监督记录

单位工程名称:			第 页,共 页	
被检查单位:		监督检查时间:		
监督检查部位:				
管道系统试压:巡监点第 次抽查 监督依据:□ SY/T 6769.1　　□ SY/T 6769.2　　□				
试压系统或线号: □压力试验前应具备条件抽查				
管道系统安装完毕,局部回填土是否符合设计或规范要求	管道固定支座和止推座是否达到设计强度要求	试压方案是否经审批且经技术交底	接口部位是否隐蔽	问题情况
○是○否	○是○否	○是○否	○是○否	○未发现问题 ○存在问题
添加:				

续表

单位工程名称:	第 页,共 页
被检查单位:	监督检查时间:
监督检查部位:	

管道系统试压:巡监点第 次抽查
监督依据:□ SY/T 6769.1　□ SY/T 6769.2　□

□工程实体抽查

试验压力(MPa)	试验介质	试验过程是否符合设计、规范要求	问题情况
强度试验压力: 严密性试验压力:	○水 ○空气 ○	○是○否	○未发现问题 ○存在问题

添加:

□管道系统试验记录

专业监理工程师确认内容是否全面	试验压力(MPa)	试验介质	结论是否合格	问题情况
○是○否	强度试验压力: 严密性试验压力:	○水 ○空气 ○	○是○否	○未发现问题 ○存在问题

添加:

□其他:

□存在问题:

□口头通知,问题处理:

□质量问题通知书,编号:

　　　　问题描述:

监督人员:	总监督工程师:

第四章 动设备安装工程质量监督

第一节 泵及风机类安装工程

一、机泵类设备垫铁安装

(一)监督抽查的频次

监督抽查的数量每个类别不少于1次。

(二)监督抽查的时机

(1)抽查的单元划分:按照事先与监理单位约定,抽查的基本单元可以是一台泵、风机、压缩机或一个分项工程等。

(2)到位时段:

① 监督单位接到监理单位正式的报监。

② 汽轮机、往复式压缩机、离心式压缩机组主机、轴流压缩机组主机、烟气轮机主机垫铁安装原则上在垫铁隐蔽前到位监督,其他泵类、风机类、电动机类等可根据具体情况垫铁隐蔽前到位监督或垫铁隐蔽后检查垫铁隐蔽记录。

(三)监督抽查的依据

监督抽查的主要依据有 SH/T 3538《石油化工机器设备安装工程施工及验收通用规范》、GB 50231《机械设备安装工程施工及通用验收规范》。当设计没明确要求时,原则上执行 SH/T 3538。

(四)监督抽查的内容

工程质量监督人员应抽查但不限于下列内容:

(1)抽查设备基础处理是否符合规范要求。

(2)抽查垫铁组的布置、垫铁块数等是否符合规范要求。

(3)抽查单组垫铁组面积计算情况。

检查项目	执行标准	
	SH/T 3538《石油化工机器设备安装工程施工及验收通用规范》	GB 50231《机械设备安装工程施工及验收通用规范》
基础处理	机器安装前应对基础做如下处理： a）铲出麻面，麻点深度宜不小于10mm，密度以每平方分米内有3~5个点为宜，表面不应有油污或疏松层； b）放置垫铁或支持调整螺钉用的支撑板处（至周边约50mm）的基础表面应铲平	
位置间距	在地脚螺栓两侧各放置一组，应使垫铁靠近地脚螺栓，当地脚螺栓间距小于300mm时，可在各地脚螺栓的同一侧放置一组垫铁；相邻两垫铁组的间距，可根据机器的重量、底座的结构型式以及载荷分布等具体情况而定，宜为500~1000mm；对于带锚板的地脚螺栓两侧的垫铁组，应放置在预留孔的两侧	每个地脚螺栓旁边至少有一组垫铁；垫铁组在能放稳和不影响灌浆的情况下，应放在靠近地脚螺栓和底座主要受力点下方；相邻两垫铁组间的距离，宜为500~1000mm；设备底座有接缝处的两侧，应各放一组垫铁
高度层数	斜垫铁应配对使用，与平垫铁组成垫铁组时，垫铁的层数宜为3层（即一平二斜），最多不应超过4层，薄垫铁厚度不应小于2mm，并放在斜垫铁与平垫铁之间。斜垫铁可与同号或者大一号的平垫铁搭配使用。垫铁组的高度宜为30~70mm	承受载荷的垫铁组，应使用成对斜垫铁；承受重负荷或有连续振动的设备，宜使用平垫铁；每一垫铁组的块数不宜超过5块；放置平垫铁时，厚的宜放在下面，薄的宜放在中间；垫铁厚度不宜小于2mm。灌浆层厚度不应小于25mm
接触状态	垫铁直接放置在基础上，应整齐平稳、接触良好，接触面积应不小于50%。平垫铁顶面水平度的允许偏差为2mm/m，各垫铁组顶面的标高应与机器底面实际安装标高相符。用0.25kg或0.5kg的手锤敲击检查垫铁组的松紧程度，应无松动现象；用0.05mm的塞尺检查，垫铁之间及垫铁与底座底面之间的间隙，在垫铁同一断面处从两侧塞入的长度总和，不应超过垫铁长（宽）度的1/3	每一垫铁组应放置整齐平稳，接触良好；机械设备调平后，每组垫铁均应压紧，并应用手锤逐组轻击听音检查。对高速运转的机械设备，当采用0.05mm塞尺检查垫铁之间和垫铁与设备底座面之间的间隙时，在垫铁同一断面两侧塞入的长度之和不应大于垫铁长度或宽度的1/3
安放（进深、外露、搭接）	每一垫铁组应放置整齐平稳，接触良好，并应露出底座10~30mm；地脚螺栓两侧的垫铁组，每块垫铁伸入机器底座底面的长度，均应超过地脚螺栓；机器底座的底面与垫铁接触宽度不够时，垫铁组放置的位置应保证底座坐落在垫铁组承压面的中部。配对斜垫铁的搭接长度应不小于全长的3/4，其相互间的偏斜角应不大于3°	机械设备调平后，垫铁端面应露出设备底面外缘；平垫铁宜露出10~30mm；斜垫铁宜露出10~50mm。垫铁伸入设备底座面的长度应超过设备地脚螺栓的中心
固定	垫铁组检查合格后应在垫铁组的两侧进行层间定位焊焊牢，垫铁与机器底座之间不得焊接。安装在金属结构上的机器调平后，其垫铁均应与金属结构用定位焊焊牢	除铸铁垫铁处，各垫铁相互间应用定位焊焊牢。安装在金属结构上的设备调平后，其垫铁均应与金属结构用定位焊焊牢

续表

检查项目	执行标准	
	SH/T 3538《石油化工机器设备安装工程施工及验收通用规范》	GB 50231《机械设备安装工程施工及验收通用规范》
垫铁面积	每一组垫铁的最小面积，可按公式近似计算。 $$A \geq C \times \frac{Q_1+Q_2}{R \cdot n}$$ 式中： A——单组垫铁面积，单位为平方毫米（mm^2）； Q_1——由于设备等的重量加在该垫铁组上的负荷，单位为牛（N）； Q_2——由于地脚螺栓拧紧所分布在该垫铁组上的压力，可取螺栓的许可抗拉力，单位为牛（N）； R——基础或地坪混凝土的单位面积抗压强度（可取混凝土设计强度），单位为兆帕（MPa）； C——安全系数，宜取1.5～3； n——组数	
垫铁制作	垫铁制作应符合规范要求，A值（每一组垫铁的最小面积）计算出后，可在表1中选用比计算A值大的垫铁。斜度宜为1∶20～1∶10，对于重心较高或振动较大的机器采用1∶20的斜度为宜	找正调平机械设备用的垫铁，应符合随机技术文件的规定；无规定时，宜按本规范附录A的规定制作和使用。斜垫铁的斜度宜为1/10～1/20；对振动或精密设备的垫铁斜度可为1/40

（4）抽查机器安装精度（如机体水平度等）是否符合规范要求。

SH/T 3538《石油化工机器设备安装工程施工及验收通用规范》规定：

机器安装基准的选择和水平度的允许偏差应符合机器技术文件的规定。无规定时，横向水平度的允许偏差为0.10mm/m，纵向水平度的允许偏差为0.05mm/m。

（五）监督抽查记录

工程质量监督人员在进行监督抽查时，应及时填写《机泵类设备垫铁安装监督记录》表单（表4-1）。

二、泵及风机类安装工程试运转

（一）监督抽查的频次

监督抽查的数量每个类别不少于1次。

（二）监督抽查的时机

（1）抽查的单元划分：按照事先与监理单位约定，抽查的基本单元可以是一台泵、风机、压缩机或一个分项工程等。

表 4-1 机泵类设备垫铁安装监督记录

单位工程名称：　　　　　　　　　　　　　　　　　　　　第　　页,共　　页

被检查单位				监督抽查时间	
监督检查部位	设备名称或位号：				
检查依据	□ SH/T 3538 □ GB 50231 □设计文件 □机器技术文件□				

□垫铁安装主要数据

检查项目	最大高度,mm	最小高度,mm	最大层数	最大间距,mm
数据				
符合情况	○符合 ○不符合	○符合 ○不符合	○符合 ○不符合	○符合 ○不符合

描述：

□垫铁安装质量其他检查

检查项目	基础处理	位置	接触状态	安放	固定	垫铁制作
符合情况	○符合 ○不符合	○符合 ○不符合	○符合 ○不符合	○符合 ○不符合	○符合 ○不符合	○符合 ○不符合

描述：

□单组垫铁组面积计算情况

□设备安装精度

检查项目	轴向水平度,mm/m	纵向水平度,mm/m
数据		
符合情况	○符合 ○不符合	○符合 ○不符合

描述：

□其他检查内容情况

监督工程师：　　　　　　　　　　　　　　　　总监督工程师：

（2）到位时段：

① 监督单位接到监理单位正式的报监。

② 离心式压缩机、轴流压缩机试运转原则上在试运转过程中到位监督,其他泵类、风机类等可根据具体情况试运转过程中到位监督或试运转后检查试运转记录。

（三）监督抽查的依据

监督抽查的主要依据有 GB 50275《压缩机、风机、泵安装工程施工及验收规范》、GB 50231《机械设备安装工程施工及验收通用规范》、SH/T 3541—2007《石油化工泵组施工及验收规范》。如设计或技术文件另有要求,应按照其要求执行。

（四）监督抽查的内容

工程质量监督人员应抽查但不限于下列内容：

（1）核查经批准的试运转施工方案、技术交底。

（2）核查试运转条件、试运前系统确认检查记录。

GB 50231《机械设备安装工程施工及验收通用规范》

7.1.1　机械设备的试运转,应具备下列条件：

1 机械设备及其附属装置、管线等均已安装完毕。

2 机械设备的安装水平已调整至允许的范围。

3 与安装有关的"几何精度"经检验合格。

4 试运转需要的动力、介质、材料、机具、检验仪器,应符合"试运转"的要求。

5 润滑、液压、冷却、水、气(汽)和电气等系统,应符合系统单独调试和主机联合调试的要求。

6 对人身或机械设备可能造成损伤的部位,相应的安全设施和安全防护装置应设置完善。

7 对大型、复杂和精密设备,编制的试运转方案或试运转操作规程,应经有关技术主管批准和同意。

8 试运转机械设备周围的环境应清扫干净,不得产生粉尘和较大的噪声。

（3）核查试运转是否符合规范要求,主要抽查：

① 轴承的温度、振动；

② 润滑油的压力、温度和各部分供油情况；

③ 电动机的电流、电压；

④ 吸入和排出介质的温度、压力；

⑤ 冷却水的供水情况。

GB 50275《压缩机、风机、泵安装工程施工及验收规范》

2.2 离心通风机

2.2.5 离心通风机试运转除应符合本规范第 2.1.12 条的要求处,尚应符合下列要求:

4 小负荷运转正常后,应逐渐开大进气调节门,但电动机电流不得超过额定值,直至规定的负荷,轴承达到稳定温度后,连续运转时间不应少于 20min。

5 具有滑动轴承的大型风机,负荷试运转 2h 后应停机检查轴承,轴承应无异常现象;当合金表面有局部研伤时应进行修整,再连续运转不应少于 6h。

7 试运转中,在轴承表面测行的温度不得高于环境温度 40℃,轴承振动速度有效值不得超过 6.3mm/s;矿井用离心通风机振动速度有效值不得超过 4.6mm/s;其振动的检测及其限值应符合本规范附录 A 的规定。

2.3 轴流通风机

2.3.6 轴流通风机试运转,应符合下列要求:

2 启动在小负荷运转正常后,应逐渐增加风机的负荷,在规定的转速和最大出口压力下,直至轴承达到稳定温度后,连续运转时间不应少于 20min。

3 轴流通风机启动后调节叶片时,电流不得大于电动机的额定电流值;轴流通风机运行时,严禁停留于喘振工况内。

5 试运转中,一般用途轴流风机在轴承表面测得的温度不得高于环境温度 40℃;电站式轴流通风机和矿井式轴流通风机,滚动轴承正常工作温度不应超过 70℃,瞬时最高温度不应超过 95℃,温升不应超过 60℃;滑动轴承的正常工作温度不应超过 75℃。

6 轴流通风机的振动速度有效值应符合表 1.3.6 的要求,其检测应符合本规范附录 A 的规定。

表 1.3.6 轴流通风机振动速度有效值

轴流式通风机类型	振动速度有效值, mm/s
电站、矿井轴流式通风机	刚性≤4.6,挠性≤7.1
暖通空调用轴流通风机	≤5.6
一般用途、其他型轴流通风机	≤6.3

2.4 罗茨和叶氏鼓风机

2.4.4 罗茨和叶氏鼓风机试运转除应符合本规范第 2.1.12 条的要求处,尚应符合下列要求:

2 进气和排气口阀门应在全开的条件下进行空负荷运转,运时间不行少于 30min。

5 负荷试运转中,鼓风机应在规定的转速和压力下各部位温度稳定后,连续运转不少于 2h;其轴承温度不应超过 95℃,润滑油温度不应超过 65℃,振动速度有效值不应大于 11.2mm/s。

2.5 离心鼓风机

2.5.17 离心鼓风机的整机试运转,应符合下列要求:

4 小负荷试运转的时间,应符合随机技术文件的规定。

5 小负荷试运转无误后,应按随机技术文件的规定进行负荷试运转;负荷试运转的开始阶段,主机的排气应缓慢升压,并应逐步达到工况;轴承润滑油温度和轴承振动稳定后,应连续运行 2h。

6 不得在喘振区域内运转;启动时,不得在临界转速附近运转。

7 试运转中应进行检查,并应符合下列要求。

1)冷却系统的进口压力和进、出口温度不应超过随机技术文件的规定。

2)轴承温度和轴承排油温度应符合随机技术文件的规定;无规定时,应符合表 1.5.17-1 的规定。

表 1.5.17-1 轴承温度和轴承排油温度

轴承形式	滚动轴承	滑动轴承
轴承体温度	≤环境温度 +40℃	≤70℃
轴承的排油温度	—	≤进油温度 +28℃
轴承合金层温度	—	≤进油温度 +50℃

3)轴颈处测得未滤波的轴振动双振幅值,或采用接触式测振仪在轴承壳上检测轴承振动速度有效值,应符合随机技术文件的规定;无规定时,应符合表 1.5.17-2 的规定。

表 1.5.17-2 轴承壳振动速度有效值和轴振动双振幅值

轴承壳振动速度有效值,mm/s	≤4.0
轴振动双振幅值,μm	$\leq 25.4\sqrt{\dfrac{12000}{N}}$,且不应超过 50

注:N 为最高连续运转转速,r/min。

2.6 轴流鼓风机

2.6.13 轴流鼓风机试运转除应符合本规范第 2.1.12 条的要求处,尚应符合下列要求:

4)在试运转中应进行下列检查,并应符合试运转的技术要求。

6)轴承温度和轴承的排油温度,应符合本规范表 1.5.17-1 的规定。

7)轴承振动速度有效值,不应大于 6.3mm/s。

3.7 螺杆式压缩机

3.7.4 螺杆式压缩机空负荷试运转,应符合下列要求:

3 启动压缩机并运转 2～3min,无异常现象后再连续运转,连续运转时间不应少于 30min;停机时,润滑油泵应在压缩机停转 15min 后再停止运转;停泵后,应清洗各进油口的过滤网。

4 再次启动压缩机,应连续进行吹扫,吹扫时间不应小于 2h;轴承温度应符合随机技术文件的规定。

3.7.5 螺杆式压缩机空气负荷试运转,应符合下列要求:

2 启动压缩机空负荷运转不应少于 30min。

3 应缓慢关闭旁通阀,并应按随机技术文件规定的升压速率和运转时间,逐级升压试运转;应在前一级升压运转期间无异常现象后,再将压力逐渐升高;升压至额定压力下连续运转的时间不应少于2h。

3.8 离心压缩机和轴流压缩机

3.8.1 离心压缩机的安装及试运转,应符合本规范第2.1节和第2.5节的要求。

3.8.2 离心压缩机的安装及试运转除应符合本规范第3.8.1条的规定外,尚应符合下列要求:

5 负荷试运转的开始阶段,主机的排气应缓慢升压,每5min升压不得大于0.1MPa,并应逐步达到工况;轴承润滑油温度和轴承振动稳定后,应连续运行4~8h。

6 轴承壳振动速度有效值应小于或等于6.3mm/s;轴振动双振幅值应符合本规范表1.5.17-2的规定。

3.8.3 轴流压缩机的安装及试运转,应符合本规范第2.1节和第2.6节的规定。

试运转中,汽轮机驱动的压缩机应加速至跳闸转速后,在最高连续转速下轴承温度和振动达到稳定后应连续运行2h;电动机驱动的压缩机在100%转速下轴承温度和振动稳定后,应连续运转2h。

4.1 泵

4.1.10 泵试运转应符合下列要求:

1 试运转的介质宜采用清水;当泵输送介质不是清水时,应按介质的密度或相对密度折算为清水进行试运转,流量不应小于额定值的20%;电流不得超过电动机的额定电流。

2 润滑油不得不渗漏和雾状喷油;轴承、轴承箱和油池润滑油的温升不应超过环境温度40℃,滑动轴承的温度不应大于70℃;滚动轴承的温度不应大于80℃。

3 泵试运转时,各固定连接部位不应有松动;各运动部件运转应正常,无异常声响和摩擦;附属系统的运转应正常,管道连接应牢固、无渗漏。

4 轴承的振动速度有效值应在额定转速、最高排出压力和无气蚀条件下检测,检测及其限值应符合随机技术文件的规定;无规定时,应符合本规范附录A的规定。

5 泵的静密封应无泄漏;填料函和轴密封的泄漏量不应超过随机技术文件的规定。

6 润滑、液压、加热和冷却系统的工作应无异常现象。

7 泵的安全保护和电控装置及各部分仪表应灵敏、正确、可靠。

8 泵在额定工况下连续运转时间不应少于表3.1.10规定的时间;高速泵及特殊要求的泵试运转时间应符合随机技术文件的规定。

表 3.1.10 泵在额定工况下连续试运转时间

泵的轴功率,kW	连续试运转时间,min
< 50	30
50~100	60
100~400	90
> 400	120

附录 A 风机、压缩机和泵振动的检测及限值

A.0.4 压缩机振动的测量点位置和测量方向，应符合下列要求：

2 回转工压缩机应在每只转子两端轴承处测量，且每个位置应在垂直、水平、轴向三个方向进行测量。

A.0.6 风机、压缩机和泵振动值的限值，应符合下列规定：

1 风机的振动速度、振动位移及振动速度有效值的限值，应符合表 A.0.6-1 的规定。

A.0.6-1 风机的振动速度、振动位移及振动速度有效值的限值

支承类型	振动速度（峰值）mm/s	振动位移（峰—峰值）μm	振动速度有效值 mm/s
刚性支承	≤6.5	≤$1.24 \times 10^5/n$	≤4.6
挠性支承	≤10	≤$1.9 \times 10^5/n$	≤7.1

注：n 为风机工作转速（r/min）。

2 压缩机的振动速度有效值的限值，应符合表 A.0.6-2 和表 A.0.6-3 的规定。

A.0.6-3 回转式压缩机的振动速度有效值的限值

支承和传动连接方式	振动速度有效值，mm/s
主机与底架刚性连接（包括橡胶垫片），驱动机功率≤90kW	≤7.1
皮带传动，主机与底架间带减速器，驱动功率 > 90kW	≤11.2

3 泵的振动速度有效值的限值，应符合表表 A.0.6-4 的规定。

表 A.0.6-4 泵的振动速度有效值的限值（mm/s）

机型	振动速度有效值，mm/s
第一类	≤2.80
第二类	≤4.50
第三类	≤7.10
第四类	≤11.20

A.0.7 泵的类别，应根据泵的中心高和泵的转速按表 A.0.7 的规定确定。

表 A.0.7 泵的类别

泵的类别	泵的中心高，mm		
	≤225	> 225～550	> 550
	泵的转速，r/min		
第一类	≤1800	≤1000	—
第二类	> 1800～4500	> 1000～1800	> 600～1500
第三类	> 4500～12000	> 1800～4500	> 1500～3600
第四类	—	> 4500～12000	> 3600～12000

注：1 卧式泵的中心高指泵的轴线到泵的底座上平面间的距离。
　　2 立式泵的中心高指泵的出口法兰密封面到泵轴线间的投影距离。

SH/T 3541—2007《石油化工泵组施工及验收规范》

7.4.7 泵组的试运转应符合下列要求：

a）泵组的试运转参数应符合设计文件要求；

b）滑动轴承及往复运动部件的温升不得超过35℃，最高温度不得超过70℃；滚动轴承的温升不得超过40℃，最高温度不得超过80℃；

c）填料函或机械密封的温度应符合产品技术文件的规定；

d）泵的振动值应符合产品技术文件的规定，若无规定时，立式泵的振动值不应大于0.13mm，卧式泵的振动值应符合表16规定；

e）电动机温升不得超过产品技术文件的规定，如无规定，应根据电动机绝缘等级进行确定；

f）泵组运行应平稳，运动部件不得有摩擦异常声响；

g）蒸汽往复泵的配汽机构动作应灵活、准确；

h）各润滑点的润滑油温度；密封液和冷却水的温度，不得超过产品技术文件的规定；

i）泵的附属设备运行正常，管道应连接牢固，并无渗漏；

j）软填料密封允许有5滴/min～20滴/min的均匀成滴泄漏；机械密封、干气密封的允许泄漏量应符合产品技术文件的规定。

表16 轴承振动值

转速 V_r r/min	轴承处的双向振幅（不大于） mm
≤375	0.18
375 < V_r ≤ 600	0.15
600 < V_r ≤ 750	0.12
750 < V_r ≤ 1000	0.10
1000 < V_r ≤ 1500	0.08
1500 < V_r ≤ 3000	0.065

（五）监督抽查记录

工程质量监督人员在进行监督抽查时，应及时填写《泵及风机类安装工程试运转监督记录》表单（表4-2）。

表 4-2 泵及风机类安装工程试运转监督记录

单位工程名称：　　　　　　　　　　　　　　　　　　　　　　　第　　页,共　　页

被检查单位				监督抽查时间		
监督检查部位	设备名称或位号：					
检查依据						

☐ 试运转轴振动

检查位置	前轴承			后轴承		
方向	垂直	水平	轴向	垂直	水平	轴向
数据 ○ μm ○ mm/s						
符合情况	○符合 ○不符合	○符合 ○不符合	○符合 ○不符合	○符合 ○不符合	○符合 ○不符合	○符合 ○不符合

描述：

☐ 试运转轴温度

检查位置	前轴承	后轴承
数据 ℃		
符合情况	○符合 ○不符合	○符合 ○不符合

描述：

☐ 其他检查内容情况

监督工程师：　　　　　　　　　　总监督工程师：

第二节 汽轮机安装工程

一、机泵类设备垫铁安装

（一）监督抽查的频次

监督抽查的数量每个类别不少于1次。

（二）监督抽查的时机

（1）抽查的单元划分：按照事先与监理单位约定，抽查的基本单元可以是一台泵、风机、压缩机或一个分项工程等。

（2）到位时段：

① 监督单位接到监理单位正式的报监。

② 汽轮机、往复式压缩机、离心式压缩机组主机、轴流压缩机组主机、烟气轮机主机垫铁安装原则上在垫铁隐蔽前到位监督，其他泵类、风机类、电动机类等可根据具体情况垫铁隐蔽前到位监督或垫铁隐蔽后检查垫铁隐蔽记录。

（三）监督抽查的依据

监督抽查的主要依据有 SH/T 3538《石油化工机器设备安装工程施工及验收通用规范》、GB 50231《机械设备安装工程施工及通用验收规范》。当设计没明确要求时，原则上执行 SH/T 3538。

（四）监督抽查的内容

工程质量监督人员应抽查但不限于下列内容：

（1）抽查设备基础处理是否符合规范要求。

（2）抽查垫铁组的布置、垫铁块数等是否符合规范要求。

（3）抽查单组垫铁组面积计算情况。

检查项目	执行标准	
	SH/T 3538《石油化工机器设备安装工程施工及验收通用规范》	GB 50231《机械设备安装工程施工及通用验收规范》
基础处理	机器安装前应对基础做如下处理： a）铲出麻面，麻点深度宜不小于10 mm，密度以每平方分米内有3~5个点为宜，表面不应有油污或疏松层； b）放置垫铁或支持调整螺钉用的支撑板处（至周边约50 mm）的基础表面应铲平	

续表

检查项目	执行标准	
	SH/T 3538《石油化工机器设备安装工程施工及验收通用规范》	GB 50231《机械设备安装工程施工及验收通用规范》
位置间距	在地脚螺栓两侧各放置一组,应使垫铁靠近地脚螺栓,当地脚螺栓间距小于300mm时,可在各地脚螺栓的同一侧放置一组垫铁;相邻两垫铁组的间距,可根据机器的重量、底座的结构型式以及载荷分布等具体情况而定,宜为500~1000 mm;对于带锚板的地脚螺栓两侧的垫铁组,应放置在预留孔的两侧	每个地脚螺栓旁边应至少有一组垫铁;垫铁组在能放稳和不影响灌浆的情况下,应放在靠近地脚螺栓和底座主要受力部下方;相邻两垫铁组间的距离,宜为500~1000mm;设备底座有接缝处的两侧,应各放一组垫铁
高度层数	斜垫铁应配对使用,与平垫铁组成垫铁组时,垫铁的层数宜为3层(即一平二斜),最多不应超过4层,薄垫铁厚度不应小于2 mm,并放在斜垫铁与厚平垫铁之间。斜垫铁可与同号或者大一号的平垫铁搭配使用。垫铁组的高度宜为30~70mm	承受载荷的垫铁组,应使用成对斜垫铁;承受重负荷或有连续振动的设备,宜使用平垫铁;每一垫铁组的块数不宜超过5块;放置平垫铁时,厚的宜放在下面,薄的宜放在中间;垫铁厚度不宜小于2mm。灌浆层厚度不应小于25mm
接触状态	垫铁直接放置在基础上,应整齐平稳、接触良好,接触面积应不小于50%。平垫铁顶面水平度的允许偏差为2mm/m,各垫铁组顶面的标高应与机器底面实际安装标高相符。用0.25kg或0.5kg的手锤敲击检查垫铁组的松紧程度,应无松动现象;用0.05 mm的塞尺检查,垫铁之间及垫铁与底座底面之间的间隙,在垫铁同一断面处从两侧塞入的长度总和,不应超过垫铁长(宽)度的1/3	每一垫铁组应放置整齐平稳,接触良好;机械设备调平后,每组垫铁均应压紧,并应用手锤逐组轻击听音检查。对高速运转的机械设备,当采用0.05mm塞尺检查垫铁之间和垫铁与设备底座面之间的间隙时,在垫铁同一断面两侧塞入的长度之和不应大于垫铁长度或宽度的1/3
安放（进深、外露、搭接）	每一垫铁组应放置整齐平稳,接触良好,并应露出底座10~30mm;地脚螺栓两侧的垫铁组,每块垫铁伸入机器底座底面的长度,均应超过地脚螺栓;机器底座的底面与垫铁接触宽度不够时,垫铁组放置的位置应保证底座坐落在垫铁组承压面的中部。配对斜垫铁的搭接长度应不小于全长的3/4,其相互间的偏斜角不大于3°	机械设备调平后,垫铁端面应露出设备底面外缘;平垫铁宜露出10~30mm;斜垫铁宜露出10~50mm。垫铁组伸入设备底座底面的长度应超过设备地脚螺栓的中心
固定	垫铁组检查合格后应在垫铁组的两侧进行层间定位焊焊牢,垫铁与机器底座之间不得焊接。安装在金属结构上的机器调平后,其垫铁均应与金属结构用定位焊焊牢	除铸铁垫铁处,各垫铁相互间应用定位焊焊牢。安装在金属结构上的设备调平后,其垫铁均应与金属结构用定位焊焊牢

续表

检查项目	执行标准	
	SH/T 3538《石油化工机器设备安装工程施工及验收通用规范》	GB 50231《机械设备安装工程施工及验收通用规范》
垫铁面积	每一组垫铁的最小面积，可按公式近似计算。$$A \geq C \times \frac{Q_1+Q_2}{R \cdot n}$$ 式中： A——单组垫铁面积，单位为平方毫米（mm^2）； Q_1——由于设备等的重量加在该垫铁组上的负荷，单位为牛（N）； Q_2——由于地脚螺栓拧紧所分布在该垫铁组上的压力，可取螺栓的许可抗拉力，单位为牛（N）； R——基础或地坪混凝土的单位面积抗压强度（可取混凝土设计强度），单位为兆帕（MPa）； C——安全系数，宜取 1.5～3； n——组数	
垫铁制作	垫铁制作应符合规范要求，A 值（每一组垫铁的最小面积）计算出后，可在表1中选用比计算 A 值大的垫铁。斜度宜为 1：20～1：10，对于重心较高或振动较大的机器采用 1：20 的斜度为宜	找正调平机械设备用的垫铁，应符合随机技术文件的规定；无规定时，宜按本规范附录 A 的规定制作和使用。斜垫铁的斜度宜为 1/10～1/20；对振动或精密设备的垫铁斜度可为 1/40

（4）抽查机器安装精度（如机体水平度等）是否符合规范要求。

《石油化工机器设备安装工程施工及验收通用规范》SH/T 3538 规定：

机器安装基准的选择和水平度的允许偏差应符合机器技术文件的规定。无规定时，横向水平度的允许偏差为 0.10mm/m，纵向水平度的允许偏差为 0.05mm/m。

（五）监督抽查记录

工程质量监督人员在进行监督抽查时，应及时填写《机泵类设备垫铁安装监督记录》表单（表 4-3）。

表 4-3 机泵类设备垫铁安装监督记录

单位工程名称： 　　　　　　　　　　　　　　　　　　　　　　　　第　　页,共　　页

被检查单位			监督抽查时间	
监督检查部位	设备名称或位号：			
检查依据	☐ SH/T 3538　☐ GB 50231　☐ 设计文件 ☐ 机器技术文件　☐			

☐垫铁安装主要数据

检查项目	最大高度,mm	最小高度,mm	最大层数	最大间距,mm
数据				
符合情况	○符合 ○不符合	○符合 ○不符合	○符合 ○不符合	○符合 ○不符合

描述：

☐垫铁安装质量其他检查

检查项目	基础处理	位置	接触状态	安放	固定	垫铁制作
符合情况	○符合 ○不符合	○符合 ○不符合	○符合 ○不符合	○符合 ○不符合	○符合 ○不符合	○符合 ○不符合

描述：

☐单组垫铁组面积计算情况

☐设备安装精度

检查项目	轴向水平度,mm/m	纵向水平度,mm/m
数据		
符合情况	○符合 ○不符合	○符合 ○不符合

描述：

☐其他检查内容情况

监督工程师：　　　　　　　　　　　总监督工程师：

二、汽轮机安装工程试运转

（一）监督抽查的频次

监督抽查的数量不少于 1 次。

（二）监督抽查的时机

（1）抽查的单元划分：按照事先与监理单位约定，抽查的基本单元可以是一台汽轮机或一个分项工程等。

（2）到位时段：

① 监督单位接到监理单位正式的报监。

② 汽轮机试运转原则上在试运转过程中到位监督。

（三）监督抽查的依据

监督抽查的主要依据有 SH/T 3553—2013《石油化工汽轮机施工及验收规范》、DL 5190.3—2012《电力建设施工技术规范 第 3 部分：汽轮发电机组》。

（四）监督抽查的内容

工程质量监督人员应抽查但不限于下列内容：
（1）核查经批准的试运转施工方案、技术交底。
（2）核查试运转条件、核查机组试运前系统确认检查记录。

SH/T 3553《石油化工汽轮机施工及验收规范》
10.7 汽轮机试运转 10.7.1 汽轮机试运转前应具备下列条件： a）主蒸汽进汽管道按本规范 9.4.2 条蒸汽吹扫合格； b）按设计文件要求进行暖管； c）凝结水系统连锁按本规范 10.4 条规定试验合格； d）凝结水系统真空度达到产品技术文件规定的开机条件； e）调速系统按本规范 10.6 条静态试验合格； f）保护装置试验动作准确、无误； g）凝汽器汽侧充水至设计文件规定的高度； h）润滑油、调速油、凝结水系统投入运行； i）与试运有关的电气、仪表系统各项调试、连锁试验已完成； j）主蒸汽管道和附属管道已暖管至主气阀前，主蒸汽管内凝结水已排净； k）汽轮机冷态时热膨胀指示器读数为零，轴位移指示为零。

10.7.2 汽轮机暖管应符合下列规定：

a）主汽阀前管道上的疏水阀应打开；

b）暖管主蒸汽引入应缓慢进行，控制蒸汽升压速为 0.1MPa/min～0.2MPa/min，暖管的升温速度不大于 50℃/h；

c）暖管时间不少于 30min，蒸汽压力和蒸汽温度应符合设计文件规定。

DL 5190.3—2012《电力建设施工技术规范 第 3 部分：汽轮发电机组》

11.1.5 汽轮发电机组及附属机械、辅助设备和系统，在试运前应具备下列条件：

1 设备及系统按规定安装完毕，并经检验合格，安装技术记录齐全；临时管道安装完毕，系统形成循环回路，具备调试条件。

2 设备及管道的保温工作已完成，管道支吊架已调整结束。

3 基础混凝土及二次灌浆层达到设计强度。

4 操作电源、动力电源、压缩空气气源可靠。

5 各水位计和油位计有明确的高、低、正常工作位置的标识。

6 转动机械已加好符合规定的润滑油、脂，油位正常。

7 工业水系统已完成并具有可靠的水源且冲洗洁净。

8 各有关的手动、电动、气动、液动阀件，经逐个检查调整试验，动作灵活、正确，并标明名称及开、闭方向，处于备用状态。

9 参与试运的各种容器，已进行必要的清理和冲洗。

10 各指示和记录仪表及信号、声光报警装置已装设齐全，并经校验调整准确。

11 试运设备或系统已命名挂牌并有明显标识，表计指示正确且在有效期内。

12 具备足够的启动用汽源，并能稳定供汽，其压力和温度应能满足轴封供汽、汽动给水泵、除氧器等用汽的需要。

13 自动控制部分及精密部位的通风、空调装置应投入使用。

14 试运设备的保护装置已校验合格并投用

11.1.6 汽轮发电机组的分部试运、整套启动的调试措施方案已编制完成并经批准。验收、移交及其组织机构已成立并经批准；试运程序、连续满负荷运行时间等应按 DL/T 5437《火力发电建设工程启动试运及验收规程》执行。

11.1.7 汽轮发电机组整套启动前应完成的分部试运行工作如下：

1 汽水管道的吹扫和冲洗；

2 冷却水系统通水试验和冲洗；

3 化学水系统冲洗、充填药剂、调整试运行，并能供给足量合格的除盐水；

4 真空系统严密性检查；

5 除氧器、热交换器、蒸发器、减压装置等的检查调整；

6 各附属机械分部试运调整；

7 润滑、调节和密封油系统及净化装置试运调整,油循环油质合格;

8 调节、保安系统静态整定和试验;

9 顶轴装置和盘车装置调整试验,校对大轴晃度指示表;

10 抽汽止回阀与传动装置的调整试验;

11 汽封系统调整试运行;

12 热工、电气有关保护、连锁装置,远方操作装置和电动、气动、液动阀的调整试验,开、闭、富余行程及开闭时间已作记录,并投运正常;

13 中间再热机组旁路系统的调整试验;

14 抽真空试验;

15 低压缸喷水试验;

16 发电机氢气冷却系统、绕组冷却水系统的冲洗与调整。

11.9.1 汽轮发电机组启动及空负荷试运行前除应具备第11.7.1条规定的条件外,还应具备下列条件:

1 锅炉点火前真空系统应试抽真空并符合第11.5.9条的规定。

2 各有关公用系统和附属设备系统均已分部试运合格,冷却水塔、水池、凝结水处理设备、空冷装置等均处于备用状态。

3 汽轮机调节系统与自动保护装置经过静态整定与试验合格。

4 空冷发电机应装好灭火装置,氢冷发电机和水氢氢冷发电机的整体气压试验合格,完成投氢工作;水氢氢冷发电机和双水内冷发电机的水冷却系统经冲洗至水质合格,具备投用条件。

5 低压缸喷水装置经试验喷雾均匀,方向正确。

6 汽轮机组整套启动方案经审批后已向运行人员交底。

7 运行人员配备和培训;运行规程和事故处理规程的制定、学习和考试;系统图出版及现场展示;设备编号;工具及仪表配置;记录表格绘制等生产准备工作已就绪。

(3) 核查试运转是否符合规范要求,主要抽查:

① 各轴承的温度、振动;

② 润滑油的压力、温度和各部分供油情况;

③ 冷却情况。

SH/T 3553《石油化工汽轮机施工及验收规范》
10.7.3 汽轮机暖机应符合下列规定: a) 汽轮机本体上所有排凝阀应打开,存水排尽; b) 汽轮机前后汽封蒸汽应投用; c) 真空度满足启动条件;

d）背压式汽轮机可利用背压对汽轮机暖机，暖机时应控制升温速度不大于 50℃/h；

e）盘车应停止，并确认盘车装置已退出；

f）低速暖机转速应符合产品技术文件规定，低速暖机时间在 30min 以上；关闭汽轮机本体、主汽阀前的排凝阀；控制升温速为度水大于 50℃/h；

g）汽轮机及其附属设备运行正常，内部应无异常声响，轴振动、轴位移、轴承温度及汽轮机本体热膨胀应符合技术文件要求。

10.7.4 汽轮机运转后应进行低速跳闸试验，且应符合下列规定：

a）手动跳闸脱扣试验时，按下危急保安器手柄应动作灵活敏，速关阀迅速关闭，汽轮机停机；

b）紧急停机试验时，重新启动汽轮机，按现场"紧急停机"按钮，电磁阀动作，汽轮机停机。

10.7.5 汽轮机升速应符合下列规定：

a）升速应按照升速曲线均匀进行，升速过程中应检查并记录振动、轴位移、轴承温度和润滑油温度等；

b）应快速通过临界转速区，转子的振动值应符合产品技术文件的规定；正常运行的最大振动值除产品技术文件另有规定外，应符合表 10.7.5 的规定；

c 转速升至调速器控制最低转后，连续运转 10min 以上，全面检查运行情况，确认汽轮机无异常声响，轴振动、轴位移、轴承温度及汽轮机本体热膨胀应正常。

表 10.7.5 汽轮机正常运行的转子最大振值

最大连续转速 V r/min	转子双胀幅 mm
$V \leq 4000$	0.0500
$4000 < V \leq 8000$	0.0400
$8000 < V \leq 12000$	0.0250
$V > 12000$	0.0125

10.7.6 机械跳闸试验应符合下列规定：

a）超速试验时应监视汽轮机转速和各部温度、振动，超过极限值时应手动停机；

b）超速试验时提升的最高转速不行超过产品技术文件规定的最大轩速，且不超过跳闸转速的 101%；

c）电子跳闸转速为最大连续转速的 108%，机械跳闸转速为最大连续转速的 110%～112%；

d）机械超速试验至少应进行三次，后两次跳闸转速之差应小于规定跳闸转的 1%；

e）机械跳闸后能及时复位,且跳闸和复位信号应指示正确;

f）超速装置在规定范围内不动作,应立即手动停机。

10.7.7 汽轮机在额定转速下连续运行时间不少于1h,应记录各项运行参数。

10.7.8 汽轮机停机操作应按试运转方案进行,并应记录惰走时间。停机后应符合下列规定:

a）主蒸汽隔断阀应关闭;

b）各排凝阀应打开;

c）汽封蒸汽和抽气蒸汽应切断;

d）转子停止转动时,应立即启动盘车机构,转动汽轮机,直至汽轮机内部温度降到150℃以下停止盘车;

e）轴承温度降至45℃以下且盘车停止后,润滑油系统停止运转。

DL 5190.3《电力建设施工技术规范 第3部分:汽轮发电机组》

11.9.2 汽轮机组空负荷试运行时除应做好正常运行记录外,还应记录下列各项:

1 汽轮机大轴原始偏心率及其高点值在转子的圆周方向的位置,以及轴向位移、胀差等其他仪表的原始读数;

2 汽轮机及其附属机械、辅助设备的启动和停止时间;

3 冲动汽轮机转子的时间、气温、气压、真空和油温;

4 暖机各阶段的转速和维持时间;

5 转子在各暖机阶段和额定转速下的振动值,各临界转速及通过临界转速时的最大振动值;

6 支持轴瓦、推力瓦、密封瓦巴氏合金温度及回油温度;

7 盘车装置开始工作与停止的时间,正常情况下的盘车电流及电流摆动值;

8 汽轮机各部分金属温度及膨胀值;

9 轴向位移及差胀值;

10 发电机水冷系统、氢冷系统的各项参数;

11 汽轮机停机的时间和原因,以及停机冷却时间内的汽缸温度、膨胀值;

12 汽轮机惰走曲线;

13 正常停机后,下汽缸各主要金属温度测点的降温曲线;

14 缺陷及故障处理。

11.9.3 汽轮机从冲转至额定转速应按下列规定进行:

1 运行应统一指挥、明确分工,运行操作应由合格的人员担任。

2 汽轮机第一次冷态启动时,冲转前应连续盘车 24h 以上。

3 汽轮机的启动参数和启动方式应符合制造厂的要求,制造厂无要求时,单元式机组直采用滑参数启动,主蒸汽温度应比汽缸金属温度高 50℃ 并低于额定温度,蒸汽过热度应大于 50℃ 。

4 冲转前冷油器出口油温应大于 35℃ ,真空不低于 70kPa ,转速升至 2500r/min 以前,油温应提高至 42~45℃,真空应提高至正常值。

5 应启动旁路系统的各减温减压装置,启动过程中的调节方式应符合制造厂要求。

6 冲转后宜切断汽源,在低速下迅速进行"摩擦检查",汽轮机内动静部分、轴封、各轴承内部、发电机内部等处应无异常,并迅速升速。

7 法兰螺栓加热和汽缸加热装置应按规定投入并调整。

8 机组至额定转速时,顶轴油泵和高压备用油泵应退出运行。

9 汽轮机在启动过程中发生异常振动或达到跳机值时,必须立即紧急停机,连续盘车,测量大轴晃动的变化,并找出原因,禁止降速暖机。

10 汽轮发电机组通过临界转速时应平稳迅速,各轴承的振动值应符合制造厂要求,不得强行通过临界转速。

11 汽轮机稳定在额定转速时,机组的轴振值应符合制造厂的要求,制造厂无要求时参照附录 H 执行。

12 高压汽轮机各部分温差、差胀值,以及汽缸内壁升温率应符合制造厂的要求,制造厂无要求时,高压外缸上、下缸温差不应超过 50℃ ,高压内缸上、下缸温差不应超过 35℃ 。

13 汽缸热膨胀,不应出现不均匀、不对称和卡涩现象。

14 各支持轴承、推力瓦和密封瓦的金属温度不得高于制造厂要求值。

15 升速过程中,应注意发电机空气或氢气温度、风压或氢压及密封油压的变化。氢、油压差应符合规定值,并及时投入空气或氢气冷却器的冷却水。空冷发电机通风系统应无漏风现象。双水内冷、水氢氢冷及全氢冷发电机的运行维护,应按第 11.11 节的有关规定执行。

11.9.4 汽轮机空负荷试运行时,调节保安系统应进行下列工作:

1 在额定转速下,按制造厂要求再次调整各部分润滑和调速油压;

2 液压调节机组应记录调节系统开始动作时的转速;

3 安全油压应符合规定;

4 危急遮断器注油试验及手动遮断试验;

5 自动主气门与调节气门严密性试验;

6 危急遮断器动作试验；

7 超速试验。

11.9.5 自动主气门与调节气门的严密性试验应符合下列规定：

1 试验应在汽轮机空负荷运行和正常真空状态下进行：

2 主蒸汽压力宜接近额定压力,最低不应低于额定压力的 1/2；

3 自动主气门全关而调节气门全开,或调节气门全关而自动主气门全开情况下,最大漏气量时,转子的稳定转速应小于：

$$\frac{试验气压}{额定气压} \times 1000 r/min$$

4 两侧气门应同时进行试验。

11.9.6 汽轮机超速试验应按下列规定进行：

1 试验时应统一指挥、明确分工、严密监视。

2 汽轮机转速表应选用高精确度的表计并经校验合格。

3 具有电超速和机械超速保护的机组应先进行电超速试验,确认无异常后进行机械超速试验。

4 超速试验前,超速保护控制器动作试验应正常,超速保护控制器的信号应按热控专业有关规定进行屏蔽。

5 升速前应进行手动危急遮断器及注油试验,确认动作正常；高、中压主气门,调节气门应能迅速关闭,转速应立即下降。

6 升速前排汽缸冷却喷水应投入,机组转速达到 600r/min 时,应自动投入排汽缸冷却喷水。

7 系统中有电动主气门时,应将其开度关小,防止产生过高向超速。

8 主气门及调节气门应进行关闭试验,确认不卡涩,严密性符合规定。

9 超速试验前应按制造厂要求进行低负荷暖机,使转子温度高于脆性转变温度,降至空负荷,与电网解列后进行；带负荷前应投入电超速保护并进行危急保安器动作试验。

10 超速试验不宜紧接在危急遮断器动作试验后进行,以免影响超速试验的准确性。

11 超速试验前应投入连续记录和计算机连续打印装置,记录机组的转速、低压缸排汽温度等参数。

12 进行机械超速试验时将"电超速"保护定值改至额定转速的 112%。

11.9.7 汽轮机组试运行时存在下列情况之一者不得进行超速试验：

1 主气门或调节气门开闭有卡涩现象或蒸汽严密性试验不合格；

2 在额定转速下任一轴承的振动异常；

3 任一轴承温度高于限额值。

11.9.8 汽轮机超速试验应符合下列规定：

1 危急遮断器动作转速应符合制造厂要求，制造厂无要求时，宜为额定转速的110%～112%；

2 危急遮断器每个飞锤或飞环应试验两次，动作转速差不应超过0.6%；

3 危急遮断器脱扣后应能复归，飞锤或飞环的复位转速不宜低于3030r/min；

4 跳闸及复位信号指示应正确；

5 将"超速试验"切换置于"电超速"位置，按同上步骤进行超速实验，其动作转速不应超过额定转速的112%；

6 在进行危急遮断器试验时，如机组转速超过额定转速的112%危急遮断器仍不动作，应立即手动紧急停机。

11.9.9 调节系统空负荷试验应按下列规定进行：

1 调节系统空负荷试验应编制试验方案，并经审批；

2 在试验过程中，主蒸汽参数与真空值宜与机组启动曲线匹配；

3 如试验时主蒸汽参数与真空值较低，计算速度变动率时，

试验时的油动机开度，应按比例修正到额定条件下的油动机开度值。

11.9.10 汽轮机调节系统空负荷试验结果应表明调节系统的性能达到下列规定：

1 在机组空负荷时同步器应能使机组转速在额定转速的±6%范围内调整；

2 在额定工况下，转速控制器引起的转速波动应小于额定转速的±0.1%；

3 调节系统的速度变动率宜为3%～6%；

4 调节系统的迟缓率应小于0.06%；

5 当主气门全开，调节系统应能维持空负荷稳定运行并能用同步器顺利并网。

11.9.11 轴封压力调节器投入后，应能平稳地调节轴封蒸汽压力并保持稳定运行，轴封自动进汽装置应正常投用。

11.9.12 汽轮机组首次达到额定转速和空负荷试运后，可停机进行下列检查、检修：

1 主油泵、各变速机构、盘车齿轮；

2 支持轴承、推力轴承、发电机密封瓦；

3 各油、水系统滤网；

4 运行不良的部件。

11.9.13 当汽轮机的高压内下缸金属温度高于150℃进行热态启动时，除应参照第10.9.3条的有关规定外，尚应符合下列规定：

1 大轴偏心率与原始值的偏差应小于0.02mm；

2 上下缸温差超限或差胀达极限值时,不得启动或升速;

3 主蒸汽和再热蒸汽管道应充分暖管,使汽轮机进汽区的蒸汽温度高于相应的汽缸内壁温度50℃~100℃,主汽门前的蒸汽过热度应大于50℃,再热蒸汽温度应不低于中压内上缸壁温;

4 先投轴封后抽真空,轴封蒸汽的温度应接近缸体温度,启动过程中应监视汽缸和管道的金属温度,防止冷气、冷水进入汽轮机;

5 当汽轮机负差胀趋近极限值时应及时采取措施;

6 除检查需要外,升速过程中不得停留,应快速地升至额定转速并立即并网,迅速加负荷至汽缸温度高于启动时的温度后正常运行;

7 机组热态启动应按制造厂提供的热态启动曲线进行。

附录 H 机组振动标准

汽轮发电机组的振动评价标准应符合制造厂要求,若制造厂无要求时,则可参照表 H 执行。

表 H　大型汽轮发电机组轴振参考标准(双振幅)(μm)

范围	转速			
	1500r/min		3000r/min	
	相对位移	绝对位移	相对位移	绝对位移
A	100	120	76	100
B	120	170	125	150
C	320	385	250	320

注:1 范围 A:为新装机组轴振良好值。

2 范围 B:小于 B 范围为合格值。

3 范围 C:轴振超过 C 范围时应停机处理。

(五)监督抽查记录

工程质量监督人员在进行监督抽查时,应及时填写《汽轮机安装工程试运转监督记录》表单(表 4-4)。

表 4-4 汽轮机安装工程试运转监督记录

单位工程名称：　　　　　　　　　　　　　　　　　　　　　　第　　页，共　　页

被检查单位				监督抽查时间		
监督检查部位	设备名称或位号：					
检查依据	□ SH/T 3553　□ DL 5190.3　□机器技术文件 □设计文件　　　　　□技术协议					

□试运转轴振动数据

检查位置	前轴承			后轴承		
方向	垂直	水平	轴向	垂直	水平	轴向
数据 ○μm ○mm/s						
符合情况	○符合 ○不符合	○符合 ○不符合	○符合 ○不符合	○符合 ○不符合	○符合 ○不符合	○符合 ○不符合

描述：

□试运转轴温度

检查位置	前轴承	后轴承
数据 ℃		
符合情况	○符合 ○不符合	○符合 ○不符合

描述：

□其他检查内容情况

监督工程师：　　　　　　　　　　　　总监督工程师：

第三节　往复式压缩机组主机安装工程

一、机泵类设备垫铁安装

本程序适用于泵及风机类安装工程,汽轮机安装工程,往复式压缩机组主机安装工程,离心式压缩机组主机安装工程,轴流式压缩机组主机安装,燃(烟)气轮机主机安装工程,电动机安装工程,硫磺成型机安装工程垫铁安装。

(一)监督抽查的频次

监督抽查的数量每个类别不少于1次。

(二)监督抽查的时机

(1)抽查的单元划分:按照事先与监理单位约定,抽查的基本单元可以是一台泵、风机、压缩机或一个分项工程等。

(2)到位时段:

① 监督单位接到监理单位正式的报监。

② 汽轮机、往复式压缩机、离心式压缩机组主机、轴流压缩机组主机、烟气轮机主机垫铁安装原则上在垫铁隐蔽前到位监督,其他泵类、风机类、电动机类等可根据具体情况垫铁隐蔽前到位监督或垫铁隐蔽后检查垫铁隐蔽记录。

(三)监督抽查的依据

监督抽查的主要依据有 SH/T 3538《石油化工机器设备安装工程施工及验收通用规范》、GB 50231《机械设备安装工程施工及通用验收规范》。当设计没明确要求时,原则上执行 SH/T 3538。

(四)监督抽查的内容

工程质量监督人员应抽查但不限于下列内容:

(1)抽查设备基础处理是否符合规范要求。

(2)抽查垫铁组的布置、垫铁块数等是否符合规范要求。

(3)抽查单组垫铁组面积计算情况。

垫铁安装的质量要求见表4-5。

表 4-5　垫铁安装的质量要求

检查项目	执行标准	
	SH/T 3538《石油化工机器设备安装工程施工及验收通用规范》	GB 50231《机械设备安装工程施工及验收通用规范》
基础处理	机器安装前应对基础做如下处理： a）铲出麻面，麻点深度宜不小于10 mm，密度以每平方分米内有3～5个点为宜，表面不应有油污或疏松层； b）放置垫铁或支持调整螺钉用的支撑板处（至周边约50 mm）的基础表面应铲平	
位置间距	在地脚螺栓两侧各放置一组，应使垫铁靠近地脚螺栓，当地脚螺栓间距小于300mm时，可在各地脚螺栓的同一侧放置一组垫铁；相邻两垫铁组的间距，可根据机器的重量、底座的结构型式以及载荷分布等具体情况而定，宜为500～1000 mm；对于带锚板的地脚螺栓两侧的垫铁组，应放置在预留孔的两侧	每个地脚螺栓旁边应至少有一组垫铁；垫铁组在能放稳和不影响灌浆的情况下，应放在靠近地脚螺栓和底座主要受力部下方；相邻两垫铁组间的距离，宜为500～1000mm；设备底座有接缝处的两侧，应各放一组垫铁
高度层数	斜垫铁应配对使用，与平垫铁组成垫铁组时，垫铁的层数宜为3层（即一平二斜），最多不应超过4层，薄垫铁厚度不应小于2 mm，并放在斜垫铁与厚平垫铁之间。斜垫铁可与同号或者大一号的平垫铁搭配使用。垫铁组的高度宜为30～70mm	承受载荷的垫铁组，应使用成对斜垫铁；承受重负荷或有连续振动的设备，宜使用平垫铁；每一垫铁组的块数不宜超过5块；放置平垫铁时，厚的宜放在下面，薄的宜放在中间；垫铁厚度不宜小于2mm。灌浆层厚度不应小于25mm
接触状态	垫铁直接放置在基础上，应整齐平稳、接触良好，接触面积应不小于50%。平垫铁顶面水平度的允许偏差为2mm/m，各垫铁组顶面的标高应与机器底面实际安装标高相符。用0.25kg或0.5kg的手锤敲击检查垫铁组的松紧程度，应无松动现象；用0.05 mm的塞尺检查，垫铁之间及垫铁与底座底面之间的间隙，在垫铁同一断面处从两侧塞入的长度总和，不应超过垫铁长（宽）度的1/3	每一垫铁组应放置整齐平稳，接触良好；机械设备调平后，每组垫铁均应压紧，并应用手锤逐组轻击听音检查。对高速运转的机械设备，当采用0.05mm塞尺检查垫铁之间和垫铁与设备底座面之间的间隙时，在垫铁同一断面两侧塞入的长度之和不应大于垫铁长度或宽度的1/3
安放（进深、外露、搭接）	每一垫铁组应放置整齐平稳，接触良好，并应露出底座10～30mm；地脚螺栓两侧的垫铁组，每块垫铁伸入机器底座底面的长度，均应超过地脚螺栓；机器底座的底面与垫铁接触宽度不够时，垫铁组放置的位置应保证底座坐落在垫铁组承压面的中部。配对斜垫铁的搭接长度应不小于全长的3/4，其相互间的偏斜角不大于3°	机械设备调平后，垫铁端面应露出设备底面外缘；平垫铁宜露出10～30mm；斜垫铁宜露出10～50mm。垫铁组伸入设备底座底面的长度应超过设备地脚螺栓的中心

续表

检查项目	执行标准	
	SH/T 3538《石油化工机器设备安装工程施工及验收通用规范》	GB 50231《机械设备安装工程施工及验收通用规范》
垫铁固定	垫铁组检查合格后应在垫铁组的两侧进行层间定位焊焊牢，垫铁与机器底座之间不得焊接。安装在金属结构上的机器调平后，其垫铁均应与金属结构用定位焊焊牢	除铸铁垫铁处，各垫铁相互间应用定位焊焊牢。安装在金属结构上的设备调平后，其垫铁均应与金属结构用定位焊焊牢
垫铁面积	每一组垫铁的最小面积，可按公式近似计算。$$A \geqslant C \times \frac{Q_1+Q_2}{R \cdot n}$$ 式中： A——单组垫铁面积，单位为平方毫米（mm^2）； Q_1——由于设备等的重量加在该垫铁组上的负荷，单位为牛（N）； Q_2——由于地脚螺栓拧紧所分布在该垫铁组上的压力，可取螺栓的许可抗拉力，单位为牛（N）； R——基础或地坪混凝土的单位面积抗压强度（可取混凝土设计强度），单位为兆帕（MPa）； C——安全系数，宜取 1.5～3； n——组数	
垫铁制作	垫铁制作应符合规范要求，A 值（每一组垫铁的最小面积）计算出后，可在表 1 中选用比计算 A 值大的垫铁。斜度宜为 1∶20～1∶10，对于重心较高或振动较大的机器采用 1∶20 的斜度为宜	找正调平机械设备用的垫铁，应符合随机技术文件的规定；无规定时，宜按本规范附录 A 的规定制作和使用。斜垫铁的斜度宜为 1/10～1/20；对振动或精密设备的垫铁斜度可为 1/40

（4）抽查机器安装精度（如机体水平度等）是否符合规范要求。

SH/T 3538《石油化工机器设备安装工程施工及验收通用规范》规定：

机器安装基准的选择和水平度的允许偏差应符合机器技术文件的规定。无规定时，横向水平度的允许偏差为 0.10mm/m，纵向水平度的允许偏差为 0.05mm/m。

（五）监督抽查记录

工程质量监督人员在进行监督抽查时，应及时填写《机泵类设备垫铁安装监督记录》表单（表 4-6）。

表 4-6 机泵类设备垫铁安装监督记录

单位工程名称：　　　　　　　　　　　　　　　　　　　　　　　　第　　页，共　　页

被检查单位			监督抽查时间	
监督检查部位	设备名称或位号：			
检查依据	□ SH/T 3538 □ GB 50231 □设计文件 □机器技术文件□			

□垫铁安装主要数据

检查项目	最大高度, mm	最小高度, mm	最大层数	最大间距, mm
数据				
符合情况	○符合 ○不符合	○符合 ○不符合	○符合 ○不符合	○符合 ○不符合

描述：

□垫铁安装质量其他检查

检查项目	基础处理	位置	接触状态	安放	固定	垫铁制作
符合情况	○符合 ○不符合	○符合 ○不符合	○符合 ○不符合	○符合 ○不符合	○符合 ○不符合	○符合 ○不符合

描述：

□单组垫铁组面积计算情况

□设备安装精度

检查项目	轴向水平度, mm/m	纵向水平度, mm/m
数据		
符合情况	○符合 ○不符合	○符合 ○不符合

描述：

□其他检查内容情况

监督工程师：　　　　　　　　　　总监督工程师：

二、往复压缩机组主机安装试运转质监点监督抽查程序内容

本程序适用于往复式压缩机组主机安装工程试运转。

(一) 监督抽查的频次

监督抽查的数量不少于1次。

(二) 监督抽查的时机

(1) 抽查的单元划分：按照事先与监理单位约定，抽查的基本单元可以是一台压缩机或一个分项工程等。

(2) 到位时段：

① 监督单位接到监理单位正式的报监。

② 往复式压缩机主机试运转原则上在试运转过程中到位监督。

(三) 监督抽查的依据

监督抽查的主要依据有 SH/T 3544《石油化工对置式往复压缩机组施工及验收规范》、GB 50275《压缩机、风机、泵安装工程施工及验收规范》。

(四) 监督抽查的内容

工程质量监督人员应抽查但不限于下列内容：

(1) 核查经批准的试运转施工方案、技术交底。

(2) 核查试运转条件、核查机组试运前系统确认检查记录。

SH/T 3544《石油化工对置式往复压缩机组施工及验收规范》

8 压缩机组无负荷试运转

8.1 试运转准备

8.1.1 压缩机组无负荷试运转，应由建设单位/总承包单位组织实施。试车方案应经生产、设计、制造厂商、监理、施工等单位联合确认。

8.1.2 压缩机组的全部安装工作结束，且安装记录齐全。

8.1.3 试车现场应符合本规范 7.1.4 条要求。即：电气、仪表、防腐隔热、土建、工艺管道和有关设备等已安装完毕，并经检查合格。

8.1.4 电气、仪表应调试完毕。

8.1.5 水、汽系统、润滑油系统、注油系统等达到投用条件。

8.1.6 检测仪器、工具等准备齐全。

8.3 压缩机无负荷试运转

8.3.1 压缩机无负荷试运转前的准备工作除符合本规范第 8.1 条外,还应符合下列要求：

a）复查电动机、压缩机轴端间距和对中数据；组装飞轮和联轴器；

b）拆下各级吸、排气阀,拆开出、入口管道,在气缸吸、排气阀腔口及出、入管道接口处,装上 10 目的过滤网,过滤网应牢固。

8.3.2 压缩机无负荷试运转前检查除符合 8.2.1 条的有关规定外,还应进行下列检查：

a）启动注油器,检查各注油点供油量；

b）盘车复测各级气缸余隙和十字头与滑道的间隙；

c）检查电动机、压缩机各连件及锁紧装置；

d）启动润滑油泵,调整各润滑点油压,并检查各润滑点的供油及回油情况；

e）开启冷却水上水阀和回水阀,检查冷却水的压力及回水情况；

f）启动盘车器,检查各运动部件；

g）停止盘车并将手柄移至开车位置,检查各段活塞,不应处在前、后死点位置。

9 压缩机组负荷试运转

9.1 试运转准备工作

9.1.1 压缩机组负荷试运转除符合本规范 8.1 条规定外,还应符合下列条件：

a）工艺系统管道应安装完成；

b）试运转流程应符合试车方案的规定；

c）安全阀必须整定试验合格；

d）吸、排气阀安装应符合产品技术文件的规定。

9.1.2 工艺系统管道连接前应进行试压、吹扫检查,并应符合下更规定：

a）管道与设备应隔离,异物不得带入气缸或设备内；

b）吹扫时应保护所有仪表、安全阀、调节阀、止回阀等；

c）吹扫检查应在管道末端靶板上涂以白铅油或盖上湿白布,以目视无颗粒状杂物为合格。

9.2 负荷试运转

9.2.1 负荷试运转前检查应符合本规范 8.3.2 条的规定。

（3）核查试运转是否符合规范要求,主要抽查：

① 各轴承的温度、振动；

② 润滑油的压力、温度和各部分供油情况；

③ 电动机的电流、电压、温度；

④ 吸入和排出介质的温度、压力；

⑤ 冷却水的供水情况。

SH/T 3544《石油化工对置式往复压缩机组施工及验收规范》

8 压缩机组无负荷试运转

8.3 压缩机无负荷试运转

8.3.3 启动电动机运转 5min,停机检查压缩机十字头、大头瓦等运动部件,应无异常现象。

8.3.4 重新启动电动机,同时监控压缩机各运动部位的音响,温度及振动情况,并应每隔 30min 做一次试运转记录。

8.3.5 压缩机连续运转 4h,电动机的定子温度符合产品技术文件的规定,其他各项参数产品技术文件无规定时,符合下列要求视无负荷试运转合格:

a) 无异常声响;

b) 润滑油系统工作正常;

c) 滑动轴承温度不应超过 70℃;滚动轴承温度不应超过 80℃;

d) 填料函压盖处温度不应超过 60℃;

e) 中体滑道外壁温度不应超过 60℃;

f) 电气、仪表应工作正常。

8.3.6 无负荷试运转结束后,应按下列步骤停车:

a) 停电动机;

b) 停通风机;

c) 主轴完全停止转动后,立即进行盘车,停注油器;

d) 停止盘车 5min 后,停润滑油泵;

e) 关闭上水阀门,并放尽管道和机器内的存水;

f) 停冷却水站。

9 压缩机组负荷试运转

9.1.3 压缩机负荷试运转应符合下列规定:

a) 压缩机负荷试运转应按产品技术文件中空气或氮气试车工况的规定执行;

b) 各段出口温度不得高于设计文件规定值;

c) 电动机的电流、功率等参数不应高于额定值;

d) 气阀对空气或氮气试车有特殊要求时,应采用空气或氮气试车用气阀,试车合格后更换正式工艺气阀。

9.1.4 当不符合本规范 9.1.3 条规定时,压缩机负荷试运转应与装置试生产同时进行。

9.2 负荷试运转

9.2.2 启动压缩机,无负荷运转 20min 后,分 3~5 次逐步升压至规定压力。加压时应缓慢进行,每次压力稳定后应连续运转 1h 再升压。

9.2.3 用下列阀门调节控制各气缸的出口压力:

a) 各级放空阀门;

b) 各级卸载阀门;

c) 各级旁通阀门。

9.2.4 压缩机运转时应进行下列检查,并每隔 30min 做一次试运转记录。

a) 声响和振动情况;

b) 轴承、填料函和滑道的温升;

c) 运动部件的供油情况;

d) 气缸进、出口的气体温度和冷却水温度;

e) 气缸吸入及排出压力;

f) 密封情况;

g) 缓冲器及油水分离器的排油、水情况;

h) 管道的振动情况;

i) 电气、仪表工作情况。

9.2.5 压缩机在规定压力下连续运转 4h,各项参数值符合产品技术文件的规定,压缩机组负荷试运转合格。

9.3 负荷试运转的停车

9.3.1 从末级开始逐渐降低各级的排出压力,卸压后,停止电动机的运转。

9.3.2 在负荷试运转中,不得带压停车;当发生或将要发生紧急事故时,应紧急停车,停车后必须立即卸压。

GB 50275《压缩机、风机、泵安装工程施工及验收规范》

3.5 活塞式压缩机试运转

3.5.2 压缩机空负荷试运转,应符合下列要求:

1 应将各级吸、排气阀拆下。

4 点动压缩机,应在检查各部位异常现象后,依次运转 5min、30min 和 2h 以上,每次启动运转前,应检查压缩机润滑情况且应正常。

3.5.3 压缩机空气负荷试运转,应符合下列要求:

1 空气负荷试运转前,应先装上空气滤清器,并应逐级装上吸、排气阀,再启动压缩机进行吹扫;应从一级开始,逐级连通吹扫,每级吹扫不应小于 30min,直至排出的空气清洁为止。

2 吹扫后,应拆下各级吸、排气阀清洗洁净,且应随即装上复原。

3 升压运转的程序、压力和运转时间应符合随机技术文件的规定;无规定,且排气压力为额定压的1/4时,应连续运转1h;排气压力为额定压力的1/2时,应连续运转2h;排气压力为额定压力的3/4时,应连续运转2h;在额定压力下连续运转不应小于3h;升压运转过程中,应在前一级压力下运转无异常现象后再将压力逐渐升高。

6 运转中润滑油压不得低于0.10MPa;曲轴箱或机身内润滑油的温度,氧气压缩机不应高于60℃,其他压缩机不应高于70℃。

7 各级冷却水温度应符合随机技术文件的规定;无规定时,各级冷却水排水温度不应高于45℃。

附录A 风机、压缩机和泵振动的检测及限值

A.0.4 压缩机振动的测量点位置和测量方向,应符合下列要求:

1 往复式压缩机应在每只气缸盖上测量,且每个位置应在垂直、水平、轴向三个方向进行测量。

A.0.6 风机、压缩机和泵振动值的限值,应符合下列规定:

2 压缩机的振动速度有效值的限值,应符合表A.0.6-2和表A.0.6-3的规定。

表 A.0.6-2 往复式压缩机的振动速度有效值的限值(气缸盖上)

机型	振动速度有效值,mm/s
对称平衡型	≤18.0
角式(L、V、W型和扇型)、对置式、立式	≤28.0
其他卧式	≤45.0

(五)监督抽查记录

工程质量监督人员在进行监督抽查时,应及时填写《往复式压缩机组主机安装工程试运转监督记录》表单(表4-7)。

表 4-7 往复压缩机组主机安装试运转监督记录

单位工程名称：　　　　　　　　　　　　　　　　　　　　　第　页,共　页

被检查单位							监督抽查时间			
监督检查部位	设备名称或位号：									
检查依据	□ SH/T 3544　□ GB 50275　　□机器技术文件 □技术协议　　　　　　　□									

□试运转振动数据

检查位置	一级气缸盖			二级气缸盖			三级气缸盖		
方向	垂直	水平	轴向	垂直	水平	轴向	垂直	水平	轴向
数据 mm/s									
是否合格	○是 ○否	○是 ○否	○是 ○否	○是 ○否	○是 ○否	○是 ○否	○是 ○否	○是 ○否	○是 ○否

描述：

□试运转轴温度

检查位置	前轴承	后轴承
数据 ℃		
符合情况	○符合 ○不符合	○符合 ○不符合

描述：

□其他检查内容情况

监督工程师：　　　　　　　　　　　　　总监督工程师：

第四节 离心式压缩机组主机安装工程

一、机泵类设备垫铁安装

本程序适用于泵及风机类安装工程,汽轮机安装工程,往复式压缩机组主机安装工程,离心式压缩机组主机安装工程,轴流式压缩机组主机安装,燃(烟)气轮机主机安装工程,电动机安装工程,硫磺成型机安装工程垫铁安装。

(一)监督抽查的频次

监督抽查的数量每个类别不少于1次。

(二)监督抽查的时机

(1)抽查的单元划分:按照事先与监理单位约定,抽查的基本单元可以是一台泵、风机、压缩机或一个分项工程等。

(2)到位时段:

① 监督单位接到监理单位正式的报监。

② 汽轮机、往复式压缩机、离心式压缩机组主机、轴流压缩机组主机、烟气轮机主机垫铁安装原则上在垫铁隐蔽前到位监督,其他泵类、风机类、电动机类等可根据具体情况垫铁隐蔽前到位监督或垫铁隐蔽后检查垫铁隐蔽记录。

(三)监督抽查的依据

监督抽查的主要依据有 SH/T 3538《石油化工机器设备安装工程施工及验收通用规范》、GB 50231《机械设备安装工程施工及通用验收规范》。当设计没明确要求时,原则上执行 SH/T 3538。

(四)监督抽查的内容

工程质量监督人员应抽查但不限于下列内容:

(1)抽查设备基础处理是否符合规范要求。

(2)抽查垫铁组的布置、垫铁块数等是否符合规范要求。

(3)抽查单组垫铁组面积计算情况。

垫铁安装的质量要求见表4-8。

表 4-8 垫铁安装的质量要求

检查项目	执行标准	
	SH/T 3538《石油化工机器设备安装工程施工及验收通用规范》	GB 50231《机械设备安装工程施工及验收通用规范》
基础处理	机器安装前应对基础做如下处理： a）铲出麻面，麻点深度宜不小于 10 mm，密度以每平方分米内有 3~5 个点为宜，表面不应有油污或疏松层； b）放置垫铁或支持调整螺钉用的支撑板处（至周边约 50 mm）的基础表面应铲平	
位置间距	在地脚螺栓两侧各放置一组，应使垫铁靠近地脚螺栓，当地脚螺栓间距小于 300mm 时，可在各地脚螺栓的同一侧放置一组垫铁；相邻两垫铁组的间距，可根据机器的重量、底座的结构型式以及载荷分布等具体情况而定，宜为 500~1000 mm；对于带锚板的地脚螺栓两侧的垫铁组，应放置在预留孔的两侧	每个地脚螺栓旁边应至少有一组垫铁；垫铁组在能放稳和不影响灌浆的情况下，应放在靠近地脚螺栓和底座主要受力部下方；相邻两垫铁组间的距离，宜为 500~1000mm；设备底座有接缝处的两侧，应各放一组垫铁
高度层数	斜垫铁应配对使用，与平垫铁组成垫铁组时，垫铁的层数宜为 3 层（即一平二斜），最多不应超过 4 层，薄垫铁厚度不应小于 2 mm，并放在斜垫铁与厚平垫铁之间。斜垫铁可与同号或者大一号的平垫铁搭配使用。垫铁组的高度宜为 30~70mm	承受载荷的垫铁组，应使用成对斜垫铁；承受重负荷或有连续振动的设备，宜使用平垫铁；每一垫铁组的块数不宜超过 5 块；放置平垫铁时，厚的宜放在下面，薄的宜放在中间；垫铁厚度不宜小于 2mm。灌浆层厚度不应小于 25mm
接触状态	垫铁直接放置在基础上，应整齐平稳、接触良好，接触面积应不小于 50%。平垫铁顶面水平度的允许偏差为 2mm/m，各垫铁组顶面的标高应与机器底面实际安装标高相符。用 0.25kg 或 0.5kg 的手锤敲击检查垫铁组的松紧程度，应无松动现象；用 0.05 mm 的塞尺检查，垫铁之间及垫铁与底座底面之间的间隙，在垫铁同一断面处从两侧塞入的长度总和，不应超过垫铁长（宽）度的 1/3	每一垫铁组应放置整齐平稳，接触良好；机械设备调平后，每组垫铁均应压紧，并应用手锤逐组轻击听音检查。对高速运转的机械设备，当采用 0.05mm 塞尺检查垫铁之间和垫铁与设备底座面之间的间隙时，在垫铁同一断面两侧塞入的长度之和不应大于垫铁长度或宽度的 1/3
安放（进深、外露、搭接）	每一垫铁组应放置整齐平稳，接触良好，并应露出底座 10~30mm；地脚螺栓两侧的垫铁组，每块垫铁伸入机器底座底面的长度，均应超过地脚螺栓；机器底座的底面与垫铁接触宽度不够时，垫铁组放置的位置应保证底座坐落在垫铁组承压面的中部。配对斜垫铁的搭接长度应不小于全长的 3/4，其相互间的偏斜角应不大于 3°	机械设备调平后，垫铁端面应露出设备底面外缘；平垫铁宜露出 10~30mm；斜垫铁宜露出 10~50mm。垫铁组伸入设备底座底面的长度应超过设备地脚螺栓的中心

续表

检查项目	执行标准	
	SH/T 3538《石油化工机器设备安装工程施工及验收通用规范》	GB 50231《机械设备安装工程施工及验收通用规范》
固定	垫铁组检查合格后应在垫铁组的两侧进行层间定位焊焊牢,垫铁与机器底座之间不得焊接。安装在金属结构上的机器调平后,其垫铁均应与金属结构用定位焊焊牢	除铸铁垫铁处,各垫铁相互间应用定位焊焊牢。安装在金属结构上的设备调平后,其垫铁均应与金属结构用定位焊焊牢
垫铁面积	每一组垫铁的最小面积,可按公式近似计算。$$A \geqslant C \times \frac{Q_1+Q_2}{R \cdot n}$$ 式中: A——单组垫铁面积,单位为平方毫米(mm^2); Q_1——由于设备等的重量加在该垫铁组上的负荷,单位为牛(N); Q_2——由于地脚螺栓拧紧所分布在该垫铁组上的压力,可取螺栓的许可抗拉力,单位为牛(N); R——基础或地坪混凝土的单位面积抗压强度(可取混凝土设计强度),单位为兆帕(MPa); C——安全系数,宜取 1.5~3; n——组数	
垫铁制作	垫铁制作应符合规范要求,A 值(每一组垫铁的最小面积)计算出后,可在表 1 中选用比计算 A 值大的垫铁。斜度宜为 1:20~1:10,对于重心较高或振动较大的机器采用 1:20 的斜度为宜	找正调平机械设备用的垫铁,应符合随机技术文件的规定;无规定时,宜按本规范附录 A 的规定制作和使用。斜垫铁的斜度宜为 1/10~1/20;对振动或精密设备的垫铁斜度可为 1/40

(4)抽查机器安装精度(如机体水平度等)是否符合规范要求。

SH/T 3538《石油化工机器设备安装工程施工及验收通用规范》规定:

机器安装基准的选择和水平度的允许偏差应符合机器技术文件的规定。无规定时,横向水平度的允许偏差为 0.10mm/m,纵向水平度的允许偏差为 0.05mm/m。

(五)监督抽查记录

工程质量监督人员在进行监督抽查时,应及时填写《机泵类设备垫铁安装监督记录》表单(表 4-9)。

表 4-9　机泵类设备垫铁安装监督记录

单位工程名称：　　　　　　　　　　　　　　　　　　　　　　　第　　页,共　　页

被检查单位				监督抽查时间	
监督检查部位	设备名称或位号：				
检查依据	□ SH/T 3538 □ GB 50231 □设计文件 □机器技术文件□				

□垫铁安装主要数据

检查项目	最大高度,mm	最小高度,mm	最大层数	最大间距,mm
数据				
符合情况	○符合 ○不符合	○符合 ○不符合	○符合 ○不符合	○符合 ○不符合

描述：

□垫铁安装质量其他检查

检查项目	基础处理	位置	接触状态	安放	固定	垫铁制作
符合情况	○符合 ○不符合	○符合 ○不符合	○符合 ○不符合	○符合 ○不符合	○符合 ○不符合	○符合 ○不符合

描述：

□单组垫铁组面积计算情况

□设备安装精度

检查项目	轴向水平度,mm/m	纵向水平度,mm/m
数据		
符合情况	○符合 ○不符合	○符合 ○不符合

描述：

□其他检查内容情况

监督工程师：　　　　　　　　　　　总监督工程师：

二、离心压缩机主机安装工程试运转

(一)监督抽查的频次

监督抽查的数量不少于1次。

(二)监督抽查的时机

(1)抽查的单元划分:按照事先与监理单位约定,抽查的基本单元可以是一台压缩机或一个分项工程等。

(2)到位时段:

① 监督单位接到监理单位正式的报监。

② 离心式压缩机组主机原则上在试运转过程中到位监督。

(三)监督抽查的依据

监督抽查的主要依据有SH/T 3539《石油化工离心式压缩机组施工及验收规范》、SH/T 3538《石油化工机器设备安装工程施工及验收通用规范》。

(四)监督抽查的内容

工程质量监督人员应抽查但不限于下列内容:

(1)核查经批准的试运转施工方案、技术交底。

(2)核查试运转条件、核查机组试运前系统确认检查记录。

SH/T 3539《石油化工离心式压缩机组施工及验收规范》
12 机组试运转
12.1 试运转前准备
12.1.1 机组试运转应具备下列条件:
a)土建工程全部结束;
b)水、电、汽、气等公用工程具备使用条件;
c)与机组相关的电气、仪表系统具备使用条件;
d)与机组相关的管道系统安装完毕,试压吹扫完毕,支、吊架按要求调整完毕;
e)试运所需的隔热工程施工完毕;
f)油系统已经油冲洗合格;
g)机组静态试验已经完毕;
h)附属设备和相关设备具备使用条件;
i)控制系统联调、联校完毕;
j)试运转方案已经批准。
12.1.2 现场应整洁并具备必要的安全防护设施和防护用品以及试运转所需的工具、量具等。
12.6 电动机驱动的离心压缩机机械试运转

> 12.6.1 试运转应具备下列条件：
> a）电动机、齿轮箱具备试运转条件；
> b）对中符合要求，齿轮箱与压缩机间的联轴器处于连接状态；
> c）润滑油系统运行，高位油箱回油正常，各轴承回油正常；
> d）对设置有喘振保护系统的，系统调试已完成并处于投运状态；
> e）密封系统各部位压力正常。
> 12.7 汽轮机驱动的离心压缩机机械试运转
> 12.7.1 试运转应具备下列条件：
> a）汽轮机具备试运转条件，有烟气轮机或电动机同时驱动时，烟气轮机或电动机处于脱开状态；
> b）对中符合要求，汽轮机与压缩机的联轴器处于连接状态；
> c）联锁系统处于投用状态；
> d）压缩机各段吸入罐、排出罐的人孔处于打开位置，并有安全标志，吸入罐安装有10目过滤网；
> e）具备本规范 12.6.1 条压缩机试运转的要求；
> f）检查并确认工艺流程。

（3）核查试运转是否符合规范要求，主要抽查：

① 各轴承的温度、振动；

② 润滑油的压力、温度和各部分供油情况；

③ 电动机的电流、电压、温度；

④ 吸入和排出介质的温度、压力；

⑤ 冷却水的供水情况。

> **SH/T 3538《石油化工机器设备安装工程施工及验收通用规范》**
>
> 8.3 单机试运转
> 8.3.1 单机试运转的目的是检查机器设备和电气、仪表的性能与制造及安装质量。
> 8.3.2 机器单机试运转的时间应符合机器技术文件规定或设计文件的要求。机器设备的单机试运转时间宜为 2h。
> 8.3.4 机器启动前，应符合下列要求：
> a）按本规范 8.2 条规定，附属设备试运行合格；
> b）排气或排污完毕；
> c）有压力油系统供油的机器，各注油点的油量、油温、油压应达到设计文件要求，用其他形式供油的机器，供油状况应符合其润滑要求；
> d）盘车灵活，无异常。
> 8.3.5 在高温或低温条件下工作的机器，启动前必须按机器技术文件的要求进行预热或预冷。与机器连接的高温或低温管道的螺栓必须进行热紧或冷紧。
> 8.3.6 试运转过程中应符合下列要求并作出记录：

a)检查各主要部位温度和各系统压力等参数,应在规定范围内;
b)振动值应符合机器技术文件的规定,若无规定,离心式机器应符合表15的规定;

表15 离心式机器轴承处的振动值

转速 V_r r/min	轴承处的双向振幅(不大于) mm
≤375	0.18
375 < V_r ≤600	0.15
600 < V_r ≤750	0.12
750 < V_r ≤1000	0.10
1000 < V_r ≤1500	0.08
1500 < V_r ≤3000	0.06
3000 < V_r ≤6000	0.04
6000 < V_r ≤12000	0.03
V_r > 12000	0.02

注:振动值应在轴承体上(轴向、垂直、水平三个方向)进行测量。

c)齿轮副、链条与链轮啮合应平稳,无异常噪声、声响和磨损;
d)传动皮带不应打滑,平皮带跑偏量不应超过规定;
e)轴承温度应符合机器的技术文件或设计文件的规定;若无规定,滚动轴承的温升应不超过40 ℃,其最高温度应不超过80 ℃;滑动轴承的温升应不超过35 ℃,其最高温度应不超过70 ℃;
f)润滑、密封、液压、气(汽)动、冷却等各辅助系统的工作应正常,无渗漏现象;
g)检查驱动电机的电压、电流及温升等不应超过规定值;
h)各种仪表应工作正常;
g)机器各紧固部位无松动现象。

8.3.7 单机试运转结束后,应及时完成下列工作:
a)断开电源及其他动力来源;
b)卸掉各系统中的压力及负荷,进行排气、排水或排污;
c)检查各紧固部件;
d)拆除临时管道及设备(或设施),将正式管道进行复位安装;
e)低温机泵用水试运转结束后,必须进行干燥处理;
f)检查机器设备单机试运转系统各阀门开关,应在规定状态;
g)整理试运转的各项记录。

8.3.8 对不适宜单机试运转的机器,可在装置联运时考核其性能和安装质量。

SH/T 3539《石油化工离心式压缩机组施工及验收规范》

12.6 电动机驱动的离心压缩机机械试运转

12.6.2 机械试运转应按下列步骤启动、运行：

a）开启压缩机入口阀门或调节风门在10%～15%位置，压缩机出口各阀门应在全开位置；

b）启动盘车器，盘车器运行时间应不少于10min；

c）脱开盘车器，启动电动机，压缩机在低负荷状态下运转；

d）记录启动时间、电流、电压及启动时的电压降；

e）运转中，每隔30min记录一次电流、电压、转数、轴振动、轴承温度和轴位移；

f）在试车工况下，连续运转正常，各项指标符合产品技术文件规定，可进行停机操作。

12.6.3 机械试运转应按下列步骤停机：

a）将各进、出口阀门置于规定位置，停电动机，并记录惰转时间；

b）电动机停止惰转后，启动电动盘车器，进行盘车；

c）停止盘车后，润滑油系统继续运行；

d）各机器轴承进、出口润滑油温差小于5℃时，停润滑油泵；

e）切断冷却水、仪表、电气等控制系统。

12.6.4 停机后检查下列项目：

a）齿轮啮合斑迹；

b）轴承磨合情况。

12.7 汽轮机驱动的离心压缩机机械试运转

12.7.2 试运转应按下列步骤进行：

a）盘车检查压缩机内部应无异常声响；

b）按本规范12.5.2条要求启动汽轮机；

c）机组转速在300r/min～500r/min时运行1h；

d）按产品技术文件规定的升速曲线升速，迅速越过机组的临界转速区；

e）压缩机出口温度应在产品技术文件允许的温度范围内；

f）油温、油压、轴振动、轴位移、轴承温度及机体热膨胀等参数符合产品技术文件规定；

g）密封系统正常；

h）停机。

12.7.3 停机过程应符合本规范12.5.2 k）、l）、m）项规定，并测定机组的惰转时间。

12.7.4 停机后应抽查轴承的磨损情况。

（五）监督抽查记录

工程质量监督人员在进行监督抽查时，应及时填写《离心压缩机主机安装工程试运转监督记录》表单（表4-10）。

表 4-10 离心压缩机主机安装工程试运转监督记录

单位工程名称：　　　　　　　　　　　　　　　　　　　　　　第　　页,共　　页

被检查单位			监督抽查时间	
监督检查部位	设备名称或位号：			
检查依据	☐ SH/T 3539　　☐ SH/T 3538 ☐ 机器技术文件　　☐			

☐ 试运转轴振动数据

检查位置	前轴承			后轴承		
方向	垂直	水平	轴向	垂直	水平	轴向
数据 ○ μm ○ mm/s						
符合情况	○符合 ○不符合	○符合 ○不符合	○符合 ○不符合	○符合 ○不符合	○符合 ○不符合	○符合 ○不符合

描述：

☐ 试运转轴温度

检查位置	前轴承	后轴承
数据 ℃		
符合情况	○符合 ○不符合	○符合 ○不符合

描述：

☐ 其他检查内容情况

监督工程师：　　　　　　　　　　　　总监督工程师：

第五节　轴流式压缩机组主机安装工程

一、机泵类设备垫铁安装

（一）监督抽查的频次

监督抽查的数量每个类别不少于1次。

（二）监督抽查的时机

（1）抽查的单元划分：按照事先与监理单位约定，抽查的基本单元可以是一台泵、风机、压缩机或一个分项工程等。

（2）到位时段：

① 监督单位接到监理单位正式的报监。

② 汽轮机、往复式压缩机、离心式压缩机组主机、轴流压缩机组主机、烟气轮机主机垫铁安装原则上在垫铁隐蔽前到位监督，其他泵类、风机类、电动机类等可根据具体情况垫铁隐蔽前到位监督或垫铁隐蔽后检查垫铁隐蔽记录。

（三）监督抽查的依据

监督抽查的主要依据有 SH/T 3538《石油化工机器设备安装工程施工及验收通用规范》、GB 50231《机械设备安装工程施工及通用验收规范》。当设计没明确要求时，原则上执行 SH/T 3538。

（四）监督抽查的内容

工程质量监督人员应抽查但不限于下列内容：

（1）抽查设备基础处理是否符合规范要求。

（2）抽查垫铁组的布置、垫铁块数等是否符合规范要求。

（3）抽查单组垫铁组面积计算情况。

垫铁安装的质量要求见表4-11。

表 4-11 垫铁安装的质量要求

检查项目	执行标准	
	SH/T 3538《石油化工机器设备安装工程施工及验收通用规范》	GB 50231《机械设备安装工程施工及验收通用规范》
基础处理	机器安装前应对基础做如下处理： a）铲出麻面，麻点深度宜不小于 10 mm，密度以每平方分米内有 3~5 个点为宜，表面不应有油污或疏松层； b）放置垫铁或支持调整螺钉用的支撑板处（至周边约 50 mm）的基础表面应铲平	
位置间距	在地脚螺栓两侧各放置一组，应使垫铁靠近地脚螺栓，当地脚螺栓间距小于 300mm 时，可在各地脚螺栓的同一侧放置一组垫铁；相邻两垫铁组的间距，可根据机器的重量、底座的结构型式以及载荷分布等具体情况而定，宜为 500~1000 mm；对于带锚板的地脚螺栓两侧的垫铁组，应放置在预留孔的两侧	每个地脚螺栓旁边应至少有一组垫铁；垫铁组在能放稳和不影响灌浆的情况下，应放在靠近地脚螺栓和底座主要受力部下方；相邻两垫铁组间的距离，宜为 500~1000mm；设备底座有接缝处的两侧，应各放一组垫铁
高度层数	斜垫铁应配对使用，与平垫铁组成垫铁组时，垫铁的层数宜为 3 层（即一平二斜），最多不应超过 4 层，薄垫铁厚度不应小于 2 mm，并放在斜垫铁与厚平垫铁之间。斜垫铁可与同号或者大一号的平垫铁搭配使用。垫铁组的高度宜为 30~70mm	承受载荷的垫铁组，应使用成对斜垫铁；承受重负荷或有连续振动的设备，宜使用平垫铁；每一垫铁组的块数不宜超过 5 块；放置平垫铁时，厚的宜放在下面，薄的宜放在中间；垫铁厚度不宜小于 2mm。灌浆层厚度不应小于 25mm
接触状态	垫铁直接放置在基础上，应整齐平稳、接触良好，接触面积应不小于 50%。平垫铁顶面水平度的允许偏差为 2mm/m，各垫铁组顶面的标高应与机器底面实际安装标高相符。用 0.25kg 或 0.5kg 的手锤敲击检查垫铁组的松紧程度，应无松动现象；用 0.05 mm 的塞尺检查，垫铁之间及垫铁与底座底面之间的间隙，在垫铁同一断面处从两侧塞入的长度总和，不应超过垫铁长（宽）度的 1/3	每一垫铁组应放置整齐平稳，接触良好；机械设备调平后，每组垫铁均应压紧，并应用手锤逐组轻击听音检查。对高速运转的机械设备，当采用 0.05mm 塞尺检查垫铁之间和垫铁与设备底座之间的间隙时，在垫铁同一断面两侧塞入的长度之和不应大于垫铁长度或宽度的 1/3
安放（进深、外露、搭接）	每一垫铁组应放置整齐平稳，接触良好，并应露出底座 10~30mm；地脚螺栓两侧的垫铁组，每块垫铁伸入机器底座底面的长度，均应超过地脚螺栓；机器底座的底面与垫铁接触宽度不够时，垫铁组放置的位置应保证底座坐落在垫铁组承压面的中部。配对斜垫铁的搭接长度应不小于全长的 3/4，其相互间的偏斜角应不大于 3°	机械设备调平后，垫铁端面应露出设备底面外缘；平垫铁宜露出 10~30mm；斜垫铁宜露出 10~50mm。垫铁组伸入设备底座底面的长度应超过设备地脚螺栓的中心

续表

检查项目	执行标准	
	SH/T 3538《石油化工机器设备安装工程施工及验收通用规范》	GB 50231《机械设备安装工程施工及验收通用规范》
固定	垫铁组检查合格后应在垫铁组的两侧进行层间定位焊焊牢,垫铁与机器底座之间不得焊接。安装在金属结构上的机器调平后,其垫铁均应与金属结构用定位焊焊牢	除铸铁垫铁处,各垫铁相互间应用定位焊焊牢。安装在金属结构上的设备调平后,其垫铁均应与金属结构用定位焊焊牢
垫铁面积	每一组垫铁的最小面积,可按公式近似计算。 $$A \geq C \times \frac{Q_1+Q_2}{R \cdot n}$$ 式中: A——单组垫铁面积,单位为平方毫米(mm^2); Q_1——由于设备等的重量加在该垫铁组上的负荷,单位为牛(N); Q_2——由于地脚螺栓拧紧所分布在该垫铁组上的压力,可取螺栓的许可抗拉力,单位为牛(N); R——基础或地坪混凝土的单位面积抗压强度(可取混凝土设计强度),单位为兆帕(MPa); C——安全系数,宜取1.5~3; n——组数	
垫铁制作	垫铁制作应符合规范要求,A值(每一组垫铁的最小面积)计算出后,可在表1中选用比计算A值大的垫铁。斜度宜为1∶20~1∶10,对于重心较高或振动较大的机器采用1∶20的斜度为宜	找正调平机械设备用的垫铁,应符合随机技术文件的规定;无规定时,宜按本规范附录A的规定制作和使用。斜垫铁的斜度宜为1/10~1/20;对振动或精密设备的垫铁斜度可为1/40

(4)抽查机器安装精度(如机体水平度等)是否符合规范要求。

SH/T 3538《石油化工机器设备安装工程施工及验收通用规范》规定:

机器安装基准的选择和水平度的允许偏差应符合机器技术文件的规定。无规定时,横向水平度的允许偏差为0.10mm/m,纵向水平度的允许偏差为0.05mm/m。

(五)监督抽查记录

工程质量监督人员在进行监督抽查时,应及时填写《机泵类设备垫铁安装监督记录》表单(表4-12)。

表 4-12 机泵类设备垫铁安装监督记录

单位工程名称：　　　　　　　　　　　　　　　　　　　　　　第　页,共　页

被检查单位			监督抽查时间	
监督检查部位	设备名称或位号：			
检查依据	□ SH/T 3538　　□ GB 50231　　□设计文件 □机器技术文件　　□			

□垫铁安装主要数据

检查项目	最大高度,mm	最小高度,mm	最大层数	最大间距,mm
数据				
符合情况	○符合 ○不符合	○符合 ○不符合	○符合 ○不符合	○符合 ○不符合

描述：

□垫铁安装质量其他检查

检查项目	基础处理	位置	接触状态	安放	固定	垫铁制作
符合情况	○符合 ○不符合	○符合 ○不符合	○符合 ○不符合	○符合 ○不符合	○符合 ○不符合	○符合 ○不符合

描述：

□单组垫铁组面积计算情况

□设备安装精度

检查项目	轴向水平度,mm/m	纵向水平度,mm/m
数据		
符合情况	○符合 ○不符合	○符合 ○不符合

描述：

□其他检查内容情况

监督工程师：　　　　　　　　　　　总监督工程师：

二、轴流式压缩机主机安装工程试运转

（一）监督抽查的频次

监督抽查的数量不少于 1 次。

（二）监督抽查的时机

（1）抽查的单元划分：按照事先与监理单位约定，抽查的基本单元可以是一台压缩机或一个分项工程等。

（2）到位时段：

① 监督单位接到监理单位正式的报监。

② 轴流压缩机组主机试运转原则上在试运转过程中到位监督。

（三）监督抽查的依据

监督抽查的主要依据有 SH/T 3516《催化裂化装置轴流压缩机—烟气轮机能量回收机组施工及验收规范》、GB 50275《风机、压缩机、泵安装工程施工及验收规范》、SH/T 3538《石油化工机器设备安装工程施工及验收通用规范》。

（四）监督抽查的内容

工程质量监督人员应抽查但不限于下列内容：

（1）核查经批准的试运转施工方案、技术交底。

（2）核查试运转条件、核查机组试运前系统确认检查记录。

SH/T 3538《石油化工机器设备安装工程施工及验收通用规范》
8.1 条件及准备 8.1.1 机器试运转应具备下列条件： a）主机及附属设备、管道等安装工作应全部完毕，施工记录及资料应齐全； b）与试运转有关的工艺管道及设备吹扫、清洗、气密完成； c）保温、保冷及防腐等工作基本结束（有碍试运转检查的部位除外）； d）与试运转有关的土建、水、气、汽等公用工程及电气、仪表控制系统施工结束； e）参加试运转的人员，应熟知试运转工艺，掌握操作规程； f）现场环境应符合机器试运转要求。 8.1.2 试运转前应做下列准备工作： a）编制审定试运转方案；

b）准备能源、介质、材料、工机具、检测仪器等；

c）布置必要的消防设施和安全防护设施及用具；

d）机器入口处按规定装设过滤网（器）；

e）按设计文件要求加注试运转用润滑油（脂）。

8.2 附属设备的试运转

8.2.1 仪表控制及监视系统调整实验，包括：

a）仪表元件的检验和试验；

b）仪表联锁试验；

c）仪表与电气的联锁试验。

8.2.2 电气及其操作控制系统调整试验，包括：

a）空开模拟试验；

b）热元件保护试验；

c）联锁试验；

d）电机试运转。

8.2.3 附属机器设备试运转，包括：

a）水、气、汽、油等系统检查、调试；

b）机器试运转和电气、仪表操作控制系统联合调整试验。

8.2.4 各附属系统试运转的验收标准，应符合机器技术文件规定和设计文件的要求。

SH/T 3516《催化裂化装置轴流压缩机—烟气轮机能量回收机组施工及验收规范》

11.5 轴流压缩机机械试运转

11.5.1 当电动机/发电机不具备直接启动轴流压缩机的能力时，轴流压缩机不单独做机械试运转。

11.5.2 试运转应具备下列条件：

a）电动机/发电机、齿轮箱试运转合格，具备使用条件；

b）烟气轮机与轴流压缩机之间的联轴器已脱开；

c）复查对中数据，联接齿轮箱与轴流压缩机之间的联轴器，安装联联轴器护罩；

d）复查轴流压缩机入口过滤器、消声器、出口和入口管道的清洁度，经有关人员检查确认合格后上滤料、封人孔；

e）润滑油系统处于正常运行状态；

f）动力油系统投入运行，且系统压力已调整合格；

g）复查控制室与轴流压缩机车体静叶角度应一致，并使静叶角度处于启动位置；

h）轴流压缩机出口各阀门在指定控制位置；

i）盘车器处于允许启动位置。

（3）核查试运转是否符合规范要求，主要抽查：

① 各轴承的温度、振动；

② 润滑油的压力、温度和各部分供油情况；

③ 电动机的电流、电压、温度；

④ 吸入和排出介质的温度、压力；

⑤ 冷却水的供水情况。

GB 50275《压缩机、风机、泵安装工程施工及验收规范》

2.6 轴流鼓风机

2.6.13 轴流鼓风机试运转除应符合本规范第 2.1.12 条的要求处，尚应符合下列要求：

4）在试运转中应进行下列检查，并应符合试运转的技术要求。

6）轴承温度和轴承的排油温度，应符合本规范表 1.5.17-1 的规定。

表 1.5.17-1 轴承温度和轴承排油温度

轴承形式	滚动轴承	滑动轴承
轴承体温度	≤环境温度 +40℃	≤70℃
轴承的排油温度	—	≤进油温度 +28℃
轴承合金层温度	—	≤进油温度 +50℃

7）轴承振动速度有效值，不应大于 6.3mm/s。

3.8 离心压缩机和轴流压缩机

3.8.3 轴流压缩机的安装及试运转，应符合本规范第 2.1 节和第 2.6 节的规定。

试运转中，汽轮机驱动的压缩机应加速至跳闸转速后，在最高连续转速下轴承温度和振动达到稳定后应连续运行 2h；电机驱动的压缩机在 100% 转速下轴承温度和振动稳定后，应连续运转 2h。

SH/T 3516《催化裂化装置轴流压缩机—烟气轮机能量回收机组施工及验收规范》

11.5 轴流压缩机机械试运转

11.5.3 启动顶油油泵、启动电动盘车器，轴流压缩机内应无异常情况。电动盘车器时间不得少于10min。

11.5.4 检查轴流压缩机组各控制保护逻辑,待各项检查合格、允许启动指示灯亮后进入机组启动程序,启动机组。

11.5.4 机组启动后应监测启动时间、电流、电压、转速变化,当转速、电流正常后,检测机组振动、轴承温度与轴位移等。若有异常情况,应立即停机检查。

11.5.6 轴流压缩机的静叶角度位置应符合产品技术文件的规定,观察运行参数,连续运行不少于4h。

11.5.7 在运转中应检查下列项目,每30min记录一次数据,且应符合产品技术文件规定:

a) 润滑油温度、压力;
b) 轴瓦温度、轴承回油温度;
c) 电机定子温度;
d) 轴振动、轴位移的指示值;
e) 轴流压缩机过滤器压差;
f) 入口压力、温度;出口压力、温度;轴流压缩机喉部差压;
g) 冷却水供水压力、供排水温度;
h) 电机电流、电压、功率、功率因数。

11.5.8 机组在规定运转时间内,运行参数符合产品技术文件规定,轴流压缩机机械试运转合格。

(五)监督抽查记录

工程质量监督人员在进行监督抽查时,应及时填写《轴流式压缩机主机安装工程试运转监督记录》表单(表4-13)。

表 4-13 轴流式压缩机主机安装工程试运转监督记录

单位工程名称：　　　　　　　　　　　　　　　　　　　　　　　　　第　　页,共　　页

被检查单位					监督抽查时间		
监督检查部位	设备名称或位号：						
检查依据	□ SH/T 3516　　　□ GB 50275 □ SH/T 3538　　　□ 机器技术文件						

□试运转轴振动数据

检查位置	前轴承			后轴承		
方向	垂直	水平	轴向	垂直	水平	轴向
数据 ○ μm　○ mm/s						
符合情况	○符合 ○不符合	○符合 ○不符合	○符合 ○不符合	○符合 ○不符合	○符合 ○不符合	○符合 ○不符合

描述：

□试运转轴温度

检查位置	前轴承	后轴承
数据 ℃		
符合情况	○符合 ○不符合	○符合 ○不符合

描述：

□其他检查内容情况

监督工程师：　　　　　　　　　　　　　　总监督工程师：

第六节　燃(烟)气轮机主机安装工程

一、机泵类设备垫铁安装质监点监督抽查程序内容

本程序适用于泵及风机类安装工程,汽轮机安装工程,往复式压缩机组主机安装工程,离心式压缩机组主机安装工程,轴流式压缩机组主机安装,燃(烟)气轮机主机安装工程,电动机安装工程,硫磺成型机安装工程垫铁安装。

(一)监督抽查的频次

监督抽查的数量每个类别不少于1次。

(二)监督抽查的时机

(1)抽查的单元划分:按照事先与监理单位约定,抽查的基本单元可以是一台泵、风机、压缩机或一个分项工程等。

(2)到位时段:

① 监督单位接到监理单位正式的报监。

② 汽轮机、往复式压缩机、离心式压缩机组主机、轴流压缩机组主机、烟气轮机主机垫铁安装原则上在垫铁隐蔽前到位监督,其他泵类、风机类、电动机类等可根据具体情况垫铁隐蔽前到位监督或垫铁隐蔽后检查垫铁隐蔽记录。

(三)监督抽查的依据

监督抽查的主要依据有SH/T3538《石油化工机器设备安装工程施工及验收通用规范》、GB 50231《机械设备安装工程施工及通用验收规范》。当设计没明确要求时,原则上执行SH/T 3538。

(四)监督抽查的内容

工程质量监督人员应抽查但不限于下列内容:

(1)抽查设备基础处理是否符合规范要求。

(2)抽查垫铁组的布置、垫铁块数等是否符合规范要求。

(3)抽查单组垫铁组面积计算情况。

垫铁安装的质量要求见表4-14。

表 4-14 垫铁安装的质量要求

检查项目	执行标准	
	SH/T 3538《石油化工机器设备安装工程施工及验收通用规范》	GB 50231《机械设备安装工程施工及验收通用规范》
基础处理	机器安装前应对基础做如下处理： a）铲出麻面，麻点深度宜不小于 10 mm，密度以每平方分米内有 3～5 个点为宜，表面不应有油污或疏松层； b）放置垫铁或支持调整螺钉用的支撑板处（至周边约 50 mm）的基础表面应铲平	
位置间距	在地脚螺栓两侧各放置一组垫铁，应使垫铁靠近地脚螺栓，当地脚螺栓间距小于 300mm 时，可在各地脚螺栓的同一侧放置一组垫铁；相邻两垫铁组的间距，可根据机器的重量、底座的结构型式以及载荷分布等具体情况而定，宜为 500～1000 mm；对于带锚板的地脚螺栓两侧的垫铁组，应放置在预留孔的两侧	每个地脚螺栓旁边应至少有一组垫铁；垫铁组在能放稳和不影响灌浆的情况下，应放在靠近地脚螺栓和底座主要受力部下方；相邻两垫铁组间的距离，宜为 500～1000mm；设备底座有接缝处的两侧，应各放一组垫铁
高度层数	斜垫铁应配对使用，与平垫铁组成垫铁组时，垫铁的层数宜为 3 层（即一平二斜），最多不应超过 4 层，薄垫铁厚度不应小于 2 mm，并放在斜垫铁与厚平垫铁之间。斜垫铁可与同号或者大一号的平垫铁搭配使用。垫铁组的高度宜为 30～70mm	承受载荷的垫铁组，应使用成对斜垫铁；承受重负荷或有连续振动的设备，宜使用平垫铁；每一垫铁组的块数不宜超过 5 块；放置平垫铁时，厚的宜放在下面，薄的宜放在中间；垫铁厚度不宜小于 2mm。灌浆层厚度不应小于 25mm
接触状态	垫铁直接放置在基础上，应整齐平稳、接触良好，接触面积不小于 50%。平垫铁顶面水平度的允许偏差为 2mm/m，各垫铁组顶面的标高应与机器底面实际安装标高相符。用 0.25kg 或 0.5kg 的手锤敲击检查垫铁组的松紧程度，应无松动现象；用 0.05 mm 的塞尺检查，垫铁之间及垫铁与底座底面之间的间隙，在垫铁同一断面处从两侧塞入的长度总和，不应超过垫铁长（宽）度的 1/3	每一垫铁组应放置整齐平稳，接触良好；机械设备调平后，每组垫铁均应压紧，并应用手锤逐组轻击听音检查。对高速运转的机械设备，当采用 0.05mm 塞尺检查垫铁之间和垫铁与设备底座面之间的间隙时，在垫铁同一断面两侧塞入的长度之和不应大于垫铁长度或宽度的 1/3
安放（进深、外露、搭接）	每一垫铁组应放置整齐平稳，接触良好，并应露出底座 10～30mm；地脚螺栓两侧的垫铁组，每块垫铁伸入机器底座底面的长度，均应超过地脚螺栓；机器底座的底面与垫铁接触宽度不够时，垫铁组放置的位置应保证底座坐落在垫铁组承压面的中部。配对斜垫铁的搭接长度应不小于全长的 3/4，其相互间的偏斜角应不大于 3°	机械设备调平后，垫铁端面应露出设备底面外缘；平垫铁宜露出 10～30mm；斜垫铁宜露出 10～50mm。垫铁组伸入设备底座底面的长度应超过设备地脚螺栓的中心

续表

检查项目	执行标准	
	SH/T 3538《石油化工机器设备安装工程施工及验收通用规范》	GB 50231《机械设备安装工程施工及验收通用规范》
垫铁组固定	垫铁组检查合格后应在垫铁组的两侧进行层间定位焊焊牢,垫铁与机器底座之间不得焊接。安装在金属结构上的机器调平后,其垫铁均应与金属结构用定位焊焊牢	除铸铁垫铁处,各垫铁相互间应用定位焊焊牢。安装在金属结构上的设备调平后,其垫铁均应与金属结构用定位焊焊牢
垫铁面积	每一组垫铁的最小面积,可按公式近似计算。 $$A \geq C \times \frac{Q_1+Q_2}{R \cdot n}$$ 式中: A——单组垫铁面积,单位为平方毫米(mm^2); Q_1——由于设备等的重量加在该垫铁组上的负荷,单位为牛(N); Q_2——由于地脚螺栓拧紧所分布在该垫铁组上的压力,可取螺栓的许可抗拉力,单位为牛(N); R——基础或地坪混凝土的单位面积抗压强度(可取混凝土设计强度),单位为兆帕(MPa); C——安全系数,宜取1.5~3; n——组数	
垫铁制作	垫铁制作应符合规范要求,A值(每一组垫铁的最小面积)计算出后,可在表1中选用比计算A值大的垫铁。斜度宜为1:20~1:10,对于重心较高或振动较大的机器采用1:20的斜度为宜	找正调平机械设备用的垫铁,应符合随机技术文件的规定;无规定时,宜按本规范附录A的规定制作和使用。斜垫铁的斜度宜为1/10~1/20;对振动或精密设备的垫铁斜度可为1/40

(4)抽查机器安装精度(如机体水平度等)是否符合规范要求。

SH/T 3538《石油化工机器设备安装工程施工及验收通用规范》规定:

机器安装基准的选择和水平度的允许偏差应符合机器技术文件的规定。无规定时,横向水平度的允许偏差为0.10mm/m,纵向水平度的允许偏差为0.05mm/m。

(五)监督抽查记录

工程质量监督人员在进行监督抽查时,应及时填写《机泵类设备垫铁安装监督记录》表单(表4-15)。

表 4-15 机泵类设备垫铁安装监督记录

单位工程名称：　　　　　　　　　　　　　　　　　　　　　　　　　　　第　页，共　页

被检查单位			监督抽查时间	
监督检查部位	设备名称或位号：			
检查依据	□ SH/T 3538　□ GB 50231　□设计文件 □机器技术文件□			

□垫铁安装主要数据

检查项目	最大高度，mm	最小高度，mm	最大层数	最大间距，mm
数据				
符合情况	○符合 ○不符合	○符合 ○不符合	○符合 ○不符合	○符合 ○不符合

描述：

□垫铁安装质量其他检查

检查项目	基础处理	位置	接触状态	安放	固定	垫铁制作
符合情况	○符合 ○不符合	○符合 ○不符合	○符合 ○不符合	○符合 ○不符合	○符合 ○不符合	○符合 ○不符合

描述：

□单组垫铁组面积计算情况

□设备安装精度

检查项目	轴向水平度，mm/m	纵向水平度，mm/m
数据		
符合情况	○符合 ○不符合	○符合 ○不符合

描述：

□其他检查内容情况

监督工程师：　　　　　　　　　　　　总监督工程师：

二、燃气轮机主机安装工程试运转质监点监督抽查程序内容

本程序适用于燃气轮机主机安装工程试运转。

（一）监督抽查的频次

监督抽查的数量不少于1次。

（二）监督抽查的时机

（1）抽查的单元划分：按照事先与监理单位约定，抽查的基本单元可以是一台燃气轮机或一个分项工程等。

（2）到位时段：

① 监督单位接到监理单位正式的报监。

② 燃气轮机主机试运转原则上在试运转过程中到位监督。

（三）监督抽查的依据

监督抽查的主要依据有SY/T 0440《工业燃气轮机安装技术规范》、SY 4201.1《石油天然气建设工程施工质量验收规范 设备安装工程 第1部分：机泵类设备》。

（四）监督抽查的内容

工程质量监督人员应抽查但不限于下列内容：

（1）核查经批准的试运转施工方案、技术交底。

（2）核查试运转条件、核查机组试运前系统确认检查记录。

SY/T 0440《工业燃气轮机安装技术规范》
6.1 一般规定
6.1.1 燃气轮机各系统在试运前应具备下列条件：
1 设备及系统安装、冲洗或吹扫完毕，并经检测验合格，记录齐全。
2 设备及管道的保温工作完成。
3 基础混凝土及二次灌浆层达到设计强度。
4 水、电、气、风已达到投用条件。
5 设备按要求加注润滑油脂，且油位正常。
6 各有关的电动、气动、液动阀件动作灵敏可靠、
7 各指标和记录仪表以及信号、音响装置装设齐全，并经调校准确。
8 设备所需燃油或燃气供应充足，油、气质量符合要求。
6.1.2 燃气轮机启动前应完成下列各项工作：
1 应检查和调整燃气轮机的下列系统：
1）润滑油系统；

2）控制油系统；

3）仪表系统；

4）液压系统；

5）冷却与密封空气系统；

6）冷却水系统；

7）启动装置系统；

8）雾化空气系统；

9）通风和加热系统；

10）防火系统；

11）燃料输送系统；

12）空气进气系统。

2 全部管线应无泄漏现象。

3 系统中各油箱、水箱、液位指示应灵敏可靠，液位正确。

4 系统中各过滤器进出口压差应正常，不应有泄漏现象，空气进气系统应彻底清扫并应由专人检查验收合格封闭。

5 各系统的附属机械应已经过试运和调整。

6 热工、电气仪表、有关保护联锁装置应运行正常。

7 人工加油润滑点应经全面检查。

8 超速保护系的静态试验应完成。

6.8 燃气轮机启动和空负荷试运

6.8.1 燃气轮机启动前除应符合本规范第 6.1.1 条和第 6.1.2 条规定外，还应符合下列要求：

1 所有附属设备及各有关系统试运应合格。

2 控制系统静态整定与试验应合格。

3 应完成全部演习程序和控制检查。

SY 4201.1《石油天然气建设工程施工质量验收规范 设备安装工程 第1部分：机泵类设备》

10.2.2.1 燃气轮机各附件，设备和系统在试运前应具备下列条件：

a）设备及系统安装冲洗或吹扫完毕，并经检验合格，已录齐全。

b）设备及管道的保温工作完成，管道支托吊架布局合理且安装调整完毕。

c）基础混凝土及二次灌浆层达设计强度。

d）水、动力电、压缩风源齐全并可以投入使用。

e）转动机械按要求加注润滑油脂，且油位正常。

f）各有关的电动、气动、液动阀件动作灵敏可靠。

g）各指标和记录仪表以腋信号、音响装置装设齐全，并经调校准确。

h）燃气轮机所需燃油或燃气供应充足，油、气质量符合要求。

检验方法：观察、检查施工记录。

10.2.2.2 燃气轮机整套启动前应完成下列各项工作：

a）检查各配套系统并试运完成。

b）系统中各过滤器进出口压差正常，无泄漏现象，空气进气系统应彻底清扫并由专人检查验收合格后封存闭。

c）各系统的附属机械已经过试运和调整。

d）热工、电气仪表有关保护联锁装置运行正常。

e）人工加油润滑点经全部检查合格。

f）超速保护系统的静态试验完成。

检查方法：观察，检查系统确座检查记录。

（3）核查试运转是否符合规范要求，主要抽查：

① 各轴承的温度、振动；

② 润滑油的压力、温度和各部分供油情况；

③ 电动机的电流、电压、温度；

④ 冷却水的供水情况。

SY/T 0440《工业燃气轮机安装技术规范》

6.1 一般规定

6.1.3 燃气轮机启动试运行应符合下列要求：

1 燃气轮机升至额定转速后应复核各部分油压值，并应完成各项自动保板房装置的试验。

2 应完成调节系统的调整和空负试验。

3 应完成主机各项试验和检查。

4 在完成调节系统负荷运行，负荷试运行应连续运行 24h。

6.8 燃气轮机启动和空负荷试运

6.8.2 燃气轮机从开始启动至额定转速应符合下列规定：

1 燃气轮机首次启动时应按下列步骤进行启动试验：

1）启动盘车试验；

2）启动燃油伺服系统及紧急停机功能试验；

3）启动点火运行试验；

4）启动润滑油母管压力低遮断功能试验；

5）启动全自动启动试验；

6）启动机械、电子超速保护功能试验；

　8）启动全速运行、超振遮断试验。

　2 启动过程中的各启动操作,应按厂家技术文件的规定进行。

　3 燃气轮机盘车检查时,若有摩擦噪声且连续不断,应检查消除。

　4 燃气轮机点火时,燃料管路和燃料喷嘴周围应无漏油现象。应通过燃烧室的观火点观察每个燃烧室的点火情况。

　5 燃气轮机在升速和额定转速下运行不应有异常的音响。

　6 燃气轮机在盘车、点火、运行三种状态下都应进行振动检查,垂直方向和水平方向的最大振动应符合厂家技术文件要求。

　7 燃气轮机通过临界转速时应平稳迅速,各轴承部位的振动值应符合出厂技术文件的要求。

　8 气缸热膨胀应均匀、对称、不得有卡涩现象。

　9 燃气轮机启动时间,从冷态到客定转速不应超过 12min。

　10 润滑油的压力应符合技术文件的要求。

　11 各径向轴承、推力轴承和密封瓦的巴氏合金温度,均不应高于出厂技术规定值。采用热电偶检测时,巴氏合金温度宜在 90℃ 以下。

　12 透平排气温度和透平轮室的最高温度不得超过厂家技术文件规定值。

6.8.3 燃气轮机超速试验,应符合下列规定:

　1 燃气轮机转速表和外接转表均应校验合格。

　2 应严密监视燃气轮机转速和各轴承的振动,超过极限值时,应立即手动危急遮断装置停机。

　3 超速试验应满足主机试验的有关要求,确保整个机组的安全运行。

　4 超速试验时提升的最高转速不得超过出厂技术最大检查转速,且不得超过 101% 的跳闸转速。

6.8.4 超速跳闸试验应符合下列要求:

　1 电子超速跳闸转速应为额定转的 110%,危急遮断器(超速螺栓)跳闸转速应为额定转速的 110%～112%。

　2 危急遮断器的超速试验应至少进行三次,后两次跳闸转速之差应小于规定的跳闸转速的 1%。

　3 危急遮断器跳闸后应能及时复位。

　4 跳闸及复位信号应指示正确。

　5 应记录超速跳闸转速,若超速装置在规定范围内不动作,应停机检查、调整。

6.8.5 超温、超振和灭燃检测器的试验应符合下列规定:

　1 超温、超振遮断试验,可利用电气仪表接通试验接点的方法进行试验。

　2 在作熄火保护试验时,燃气轮机在将要熄火和遮断之前,两个火焰控测器应指示熄火状态；作单个试验时,应关闭一个火焰控测器前的门形阀。火焰显示应熄灭。

6.8.6 燃气轮机正常停机之后应按厂家规定的程序进行盘车。

6.9 燃气轮机负荷试运

6.9.1 带负荷运行应在空负荷试运合格后进行。

6.9.2 负荷运行的各个阶段应按试运要求作好试运记录。

6.9.3 在负荷运行期间,可按技术文件要求的项目作负荷试验。

6.9.4 从空负荷到满负荷的明间不应超过 4min。负荷试运连续运转时间不应少于 24h。燃气轮机润滑油压、油温、轴承温升、振动应符合厂家技术文件要求。

SY 4201.1《石油天然气建设工程施工质量验收规范 设备安装工程 第 1 部分:机泵类设备》

10.2.2.3 燃气轮机试运行应符合下列要求:

a) 所有附属设备及各有关系统试运合格。

b) 启动过程中的各启动操作,应严格按照制造厂技术文件规定进行。

c) 燃气轮机通过临界转速时应平稳迅速,各轴承的振动值应符合出厂技术文件的要求,正常运行时的极限振动值应符合表 6 的规定。

表 6 极限振动值

最大连续转速 r/min	振动值	
	mm（密耳）双振幅	mm/s
< 4000	0.0508（2.0）	12.15
≥ 4000～8000	0.0381（1.5）	15.96
> 8000～12000	0.0254（1.0）	15.96
> 12000	0.0127（0.5）	7.98

d) 超速试验时提升的最高转速不得超过了厂技术文件规定的最大检查转速,且不应超过 101% 的跳闸转速,超速试验应满足主机试验的有关要求,以确保整个机组的安全运行。

e) 带负荷运行应在空负荷试运合格后进行,负荷运行的各个阶段应按要求做好试运记录,负荷连续运行 24h。

检验方法:观察检查,检查试运记录。

10.2.2.4 润滑油系统试运完成后,从油箱、冷油器放油点取样,油质检验应符合 JB/T 9591.1 要求。

(五) 监督抽查记录

工程质量监督人员在进行监督抽查时,应及时填写《燃气轮机主机安装工程试运转监督记录》表单(5-16)。

表 4-16 燃气轮机主机安装工程试运转监督记录

单位工程名称：　　　　　　　　　　　　　　　　　　　　　　　　　　　第　　页，共　　页

被检查单位					监督抽查时间		
监督检查部位	设备名称或位号：						
检查依据	□ SY/T 0440　□ SY 4201.1 □机器技术文件						

□试运转轴振动数据

检查位置	前轴承			后轴承		
方向	垂直	水平	轴向	垂直	水平	轴向
数据 ○ μm ○ mm/s						
符合情况	○符合 ○不符合	○符合 ○不符合	○符合 ○不符合	○符合 ○不符合	○符合 ○不符合	○符合 ○不符合

描述：

□试运转轴温度

检查位置	前轴承	后轴承
数据 ℃		
符合情况	○符合 ○不符合	○符合 ○不符合

描述：

□其他检查内容情况

监督工程师：　　　　　　　　　　　总监督工程师：

三、烟气轮机主机安装工程试运转

（一）监督抽查的频次

监督抽查的数量不少于1次。

（二）监督抽查的时机

（1）抽查的单元划分：按照事先与监理单位约定，抽查的基本单元可以是一台烟气轮机或一个分项工程等。

（2）到位时段：

① 监督单位接到监理单位正式的报监。

② 烟气轮机主机试运转原则上在试运转过程中到位监督。

（三）监督抽查的依据

监督抽查的主要依据有 SH/T 3516《催化裂化装置轴流压缩机—烟气轮机能量回收机组施工及验收规范》、SH/T 3538《石油化工机器设备安装工程施工及验收通用规范》。

（四）监督抽查的内容

工程质量监督人员应抽查但不限于下列内容：

（1）核查经批准的试运转施工方案、技术交底。

（2）核查试运转条件、核查机组试运前系统确认检查记录。

SH/T 3538《石油化工机器设备安装工程施工及验收通用规范》
8.1 条件及准备 8.1.1 机器试运转应具备下列条件： a）主机及附属设备、管道等安装工作应全部完毕，施工记录及资料应齐全； b）与试运转有关的工艺管道及设备吹扫、清洗、气密完成； c）保温、保冷及防腐等工作基本结束（有碍试运转检查的部位除外）； d）与试运转有关的土建、水、气、汽等公用工程及电气、仪表控制系统施工结束； e）参加试运转的人员，应熟知试运转工艺，掌握操作规程； f）现场环境应符合机器试运转要求。 8.1.2 试运转前应做下列准备工作： a）编制审定试运转方案； b）准备能源、介质、材料、工机具、检测仪器等； c）布置必要的消防设施和安全防护设施及用具； d）机器入口处按规定装设过滤网（器）； e）按设计文件要求加注试运转用润滑油（脂）。 8.2 附属设备的试运转 8.2.1 仪表控制及监视系统调整实验，包括：

a）仪表元件的检验和试验；
b）仪表联锁试验；
c）仪表与电气的联锁试验。
8.2.2 电气及其操作控制系统调整试验，包括：
a）空开模拟试验；
b）热元件保护试验；
c）联锁试验；
d）电机试运转。
8.2.3 附属机器设备试运转，包括：
a）水、气、汽、油等系统检查、调试；
b）机器试运转和电气、仪表操作控制系统联合调整试验。
8.2.4 各附属系统试运转的验收标准，应符合机器技术文件规定和设计文件的要求。

SH/T 3516《催化裂化装置轴流压缩机—烟气轮机能量回收机组施工及验收规范》

11.6 烟气轮机机械试运转
11.6.2 试运转应具备下列条件：
a）电动机/发电机、齿轮箱、轴流压缩机试运转合格，具备使用条件；
b）复查对中数据，联接烟气轮机，轴流压缩机联轴器；
c）烟气轮机入口管道排凝阀、壳体排凝阀、冷却系统、密封空气等手动阀转动灵活；
d）机组全部监测、控制仪表、联锁继电回路系统处于投用状态；
e）烟气轮机各入口阀门调试合格并处于全关位置；
f）确认轴流压缩机处于允许启动位置、出口各阀在指定控制位置。

（3）核查试运转是否符合规范要求，主要抽查：
① 各轴承的温度、振动；
② 润滑油的压力、温度和各部分供油情况；
③ 电动机的电流、电压、温度；
④ 冷却水的供水情况。

SH/T3538《石油化工机器设备安装工程施工及验收通用规范》

8.3 单机试运转
8.3.1 单机试运转的目的是检查机器设备和电气、仪表的性能与制造及安装质量。
8.3.2 机器单机试运转的时间应符合机器技术文件规定或设计文件的要求。机器设备的单机试运转时间宜为2h。
8.3.4 机器启动前，应符合下列要求：
a）按本规范8.2条规定，附属设备试运行合格；
b）排气或排污完毕；

c）有压力油系统供油的机器,各注油点的油量、油温、油压应达到设计文件要求,用其他形式供油的机器,供油状况应符合其润滑要求;

d）盘车灵活,无异常。

8.3.5 在高温或低温条件下工作的机器,启动前必须按机器技术文件的要求进行预热或预冷。与机器连接的高温或低温管道的螺栓必须进行热紧或冷紧。

8.3.6 试运转过程中应符合下列要求并做出记录:

a）检查各主要部位温度和各系统压力等参数,应在规定范围内;

b）振动值应符合机器技术文件的规定,若无规定,离心式机器应符合表15的规定;

表15 离心式机器轴承处的振动值

转速 V_r r/min	轴承处的双向振幅（不大于） mm
≤375	0.18
375 < V_r ≤600	0.15
600 < V_r ≤750	0.12
750 < V_r ≤1000	0.10
1000 < V_r ≤1500	0.08
1500 < V_r ≤3000	0.06
3000 < V_r ≤6000	0.04
6000 < V_r ≤12000	0.03
V_r > 12000	0.02

注:振动值应在轴承体上(轴向、垂直、水平三个方向)进行测量。

c）齿轮副、链条与链轮啮合应平稳,无异常噪声、声响和磨损;

d）传动皮带不应打滑,平皮带跑偏量不应超过规定;

e）轴承温度应符合机器的技术文件或设计文件的规定;若无规定,滚动轴承的温升应不超过40 ℃,其最高温度应不超过80 ℃;滑动轴承的温升应不超过35 ℃,其最高温度应不超过70 ℃;

f）润滑、密封、液压、气(汽)动、冷却等各辅助系统的工作应正常,无渗漏现象;

g）检查驱动电机的电压、电流及温升等不应超过规定值;

h）各种仪表应工作正常;

g）机器各紧固部位无松动现象。

8.3.7 单机试运转结束后,应及时完成下列工作:

a）断开电源及其他动力来源;

b）卸掉各系统中的压力及负荷,进行排气、排水或排污;

c）检查各紧固部件;

d）拆除临时管道及设备(或设施),将正式管道进行复位安装;

e）低温机泵用水试运转结束后，必须进行干燥处理；

f）检查机器设备单机试运转系统各阀门开关，应在规定状态；

g）整理试运转的各项记录。

8.3.8 对不适宜单机试运转的机器，可在装置联运时考核其性能和安装质量。

SH/T 3516《催化裂化装置轴流压缩机—烟气轮机能量回收机组施工及验收规范》

11.6 烟气轮机机械试运转

11.6.1 当电动机/发电机不具备直接启动轴流压缩机的能力时，烟气轮机不单独做机械试运转。

11.6.3 用电动机/发电机启动机组时，机械试运转应符合下列程序并应符合下列规定：

a）投入烟气轮机轮盘冷却蒸汽系统、底座冷却水系统，打开机壳下部排凝阀，静止暖机 30min；

b）启动顶油泵、盘车器，烟气轮机内无异常声音，运行时间不得少于 10min；

c）按启动程序由电机启动机组，启动后立即检查烟气轮机轴承温度、轴振动及轴位移等，并每 30min 记录一次；

d）机组启动后，按产品技术文件规定调整轮盘冷却蒸汽流量；

e）当烟气轮机壳体无液体排出时，关闭壳体排凝阀；

f）连续运行 4h 无异常，各项指标符合产品技术文件规定，烟气轮机机械试运转合格。

11.6.5 用烟气轮机直接启动全机组进行机械试运转时，应具备下列条件，并应符合下列规定：

a）试运转具备本规范 11.3.2 条规定的条件；

b）烟气的浓度、粒度符合产品技术文件的规定；

c）投入烟气轮机轮盘冷却蒸汽系统、底座冷却水系统，打开机壳下部排凝阀，静止暖机 30min；

d）打开烟气轮机入口切断阀、入口调节阀，机组升速、升温，控制壳体升温速度不超过 100℃/h，并快速通过临界转速；

e）检查烟气轮机轴振动、轴位移，轴温度变化情况和烟气轮机各部位膨胀情况；

f）当烟气轮机转速达到设计文件规定的转速时投运电机，并使机组快速升至正常工作转速；

g）轴流压缩机静叶角度在最小工作角度下连续运行不少于 4h，且无异常，各项指标符合产品技术文件规定，烟气轮机启动全机组的机械试运转合格。

（五）监督抽查记录

工程质量监督人员在进行监督抽查时，应及时填写《烟气轮机主机安装工程试运转监督记录》表单（表 4-17）。

表 4-17 烟气轮机主机安装工程试运转监督记录

单位工程名称： 　　　　　　　　　　　　　　　　　　　　　　第　　页,共　　页

被检查单位				监督抽查时间		
监督检查部位	设备名称或位号：					
检查依据	☐ SH/T 3516　　☐ SH/T 3538 ☐ 机器技术文件					

☐试运转轴振动数据

检查位置	前轴承			后轴承		
方向	垂直	水平	轴向	垂直	水平	轴向
数据 ○ μm　○ mm/s						
符合情况	○符合 ○不符合	○符合 ○不符合	○符合 ○不符合	○符合 ○不符合	○符合 ○不符合	○符合 ○不符合

描述：

☐试运转轴温度

检查位置	前轴承	后轴承
数据 ℃		
符合情况	○符合 ○不符合	○符合 ○不符合

描述：

☐其他检查内容情况

监督工程师：　　　　　　　　　　　　　总监督工程师：

第七节 电动机安装工程

一、机泵类设备垫铁安装

（一）监督抽查的频次

监督抽查的数量每个类别不少于 1 次。

（二）监督抽查的时机

（1）抽查的单元划分：按照事先与监理单位约定，抽查的基本单元可以是一台泵、风机、压缩机或一个分项工程等。

（2）到位时段：

① 监督单位接到监理单位正式的报监。

② 汽轮机、往复式压缩机、离心式压缩机组主机、轴流压缩机组主机、烟气轮机主机垫铁安装原则上在垫铁隐蔽前到位监督，其他泵类、风机类、电动机类等可根据具体情况垫铁隐蔽前到位监督或垫铁隐蔽后检查垫铁隐蔽记录。

（三）监督抽查的依据

监督抽查的主要依据有 SH/T 3538《石油化工机器设备安装工程施工及验收通用规范》、GB 50231《机械设备安装工程施工及通用验收规范》。当设计没明确要求时，原则上执行 SH/T 3538。

（四）监督抽查的内容

工程质量监督人员应抽查但不限于下列内容：

（1）抽查设备基础处理是否符合规范要求。

（2）抽查垫铁组的布置、垫铁块数等是否符合规范要求。

（3）抽查单组垫铁组面积计算情况。

垫铁安装的质量要求见表 4-18。

表 4-18 垫铁安装的质量要求

检查项目	执行标准	
	SH/T 3538《石油化工机器设备安装工程施工及验收通用规范》	GB 50231《机械设备安装工程施工及验收通用规范》
基础处理	机器安装前应对基础做如下处理： a）铲出麻面，麻点深度宜不小于 10 mm，密度以每平方分米内有 3~5 个点为宜，表面不应有油污或疏松层； b）放置垫铁或支持调整螺钉用的支撑板处（至周边约 50 mm）的基础表面应铲平	

续表

检查项目	执行标准	
	SH/T 3538《石油化工机器设备安装工程施工及验收通用规范》	GB 50231《机械设备安装工程施工及验收通用规范》
位置间距	在地脚螺栓两侧各放置一组，应使垫铁靠近地脚螺栓，当地脚螺栓间距小于300mm时，可在各地脚螺栓的同一侧放置一组垫铁；相邻两垫铁组的间距，可根据机器的重量、底座的结构型式以及载荷分布等具体情况而定，宜为500～1000 mm；对于带锚板的地脚螺栓两侧的垫铁组，应放置在预留孔的两侧	每个地脚螺栓旁边应至少有一组垫铁；垫铁组在能放稳和不影响灌浆的情况下，应放在靠近地脚螺栓和底座主要受力部下方；相邻两垫铁组间的距离，宜为500～1000mm；设备底座有接缝处的两侧，应各放一组垫铁
高度层数	斜垫铁应配对使用，与平垫铁成垫铁组时，垫铁的层数宜为3层（即一平二斜），最多不应超过4层，薄垫铁厚度不应小于2 mm，并放在斜垫铁与厚平垫铁之间。斜垫铁可与同号或者大一号的平垫铁搭配使用。垫铁组的高度宜为30～70mm	承受载荷的垫铁组，应使用成对斜垫铁；承受重负荷或有连续振动的设备，宜使用平垫铁；每一垫铁组的块数不宜超过5块；放置平垫铁时，厚的宜放在下面，薄的宜放在中间；垫铁厚度不宜小于2mm。灌浆层厚度不应小于25mm
接触状态	垫铁直接放置在基础上，应整齐平稳、接触良好，接触面积应不小于50%。平垫铁顶面水平度的允许偏差为2mm/m，各垫铁组顶面的标高应与机器底面实际安装标高相符。用0.25kg或0.5kg的手锤敲击检查垫铁组的松紧程度，应无松动现象；用0.05 mm的塞尺检查，垫铁之间及垫铁与底座底面之间的间隙，在垫铁同一断面处从两侧塞入的长度总和，不应超过垫铁长（宽）度的1/3	每一垫铁组应放置整齐平稳，接触良好；机械设备调平后，每组垫铁均应压紧，并应用手锤逐组轻击听音检查。对高速运转的机械设备，当采用0.05mm塞尺检查垫铁之间和垫铁与设备底座面之间的间隙时，在垫铁同一断面两侧塞入的长度之和不应大于垫铁长度或宽度的1/3
安放（进深、外露、搭接）	每一垫铁组应放置整齐平稳，接触良好，并应露出底座10～30mm；地脚螺栓两侧的垫铁组，每块垫铁伸入机器底座底面的长度，均应过地脚螺栓；机器底座的底面与垫铁接触宽度不够时，垫铁组放置的位置应保证底座坐落在垫铁组承压面的中部。配对斜垫铁的搭接长度应不小于全长的3/4，其相互间的偏斜角应不大于3°	机械设备调平后，垫铁端面应露出设备底面外缘；平垫铁宜露出10～30mm；斜垫铁宜露出10～50mm。垫铁组伸入设备底座底面的长度应超过设备地脚螺栓的中心
固定	垫铁组检查合格后应在垫铁组的两侧进行层间定位焊焊牢，垫铁与机器底座之间不得焊接。安装在金属结构上的机器调平后，其垫铁均应与金属结构用定位焊焊牢	除铸铁垫铁处，各垫铁相互间应用定位焊焊牢。安装在金属结构上的设备调平后，其垫铁均应与金属结构用定位焊焊牢

续表

检查项目	执行标准	
	SH/T 3538《石油化工机器设备安装工程施工及验收通用规范》	GB 50231《机械设备安装工程施工及验收通用规范》
垫铁面积	每一组垫铁的最小面积,可按公式近似计算。 $$A \geq C \times \frac{Q_1+Q_2}{R \cdot n}$$ 式中: A——单组垫铁面积,单位为平方毫米(mm^2); Q_1——由于设备等的重量加在该垫铁组上的负荷,单位为牛(N); Q_2——由于地脚螺栓拧紧所分布在该垫铁组上的压力,可取螺栓的许可抗拉力,单位为牛(N); R——基础或地坪混凝土的单位面积抗压强度(可取混凝土设计强度),单位为兆帕(MPa); C——安全系数,宜取1.5～3; n——组数	
垫铁制作	垫铁制作应符合规范要求,A值(每一组垫铁的最小面积)计算出后,可在表1中选用比计算A值大的垫铁。斜度宜为1∶20～1∶10,对于重心较高或振动较大的机器采用1∶20的斜度为宜	找正调平机械设备用的垫铁,应符合随机技术文件的规定;无规定时,宜按本规范附录A的规定制作和使用。斜垫铁的斜度宜为1/10～1/20;对振动或精密设备的垫铁斜度可为1/40

（4）抽查机器安装精度（如机体水平度等）是否符合规范要求。

SH/T 3538《石油化工机器设备安装工程施工及验收通用规范》规定：

机器安装基准的选择和水平度的允许偏差应符合机器技术文件的规定。无规定时,横向水平度的允许偏差为 0.10mm/m,纵向水平度的允许偏差为 0.05mm/m。

（五）监督抽查记录

工程质量监督人员在进行监督抽查时,应及时填写《机泵类设备垫铁安装监督记录》表单（表 4-19）。

表 4-19 机泵类设备垫铁安装监督记录

单位工程名称：　　　　　　　　　　　　　　　　　　　　　　　第　　页，共　　页

被检查单位			监督抽查时间	
监督检查部位	设备名称或位号：			
检查依据	□ SH/T 3538　　　　□ GB 50231　　　□设计文件 □机器技术文件　　　□			

□垫铁安装主要数据

检查项目	最大高度,mm	最小高度,mm	最大层数	最大间距,mm
数据				
符合情况	○符合 ○不符合	○符合 ○不符合	○符合 ○不符合	○符合 ○不符合

描述：

□垫铁安装质量其他检查

检查项目	基础处理	位置	接触状态	安放	固定	垫铁制作
符合情况	○符合 ○不符合	○符合 ○不符合	○符合 ○不符合	○符合 ○不符合	○符合 ○不符合	○符合 ○不符合

描述：

□单组垫铁组面积计算情况

□设备安装精度

检查项目	轴向水平度,mm/m	纵向水平度,mm/m
数据		
符合情况	○符合 ○不符合	○符合 ○不符合

描述：

□其他检查内容情况

监督工程师：　　　　　　　　　　　　总监督工程师：

二、电动机安装工程试运转质监点监督抽查程序内容

本程序适用于电动机安装工程试运转。

（一）监督抽查的频次

监督抽查的数量不少于1次。

（二）监督抽查的时机

（1）抽查的单元划分：按照事先与监理单位约定，抽查的基本单元可以是一台电动机或一个分项工程等。

（2）到位时段：

① 监督单位接到监理单位正式的报监。

② 电动机试运转可根据具体情况试运转过程中到位监督或试运转后检查试运转记录。

（三）监督抽查的依据

监督抽查的主要依据有 GB 50170—2006《电气装置安装工程旋转电机施工及验收规范》。

（四）监督抽查的内容

工程质量监督人员应抽查但不限于下列内容：

（1）核查经批准的试运转施工方案、技术交底。

（2）核查试运转条件、核查试运前系统确认检查记录。

GB 50170《电气装置安装工程旋转电机施工及验收规范》

4.0.2 电机试运行前的检查应符合下列要求：

1 建筑工程全部结束，现场清扫整理完毕。

2 电机本体安装检查结束，启动前应进行的试验项目已按现行国家标准《电气装置安装工程 电气设备交接试验标准》GB50150 试验合格。

3 冷却、调速、润滑、水、氢、密封油等附属系统安装完毕，验收合格，水质、油质或氢气质量符合要求，分部试运行情况良好。

4 发电机出口母线应设有防止漏水、油、金属及其他物体掉落等设施。

5 电机的保护、控制、测量、信号、励磁等回路的调试完毕，动作正常。

6 测定电机定子绕组、转子绕组及励磁顺路的绝缘电阻，应符合现行国家标准《电气装置安装工程 电气设备交接试验标准》GB 50150 的有关规定；有绝缘的轴承座的绝缘板、轴承座及台板的接触面应清洁干燥，使用 1000V 兆欧表测量，绝缘电阻值不得小于 0.5MΩ。

7 电刷与换向器或集电环的接触应良好。

8 盘动电机转子进应转动灵活,无碰卡现象。

9 电机引出线应相序正确,固定牢固,连接紧密。

10 电机外壳油漆应完整,接地良好。

11 照明、通讯、消防装置应齐全。

(3)核查试运转是否符合规范要求,主要抽查:

① 轴承的温度、振动;

② 润滑油的压力、温度和供油情况;

③ 电动机的电流、电压;

④ 冷却情况。

GB50170《电气装置安装工程旋转电机施工及验收规范》

4.0.3 电动机宜在空载情况下做第一次启动,空载运行时间宜为2h,并记录电动机的空载电流。

4.0.4 电动机试运行中的检查应符合下列要求。

1 电动机的旋转方向符合要求,无异声。

2 换向器、集电环及电刷的工作情况正常。

3 检查电动机各部温度,不应超过产品技术条件的规定。

4 滑动轴承温度不应超过80℃,滚动轴承温度不应超过95℃。

5 电动机振动的双倍振幅值不应大于表3.0.4的规定。

表 3.0.4 电机振动的双倍振幅值

同步转速,r/mm	3000	1500	1000	750 及以上
双倍振幅值,mm	0.05	0.085	0.10	0.12

(五)监督抽查记录

工程质量监督人员在进行监督抽查时,应及时填写《电动机安装工程试运转监督记录》表单(表4-20)。

表 4-20　电动机安装工程试运转监督记录

单位工程名称：　　　　　　　　　　　　　　　　　　　　　　　　第　　页，共　　页

被检查单位					监督抽查时间	
监督检查部位	设备名称或位号：					
检查依据	□ GB 50170 □ 机器技术文件					

□试运转轴振动数据

检查位置	前轴承			后轴承		
方向	垂直	水平	轴向	垂直	水平	轴向
数据 ○μm　○mm/s						
符合情况	○符合 ○不符合	○符合 ○不符合	○符合 ○不符合	○符合 ○不符合	○符合 ○不符合	○符合 ○不符合

描述：

□试运转轴温度

检查位置	前轴承	后轴承
数据 ℃		
符合情况	○符合 ○不符合	○符合 ○不符合

描述：

□其他检查内容情况

监督工程师：　　　　　　　　　总监督工程师：

第八节 抽油机安装工程

一、抽油机安装

(一)监督抽查的频次

监督抽查的频次至少 1 次,且覆盖到单项工程内所有类别及型号抽油机。

(二)监督抽查的时机

(1)抽查的单元划分:按照事先与监理单位约定,抽查的基本单元可以是每种型号的抽油机等。

(2)到位时段:

① 监督单位接到监理单位正式的报监。

② 符合规范要求的工程验收条件之后到位监督或工程验收后检查验收记录及相关见证资料。

(三)监督抽查的依据

监督抽查的主要依据有 GB 50231《机械设备安装工程施工及通用验收规范》、SY/T 0408《抽油机安装工程施工及验收通用规范》。当设计没明确要求时,原则上执行 SY/T 0408。

(四)监督抽查的内容

工程质量监督人员应抽查但不限于下列内容:

(1)抽查抽油机安装工程验收方案制定及审批情况。

(2)抽查抽油机安装工程验收资料是否符合规范要求。

(3)抽查抽油机安装工程验收参与各方质量行为情况。

抽油机试运转的质量要求见表 4-21。

表 4-21 抽油机试运转的质量要求

检查项目	执行标准	
	SY/T 0408《抽油机安装工程施工及验收通用规范》	GB 50231《机械设备安装工程施工及通用验收规范》
验收要求	6 工程验收 6.0.1 抽油机安装工程竣工后,应按本规范和有关设备安装工程施工及验收规范进行工程验收。 6.0.2 抽油机安装工程 竣工验收时,应具备下列资料: 1 开工和竣工报告; 2 设计文件及竣工图; 3 隐蔽工程记录;	8 工程验收 8.0.1 工程验收时,应具备下列资料: 1 竣工图或按实际完成情况注明修改部分的施工图; 2 设计修改的有关文件; 3 主要材料、加工件和成品的出厂合格证,检验记录或试验资料; 4 重要焊接工作的焊接质量评定书,检验记录,焊工考试合格证复印件;

续表

检查项目	执行标准	
	SY/T 0408《抽油机安装工程施工及验收通用规范》	GB 50231《机械设备安装工程施工及验收通用规范》
验收要求	4 安装检验记录； 5 试运转记录； 6 质量检验评定记录； 7 设备说明书、合格证和抽油机随机配件工具。	5 隐蔽工程质量检查及验收记录； 6 地脚螺栓、无垫铁安装和垫铁灌浆所用混凝土配合比和强度试验记录； 7 试运转各项检查记录； 8 质量问题及其处理的有关文件和记录； 9 其他有关资料。 8.0.2 机械设备安装工程试运转合格，且具备本规范第8.0.1条有关资料后，应及时办理工程交工验收手续

（五）监督抽查记录

工程质量监督人员在进行监督抽查时，应及时填写《抽油机安装工程验收监督记录》表单（表4-22）。

表4-22 抽油机安装工程验收监督记录

单位工程名称： 第 页，共 页

被检查单位			监督抽查时间		
监督检查部位	设备名称或位号：				
检查依据	□ SY/T 0408　□ GB 50231　□设计文件 □机器技术文件　□中国石油天然气集团公司工程建设项目质量管理规定□				
□工程验收主要资料					
检查项目	开竣工报告	设计文件及竣工图	隐蔽工程记录	安装检验记录	试运转记录	质量验评记录	质量证明及随机文件
符合情况							
描述：							
□质量行为							
检查项目	验收方案	验收程序	验收内容	交工验收手续		
符合情况						
描述：						
□其他检查内容情况						
监督工程师：						

第九节 硫磺成型机安装工程

一、机泵类设备垫铁安装

（一）监督抽查的频次

监督抽查的数量每个类别不少于1次。

（二）监督抽查的时机

（1）抽查的单元划分：按照事先与监理单位约定，抽查的基本单元可以是一台泵、风机、压缩机或一个分项工程等。

（2）到位时段：

① 监督单位接到监理单位正式的报监。

② 汽轮机、往复式压缩机、离心式压缩机组主机、轴流压缩机组主机、烟气轮机主机垫铁安装原则上在垫铁隐蔽前到位监督，其他泵类、风机类、电动机类等可根据具体情况垫铁隐蔽前到位监督或垫铁隐蔽后检查垫铁隐蔽记录。

（三）监督抽查的依据

监督抽查的主要依据有SH/T 3538《石油化工机器设备安装工程施工及验收通用规范》、GB 50231《机械设备安装工程施工及通用验收规范》。当设计没明确要求时，原则上执行SH/T3538。

（四）监督抽查的内容

工程质量监督人员应抽查但不限于下列内容：

（1）抽查设备基础处理是否符合规范要求。

（2）抽查垫铁组的布置、垫铁块数等是否符合规范要求。

（3）抽查单组垫铁组面积计算情况。

垫铁安装的质量要求见表4-23。

表4-23 垫铁安装的质量要求

检查项目	执行标准	
	SH/T 3538《石油化工机器设备安装工程施工及验收通用规范》	GB 50231《机械设备安装工程施工及验收通用规范》
基础处理	机器安装前应对基础做如下处理： a）铲出麻面，麻点深度宜不小于10 mm，密度以每平方分米内有3~5个点为宜，表面不应有油污或疏松层； b）放置垫铁或支持调整螺钉用的支撑板处（至周边约50 mm）的基础表面应铲平	

续表

检查项目	执行标准	
	SH/T 3538《石油化工机器设备安装工程施工及验收通用规范》	GB 50231《机械设备安装工程施工及验收通用规范》
位置间距	在地脚螺栓两侧各放置一组,应使垫铁靠近地脚螺栓,当地脚螺栓间距小于300mm时,可在各地脚螺栓的同一侧放置一组垫铁;相邻两垫铁组的间距,可根据机器的重量、底座的结构型式以及载荷分布等具体情况而定,宜为500~1000 mm;对于带锚板的地脚螺栓两侧的垫铁组,应放置在预留孔的两侧	每个地脚螺栓旁边应至少有一组垫铁;垫铁组在能放稳和不影响灌浆的情况下,应放在靠近地脚螺栓和底座主要受力部下方;相邻两垫铁组间的距离,宜为500~1000mm;设备底座有接缝处的两侧,应各放一组垫铁
高度层数	斜垫铁应配对使用,与平垫铁组成垫铁组时,垫铁的层数宜为3层(即一平二斜),最多不应超过4层,薄垫铁厚度不应小于2 mm,并放在斜垫铁与厚平垫铁之间。斜垫铁可与同号或者大一号的平垫铁搭配使用。垫铁组的高度宜为30~70mm	承受载荷的垫铁组,应使用成对斜垫铁;承受重负荷或有连续振动的设备,宜使用平垫铁;每一垫铁组的块数不宜超过5块;放置平垫铁时,厚的宜放在下面,薄的宜放在中间;垫铁厚度不宜小于2mm。灌浆层厚度不应小于25mm
接触状态	垫铁直接放置在基础上,应整齐平稳、接触良好,接触面积应不小于50%。平垫铁顶面水平度的允许偏差为2mm/m,各垫铁组顶面的标高应与机器底面实际安装标高相符。用0.25kg或0.5kg的手锤敲击检查垫铁组的松紧程度,应无松动现象;用0.05 mm的塞尺检查,垫铁之间及垫铁与底座底面之间的间隙,在垫铁同一断面处从两侧塞入的长度总和,不应超过垫铁长(宽)度的1/3	每一垫铁组应放置整齐平稳,接触良好;机械设备调平后,每组垫铁均应压紧,并应用手锤逐块轻击听音检查。对高速运转的机械设备,当采用0.05mm塞尺检查垫铁之间和垫铁与设备底座面之间的间隙时,在垫铁同一断面两侧塞入的长度之和不应大于垫铁长度或宽度的1/3
安放(进深、外露、搭接)	每一垫铁组应放置整齐平稳,接触良好,并应露出底座10~30mm;地脚螺栓两侧的垫铁组,每块垫铁伸入机器底座底面的长度,均应超过地脚螺栓,机器底座的底面与垫铁接触宽度不够时,垫铁组放置的位置应保证底座坐落在垫铁组承压面的中部。配对斜垫铁的搭接长度应不小于全长的3/4,其相互间的偏斜角应不大于3°	机械设备调平后,垫铁端面应露出设备底面外缘;平垫铁宜露出10~30mm;斜垫铁宜露出10~50mm。垫铁组伸入设备底座底面的长度应超过设备地脚螺栓的中心
固定	垫铁组检查合格后应在垫铁组的两侧进行层间定位焊焊牢,垫铁与机器底座之间不得焊接。安装在金属结构上的机器调平后,其垫铁均应与金属结构用定位焊焊牢	除铸铁垫铁处,各垫铁相互间应用定位焊焊牢。安装在金属结构上的设备调平后,其垫铁均应与金属结构用定位焊焊牢
垫铁面积	每一组垫铁的最小面积,可按公式近似计算。$$A \geq C \times \frac{Q_1+Q_2}{R \cdot n}$$ 式中: A——单组垫铁面积,单位为平方毫米(mm^2); Q_1——由于设备等的重量加在该垫铁组上的负荷,单位为牛(N); Q_2——由于地脚螺栓拧紧所分布在该垫铁组上的压力,可取螺栓的许可抗拉力,单位为牛(N); R——基础或地坪混凝土的单位面积抗压强度(可取混凝土设计强度),单位为兆帕(MPa); C——安全系数,宜取1.5~3; n——组数。	

续表

检查项目	执行标准	
	SH/T 3538《石油化工机器设备安装工程施工及验收通用规范》	GB 50231《机械设备安装工程施工及验收通用规范》
垫铁制作	垫铁制作应符合规范要求,A值(每一组垫铁的最小面积)计算出后,可在表1中选用比计算A值大的垫铁。斜度宜为1:20~1:10,对于重心较高或振动较大的机器采用1:20的斜度为宜	找正调平机械设备用的垫铁,应符合随机技术文件的规定;无规定时,宜按本规范附录A的规定制作和使用。斜垫铁的斜度宜为1/10~1/20;对振动或精密设备的垫铁斜度可为1/40

（4）抽查机器安装精度（如机体水平度等）是否符合规范要求。

SH/T 3538《石油化工机器设备安装工程施工及验收通用规范》规定：

机器安装基准的选择和水平度的允许偏差应符合机器技术文件的规定。无规定时,横向水平度的允许偏差为 0.10mm/m,纵向水平度的允许偏差为 0.05mm/m。

（五）监督抽查记录

工程质量监督人员在进行监督抽查时,应及时填写《机泵类设备垫铁安装监督记录》表单（表 4-24）。

二、试运转

（一）监督抽查的频次

监督抽查的频次至少 1 次,且覆盖到单项工程内所有类别及型号硫磺成型机。

（二）监督抽查的时机

（1）抽查的单元划分：按照事先与监理单位约定,抽查的基本单元可以是每种型号的硫磺成型机。

（2）到位时段：

① 监督单位接到监理单位正式的报监。

② 符合规范要求的工程验收条件之后到位监督或工程验收后检查验收记录及相关见证资料。

（三）监督抽查的依据

监督抽查的主要依据有 SY 4209—2015《石油天然气建设工程施工质量验收规范天然气净化厂建设工程》、GB 50231《机械设备安装工程施工及通用验收规范》。

表 4-24 机泵类设备垫铁安装监督记录

单位工程名称:　　　　　　　　　　　　　　　　　　　　　　　　第　　页,共　　页

被检查单位			监督抽查时间	
监督检查部位	设备名称或位号:			
检查依据	□ SH/T 3538　　□ GB 50231　　□设计文件 □机器技术文件			

□垫铁安装主要数据

检查项目	最大高度,mm	最小高度,mm	最大层数	最大间距,mm
数据				
符合情况	○符合 ○不符合	○符合 ○不符合	○符合 ○不符合	○符合 ○不符合

描述:

□垫铁安装质量其他检查

检查项目	基础处理	位置	接触状态	安放	固定	垫铁制作
符合情况	○符合 ○不符合	○符合 ○不符合	○符合 ○不符合	○符合 ○不符合	○符合 ○不符合	○符合 ○不符合

描述:

□单组垫铁组面积计算情况

□设备安装精度

检查项目	轴向水平度,mm/m	纵向水平度,mm/m
数据		
符合情况	○符合 ○不符合	○符合 ○不符合

描述:

□其他检查内容情况

监督工程师:　　　　　　　　　　　　总监督工程师:

(四)监督抽查的内容

工程质量监督人员应抽查但不限于下列内容:
(1)抽查硫磺成型机安装试运转方案制定及审批情况。
(2)抽查硫磺成型机安装试运转资料是否符合规范要求。
(3)抽查硫磺成型机安装试运转参与各方质量行为情况(表4-25)。

表4-25 硫磺成型机试运转的质量要求

检查项目	执行标准	
	SY 4209《石油天然气建设工程施工质量验收规范 天然气净化厂建设工程》	GB 50231《机械设备安装工程施工及验收通用规范》
试运转前提条件		7.1 试运转的条件 7.1.1 机械设备的试运转,应具备下列条件: 1 机械设备及其附属装置、管线等均已安装完毕; 2 机械设备的安装水平已调整至允许的范围; 3 与安装有关的"几何精度"经检验合格; 4 试运转需要的动力、介质、材料、机具、检验仪器,应符合"试运转"的要求; 5 润滑、液压、冷却、水、气(汽)和电气等系统,应符合系统单独调试和主机联合调试的要求; 6 对人身或机械设备可能造成损伤的部位,相应的安全设施和安全防护装置应设置完善; 7 对大型、复杂和精密设备,编制的试运转方案或试运转操作规程,应经有关技术主管批准和同意; 8 试运转机械设备周围的环境应清扫干净,不得产生粉尘和较大的噪声
过程检查及合格标准	SY 4209标准对硫磺成型机空负荷试运转的要求: 11.1.4 空负荷试运转应符合下列规定: 1 驱动装置的启动应平稳。 2 运动部位与壳体不应有摩擦和撞击现象。 3 空负荷连续试运转的时间不应小于1h;可变速的连续传输设备,其最高速试运转时间不应小于试运转时间的60%	7.8 整机空负荷试运转 7.8.1 空负荷试运转时,应进行下列各项检查,并应做好实测的记录。 1 主运动机构和各运动部件应运行平稳,应无不正常的声响;摩擦面温度应正常无过热现象; 2 主运动机构的轴承温度和温升应符合有关规定; 3 润滑、液压、冷却、加热和气动系统,有关部件的动作和介质的进、出口温度等均应符合规定,并应工作正常,畅通无阻,无渗漏现象; 4 各种操纵控制仪表和显示等,均应与运行实际相符,工作正常、正确、灵敏和可靠; 5 机械设备的手动、半自动和自动运行程序、速度、进给量及进给速度等,均应与控制指令或控制带要求相一致,其偏差应在允许的范围之内。 7.8.2 空负荷试运转后,应进行下列工作: 1 切断电源和其他动力源; 2 放气、排水、排污和防锈涂油; 3 对蓄能器和蓄势腔及机械设备内剩余压力,应卸压; 4 空负荷试运转后,应对润滑剂的清洁度进行检查,清洗过滤器;必要时可换新的润滑剂; 5 拆除试运转中的临时装置和恢复临时拆卸的设备部件及附属装置; 6 清洗和清扫现场,将机械设备盖上防护罩; 7 整理试运转的各项记录

(五)监督抽查记录

工程质量监督人员在进行监督抽查时,应及时填写《硫磺成型机安装试运转监督记录》表单(表4-26)。

表4-26 硫磺成型机安装试运转监督记录

单位工程名称: 第　　页,共　　页

被检查单位			监督抽查时间	
监督检查部位	设备名称或位号:			
检查依据	□ SY 4209　　　□ GB 50231　　　□设计文件 □机器技术文件　□中国石油天然气集团公司工程建设项目质量管理规定			
□试运转主要数据				

检查项目	轴承温升,℃	轴承最高温度,℃	振动
数据			
符合情况			

描述:

□试运转质量其他检查

检查项目	电动机	成型机	焊接构件	密封	固定件	整机平稳性
符合情况						

描述:

□质量行为

检查项目	方案制定	组织实施	运转记录
符合情况			

描述:

□其他检查内容情况

监督工程师:

第十节 燃气发电机安装工程

一、燃气发电机(燃气轮机)安装工程试运转

本程序适用燃气轮机主机、燃气发电机安装工程试运转的质量监督。

(一)监督抽查的频次

监督抽查的数量不少于1次。

(二)监督抽查的时机

(1)抽查的单元划分:按照事先与监理单位约定,抽查的基本单元可以是一台燃气轮机、燃气发电机或一个分项工程等。

(2)到位时段:

① 监督单位接到监理单位正式的报监。

② 燃气轮机主机、燃气发电机试运转原则上在试运转过程中到位监督。

(三)监督抽查的依据

监督抽查的主要依据有 SY/T 0440《工业燃气轮机安装技术规范》、SY 4201.1《石油天然气建设工程施工质量验收规范 设备安装工程 第1部分:机泵类设备》。如设计或技术文件另有要求,应按照要求执行。

(四)监督抽查的内容

工程质量监督人员应抽查但不限于下列内容:
(1)核查经批准的试运转施工方案、技术交底。
(2)核查试运转条件、核查机组试运前系统确认检查记录。

SY/T 0440《工业燃气轮机安装技术规范》
6.1 一般规定 6.1.1 燃气轮机各系统在试运前应具备下列条件: 1 设备及系统安装、冲洗或吹扫完毕,并经检测验合格,记录齐全。 2 设备及管道的保温工作完成。 3 基础混凝土及二次灌浆层达到设计强度。 4 水、电、气、风已达到投用条件。 5 设备按要求加注润滑油脂,且油位正常。 6 各有关的电动、气动、液动阀件动作灵敏可靠。 7 各指标和记录仪表以及信号、音响装置装设齐全,并经调校准确。 8 设备所需燃油或燃气供应充足,油、气质量符合要求。

6.1.2 燃气轮机启动前应完成下列各项工作：

1 应检查和调整燃气轮机的下列系统：

1）润滑油系统；

2）控制油系统；

3）仪表系统；

4）液压系统；

5）冷却与密封空气系统；

6）冷却水系统；

7）启动装置系统；

8）雾化空气系统；

9）通风和加热系统；

10）防火系统；

11）燃料输送系统；

12）空气进气系统。

2 全部管线应无泄漏现象。

3 系统中各油箱、水箱、液位指示应灵敏可靠，液位正确。

4 系统中各过滤器进出口压差应正常，不应有泄漏现象，空气进气系统应彻底清扫并应由专人检查验收合格封闭。

5 各系统的附属机械应已经过试运和调整。

6 热工、电气仪表、有关保护连锁装置应运行正常。

7 人工加油润滑点应经全面检查。

8 超速保护系的静态试验应完成。

6.8 燃气轮机启动和空负荷试运

6.8.1 燃气轮机启动前除应符合本规范第6.1.1条和第6.1.2条规定外，还应符合下列要求：

1 所有附属设备及各有关系统试运应合格。

2 控制系统静态整定与试验应合格。

3 应完成全部演习程序和控制检查。

SY 4201.1《石油天然气建设工程施工质量验收规范 设备安装工程 第1部分：机泵类设备》

10.2.2.1 燃气轮机各附件，设备和系统在试运前应具备下列条件：

a）设备及系统安装冲洗或吹扫完毕，并经检验合格，已录齐全。

b）设备及管道的保温工作完成，管道支托吊架布局合理且安装调整完毕。

c）基础混凝土及二次灌浆层达到设计强度。

d）水、动力电、压缩风源齐全并可以投入使用。

e）转动机械按要求加注润滑油脂，且油位正常。

f）各有关的电动、气动、液动阀件动作灵敏可靠。
g）各指示和记录仪表以及信号、音响装置装设齐全,并经调校准确。
h）燃气轮机所需燃油或燃气供应充足,油、气质量符合要求。
检验方法:观察、检查施工记录。
10.2.2.2 燃气轮机整套启动前应完成下列各项工作:
a）检查各配套系统并试运完成。
b）系统中各过滤器进出口压差正常,无泄漏现象,空气进气系统应彻底清扫并由专人检查验收合格后封存闭。
c）各系统的附属机械已经过试运和调整。
d）热工、电气仪表有关保护联锁装置运行正常。
e）人工加油润滑点经全部检查合格。
f）超速保护系统的静态试验完成。
检查方法:观察,检查系统确座检查记录。

（3）核查试运转是否符合规范要求,主要抽查:
① 各轴承的温度、振动；
② 润滑油的压力、温度和各部分供油情况；
③ 冷却水的供水情况。

SY/T 0440《工业燃气轮机安装技术规范》

6.1 一般规定

6.1.3 燃气轮机启动试运行应符合下列要求:

1 燃气轮机升至额定转速后应复核各部分油压值,并应完成各项自动保板房装置的试验。

2 应完成调节系统的调整和空负试验。

3 应完成主机各项试验和检查。

4 在完成调节系统负荷运行,负荷试运行应连续运行24h。

6.8 燃气轮机启动和空负荷试运

6.8.2 燃气轮机从开始启动至额定转速应符合下列规定:

1 燃气轮机首次启动时应按下列步骤进行启动试验:

1）启动盘车试验；

2）启动燃油伺服系统及紧急停机功能试验；

3）启动点火运行试验；

4）启动润滑油母管压力低遮断功能试验；

5）启动全自动启动试验；

6）启动机械、电子超速保护功能试验；

7）启动全速运行、超振遮断试验。

2 启动过程中的各启动操作,应按厂家技术文件的规定进行。

3 燃气轮机盘车检查时,若有摩擦噪声且连续不断,应检查消除。

4 燃气轮机点火时,燃料管路和燃料喷嘴周围应无漏油现象。应通过燃烧室的观火点观察每个燃烧室的点火情况。

5 燃气轮机在升速和额定转速下运行不应有异常的音响。

6 燃气轮机在盘车、点火、运行三种状态下都应进行振动检查,垂直方向和水平方向的最大振动应符合厂家技术文件要求。

7 燃气轮机通过临界转速时应平稳迅速,各轴承部位的振动值应符合出厂技术文件的要求。

8 气缸热膨胀应均匀、对称,不得有卡涩现象。

9 燃气轮机启动时间,从冷态到额定转速不应超过 12min。

10 润滑油的压力应符合技术文件的要求。

11 各径向轴承、推力轴承和密封瓦的巴氏合金温度,均不应高于出厂技术规定值。采用热电偶检测时,巴氏合金温度宜在 90℃以下。

12 透平排气温度和透平轮室的最高温度不得超过厂家技术文件规定值。

6.8.3 燃气轮机超速试验,应符合下列规定：

1 燃气轮机转速表和外接转表均应校验合格。

2 应严密监视燃气轮机转速和各轴承的振动,超过极限值时,应立即手动危急遮断装置停机。

3 超速试验应满足主机试验的有关要求,确保整个机组的安全运行。

4 超速试验时提升的最高转速不得超过出厂技术最大检查转速,且不得超过 101% 的跳闸转速。

6.8.4 超速跳闸试验应符合下列要求：

1 电子超速跳闸转速应为额定转的 110%,危急遮断器（超速螺栓）跳闸转速应为额定转速的 110%～112%。

2 危急遮断器的超速试验应至少进行三次,后两次跳闸转速之差应小于规定的跳闸转速的 1%。

3 危急遮断器跳闸后应能及时复位。

4 跳闸及复位信号应指示正确。

5 应记录超速跳闸转速,若超速装置在规定范围内不动作,应停机检查、调整。

6.8.5 超温、超振和灭燃检测器的试验应符合下列规定：

1 超温、超振遮断试验,可利用电气仪表接通试验接点的方法进行试验。

2 在做熄火保护试验时,燃气轮机在将要熄火和遮断之前,两个火焰控制器应指示熄火状态；作单个试验时,应关闭一个火焰控制器前的门形阀。火焰显示应熄灭。

6.8.6 燃气轮机正常停机之后应按厂家规定的程序进行盘车。

6.9 燃气轮机负荷试运

6.9.1 带负荷运行应在空负荷试运合格后进行。

6.9.2 负荷运行的各个阶段应按试运要求作好试运记录。

6.9.3 在负荷运行期间,可按技术文件要求的项目做负荷试验。

6.9.4 从空负荷到满负荷的明间不应超过 4min。负荷试运连续运转时间不应少于 24h。燃气轮机润滑油压、油温、轴承温升、振动应符合厂家技术文件要求。

SY 4201.1《石油天然气建设工程施工质量验收规范 设备安装工程 第 1 部分:机泵类设备》

10.2.2.3 燃气轮机试运行应符合下列要求:

a)所有附属设备及各有关系统试运合格。

b)启动过程中的各启动操作,应严格按照制造厂技术文件规定进行。

c)燃气轮机通过临界转速时应平稳迅速,各轴承的振动值应符合出厂技术文件的要求,正常运行时的极限振动值应符合表 6 的规定。

表 6 极限振动值

最大连续转速 r/min	振动值	
	mm(密耳)双振幅	mm/s
< 4000	0.0508(2.0)	12.15
≥ 4000~8000	0.0381(1.5)	15.96
> 8000~12000	0.0254(1.0)	15.96
> 12000	0.0127(0.5)	7.98

d)超速试验时提升的最高转速不得超过了厂技术文件规定的最大检查转速,且不应超过 101% 的跳闸转速,超速试验应满足主机试验的有关要求,以确保整个机组的安全运行。

e)带负荷运行应在空负荷试运合格后进行,负荷运行的各个阶段应按要求做好试运记录,负荷连续运行 24h。

检验方法:观察检查,检查试运记录。

10.2.2.4 润滑油系统试运完成后,从油箱、冷油器放油点取样,油质检验应符合 JB/T 9591.1 要求。

(五)监督抽查记录

工程质量监督人员在进行监督抽查时,应及时填写《燃气发电机(燃气轮机)安装工程试运转监督记录》表单(表 4-27)。

表 4-27 燃气发电机(燃气轮机)安装工程试运转监督记录

单位工程名称：　　　　　　　　　　　　　　　　　　　　　第　　页,共　　页

被检查单位				监督抽查时间		
监督检查部位	设备名称或位号：					
检查依据						

☐ 试运转轴振动数据

检查位置	前轴承			后轴承		
方向	垂直	水平	轴向	垂直	水平	轴向
数据 ○ μm　○ mm/s						
符合情况	○符合 ○不符合	○符合 ○不符合	○符合 ○不符合	○符合 ○不符合	○符合 ○不符合	○符合 ○不符合

描述：

☐ 试运转轴温度

检查位置	前轴承	后轴承
数据 ℃		
符合情况	○符合 ○不符合	○符合 ○不符合

描述：

☐ 其他检查内容情况

监督工程师：　　　　　　　　　　总监督工程师：

第五章　静设备安装工程质量监督

第一节　整体到货压力容器安装工程

一、换热类设备安装

（一）监督抽查频次

覆盖到每个单位工程。

（二）监督抽查时机

换热类设备就位并基本完成找正、找平后，施工单位自检合格，监理单位检查合格。

（三）监督抽查依据

GB 50461《石油化工静设备安装工程施工质量验收规范》、相关设计文件等。

（四）监督抽查内容

（1）换热设备质量证明文件。
（2）设备安装找正记录。
（3）设备滑动支座长圆孔两端与地脚螺栓的间距符合滑动要求。

（五）监督抽查记录

监督抽查时，及时填写《到货压力容器换热类设备安装监督记录》表单（表5-1），对于表单覆盖不了的内容，应同时填写质量监督巡视检查记录。

二、主体安装

（一）监督抽查频次

覆盖到每个单位工程。

（二）监督抽查时机

设备的安装找正工作完成，施工单位自检合格有安装记录，监理单位有验收记录。

表 5-1 到货压力容器换热类设备安装监督记录

单位工程名称：				第 页,共 页	
监督检查部位			监督检查时间		
被检查单位					
设备名称：		设备规格：		设备位号：	
监检点:换热类设备安装		是否下发质量问题处理通知书 □是 □否 编号：			
检查依据：					
设备质量证明文件是否其安全完整 □是 □否			安装找正是否满足规范 □是 □否		
设备底座是否满足互动要求 □是 □否					
资料核查					
实体质量					
存在问题					
检查结论					
监督人员：			总监督工程师(审核)：		

（三）监督抽查依据

GB 50461《石油化工静设备安装工程施工质量验收规范》、相关设计文件等。

（四）监督抽查内容

（1）开箱检验记录，质量证明文件。
（2）设备安装找正记录。
（3）监理单位认可合格的书面文件。
（4）抽查安装质量应符合 GB 50461《石油化工静设备安装工程施工质量验收规范》的规定。

（五）监督抽查记录

监督抽查时，及时填写《整体到货压力容器安装工程主体安装监督记录》表单（表5-2），对于表单覆盖不了的内容，应同时填写质量监督巡视检查记录。

三、强度严密性试验

（一）监督抽查频次

覆盖到每个单位工程。

（二）监督抽查时机

设备强度严密性试验方案经审批通过；试验所用的设备仪器计量检定合格；强度严密性试验进行中或者刚进行完毕，有完整的试验记录和监理单位检查记录。

（三）监督抽查依据

GB 50461《石油化工静设备安装工程施工质量验收规范》、相关设计文件等。

（四）监督抽查内容

（1）设备合格证及重要零部件合格证。
（2）试压方案。
（3）施工单位试压记录。
（4）监理单位检验记录。
（5）强度严密性试验应符合 GB 50461《石油化工静设备安装工程施工质量验收规范》第 6.1～6.5 条的规定。

（五）监督抽查记录

监督抽查时，及时填写《整体到货压力容器安装工程强度严密性试验监督记录》表单（表5-3），对于表单覆盖不了的内容，应同时填写质量监督巡视检查记录。

表 5-2　整体到货压力容器安装工程主体安装监督记录

单位工程名称：				第　页,共　页	
监督检查部位			监督检查时间		
被检查单位					
设备名称：		设备规格：		设备位号：	
监检点:换热类设备安装		是否下发质量问题处理通知书　□是　□否　编号：			
检查依据：					
开箱记录质量证明文件是否齐全　□是　□否			安装找正是否符合要求　□是　□否		
监理单位是否验收合格并有验收记录　□是　□否					
资料核查					
实体质量					
存在问题					
检查结论					
监督人员：			总监督工程师(审核)：		

表 5-3　整体到货压力容器安装工程强度严密性试验监督记录

单位工程名称：				第　页,共　页	
监督检查部位			监督检查时间		
被检查单位					
设备名称：		设备规格：		设备位号：	
监检点:强度严密性试验		是否下发质量问题处理通知书　□是　□否　编号：			
检查依据：					
设备合格证是否齐全　□是　□否			试压方案是否符合要求　□是　□否		
试压记录是否齐全完整　□是　□否		监理单位检验记录是否齐全　□是　□否			
资料核查					
实体质量					
存在问题					
检查结论					
监督人员：			总监督工程师(审核)：		

第二节 立式筒形储蓄罐制作安装工程

一、立式圆筒形储罐底板组对

（一）监督抽查频次

覆盖到每个单位工程。

（二）监督抽查时机

地板组对结束，并经施工单位自检合格；监理单位能提供地板组对平行检验记录并检查合格。

（三）监督抽查依据

GB 50128《立式圆筒形钢制焊接储罐施工规范》、相关设计文件等。

（四）监督抽查内容

（1）原材料合格证、质量证明书及复检报告。
（2）储罐施工方案及基础验收记录，监理平行检验记录等。
（3）储罐底板排版图，应符合 GB 50128《立式圆筒形钢制焊接储罐施工规范》第 4.3 的规定。
（4）储罐底板组对间隙、搭接宽度应符合 GB 50128《立式圆筒形钢制焊接储罐施工规范》5.3 的要求。

（五）监督抽查记录

监督抽查时，及时填写《立式圆筒形储罐底板组对质监点监督记录》表单（表 5-4），对于表单覆盖不了的内容，应同时填写质量监督巡视检查记录。

二、立式圆筒形第一节壁板安装

（一）监督抽查频次

覆盖到每个单位工程。

（二）监督抽查时机

第一节壁板组对结束后，并经施工单位自检合格；监理单位能提供平行检验记录并检查合格。

（三）监督抽查依据

GB 50128《立式圆筒形钢制焊接储罐施工规范》、相关设计文件等。

表 5-4 立式圆筒形储罐底板组对质监点监督记录

单位工程名称:				第 页,共 页	
监督检查部位			监督检查时间		
被检查单位					
设备名称:		设备规格:		设备位号:	
监检点:立式圆筒形储罐底板组对检查			是否下发质量问题处理通知书 □是 □否 编号:		
检查依据:					
资料核查					
底板排版图是否符合要求 □是 □否					
底板组对间隙是否符合要求 □是 □否		搭接宽度是否符合要求 □是 □否			
存在问题					
检查结论					
监督人员:		总监督工程师(审核):			

（四）监督抽查内容

（1）相关施工和监理记录。

（2）相邻两壁板上口水平的允许偏差不应大于2mm，在整个圆周上任意两点的水平偏差不应大于6mm。

（3）壁板垂直度允许偏差不大于3mm。

（4）壁板焊接后，内表面任意点的半径允许偏差符合GB 50128《立式圆筒形钢制焊接储罐施工规范》5.4.2的要求。

（五）监督抽查记录

监督抽查时，及时填写《立式圆筒形储罐第一节壁板安装监督记录》表单（表5-5），对于表单覆盖不了的内容，应同时填写质量监督巡视检查记录。

三、立式圆筒形储罐焊缝检查

（一）监督抽查频次

覆盖到每个单位工程。

（二）监督抽查时机

施工单位对焊缝质量自查合格；能提供焊接工艺规程和焊缝质量自查记录；监理单位能提供平行检验记录以及对焊缝质量检查合格的书面文件。

（三）监督抽查依据

GB 50128《立式圆筒形钢制焊接储罐施工规范》、相关设计文件等。

（四）监督抽查内容

（1）焊接工艺评定报告应符合GB 50128《立式圆筒形钢制焊接储罐施工规范》第6.2.1条的规定。

（2）焊缝外观质量应符合GB 50128《立式圆筒形钢制焊接储罐施工规范》7.1.2条的规定。

（3）焊缝的无损检测应符合GB 50128《立式圆筒形钢制焊接储罐施工规范》第7.2.4条的规定。

（4）热处理（消氢处理）应符合GB 50236《现场设备工业管道焊接工程施工及验收规范》的有关规定。

（五）监督抽查记录

监督抽查时，及时填写《立式圆筒形储罐焊缝检查质监点监督记录》表单（表5-6），对于表单覆盖不了的内容，应同时填写质量监督巡视检查记录。

表 5-5　立式圆筒形储罐第一节壁板安装监督记录

单位工程名称:			第　页,共　页
监督检查部位		监督检查时间	
被检查单位			
设备名称:		设备规格:	设备位号:
监检点:立式圆筒形储罐第一节壁板安装质量		是否下发质量问题处理通知书 □是　□否　编号:	
检查依据:			
资料核查			
相邻两壁板上口水平:		任意两点最大上口水平:	
壁板垂直度:		壁板内表面任意点半径偏差:	
纵向焊缝错边量:			
存在问题			
检查结论			
监督人员:		总监督工程师(审核):	

表 5-6 立式圆筒形储罐焊缝检查质监点监督记录

单位工程名称:			第 页,共 页	
监督检查部位			监督检查时间	
被检查单位				
设备名称:		设备规格:		设备位号:
监检点:立式圆筒形储罐焊缝检查		是否下发质量问题处理通知书 □是　□否　编号:		
检查依据:				
资料核查				
焊接工艺评定报告是否符合要求　□是　□否		焊缝外观质量是否符合要求　□是　□否		
无损检测是否符合要求　□是　□否		热处理是否符合要求　□是　□否		
存在问题				
检查结论				
监督人员:		总监督工程师(审核):		

四、罐体验收

（一）监督抽查频次

覆盖到每个单位工程。

（二）监督抽查时机

储罐组装焊接完成。

（三）监督抽查依据

GB 50128《立式圆筒形钢制焊接储罐施工规范》、相关设计文件等。

（四）监督抽查内容

（1）罐体高度允许偏差，不应大于设计高度的0.5%，且不应大于50mm。

（2）罐壁垂直度不应大于罐壁高度的0.4%，且不应大于50mm。

（3）罐壁焊缝棱角都和罐壁的局部凸凹变形，应符合GB 50128《立式圆筒形钢制焊接储罐施工规范》第5.4.2条的规定。

（4）底圈壁板内表面半径的允许偏差，应在底圈板1m高处测量，应符合GB 50128《立式圆筒形钢制焊接储罐施工规范》第5.4.2条的规定。

（5）底圈壁板外表面沿径向至边缘板外缘的距离不应小于50mm，且不宜大于100mm。

（五）监督抽查记录

监督抽查时，及时填写《立式圆筒形储罐罐体验收监督记录》表单（表5-7），对于表单覆盖不了的内容，应同时填写质量监督巡视检查记录。

五、罐底严密性试验监督抽查内容

（一）监督抽查频次

覆盖到每个单位工程。

（二）监督抽查时机

罐体安装工作结束，罐底严密性试验进行中或刚结束。施工单位自检合格，监理单位能提供确认合格的书面文件。

（三）监督抽查依据

GB 50128《立式圆筒形钢制焊接储罐施工规范》、相关设计文件等。

表 5-7 立式圆筒形储罐罐体验收监督记录

单位工程名称：			第 页,共 页
监督检查部位		监督检查时间：	
被检查单位			
设备名称：	设备规格：		设备位号：
监检点:立式圆筒形储罐罐体验收			
检查依据：			
是否下发质量问题处理通知书 □是 □否 编号：			
资料核查			
罐壁高度：		罐壁垂直度：	
罐壁局部凹凸变形：		罐底局部凹凸变形：	
底圈壁板内表面半径：		浮顶凹凸变形：	
罐壁焊缝角变形：			
严密性试验(罐底、浮仓、浮盘等)：			
存在问题			
检查结论			
监督人员：		总监督工程师(审核)：	

（四）监督抽查内容

（1）底板真空试验报告。

（2）监理单位平行检验记录及其他认可合格的书面文件。

（3）现场抽查底板真空度是否符合规定。

（五）监督抽查记录

监督抽查时，及时填写《立式圆筒形储罐底板严密性试验质监点监督记录》表单（表5-8），对于表单覆盖不了的内容，应同时填写质量监督巡视检查记录。

六、立式圆筒形储罐充水试验

（一）监督抽查频次

覆盖到每个单位工程。

（二）监督抽查时机

储罐建造完毕，充水达到规定的液位。

（三）监督抽查依据

GB 50128《立式圆筒形钢制焊接储罐施工规范》、相关设计文件等。

（四）监督抽查内容

（1）管壁强度及严密性。

（2）固定顶的强度、稳定性和严密性。

（3）浮顶及内浮顶的升降试验及严密性。

（4）浮顶配水管的严密性。

（5）基础的沉降观测。

（五）监督抽查记录

监督抽查时，及时填写《立式圆筒形储罐充水试验监督记录》表单（表5-9），对于表单覆盖不了的内容，应同时填写质量监督巡视检查记录。

表 5-8　立式圆筒形储罐底板严密性试验质监点监督记录

单位工程名称：			第　页,共　页
监督检查部位		监督检查时间	
被检查单位			
设备名称：		设备规格：	设备位号：
监检点:立式圆筒形储罐罐底严密性试验		是否下发质量问题处理通知书 □是　□否　编号：	
检查依据：			
资料核查			
底板真空试验报告是否符合要求　□是　□否		平行检验记录是否符合要求　□是　□否	
现场抽查是否符合要求　□是　□否			
存在问题			
检查结论			
监督人员：		总监督工程师(审核)：	

表 5-9 立式圆筒形储罐充水试验监督记录

单位工程名称：				第 页,共 页	
监督检查部位				监督检查时间	
被检查单位					
设备名称：		设备规格：		设备位号：	
监检点:立式圆筒形储罐充水试验		是否下发质量问题处理通知书 □是 □否 编号：			
检查依据：					
所有附件及其他与罐体焊接的构件是否全部完工并检验合格 □是 □否				基础发生不允许沉降 □是 □否	
水质：		所有与严密性试验有关的焊缝,均未涂漆 □是 □否			
资料核查					
实体质量					
存在问题					
检查结论					
监督人员：			总监督工程师(审核)：		

第三节　球形储罐制作安装工程

一、球壳板到货检验

(一)监督抽查频次

覆盖到每个单位工程。

(二)监督抽查时机

球壳板到货,监理单位报监。

(三)监督抽查依据

相关设计文件、GB 50094《球形储罐施工规范》等。

(四)监督抽查内容

(1)球壳结构形式是否符合设计图样要求。
(2)球壳板表面质量。
(3)球壳板厚度。
(4)球壳板曲率。
(5)球壳板几何尺寸。
(6)球壳板焊接坡口(表面质量及几何尺寸)。
(7)球壳板无损检测报告。
(8)其他。

(五)监督抽查记录

监督抽查时,及时填写《球壳板到货检验监督记录》表单(表 5-10)。对于表单覆盖不了的内容,应同时填写质量监督巡视检查记录。

二、球壳板组对

(一)监督抽查频次

覆盖到每个单位工程。

(二)监督抽查时机

球壳板组对焊接前,监理单位报监。

(三)监督抽查依据

相关设计文件、GB 50094《球形储罐施工规范》等。

表 5-10 球壳板到货检验监督记录

单位工程名称:				第　页,共　页	
监督检查部位				监督检查时间	
被检查单位					
设备名称:		设备规格:		设备位号:	
监检点:球壳板到货检验		下发质量问题处理通知书　□是　□否　编号:			
检查依据:					
球壳结构形式符合设计图样要求　□是　□否				□是　□否	
球壳板表面质量:					
球壳板厚度:					
球壳板曲率:					
球壳板几何尺寸:					
球壳板焊接坡口(表面质量及几何尺寸):					
球壳板无损检测报告:					
其他实体质量					
资料核查					
存在问题					
检查结论					
监督人员:			总监督工程师(审核):		

（四）监督抽查内容

（1）基础检查验收。

（2）球壳组对间隙。

（3）球壳组对错边量。

（4）球壳组对棱角。

（5）相邻焊缝边距控制。

（6）其他。

（五）监督抽查记录

监督抽查时,及时填写《球壳板组对监督记录》表单（表5-11）。对于表单覆盖不了的内容,应同时填写质量监督巡视检查记录。

三、球形储罐焊缝检查

（一）监督抽查频次

覆盖到每个单位工程。

（二）监督抽查时机

球壳板焊接过程中,监理单位报监。

（三）监督抽查依据

相关设计文件、GB 50094《球形储罐施工规范》等。

（四）监督抽查内容

（1）焊缝外观质量（包括焊缝表面质量、焊缝和热影响区表面质量、脚焊缝焊脚尺寸、焊缝宽度、对接焊缝余高等）。

（2）焊缝无损检测。

（3）其他。

（五）监督抽查记录

监督抽查时,及时填写《球形储罐焊缝检查监督记录》表单（表5-12）。对于表单覆盖不了的内容,应同时填写质量监督巡视检查记录。

表 5-11 球壳板组对监督记录

单位工程名称：			第 页,共 页
监督检查部位		监督检查时间	
被检查单位			
设备名称：	设备规格：		设备位号：
监检点:球壳板组对	下发质量问题处理通知书 □是 □否 编号：		
检查依据：			
基础检查验收 □是 □否			
球壳组对间隙：			
球壳组对错边量：			
球壳组对棱角：			
相邻焊缝边距控制：			
其他实体质量			
资料核查			
存在问题			
检查结论			
监督人员：		总监督工程师(审核)：	

表 5-12 球形储罐焊缝检查监督记录

单位工程名称：				第 页,共 页	
监督检查部位				监督检查时间	
被检查单位					
设备名称：		设备规格：		设备位号：	
监检点:球形储罐焊缝		下发质量问题处理通知书 □是 □否 编号：			
检查依据：					
焊缝外观质量	焊缝表面				
	焊缝和热影响区表面				
	脚焊缝焊脚尺寸				
	焊缝宽度				
	对接焊缝余高				
焊缝无损检测：					
其他实体质量					
资料核查					
存在问题					
检查结论					
监督人员：			总监督工程师(审核)：		

四、球形储罐焊后尺寸检查

(一) 监督抽查频次

覆盖到每个单位工程。

(二) 监督抽查时机

球形储罐焊接完成后,监理单位报监。

(三) 监督抽查依据

相关设计文件、GB 50094《球形储罐施工规范》等。

(四) 监督抽查内容

(1) 棱角尺寸。
(2) 球壳两极间及赤道截面的内直径:
① 球壳两极间的内直径与赤道截面的最大内直径之差;
② 球壳两极间的内直径与赤道截面的最小内直径之差;
③ 赤道截面的最大内直径与赤道截面的最小内直径之差;
④ 球壳两极间的内直径与设计内直径之差;
⑤ 赤道截面的最小内直径与设计内直径之差;
⑥ 赤道截面的最大内直径与设计内直径之差。
(3) 支柱垂直度。

(五) 监督抽查记录

监督抽查时,及时填写《球形储罐焊后尺寸检查监督记录》表单(表5–13)。对于表单覆盖不了的内容,应同时填写质量监督巡视检查记录。

五、球形储罐焊后整体热处理

(一) 监督抽查频次

覆盖到每个单位工程。

(二) 监督抽查时机

(1) 与球罐受压件连接的焊接工作全部完成。
(2) 热处理前的各项无损检测工作全部完成。
(3) 产品焊接试件已放置在球罐热处理过程中高温区的外侧。
(4) 加热系统已调试合格。
(5) 与热处理无关的接管已采用盲板封堵。
(6) 球罐与梯子、平台等部件连接的螺栓松开。
(7) 已采取防雨、防风、防火和防停电等预防措施。
(8) 其他。

表 5-13 球形储罐焊后尺寸检查监督记录

单位工程名称:				第 页,共 页
监督检查部位			监督检查时间	
被检查单位				
设备名称:		设备规格:	设备位号:	
监检点:球形储罐焊后尺寸检查		下发质量问题处理通知书 □是 □否 编号:		
检查依据:				
棱角尺寸($E=L_1-L_2$ 且≤10mm):				

球壳两极间及赤道截面的内直径	球壳两极间的内直径与赤道截面的最大内直径之差:
	球壳两极间的内直径与赤道截面的最小内直径之差:
	赤道截面的最大内直径与赤道截面的最小内直径之差:
	球壳两极间的内直径与设计内直径之差:
	赤道截面的最小内直径与设计内直径之差:
	赤道截面的最大内直径与设计内直径之差:
	注:以上半径之差均应符合设计文件要求,当设计文件未明确时,按照 GB 50094,以上半径之差均应小于设计内径的 7‰,并应符合下列规定:(1)5000m³ 以下的球形储罐不大于 80mm;(2)5000m³ 及以上的球形储罐不大于 100mm

支柱垂直度:	
其他实体质量	
资料核查	
存在问题	
检查结论	
监督人员:	总监督工程师(审核):

（三）监督抽查依据

相关设计文件、GB 50094《球形储罐施工规范》等。

（四）监督抽查内容

（1）热处理工艺是否符合设计图样或相关标准要求。
（2）热处理保温层质量。
（3）测温系统。
（4）柱脚处理。
（5）其他。

（五）监督抽查记录

监督抽查时，及时填写《球形储罐焊后整体热处理监督记录》表单（表5-14）。对于表单覆盖不了的内容，应同时填写质量监督巡视检查记录。

六、球形储罐产品焊接试件

（一）监督抽查频次

覆盖到每个单位工程。

（二）监督抽查时机

球形储罐焊接的同时，应制备产品焊接试板。

（三）监督抽查依据

相关设计文件、GB 50094《球形储罐施工规范》等。

（四）监督抽查内容

（1）试件的标准、钢号、厚度及热处理工艺均应与球壳板相同。
（2）产品焊接试件应由施焊球形储罐的焊工完成，并应在与球形储罐焊接相同的条件和相同的焊接工艺情况下焊接。
（3）每台球形储罐应按施焊位置做横焊、立焊和平焊加仰焊位置的产品焊接试件各一块。
（4）试件焊缝应经外观检查和100%射线检测或超声检测。
（5）焊后需热处理的球形储罐，其产品焊接试件应与球形储罐一起进行热处理。
（6）试样的制备与试验。
（7）其他。

（五）监督抽查记录

监督抽查时，及时填写《球形储罐产品焊接试件监督记录》表单（表5-15）。对于表单覆盖不了的内容，应同时填写质量监督巡视检查记录。

表 5-14 球形储罐焊后整体热处理监督记录

单位工程名称：			第 页,共 页
监督检查部位		监督检查时间	
被检查单位			
设备名称：	设备规格：		设备位号：
监检点：球形储罐焊后整体热处理	下发质量问题处理通知书 □是 □否 编号：		
检查依据：			

球形焊后整体热处理应具备条件	与球罐受压件连接的焊接工作全部完成 □是 □否
	热处理前的各项无损检测工作全部完成 □是 □否
	产品焊接试件已放置在球罐热处理过程中高温区的外侧 □是 □否
	加热系统已调试合格 □是 □否
	与热处理无关的接管已采用盲板封堵 □是 □否
	球罐与梯子、平台等部件连接的螺栓松开 □是 □否
	已采取防雨、防风、防火和防停电等预防措施 □是 □否

热处理工艺是否符合设计图样或相关标准要求 □是 □否
热处理保温层质量：
测温系统：
柱脚处理：
其他实体质量

资料核查	
存在问题	
检查结论	
监督人员：	总监督工程师(审核)：

表 5-15 球形储罐产品焊接试件监督记录

单位工程名称:				第 页,共 页
监督检查部位			监督检查时间	
被检查单位				
设备名称:		设备规格:	设备位号:	
监检点:球形储罐产品焊接试件		下发质量问题处理通知书 □是 □否 编号:		
检查依据:				

产品焊接试件的制备要求	试件的标准、钢号、厚度及热处理工艺均应与球壳板相同 □是 □否
	产品焊接试件应由施焊球形储罐的焊工完成,并应在与球形储罐焊接相同的条件和相同的焊接工艺情况下焊接 □是 □否
	每台球形储罐应按施焊位置做横焊、立焊和平焊加仰焊位置的产品焊接试件各一块 □是 □否
	试件焊缝应经外观检查和100%射线检测或超声检测 □是 □否
	焊后需热处理的球形储罐,其产品焊接试件应与球形储罐一起进行热处理 □是 □否
	其他要求

试样的制备与试验:

其他实体质量:

资料核查	

存在问题	

检查结论	

监督人员:	总监督工程师(审核):

七、耐压试验和泄漏试验

(一)监督抽查频次

覆盖到每个单位工程。

(二)监督抽查时机

球形储罐和零部件焊接工作全部完成并检验合格;二次灌浆的基础、二次灌浆已达到强度要求;需要热处理的球形储罐,已完成热处理,产品焊接试件经检验合格;补强圈焊缝已按照设计或标准要求做泄漏检验合格;支柱找正和拉杆调整完毕。

(三)监督抽查依据

相关设计文件、GB 50094《球形储罐施工规范》等。

(四)监督抽查内容

球形储罐应按设计文件规定的方法进行耐压试验和泄漏试验。耐压试验有液压试验、气压试压和企业组合试验。

1. 液压试验

(1)压力表(块数、精确度、量程、校验有效期、表盘刻度等)。
(2)试验介质、试验温度、设计压力、试验压力。
(3)试验时球形储罐顶部应设排气口,充液时应将球形储罐内的空气排净。
(4)试验压力保压 30min 后降至设计压力进行检查,检查期间压力保持不变。试验过程中无渗漏、无可见变形、试压过程中无异常声响。
(5)球形储罐在充水、放水过程中,应对基础的沉降进行观测。按照设计文件及标准规范要求进行不均匀沉降的测量,控制相邻支柱基础沉降差。

2. 气压试验/泄漏试验/气液组合试验

(1)压力表(块数、精确度、量程、校验有效期、表盘刻度等)。
(2)试验介质、试验温度、设计压力、试验压力。
(3)安全措施经单位技术负责人审批情况。
(4)是否设置两个或两个以上安全阀和紧急放空阀。
(5)试验压力保压 10min 后降至设计压力进行检查,经肥皂液或其他检漏液检查无漏气、无可见变形、无异常声响。

气压试验的球形储罐,气密性试验可与气压试验同时进行。

(五)监督抽查记录

监督抽查时,根据不同的试验及时选择填写《耐压试验和泄漏试验检查监督记录-1/2/3》表单(表 5-16、表 5-17、表 5-18)。对于表单覆盖不了的内容,应同时填写质量监督巡视检查记录。填写《耐压试验和泄漏试验检查监督记录-2》时应注意勾选"气压试验"、"泄漏试验";若采用气压试验,则无须填写"液压试验□/气液组合试验□"栏,否则应填写。

表 5-16 耐压试验和泄漏试验检查监督记录 -1

单位工程名称：			第 页,共 页
监督检查部位		监督检查时间	
被检查单位			
设备名称：	设备规格：		设备位号：
监检点：耐压试验和泄漏试验	下发质量问题处理通知书 □是 □否 编号：		
检查依据：			
压力表（块数、精确度、量程、校验有效期、表盘刻度等）：			
液压试验	试验介质： 试验温度： 设计压力： 试验压力：		
	试验时球形储罐顶部应设排气口,充液时应将球形储罐内的空气排净 □是 □否		
	试验压力保压 30min 后降至设计压力进行检查,检查期间压力保持不变 □是 □否		
	无渗漏 □是 □否 无可见变形 □是 □否 试压过程中无异常声响 □是 □否		
沉降观测：			
其他实体质量			
资料核查			
存在问题			
检查结论			
监督人员：		总监督工程师（审核）：	

表 5-17 耐压试验和泄漏试验检查监督记录 -2

单位工程名称：				第 页,共 页	
监督检查部位				监督检查时间	
被检查单位					
设备名称：		设备规格：		设备位号：	
监检点:耐压试验和泄漏试验		下发质量问题处理通知书 □是 □否 编号：			
检查依据：					
压力表(块数、精确度、量程、校验有效期、表盘刻度等)：					
气压试验□ 泄漏试验□	液压试验□/气液组合试验 □合格 □是 □否				
	试验介质： 试验温度： 设计压力： 试验压力：				
	安全措施经单位技术负责人审批 □是 □否				
	设置两个或两个以上安全阀和紧急放空阀 □是 □否				
	试验压力保压 10min 后降至设计压力进行检查 □是 □否				
	经肥皂液或其他检漏液检查无漏气 □是 □否 无可见变形 □是 □否 无异常声响 □是 □否				
其他实体质量					
资料核查					
存在问题					
检查结论					
监督人员：				总监督工程师(审核)：	

表 5-18 耐压试验和泄漏试验检查监督记录 -3

单位工程名称：				第 页,共 页	
监督检查部位			监督检查时间		
被检查单位					
设备名称：		设备规格：		设备位号：	
监检点：耐压试验和泄漏试验		下发质量问题处理通知书 □是 □否 编号：			
检查依据：					
压力表(块数、精确度、量程、校验有效期、表盘刻度等)：					
气液组合试验	试验介质： 试验温度： 设计压力： 试验压力：				
	安全措施经单位技术负责人审批 □是 □否				
	设置两个或两个以上安全阀和紧急放空阀 □是 □否				
	试验压力保压 10min 后降至设计压力进行检查 □是 □否				
	经肥皂液或其他检漏液检查无漏气 □是 □否 无可见变形 □是 □否 无异常声响 □是 □否				
其他实体质量					
资料核查					
存在问题					
检查结论					
监督人员：				总监督工程师(审核)：	

第四节　分段(片)现场组装容器类安装工程

一、分段现场组装类容器安装工程焊后热处理

(一)监督抽查的频次

监督抽查的数量不少于1次。

(二)监督抽查的时机

(1)抽查的单元划分：按照事先与监理单位约定,抽查的基本单元可以是一个时期、一台设备或一个分项工程等。

(2)到位时段：

设备焊接结束后,热处理前或热处理过程中以及热处理结束后。监督机构在接到监理单位正式的报监后可按照约定的时间进行现场监督检查。

(三)监督抽查的依据

监督抽查的主要依据有 GB 50461《石油化工静设备安装工程施工质量验收规范》。

(四)监督抽查的内容

工程质量监督人员应抽查但不限于下列内容：

(1)核查经批准的热处理方案,无损检测报告。

(2)检查分段现场组装容器类设备热处理前,是否具备下列条件。

① 解除容器与外部构件的连接,按方案要求安装支承座,并保证容器能自由地热胀冷缩。

② 对容器易于变形的部位加固。

③ 装设加热和测温系统。

④ 封闭与热处理无关的接管及开口。

⑤ 完成临时保温工程施工。

⑥ 搭设防风和防雨、防雪设施。

⑦ 热电偶记录仪表应经过检定或校准。热电偶等级应为Ⅱ级,记录仪表准确度等级应为1.0级。

(3)抽查热处理过程中热处理工艺是否符合热处理方案及规范要求。

> GB 50461《石油化工静设备安装工程施工质量验收规范》
>
> 5.5.1 现场组焊设备的整体或分段采用在炉内加热方法进行热处理应符合现行国家标准《钢制压力容器》)GB 150 的规定。
>
> 检验方法:按 GB 150 的规定现场检查。
>
> 5.5.2 现场组焊设备的焊缝可采用局部热处理方法进行。热处理的加热范围以焊缝中心为基准,对接接头焊缝每侧不应小于钢材厚度的 2 倍;角接接头焊缝每侧不应小于钢材厚度的 6 倍。加热区以外 100mm 范围应进行保温。
>
> 检验方法:现场检查,实测实量。
>
> 5.5.3 测温点应均匀布置在热处理设备表面,测温点的间距不宜大于 4.5m,且每组产品试板上应设一个测温点。
>
> 检验方法:现场检查,实测实量。
>
> 5.5.6 热处理操作应符合下列规定,温度曲线记录应采用自动记录仪记录:
> 1 升温至 300 ℃后,升温速度不得超过 80 ℃/h,最小可为 50 ℃/h。
> 2 300 ℃以上升温和降温时,任意两点的温差不得大于 120 ℃。
> 3 恒温时,任意两点的温差不宜大于 65 ℃。
> 4 300 ℃以上时,降温速度不得超过 50 ℃/h,最小可为 30 ℃/h。
> 5 300 ℃以下出炉或拆除保温时,应在静止空气中冷却。
>
> 检验方法:现场检查,实测和检查热处理报告。

(五)监督抽查记录

工程质量监督人员在进行监督抽查时,应及时填写《分段现场组装容器类安装工程焊后热处理监督记录》表单(表 5-19)。

表 5-19 分段现场组装容器类安装工程焊后热处理监督记录

单位工程名称： 　　　　　　　　　　　　　　　　　　　　　　　　第　页,共　页

被检查单位		监督抽查时间	
监督检查部位	设备名称或位号：		
检查依据	□ GB 50461 □设计文件		

□热处理工艺

焊缝编号	恒温温度，℃	恒温时间	任意两测温点的温差	升温速度	降温速度
符合情况		○符合 ○不符合	○符合 ○不符合	○符合 ○不符合	○符合 ○不符合

描述：

□热处理后硬度检测结果

焊缝编号	硬度值
符合情况	○符合 ○不符合

描述：

□其他检查内容情况

监督工程师： 　　　　　　　　　　　　　　　　　　　总监督工程师：

二、分段现场组装类容器安装工程焊接

本程序适用于分段现场组装类容器安装工程焊接。

(一)监督抽查的频次

监督抽查的数量不少于1次。

(二)监督抽查的时机

(1)抽查的单元划分:按照事先与监理单位约定,抽查的基本单元可以是一个时期、一台设备或一个分项工程等。

(2)到位时段:

基本单元焊接结束后,监督机构在接到监理单位正式的报监后可按照约定的时间进行现场监督检查。

(三)监督抽查的依据

监督抽查的主要依据有 GB 50461《石油化工静设备安装工程施工质量验收规范》。

(四)监督抽查的内容

工程质量监督人员应抽查但不限于下列内容:

(1)核查钢板及焊接材料的质量是否符合设计文件和相关规范的规定。

(2)核查焊接作业人员、无损检测人员资格是否符合规范要求,且与向监理报验的资格相符。

(3)检查焊接工艺规程执行和变更是否符合规定。

(4)抽查焊缝外观质量是否符合规范规定。

GB 50461《石油化工静设备安装工程施工质量验收规范》			
5.3 组装			
5.3.1 筒体板组对错边量应符合表 5.3.1 的规定。			
表 5.3.1 组对错边量质量标准(mm)			
母材厚度 δ	允许偏差值		检验方法
	纵向焊缝	环向焊缝	
$\delta \leqslant 12$	$\leqslant 1/4\delta$	$\leqslant 1/4\delta$	用焊缝检验尺测量
$12 < \delta \leqslant 20$	$\leqslant 3$	$\leqslant 1/4\delta$	
$20 < \delta \leqslant 40$	$\leqslant 3$	$\leqslant 5$	
$40 < \delta \leqslant 50$	$\leqslant 3$	$\leqslant 1/8\delta$	
$\delta > 50$	$\leqslant 1/16\delta$ 且 $\not> 10$	$\leqslant 1/8\delta$ 且 $\not> 20$	

5.3.2 单面焊接的焊缝内壁错边量不应大于2mm。

检验方法：用焊缝检验尺检查。

5.3.3 复合钢板组对应以复层表面为基准，错边量不应大于复层厚度的50%，且不大于2mm。

检验方法：用焊缝检验尺检查。

5.3.5 筒体板对接纵焊缝棱角度 E（图5.3.5-1）和环焊缝棱角度 E（图5.3.5-2），均不应大于（$\delta_n/10+2$）mm，且不应大于5mm。

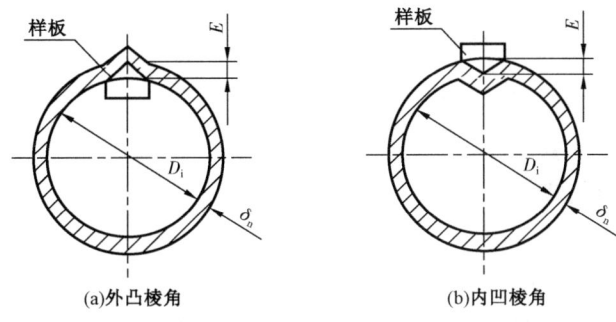

图5.3.5-1 对接纵焊缝棱角度检查示意

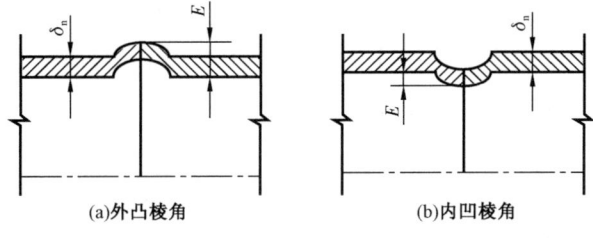

图5.3.5-2 对接环焊缝棱角度检查示意

5.3.7 下列相邻焊缝间距离不应小于3倍壁厚，且不小于100mm：

1 相邻筒节的纵焊缝或封头拼接焊缝与相邻筒节纵焊缝。

5.3.8 设备内件与筒体焊接的焊缝边缘至筒体环焊缝边缘的距离不应小于该处筒体壁厚，且不小于50mm。

检验方法：按排板图用钢尺检查。

5.4 焊接

5.4.1 焊接环境出现下列任一情况时，未采取防护措施不得施焊：

1 焊条电弧焊时风速大于8m/s。

2 气体保护焊时风速大于2m/s。

3 相对湿度大于90%。

4 雨、雪环境。

5 焊件温度低于 –20 ℃。

检验方法：用风速仪、电子点温计、温度计现场检查或检查记录。

5.4.2 当焊件温度为 –20～0 ℃ 时，应在始焊处 100mm 范围内预热到 15℃ 以上。

检验方法：用点温计测量。

5.4.3 现场组焊的压力容器必须按照《压力容器安全技术监察规程》的要求制备产品焊接试板。产品焊接试板的尺寸、试样截取和数量、试验项目、合格标准和复验要求应符合国家现行标准《钢制压力容器产品焊接试板的力学性能检验》JB 4744 的规定。

检验方法：检查产品焊接试板试验报告。

5.4.5 焊接热输入应根据焊接工艺确定，下列材料的焊接应控制热输入：

1 低温钢。

2 标准抗拉强度下限值大于或等于 540MPa 钢。

3 厚度大于 38mm 的碳素钢。

4 厚度大于 25mm 的低合金钢。

检验方法：观察检查或检查焊接记录。

5.4.6 要求焊前预热的焊缝，预热温度及层间温度应符合焊接工艺文件的规定。预热时加热范围应符合下列规定：

1 碳素钢和低合金钢对口中心线两侧，每侧不小于三倍壁厚。

2 标准抗拉强度下限值大于或等于 540MPa 钢及铬钼钢对口中心线两侧，每侧不小于 3 倍壁厚，且不小于 100mm。

检验方法：观察检查。

5.4.9 压力容器同一部位焊缝返修次数不超过两次；超过两次的，返修措施应经单位技术总负责人批准，返修次数、部位和返修情况应记入设备的质量证明文件。

检验方法：现场检查，实测和检查热处理报告。

5.6 焊接接头形状尺寸和外观质量

5.6.1 压力容器焊接接头外观质量应符合以下规定：

1 不得有裂纹、气孔、夹渣、未焊透、未熔合、未填满、弧坑和熔合性飞溅物。

检验方法：观察检查。

2 A、B 类焊接接头焊缝余高 e_1、e_2（图 5.6.1）应符合表 5.6.1 的规定。

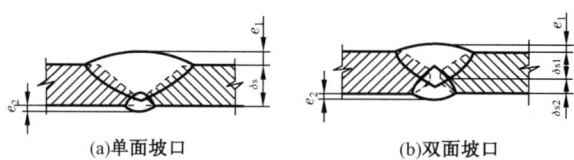

图 5.6.1　A、B 类焊接接头焊缝余高 e_1、e_2 示意

表 5.6.1 焊缝余高质量标准(mm)

低温钢标准抗拉强度下限值大于或等于 540MPa 钢铬钼钢				其他钢材				检验方法
单面坡口		双面坡口		单面坡口		双面坡口		钢尺或焊缝检验尺测量
e_1	e_2	e_1	e_2	e_1	e_2	e_1	e_2	
$0\sim0.1\delta_s$ 且≤3	$0\sim1.5$	$0\sim0.1\delta_{s1}$ 且≤3	$0\sim0.1\delta_{s2}$ 且≤3	$0\sim0.15\delta_s$ 且≤4	$0\sim0.15$	$0\sim0.15\delta_{s1}$ 且≤4	$0\sim0.15\delta_{s2}$ 且≤4	

注：1 σ_s 为焊接接头处钢材厚度；σ_{s1}、σ_{s2} 为焊接接头处坡口钝边两侧的钢材厚度。

2 表中百分数计算值小于 1.5 时，按 1.5 计算。

3 C、D 类焊接接头的焊脚高度，设计文件无规定时，取焊件中较薄者之厚度。补强圈厚度大于或等于 8mm 时，其焊脚高度不应小于补强圈厚度的 70%，且不应小于 8mm。

检验方法：用焊缝检验尺检查。

4 下列设备焊缝表面不得有咬边，其他设备焊缝表面咬边深度不得大于 0.5mm，咬边连续长度不得大于 100mm，焊缝两侧咬边的总长度不得超过该焊缝长度的 10%：

1）用标准抗拉强度下限值大于或等于 540MPa 钢制造的设备。

2）铬钼钢制造的设备。

3）奥氏体不锈钢制、铁和铁合金制设备、锆和锆合金制设备。

4）球形储罐。

5）低温设备。

6）焊接接头系数 ϕ 取为 1 的设备。

检验方法：观察检查，用钢尺、焊缝检验尺检查。

5.6.2 非压力容器焊接接头外观质量应符合下列规定：

1 设计文件要求进行局部射线检测或超声检测的焊缝，其外观质量应符合表 5.6.2-1 的规定。

2 设计文件不要求进行局部射线检测或超声检测的焊缝，其外观质量应符合表 5.6.2亿的规定。

表 5.6.2-1　局部无损检测的焊缝外观质量标准（mm）

检验项目	质量标准	检验方法
裂纹	不允许	观察检查,钢尺、焊缝检验尺检查
表面气孔	每 50 焊缝长度内允许直径不大于 0.3δ,且不大于 2 的气孔 2 个,孔间距不小于 6 倍孔径	
表面夹渣	深不大于 0.1δ,长不大于 0.1δ,且不大于 10	
咬边	深不大于 0.05δ,且不大于 0.5,连续长度不大于 100,且焊缝两侧咬边总长不大于 10% 焊缝全长	
未焊透	不加垫单面焊允许值不大于 0.15δ,且不大于 1.5。缺陷总长在 6δ 焊缝长度内不超过 δ	
根部收缩	不大于 0.2+0.02δ,且不大于 1,长度不限	
角焊缝厚度不足	不大于 0.3+0.05δ,且不大于 1,每 100 焊缝长度内缺陷总长度不大于 25	
角焊缝焊脚不对称	不大于 2+0.15a	
余高	不大于 1+0.2d,且最大为 5	

注：δ 为母材厚度；a 为设计焊缝厚度；d 为焊缝宽度。

表 5.6.2-2　不进行无损检测的焊缝外观质量标准（mm）

检验项目	质量标准	检验方法
裂纹	不允许	观察检查,钢尺、焊缝检验尺检查
表面气孔	每 50 焊缝长度内允许直径不大于 0.4δ,且不大于 3 的气孔 2 个,孔间距不小于 6 倍孔径	
表面夹渣	深不大于 0.2δ,长不大于 0.5δ,且不大于 20	
咬边	深不大于 0.1δ,且不大于 1,连续长度不限	
未焊透	不大于 0.2δ,且不大于 2.0。每 100 焊缝内缺陷总长不大于 25	
根部收缩	不大于 0.2+0.04δ,且不大于 2,长度不限	
角焊缝厚度不足	不大于 0.3+0.05δ,且不大于 2,每 100 焊缝长度内缺陷总长度不大于 25	
角焊缝焊脚不对称	不大于 2+0.2a	
余高	不大于 1+0.2d,且最大为 5	

（5）抽查无损检测是否符合规范要求。

GB 50461《石油化工静设备安装工程施工质量验收规范》

5.7 无损检测

5.7.1 现场组焊设备焊接接头无损检测应在形状尺寸及外观检验合格后进行,有延迟裂纹倾向的材料应在焊接完成 24h 后进行；有再热裂纹倾向的材料应在热处理后再增加 1 次,并符合下列规定：

1 压力容器壁厚小于或等于 38mm 时,其对接接头宜采用射线检测；当不能采用射线检测时,也可采用超声检测。

2 压力容器壁厚大于 38mm 或壁厚大于 20mm 且材料标准抗拉强度下限值大于或等于 540MPa 的对接接头,当采用射线检测,每条焊缝还应附加进行 20% 的超声检测；当采用超声检测,每条焊缝还应附加进行 20% 的射线检测；附加局部检测应包括所有焊缝交叉部位。

3 采用射线检测时,其检测技术等级不应低于国家现行标准《承压设备无损检测第 2 部分：射线检测》)JB/T 4730.2 规定的 AB 级；采用超声检测时,其检测技术等级不应低于国家现行标准《承压设备无损检测第 3 部分：超声检测》)JB/T 4730.3 的 B 级。

检验方法：检查无损检测报告。

5.7.2 凡符合下列条件之一的压力容器及受压元件,应对其 A 类和 B 类焊接接头进行 100% 射线或超声检测：

1 钢材厚度 δ_s 大于 30mm 的碳素钢、Q345R。

2 钢材厚度 δ_s 大于 25mm 的 20MnMo 和奥氏体不锈钢。

3 钢材厚度 δ_s 大于 16mm 的 15CrMoR、15CrMo；其他任意厚度的恪铝钢。

4 标准抗拉强度下限值大于或等于 540MPa 钢。

5 进行气压试验的容器。

6 盛装毒性为极度危害或高度危害介质的容器。

7 第三类压力容器。

8 第二类压力容器中易燃介质的反应压力容器和储存压力容器。

9 设计压力大于 5.0MPa 的压力容器。

10 设计选用焊缝系数为 1.0 的压力容器。

11 符合下列条件之一的铁和铁合金、错和错合金、铝和铝合金制造的压力容器：

1）介质为易燃或毒性程度为极度、高度、中度危害。

2）设计压力大于或等于 1.6MPa。

12 使用后无法进行内、外部检验或耐压试验的压力容器。

13 设计文件要求100%射线或超声检测的容器。

检验方法:检查无损检测报告。

5.7.3 除本规范第5.7.2条规定以外的压力容器,对其A类和B类焊接接头应进行局部射线或超声检测。检测方法按设计文件执行。检测长度不得少于各焊接接头长度的20%,且不小于250mm;铁素体钢制低温容器局部无损检测的比例应大于或等于50%。下列部位的焊接接头应全部检测,其检测长度可计入局部检测长度之内:

1 焊缝交叉部位。

2 被补强圈、支座、垫板、内件等覆盖的焊接接头。

3 以开孔中心为圆心,1.5倍开孔直径为半径的圆中所包容的焊接接头。

4 嵌入式接管与圆筒或封头对接连接的焊接接头。

检验方法:检查无损检测报告。

5.7.4 压力容器公称直径大于或等于250mm或壁厚大于28mm的接管与长颈法兰、接管与接管对接连接的B类焊接接头,其无损检测比例及合格级别应与压力容器壳体主体焊缝要求相同;公称直径小于250mm且壁厚小于或等于28mm的接管与长颈法兰、接管与接管对接连接的B类焊接接头,可进行磁粉检测或渗透检测。

检验方法:检查无损检测报告。

5.7.5 凡符合下列条件之一的部位,应对其表面进行100%磁粉检测或渗透检测:

1 堆焊表面。

2 符合本规范第5.7.2条第3、4、6、7款压力容器上的C类和D类焊接接头表面。

3 低温钢、标准抗拉强度下限值大于或等于540MPa钢及锚铝钢制设备的缺陷修磨或补焊处的表面、卡具和拉肋等拆除处的焊痕表面。

检验方法:检查无损检测报告。

5.7.7 非压力容器焊接接头内部质量检验应符合设计文件的要求。

检验方法:检查无损检测报告。

(五)监督抽查记录

工程质量监督人员在进行监督抽查时,应及时填写《分段现场组装容器类安装工程焊接监督记录》表单(表5-20)。

表 5-20　分段现场组装容器类安装工程焊接监督记录

单位工程名称：　　　　　　　　　　　　　　　　　　　　　　　　　　　　第　页,共　页

被检查单位			监督抽查时间	
监督检查部位	设备名称或位号：			
检查依据	□ GB 50461 □ 设计文件			

□焊缝外观质量

焊缝编号	错边	棱角度	余高	咬边
符合情况	○符合 ○不符合	○符合 ○不符合	○符合 ○不符合	○符合 ○不符合

描述：

□焊工资格

焊工编号	资格证书	上岗证书
符合情况	○符合 ○不符合	○符合 ○不符合

描述：

□无损检测报告

检查项目	检测方法	检测比例	覆盖	评片准确性
符合情况	○符合 ○不符合	○符合 ○不符合	○符合 ○不符合	○符合 ○不符合

描述：

□无损检测人员资格

人员编号				
符合情况	○符合 ○不符合	○符合 ○不符合	○符合 ○不符合	○符合 ○不符合

描述：

□现场抽口情况

焊口编号						
合格情况	○合格 ○不合格	○合格 ○不合格	○合格 ○不合格	○合格 ○不合格	○合格 ○不合格	○合格 ○不合格

描述：

□其他检查内容情况

监督工程师：　　　　　　　　　　　　　　　　　　　　总监督工程师：

三、分段现场组装类容器安装工程耐压试验

本程序适用于分段现场组装类容器安装工程耐压试验。

（一）监督抽查的频次

监督抽查的数量不少于1次。

（二）监督抽查的时机

（1）抽查的单元划分：按照事先与监理单位约定，抽查的基本单元可以是一个时期、一台设备或一个分项工程等。

（2）到位时段：

充水试验前、充水试验过程中或充水试验结束后，监督机构在接到监理单位正式的报监后可按照约定的时间进行现场监督检查。

（三）监督抽查的依据

监督抽查的主要依据有 GB 50461《石油化工静设备安装工程施工质量验收规范》。

（四）监督抽查的内容

工程质量监督人员应抽查但不限于下列内容：
（1）试验条件确认检查。

GB 50461《石油化工静设备安装工程施工质量验收规范》

6.1.1 现场组焊的设备进行耐压试验前，应对下列条件进行确认：
1 设备本体及与本体相焊的焊接和检验工作全部完成。
2 需要进行焊后热处理的设备，热处理工作已完成。
3 设备开孔补强圈焊缝用 0.4~0.5MPa 的压缩空气检查焊接接头质量合格。
4 已安装的设备找正、找平工作已完成。
5 基础二次灌浆达到设计强度要求。
6 施工质量资料完整。
7 试压方案已经批准。
检验方法：检查相关资料，观察检查。

（2）检查耐压试验是否符合规范要求。

GB 50461《石油化工静设备安装工程施工质量验收规范》

6.1.3 耐压试验应采用液压试验，若采用气压试验代替液压试验时，必须符合下列规定：

1 压力容器的焊接接头进行100%射线或超声检测，执行标准和合格级别执行原设计文件的规定。

2 非压力容器的焊接接头进行25%射线或超声检测，合格级别射线检测为Ⅲ级、超声检测为Ⅱ级。

3 有本单位技术总负责人批准的安全措施。

4 试压系统设置安全泄放装置。

检验方法：检查相关资料，观察检查。

6.1.4 试验用压力表应符合下列规定：

1 应在设备最高处和最低处各设置一块量程相同并经检定合格的压力表。

2 设备设计压力小于1.6MPa时，压力表的精度等级不应低于2.5级；设计压力大于或等于1.6MPa时，不应低于1.5级。

3 压力表的量程不应小于1.5倍且不应大于3倍的试验压力；压力表的直径不应小于100mm。

检验方法：检查压力表检定报告，观察检查。

6.1.5 真空设备和外压设备应以内压进行耐压试验，差压设备耐压试验时应检查压差，其值均不得超过设计文件的规定值。

检验方法：检查试验报告。

6.1.6 试验压力应符合表5.1.6的规定。试验压力读数应以设备最高处的压力表为准。

表5.1.6 设备耐压试验和气密性试验压力（MPa）

设计压力	耐压试验压力		气密性试验压力	检验方法
	液压试验	气压试验		
$p \leq -0.02$	$1.25p$	$1.15p$（$1.25p$）	p	观察检查或查看"设备耐压和气密性试验报告"
$-0.02 < p < 0.1$	$1.25p \cdot [\sigma]/[\sigma]^t$ 且不小于0.1	$1.15p \cdot [\sigma]/[\sigma]^t$ 且不小于0.07	$p \cdot [\sigma]/[\sigma]^t$	
$0.1 \leq p < 100$	$1.25p \cdot [\sigma]/[\sigma]^t$	$1.15p \cdot [\sigma]/[\sigma]^t$	p	

注：1 表中 [σ] 表示设备元件材料在试验温度下的许用应力（MPa）；[σ]' 表示设备元件材料在设计温度下的许用应力（MPa）。

2 设备受压元件（圆筒、封头、接管、法兰及紧固件等）所用材料不同时，应取受压元件 [σ]/[σ]' 比值中较小者。

3 括号内的数值 1.25p 仅适用于钢制真空塔式容器。

6.1.7 立式设备以卧置进行液压试验时，试验压力应为立置时的试验压力加液柱静压力，并应对设备顶部进行应力校核。

6.2 液压试验

6.2.1 试验介质宜采用工业用水。奥氏体不锈钢设备用水作介质时，水质氯离子含量不得超过 25mg/L。试验介质也可采用不会导致发生危险的其他液体。

检验方法：检查水质检定报告或其他液体化学成分分析和物理性能报告。

6.2.2 试验介质的温度应符合下列规定：

1 碳素钢、Q345R、Q370R 制设备液压试验时，液体温度不得低于 5℃；其他低合金钢制设备液压试验时，液体温度不得低于 15℃。

2 由于板厚等因素造成材料无延性转变温度升高及其他材料制设备液压试验时，液体的温度按设计文件规定执行。

检验方法：用测温仪测量。

6.2.3 液压试验时，设备外表面应保持干燥，当设备壁温与液体温度接近时，缓慢升压至设计压力；确认无泄漏后继续升压至规定的试验压力，保压时间不少于 30min；然后将压力降至规定试验压力的 80%，对所有焊接接头和连接部位进行全面检查，符合下列规定为合格：

1 无渗漏。

2 无可见的变形。

3 试验过程无异常的响声。

检验方法：观察检查或检查试验报告。

6.2.4 对在基础上作液压试验且容积大于 $100m^3$ 的设备，液压试验的同时，在充液前、充液 1/3 时、充液 2/3 时、充满液后 24h 时、放液后，应作基础沉降观测。基础沉降应均匀，不均匀沉降量应符合设计文件的规定。

检验方法：检查基础沉降观测报告。

6.2.5 换热设备耐压试验程序及检验见附录 E。

6.3 气压试验

6.3.1 气压试验所用气体应为干燥、洁净的空气、氮气或惰性气体。

6.3.2 气压试验时的气体温度应符合如下规定：

1 碳素钢和低合金钢制设备，气压试验时气体温度不得低于 15 ℃。

2 其他材料制设备，气压试验时气体温度按设计文件规定。

检验方法：用温度计或测温仪测量。

6.3.3 气压试验时，应按下列程序进行升压和检查：

1 缓慢升压至规定试验压力的 10%，且不超过 0.05MPa，保压 5min，对所有焊缝和连接部位进行初次泄漏检查。

2 初次泄漏检查合格后，继续缓慢升压至规定试验压力的 50%，观察有无异常现象。

3 如无异常现象，继续按规定试验压力的 10% 逐级升压，直至达到试验压力止，保压时间不少于 30min，然后将压力降至规定试验压力的 87%，对所有焊接接头和连接部位进行全面检查。

4 试验过程无异常响声，设备无可见的变形，焊缝和连接部位等用检漏液检查，无泄漏为合格。

检验方法：观察检查或检查试验报告。

（五）监督抽查记录

工程质量监督人员在进行监督抽查时，应及时填写《分段现场组装容器类安装工程耐压试验监督记录》表单（表 5-21）。

四、分段现场组装类容器安装工程主体安装

本程序适用于分段现场组装类容器安装工程主体安装。

（一）监督抽查的频次

监督抽查的数量不少于 1 次。

（二）监督抽查的时机

（1）抽查的单元划分：按照事先与监理单位约定，抽查的基本单元可以是一个时期、一台设备或一个分项工程等。

（2）到位时段：

设备的安装找正完成，监督机构在接到监理单位正式的报监后可按照约定的时间进行现场监督检查。

表 5-21 分段现场组装容器类安装工程耐压试验监督记录

单位工程名称： 第 页,共 页

被检查单位				监督抽查时间	
监督检查部位	设备名称或位号：				
检查依据	☐ GB 50461 ☐ 设计文件				

☐试验条件

检查项目	无损检测报告	热处理报告	试压方案	
情况				
结论	○符合 ○不符合	○符合 ○不符合	○符合 ○不符合	○符合 ○不符合

描述：

☐试验情况

检查项目	试验压力,MPa	试验介质	压力表	泄漏情况
结论	○符合 ○不符合	○符合 ○不符合	○符合 ○不符合	○符合 ○不符合

描述：

☐其他检查内容情况

监督工程师： 总监督工程师：

(三)监督抽查的依据

监督抽查的主要依据有 GB 50461《石油化工静设备安装工程施工质量验收规范》。

(四)监督抽查的内容

工程质量监督人员应抽查但不限于下列内容:
(1)核查施工单位安装找正记录。
(2)抽查容器主体安装垂直度、直线度等是否符合规范要求。

GB 50461《石油化工静设备安装工程施工质量验收规范》

4.4.1 立式设备安装质量应符合表 4.4.1 的规定。

表 4.4.1 立式设备安装质量标准(mm)

项次	检查项目		允许偏差值	检验方法
1	支座纵、横中心线位置	$D_0 \leq 2000$	5	用吊线坠、经纬仪、钢尺现场实测
		$D_0 > 2000$	10	
2	标高		±5	
3	垂直度	$H \leq 30000$	$H/1000$	
		$H > 30000$	$H/1000$ 且不大于 50	
4	方位	$D_0 \leq 2000$	10	
		$D_0 > 2000$	15	

5.2.9 分段到货的设备筒体应符合下列要求:

5.2.9 分段到货的设备筒体应符合下列要求:

1 分段处的圆度应符合表 5.2.9-1 的规定。

表 5.2.9-1 筒体圆度质量标准(mm)

设备受压形式	允许偏差值
内压	$\leq 1\%D_i$ 且不大于 25
外压	$\leq 0.5\%D_i$ 且不大于 25

注:1 测量筒体圆度时应避开焊缝、附件或其他隆起部位;有开孔补强时,测量位置距补强圈距离应大于 100mm。

2 D_i 为设备筒体内直径。

6 每段筒体直线度应符合表 5.2.9-3 的规定。

表 5.2.9-3　筒体直线度质量标准（mm）

检查项目		允许偏差值
任意 3000 长度		3
全长	$H \leqslant 15000$	$H/1000$
	$H > 15000$	$0.5H/1000+8$

注：H 为筒体高度。

5.8 设备总体形状尺寸检验

5.8.1 设备现场组对焊接完毕后应对设备总体形状尺寸进行下列检验：

1 设备筒体圆度应符合本规范表 5.2.9-1 的规定。

2 设备筒体直线度应符合本规范表 5.2.9-3 的规定。

3 设备筒体高度偏差应符合表 5.8.1 的规定。

表 5.8.1　筒体高度允许偏差（mm）

检查项目		允许偏差值	检验方法
上、下两封头焊缝之间的距离 H	$\leqslant 30000$	$\pm 1.3H/1000$ 且不超过 ± 20	钢尺实测
	> 30000	± 40	
底座环底面至筒体下封头与筒体连接焊缝的距离 H_4		$\pm 2.5H_4/1000$ 且不超过 ± 6	

（五）监督抽查记录

工程质量监督人员在进行监督抽查时，应及时填写《分段现场组装容器类安装工程主体安装监督记录》表单（表 5-22）。

表 5-22 分段现场组装容器类安装工程主体安装监督记录

单位工程名称：　　　　　　　　　　　　　　　　　　　　　　　　　　　第　页，共　页

被检查单位		监督抽查时间	
监督检查部位	设备名称或位号：		
检查依据	☐ GB 50461 ☐ 设计文件		

☐安装数据

检查项目	垂直度偏差 mm	直线度偏差 mm	圆度偏差 mm	高度偏差 mm
数据				
符合情况	○符合 ○不符合	○符合 ○不符合	○符合 ○不符合	○符合 ○不符合

描述：

☐其他检查内容情况

监督工程师：　　　　　　　　　　　　　　　　　　　　　　　　总监督工程师：

第五节 反应器、再生器安装工程

一、反应器、再生器安装工程焊接

本程序适用于反应器、再生器安装工程焊接。

(一)监督抽查的频次

监督抽查的数量不少于1次。

(二)监督抽查的时机

(1)抽查的单元划分:按照事先与监理单位约定,抽查的基本单元可以是一个时期、一台设备或一个分项工程等。

(2)到位时段:

基本单元焊接结束后,监督机构在接到监理单位正式的报监后可按照约定的时间进行现场监督检查。

(三)监督抽查的依据

监督抽查的主要依据有 SH/T 3504《石油化工隔热耐磨衬里设备和管道施工质量验收规范》、GB 50461《石油化工静设备安装工程施工质量验收规范》。

(四)监督抽查的内容

工程质量监督人员应抽查但不限于下列内容:

(1)核查钢板及焊接材料的质量是否符合设计文件和相关规范的规定。

(2)核查焊接作业人员、无损检测人员资格是否符合规范要求,且与向监理报验的资格相符。

(3)检查焊接工艺规程执行和变更是否符合规定。

(4)抽查焊缝外观质量是否符合规范规定。

SH/T 3504《石油化工隔热耐磨衬里设备和管道施工质量验收规范》

6 壳体组焊

6.2.2 筒体纵向、环向焊接接头对口错边量 b 应符合表 5.2.2 的规定。

表 5.2.2 焊接接头对口错边质量标准   单位为 mm

对口处母材名义厚度 δ_s	焊接接头类别		检验方法
	纵向焊接接头	环向焊接接头	
	对口错边量 b		
$\delta_s \leq 12$	$\leq \delta_s/4$	$\leq \delta_s/4$	用样板、钢尺或焊缝检查尺测量检查
$12 < \delta_s \leq 20$	≤ 3	$\leq \delta_s/4$	
$20 < \delta_s \leq 40$	≤ 3	≤ 5	
$40 < \delta_s \leq 50$	≤ 3	$\leq \delta_s/8$	
$\delta_s > 50$	$\leq \delta_s/16$	$\leq \delta_s/8$	

注：环向焊接接头两侧板厚不等时，测量对口错边量 b 不计入两板厚度的差值。

6.2.4 焊接接头在环向形成的棱角 E（见图 6.2.4 所示）不应大于（$\delta_s/10+2$）mm，且不应大于 5mm。

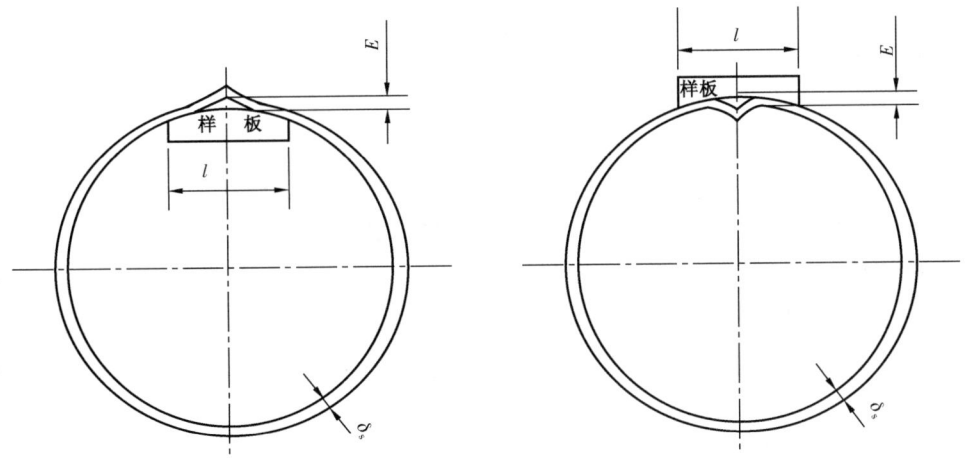

图 6.2.4 焊接接头处的环向棱角检查示意

检验方法：用弦长等于其内径的 1/6，且不小于 300mm 的内样板或外样板和钢尺检查。

6.2.5 焊接接头轴向形成的棱角 E（见图 6.2.5 所示）不应大于（$\delta_s/10+2$）mm，且不应大于 5mm。

图 6.2.5 焊接接头轴向形成的棱角检查示意

检验方法:用长度不小于 300mm 的直样板和钢尺检查。

9 焊接与检验

9.1 一般规定

9.1.1 从事焊接工作的焊工应按 TSG Z 6002 考试取得合格证,施焊项目应与合格项目相符合。

检验方法:检查焊工合格证书。

9.1.2 无损检测人员应按 TSG Z 8001 的要求取得相应的资格证书,且只能从事与资格相应的无损检测工作。

检验方法:检查无损检测人员资格证书。

9.1.3 施工单位应按 NB/T 47014 要求进行焊接工艺评定,并按 NB/T 47015,SH/T 3520,SH/T 3523,SH/T 3526 要求编制焊接工艺文件。

检验方法:检查焊接工艺评定报告、焊接工艺规程。

9.1.4 焊接环境出现下列任一情况时,应采取有效防护措施,否则不得施焊:

a)气体保护焊焊接方法风速大于 2m/s;其他焊接方法风速大于 8m/s;

b)焊件温度低于 20℃;

c)相对湿度大于 90%;

d)雨、雪环境。

检验方法:用风速仪、电子测温计、湿度计检查并检查记录。

9.1.5 当焊件温度为 $-20\sim0℃$ 时,对无预热要求的焊件应在始焊处 100mm 范围内预热到 15℃以上。

检验方法:用电子测温计测量。

9.1.6 定位焊和焊缝返修宜采用与正式焊接相同的焊接工艺,也可采用经评定合格的其他焊接工艺。

检验方法:检查相关技术文件。

9.2 焊接工艺

9.2.1 焊接前应清理焊缝坡口及附近表面 20m 范围内的油、锈、泥土等污物。

检验方法:观察检查。

6.2.2 焊接前预热的焊接接头,预热温度及层间温度应符合焊接工艺规程的规定,预热时加热范围应符合下列规定:

a)碳素钢和低温合金钢焊接接头中心线两侧,每侧不应小于 3 倍壁厚;

b）铬钼耐热钢焊接接头中心线两侧,每侧不应小于3倍壁厚,且不应小于100mm。

检验方法：观察检查、测温计、钢尺检查。

9.2.3 压力容器的现场组焊应按 GB 150.4 的要求制备产品焊接试件。产品焊接试板的尺寸、试样截取和数量、试验项目、合格标准和复验要求应符合 NB/T 47016 的规定。

9.2.4 设备、管道焊接的吊耳、工卡具拆除后不得留有焊疤和母材损伤等缺陷,对表面缺陷进行打磨修整的深度不应大于该部位钢材厚度的负偏差。

检验方法：观察检查、检查相关资料。

9.2.5 焊缝附近和排板图上标志的焊工代号应一致。

检验方法：观察检查,检查相关资料。

9.2.6 缺陷修补与焊缝缺陷返修应符合下列规定：

a）焊缝表面缺陷修磨深度不应低于该部位的钢板表面,且应打磨平滑；

b）焊接修补的预热温度庆取上限；

c）焊缝内部缺陷应进行返修,返修焊缝应进行重新检测,其质量要求与原焊缝相同；

d）焊缝的同一部位返修次数不宜超过两次；如超过两次,返修前应经本单位技术负责人批准；返修次数、部位和返修情况应记录质量证明文件。

检验方法：检查相关资料。

9.3 外观检验

9.3.1 焊接接头外观质量应符合下列规定：

a）不应有裂纹、未焊透、未熔合、表面气孔、弧坑、未填满、夹渣和飞溅物,焊缝与母材应圆滑过渡,角焊缝的外形应凹形圆滑过渡；

b）A、B类焊接接头焊缝余高 e_1、e_2（见图 9.3.1）的质量标准应符合表 8.3.1 的规定；

c）C、D类接头的焊脚高度,设计文件无规定时,取薄焊件厚度；

d）补强圈厚度大于或等于 8mm 时,其焊脚高度不应小于补强圈厚度的 70%,且不应小于 8mm；

e）铬钼耐热钢、奥氏体不锈钢、铁镍合金和焊缝系数为 1.0 的焊接接头表面不应有咬边。

检验方法：用 5 倍放大镜观察检查,用钢尺、焊缝检验尺检查。

f）除 e）条以外的焊接接头焊缝咬边深度不应大于 0.5,连续咬边长度不应大于 100mm,且焊缝两侧咬边总长度不应大于该焊缝全长的 10%。

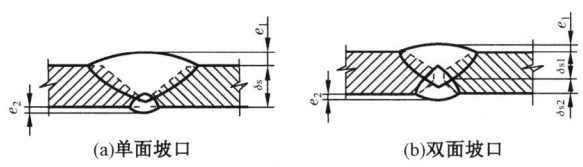

图 9.3.1 A、B类焊接接头焊缝余高测量示意

表 5.3.1 焊缝余高质量标准　　　　单位 mm

铬钼耐热钢				其他钢材				检验方法
单面坡口		双面坡口		单面坡口		双面坡口		钢尺或焊缝检验尺测量
e_1	e_2	e_1	e_2	e_1	e_2	e_1	e_2	
$0\sim0.1\delta_s$ 且≤3	$0\sim1.5$	$0\sim0.1\delta_{s1}$ 且≤3	$0\sim0.1\delta_{s2}$ 且≤3	$0\sim0.15\delta_s$ 且≤4	$0\sim0.15$	$0\sim0.15\delta_{s1}$ 且≤4	$0\sim0.15\delta_{s2}$ 且≤4	

注：δ_s 表示焊接接头处母材厚度；δ_{s1}，δ_{s2} 表示焊接接头处坡口钝边两侧的母材厚度。

9.3.2 焊接接头的对口错边量应符合本规范 6.2.2 条的规定。

9.3.3 焊接接头形成的环向棱角与轴向棱角应符合本规范 6.2.4 条、6.2.5 条的规定。

（5）抽查无损检测是否符合规范要求。

SH/T 3504《石油化工隔热耐磨衬里设备和管道施工质量验收规范》

9.4 无损检测

9.4.1 焊接接头无损检测应在外观检验合格后进行，有延迟裂纹倾向的材料应在焊接完成 24h 后进行。

检验方法：检查焊接记录和无损检测报告。

9.4.2 射线检测应符合 JB/T 4730.2 的规定，技术等级不应低酐 AB 级；超声检测应符合 JB/T 4730.3 的规定，技术等级不应低于 B 级；磁粉检测应符合 JB/T 4730.4 的规定；渗透检测应符合 JB/T 4730.5 的规定。

检验方法：检查无损检测报告。

9.4.3 除设计文件另有规定外，焊接接头无损检测的比例与合格级别应符合下列规定：

a）焊缝系数为 1.0 的对接接头，进行 100% 射线或超声检测；

1）射线检测，Ⅱ级合格；

2）超声检测，Ⅰ级合格；

b）除本条 a）项以外的对接接头，射线或超声检测长度不得少于各焊接接头长度的 20%，且均不得小于 250mm；

1）射线检测，Ⅲ级合格；

2）超声检测；Ⅱ级合格；

c）磁粉或渗透检测的合格级别为Ⅰ级；

d）先拼板后成型的封头拼接接，应在成型后进行 100% 射线或超声检测，合格级别与设备主体部分焊接接头相同；

e）设备壳体与裙座之间的角接接头、同轴式两器汽提段与壳体之间的角接接头、内集气室筒体与壳体之间的角接接头应进行 100% 磁粉或渗透检测；

f）有热裂纹倾向的焊接接头热泪盈眶处理前后均应进行 100% 磁粉或渗透检测；

g）缺陷修磨或补焊处的表面、吊耳和工卡具等拆除处的焊痕表面应进行 100% 磁粉或渗透检测；

h）被补强圈等构件覆盖的对接接头应进行 100% 射线或超声检测，合格级别与设备主体部分焊接接头相同。

检验方法：检查无损检测报告。

9.4.4 公称直径大于或等于 250mm 的接管与长颈法兰、接管与接管的对接接头检测要求应与设备壳体或管道对接接头的要求相同。接管与设备壳体及管道间的角焊缝应进行表面磁粉或渗透检测。

检验方法：检查无损检测报告。

9.4.5 进行局部无损检测的焊接接头，发现有不允许缺陷时，应在该缺陷两面三刀端的延伸部位增加检测长度，增加长度为该焊接接头长度的 10%，且不应小于 250mm；若仍有不允许的缺陷时，应对该焊接接做 100% 无损检测。

检验方法：检查焊缝返修记录与无损检测报告。

9.4.6 施风分离器现场组焊焊缝及二级施风分离器出口管与集气室的焊缝应按设计文件要求进行无损检测，设计文件无规定时，应进行外部的磁粉或渗透检测。

检验方法：检查无损检测报告。

（五）监督抽查记录

工程质量监督人员在进行监督抽查时，应及时填写《反应器、再生器安装工程焊接监督记录》表单（表 5-23）。

二、反应器、再生器安装工程衬里施工

（一）监督抽查的频次

监督抽查的数量不少于 1 次。

（二）监督抽查的时机

（1）抽查的单元划分：按照事先与监理单位约定，抽查的基本单元可以是一个时期、一台设备或一个分项工程等。

（2）到位时段：

基本单元施工结束后，监督机构在接到监理单位正式的报监后可按照约定的时间进行现场监督检查。

（三）监督抽查的依据

监督抽查的主要依据有 GB 50474《隔热耐磨衬里技术规范》。

表 5-23 反应器、再生器安装工程焊接监督记录

单位工程名称： 第 页,共 页

被检查单位			监督抽查时间	
监督检查部位	设备名称或位号：			
检查依据	□ SH/T 3504 □ 设计文件			

□焊缝外观质量

焊缝编号	错边	棱角度	余高	咬边
符合情况	○符合 ○不符合	○符合 ○不符合	○符合 ○不符合	○符合 ○不符合

描述：

□焊工资格

焊工编号	资格证书	上岗证书
符合情况	○符合 ○不符合	○符合 ○不符合

描述：

□无损检测报告

检查项目	检测方法	检测比例	覆盖情况	评片准确性
符合情况	○符合 ○不符合	○符合 ○不符合	○符合 ○不符合	○符合 ○不符合

描述：

□无损检测人员资格

人员编号				
符合情况	○符合 ○不符合	○符合 ○不符合	○符合 ○不符合	○符合 ○不符合

描述：

□现场抽口情况

焊口编号						
合格情况	○合格 ○不合格	○合格 ○不合格	○合格 ○不合格	○合格 ○不合格	○合格 ○不合格	○合格 ○不合格

描述：

□其他检查内容情况

监督工程师：	总监督工程师：

（四）监督抽查的内容

工程质量监督人员应抽查但不限于下列内容：

（1）核查衬里材料质量证明文件及复验报告。

GB 50474《隔热耐磨衬里技术规范》

6.1.1 衬里材料应经检验合格后使用，当有下列情况之一时不得使用：
1 质量证明文件的特性数据不符合产品标准及订货技术条件或对其数据有异议。
2 实物标识与质量证明文件标识不符。
3 要求复验的材料未经复验或复验不合格。

6.2.3 衬里锚固件应按类型、材质和规格型号分批抽样检验，并应符合下列规定：
1 龟甲网抽样数量为 1 张。
2 其他的抽样比例为 1%，且不少于 10 件。

6.2.4 不定形耐火材料的抽样检验应符合下列规定：
1 按同名称、同牌号、同生产批号进行编批，每批数量不得大于 50t，供货不足 50t 时也应按一批计。
2 每批为一个取样单位，并应有代表性，袋装散状材料每批至少从 5 袋中等量抽取不小于 20kg 的样品。
3 检验项目包括体积密度、线变化率、导热系数、耐压强度、抗折强度和 Al_2O_3、Fe_2O_3 的含量。
4 检验结果有一项不合格，则应加倍取样复验，仍有指标不合格，则该批材料为不合格。

6.2.5 不定形耐火材料储存期不得大于生产厂家提供的有效期。

（2）抽查锚固钉的安装和焊接是否符合规范要求。

GB 50474《隔热耐磨衬里技术规范》

5.3.3 锚固钉和侧拉型圆环安装时距器壁焊缝宜不小于 50mm，并应符合下列要求：
1 柱型锚固钉与器壁应圆周满焊，并与器壁垂直。
2 Ω 型锚固钉应在直段两侧焊接，每侧焊缝长度不小于 25mm。
3 Y 型锚固钉应在宽面两侧满焊。
4 V 型锚固钉应在直段两侧满焊。
5 S 型锚固钉应在长边两侧满焊，并与器壁垂直。

6 单层侧拉型圆环应在侧拉圆环外壁每 120° 焊接一段,每段焊缝长度不小于 20mm。

7 双层侧拉型圆环的柱型螺栓与器壁应圆周满焊,并与器壁垂直,其侧拉圆环应在隔热混凝土施工后安装。

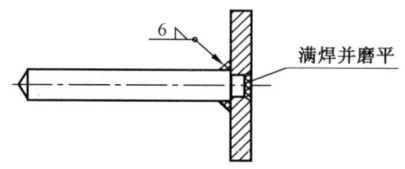

图 5.3.4　柱型锚固钉与端板双面焊示意

5.3.4 龟甲网隔热耐磨双层衬里的柱型锚固钉应先与端板焊接,并采用双面焊(见图 5.3.4),端板应紧贴锚固钉的台肩,并垂直于锚固钉。

6.4.1 锚固钉、端板安装质量

6.4.1.1 焊缝表面不得有咬肉、气孔、夹渣、弧坑、未熔合等缺陷,并不得残留熔渣和飞溅物。锚固钉与器壁的角焊缝焊脚高度应符合表 5.4.1.3 的要求,且应符合下列规定:

1 用 0.5kg 手锤逐个敲击,锚固钉应发出铿锵的金属声。

2 柱形锚固钉和柱形螺栓每 4 m^2 抽查一个,锤击该钉端部,打弯 90° 不断裂。

6.4.1.2 柱型锚固钉与端板的焊接,其焊缝表面质量应符合本规范 6.4.1.1 条的规定,高于端板上表面的焊肉应磨平,角焊缝焊脚高度不小于 6mm。

6.4.1.3 锚固钉安装的质量标准应符合表 5.4.1.3 的规定。

表 5.4.1.3　锚固钉安装的质量标准(mm)

锚固钉类型	垂直度	高度	间距	与器壁角焊缝焊脚高度
柱型锚固钉、侧拉型圆环双层锚固钉柱型螺栓	2	±1	±5	≥6
Ω 型锚固钉	4	±2	±5	≥6
V 型锚固钉	2	±2	±3	≥4
S 型锚固钉	2	±2	±3	≥3
Y 型锚固钉	2	±2	±3	≥3
侧拉型圆环单层锚固钉	—	—	±3	≥3

(3)抽查龟甲网的拼接及焊接是否符合规范要求。

GB 50474《隔热耐磨衬里技术规范》

5.3.6 龟甲网滚压成型时,其走向应与钢带的长度方向一致,其结扣不得断裂、脱扣。如有个别结扣松动应沿龟甲网深度方向满焊固定。

5.3.7 龟甲网拼接可采用端点拼接或平行拼接型式(见图 5.3.7)。

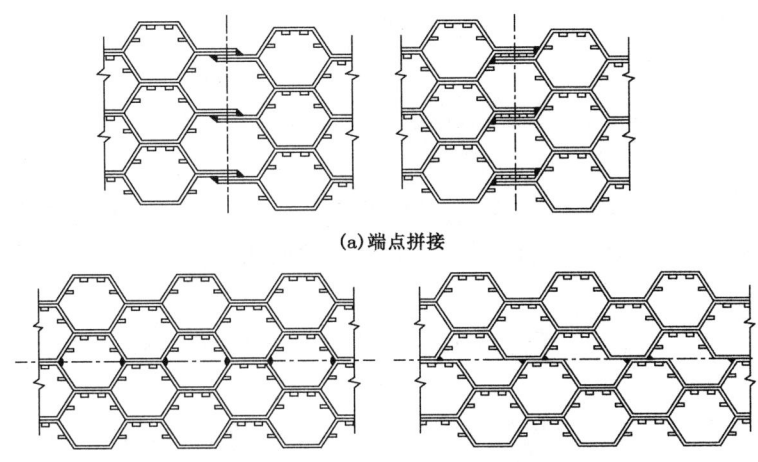

图 5.3.7 龟甲网拼接型式

5.3.8 直接焊接在器壁上的龟甲网,其拼接可采用图 5.3.8 所示的型式,也可采用图 5.3.7 所示型式。龟甲网与器壁焊接时,其焊缝的布置见图 5.3.8 所示,焊接应在两条钢带交角处,但不得在龟甲网钢带结扣处。每排网孔应隔孔焊接,龟甲网端部应全部与器壁焊接。

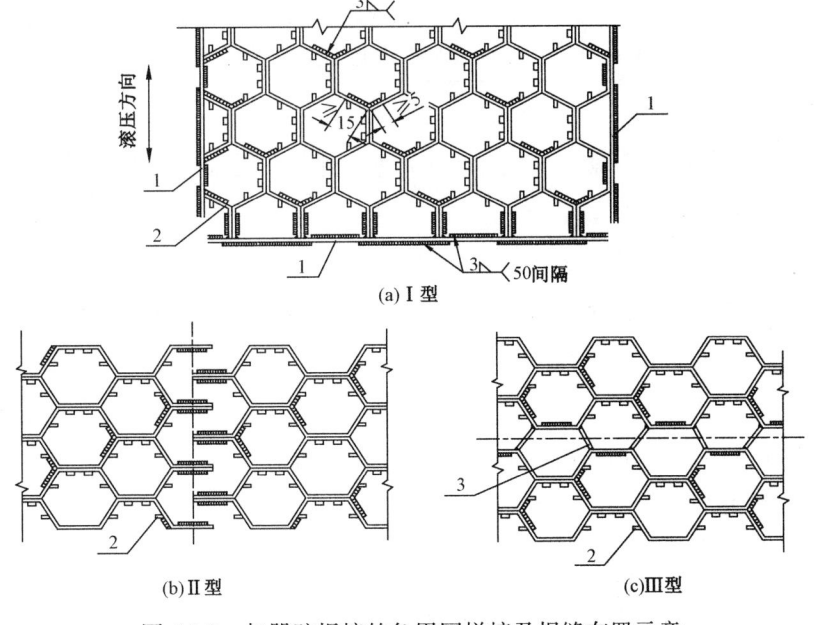

图 5.3.8 与器壁焊接的龟甲网拼接及焊缝布置示意
1—挡板;2—龟甲网;3—拼接板条

5.3.9 龟甲网拼接应符合下列规定：

1 拼接处的网孔面积不得小于基本网孔的 1/2，且不得大于 4/3。

2 相邻两张龟甲网纵向拼缝应错开 300mm 以上。

3 龟甲网安装后结扣的间隙及错边不得大于 0.5mm。

4 龟甲网直接焊在器壁上时，应与器壁贴紧，间隙不得大于 1mm。

6.4.2 龟甲网的安装质量

6.4.2.1 龟甲网与端板应逐块焊接，每个焊道的焊缝长度不得小于 20mm，且每块端板上的焊缝总长度不得小于 40mm。

6.4.2.2 龟甲网拼接处的每一端头应沿网深全焊，并将高出龟甲网的焊肉磨平。

6.4.2.3 龟甲网与插入管或构件相接处的每一个网边与固定板均应焊接，焊缝长度不得小于 20mm。

6.4.2.4 直接焊在器壁上的龟甲网应符合本规范 5.3.8 条的规定，其长焊道应不少于 15mm，短焊道应不少于 5mm。

6.4.2.5 龟甲网与端板或器壁的焊缝焊脚高应不小于 3mm，焊缝表面应符合本规范 6.4.1.1 条的要求。

6.4.2.6 龟甲网表面用 1 m 长的钢板尺沿轴向检查，间隙不大于 2mm。

6.4.2.7 龟甲网表面用弧长等于 $R/4$（R 为筒体衬里后的半径）且弦长不小于 300mm 的样板沿环向检查，间隙应不大于 5mm。

（4）抽查衬里施工是符合规范要求。

GB 50474《隔热耐磨衬里技术规范》

5.1 一般规定

5.1.5 衬里施工作业的环境温度宜为 5～35℃。施工过程应采取防止曝晒和雨淋的措施，并应有良好的通风和照明。

5.4 衬里混凝土搅拌

5.4.3 搅拌合格的衬里混凝土应在产品使用指南规定的时间内使用，严禁二次加水搅拌。

5.5 施工缝

5.5.1 衬里施工遇到下列情况之一时，应留设施工缝：

1 卧置手工捣制施工。

2 分段施工。

3 施工间断时间超过衬里混凝土初凝时间。

5.5.2 施工缝应留设在两排锚固钉中间,衬里混凝土的接口型式见图 5.5.2;双层衬里的隔热混凝土与耐磨混凝土接口相错距离不应小于200mm。

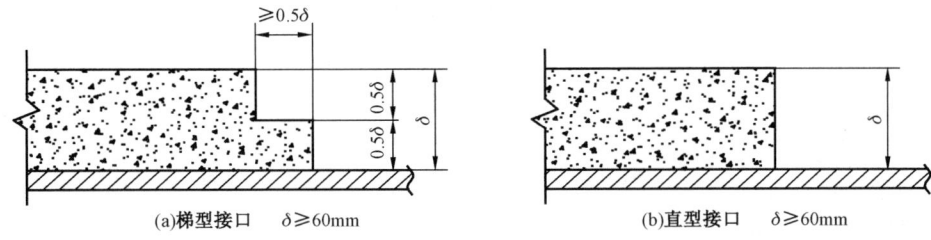

图 5.5.2 衬里混凝土接口型式

分段衬里的设备和管道,其接口每侧宜预留200mm不衬;龟甲网、侧拉型圆环衬里每侧应预留不少于三排网孔或侧拉型圆环。

6.5 衬里混凝土检验

6.5.1 衬里混凝土的密实度应用0.5 kg手锤,以350mm的间距轻轻敲击检查,声音应铿实清脆、无松动、无空鼓声。

6.5.2 衬里混凝土的外观质量应符合下列要求:

1 隔热混凝土表面平整、厚度均匀;端板下的隔热混凝土应密实,不得有空洞。

2 隔热耐磨混凝土表面应平整密实,无疏松、无蜂窝麻面等缺陷。

3 耐磨/高耐磨混凝土表面应平整密实,不得有麻面、扒缝等缺陷。

4 衬里烘炉前,衬里混凝土不得有贯穿性裂纹,收缩性裂纹的宽度不得大于0.5mm。

6.5.3 衬里混凝土的厚度允许偏差应符合下列规定:

1 隔热混凝土厚度允许偏差为 ±2mm。

2 隔热耐磨混凝土厚度允许偏差为 ±5mm。

3 龟甲网耐磨/高耐磨混凝土厚度允许偏差为0~2mm。

4 龟甲网耐磨/高耐磨混凝土表面应与龟甲网平齐,厚度允许偏差为0~0.5mm。

(五)监督抽查记录

工程质量监督人员在进行监督抽查时,应及时填写《反应器、再生器安装工程衬里施工监督记录》表单(表5-24)。

表 5-24　反应器、再生器安装工程衬里施工监督记录

单位工程名称：　　　　　　　　　　　　　　　　　　　　　　　　　　　第　页，共　页

被检查单位			监督抽查时间	
监督检查部位	设备名称或位号：			
检查依据	□ GB 50474 □ 设计文件			

□材料质量证明文件及复验报告

检查内容	保温钉	龟甲网	不定形耐火材料
复验报告编号			
符合情况	○符合 ○不符合	○符合 ○不符合	○符合 ○不符合

描述：

□锚固钉的安装和焊接

检查项目	垂直度	高度	间距	焊接
符合情况	○符合 ○不符合	○符合 ○不符合	○符合 ○不符合	○符合 ○不符合

描述：

□龟甲网的拼接及焊接

检查项目	拼接	平整度	焊接尺寸	焊接外观质量
符合情况	○符合 ○不符合	○符合 ○不符合	○符合 ○不符合	○符合 ○不符合

描述：

□衬里施工

检查项目	搅拌质量	施工缝	密实度	厚度	外观质量
符合情况	○符合 ○不符合	○符合 ○不符合	○符合 ○不符合	○符合 ○不符合	○符合 ○不符合

描述：

□其他检查内容情况

监督工程师：　　　　　　　　　　　　　　　　　　　　　总监督工程师：

三、反应器、再生器安装工程衬里烘干后检查

（一）监督抽查的频次

监督抽查的数量不少于1次。

（二）监督抽查的时机

（1）抽查的单元划分：按照事先与监理单位约定，抽查的基本单元可以是一个时期、一台设备或一个分项工程等。

（2）到位时段：

衬里烘干后，监督机构在接到监理单位正式的报监后可按照约定的时间进行现场监督检查。

（三）监督抽查的依据

监督抽查的主要依据有 GB 50474《隔热耐磨衬里技术规范》。

（四）监督抽查的内容

工程质量监督人员应抽查但不限于下列内容：
（1）核查烘炉方案。
（2）核查烘炉记录、烘炉曲线。
衬里烘炉时的温度曲线，曲线的温度区间、升降温速度、所需时间应符合规范要求。

GB 50474《隔热耐磨衬里技术规范》

8.1 一般规定

8.1.1 衬里烘炉应由建设单位负责，设计、施工、监理单位参加，按确定的烘炉方案进行。

8.1.2 衬里烘炉应平稳操作，烘炉时间不得少于本规范的规定，并应控制升温、降温速度和所需时间及恒温温度和所需时间，且降温时不得强制冷却。

8.1.3 衬里烘炉应做好记录，并绘制烘炉曲线。

8.1.4 已完成衬里烘炉的设备和管道，又发生衬里局部补修时，补修后的升温操作应在养护结束后进行，且可采用本规范 8.2 节规定的升温速度上限值。

8.2 衬里烘炉制度

8.2.1 当反再系统设备衬里烘炉采用多个设备串联或并联进行时，应综合考虑各设备离热源距离的不同和升温速度存在的差别，使每台设备衬里烘炉达到本规范表 7.2.1-1、表 7.2.1-2、表 7.2.1-3 的要求。

表 7.2.1-1　水硬性结合衬里烘炉制度

温度区间 ℃	升、降温速度 ℃/h	所需时间 h
常温～150	5～10	13～26
150±5	0	24
150～315	10～15	11～17
315±5	0	24
315～540	20～25	9～12
540±5	0	24
540～常温	≤25	≥21

表 7.2.1-2　化学结合衬里烘炉制度

温度区间 ℃	升、降温速度 ℃/h	所需时间 h
常温～150	≤10	≥13
150±5	0	8
150～315	≤30	≥6
315±5	0	10
315～540	≤25	≥9
540±5	0	24
540～常温	≤25	≥21

表 7.2.1-3　多种结合形式共存衬里烘炉制度

温度区间 ℃	升、降温速度 ℃/h	所需时间 h
常温～150	≤5	≥26
150±5	0	24
150～315	≤5	≥33
315±5	0	24
315～540	≤8	≥29
540±5	0	24
540～常温	≤25	≥21

（3）核查试块的检验报告。

试块的制作和检测应符合规范要求。

GB 50474《隔热耐磨衬里技术规范》

6.6 工程试样

6.6.1 工程试样的制作应符合下列要求：

1 单项工程的每种材料或配合比，每 20 m³ 应作为一批制作工程试样，不足此数亦作为一批。

2 单项工程采用同种材料或配合比分多次施工时，每次施工应制作工程试样。

3 每个设备位号或管道编号及补衬处不应少于一批。

4 工程试样的尺寸为 160mm×40mm×40mm，工程试样应制作二组，每组三条。

5 工程试样的制作、养护应与衬里工程同条件。

6.6.2 工程试样的检测项目应符合下列规定：

1 110℃烘干后体积密度、冷态抗折强度和冷态耐压强度。

2 815℃（隔热混凝土为540℃）烧后体积密度、冷态抗折强度和冷态耐压强度及线变化率。

6.6.3 工程试样的检测应符合本规范4.5.2的规定，检测结果应符合表4.5.1的规定。

表 4.5.1 衬里混凝土性能指标

类别	级别	热面温度 ℃	体积密度 kg/m³	耐压强度 MPa	抗折强度 MPa	线变化率 %	导热系数 W/(m·K)	Al_2O_3 %	Fe_2O_3 %	常温耐磨性 cm³
高耐磨	A级	110	≤3100	≥80.0	≥10.0	—	—	≥85	≤1.0	≤6
		540	≤2950	≥80.0	≥10.0	0～−0.3	—			
		815	≤2950	≥80.0	≥10.0	—	—			
耐磨	B1级	110	≤2500	≥60.0	≥8.0	—	—	≥50	≤2.5	≤12
		540	≤2450	≥50.0	≥7.0	—	—			
		815	≤2450	≥50.0	≥7.0	0～−0.2	≤0.90			
	B2级	110	≤2300	≥40.0	≥6.0	—	—			
		540	≤2250	≥30.0	≥5.0	—	—			
		815	≤2250	≥30.0	≥5.0	0～−0.2	≤0.80			

续表

类别	级别	热面温度 ℃	体积密度 kg/m³	耐压强度 MPa	抗折强度 MPa	线变化率 %	导热系数 W/m·K	Al_2O_3 %	Fe_2O_3 %	常温耐磨性 cm³
隔热耐磨	C1级	110	≤1800	≥40.0	≥7.0	—	—	≥36	≤3.0	≤18
		540	≤1750	≥35.0	≥6.0	—	0.45～0.55			
		815	≤1750	≥35.0	≥5.0	0～-0.2	0.50～0.59			
	C2级	110	≤1600	≥35.0	≥5.0	—	—	≥30	≤5.0	≤20
		540	≤1550	≥30.0	≥4.0	—	0.35～0.42			
		815	≤1550	≥25.0	≥3.0	0～-0.2	0.40～0.49			
	C3级	110	≤1400	≥20.0	≥3.0	—	—	≥30	≤5.0	≤20
		540	≤1350	≥15.0	≥2.5	—	0.26～0.35			
		815	≤1350	≥15.0	≥2.5	0～-0.2	0.34～0.40			
隔热	D1级	110	≤1100	≥8.0	≥2.5	—	—	—	—	—
		540	≤1050	≥7.0	≥2.0	0～-0.2	≤0.25			
	D2级	110	≤1000	≥7.0	≥2.0	—	—			
		540	≤950	≥6.0	≥1.5	0～-0.2	≤0.23			

注：性能指标为未掺入钢纤维时测定值。

（4）衬里烘炉后检验。

GB 50474《隔热耐磨衬里技术规范》

6.5.4 衬里烘炉后，衬里混凝土裂纹的表面宽度不得大于3mm，且不得有贯穿性裂纹。

（五）监督抽查记录

工程质量监督人员在进行监督抽查时，应及时填写《反应器、再生器安装工程衬里烘干后检查监督记录》表单（表5-25）。

表 5-25 反应器、再生器安装工程衬里烘干后检查监督记录

单位工程名称： 第 页,共 页

被检查单位			监督抽查时间	
监督检查部位	设备名称或位号：			
检查依据	□ GB 50474 □ 设计文件			

□烘炉记录、烘炉曲线

温度区间,℃							
升降温速度 ℃/h							
时间,h							
符合情况	○符合 ○不符合	○符合 ○不符合	○符合 ○不符合	○符合 ○不符合	○符合 ○不符合	○符合 ○不符合	○符合 ○不符合

描述：

□试块检验报告

材料名称/温度				
报告编号				
符合情况	○符合 ○不符合	○符合 ○不符合	○符合 ○不符合	○符合 ○不符合

描述：

□衬里烘炉后检查及其他检查内容情况

监督工程师： 总监督工程师：

第六节　空冷器安装工程

一、空冷器安装工程构架安装

本程序适用于空冷器安装工程构架安装的质量监督检查。

(一)监督抽查的频次

监督抽查的数量不少于1次。

(二)监督抽查的时机

(1)抽查的单元划分：按照事先与监理单位约定，抽查的基本单元可以是一台风机或一个分项工程等。

(2)到位时段：

① 监督单位接到监理单位正式的报监。

② 空冷器构架安装结束后，监督机构在接到监理单位正式的报监后，可按照约定的时间进行现场监督检查或事后检查安装记录。

(三)监督抽查的依据

监督抽查的主要依据有 GB 50461《石油化工静设备安装工程施工质量验收规范》，如设计或技术文件另有要求，应按照要求执行。

(四)监督抽查的内容

工程质量监督人员应抽查但不限于下列内容：

(1)抽查构架安装质量是否符合下列规定。

① 立柱的垂直度不大于立柱高度的1/1000。

② 构架的平面对角线之差不应大于10mm。

(2)抽查风筒安装质量见表5-26的规定。

表5-26　风筒安装质量标准

序号	检查项目	风机叶轮直径，mm			检验方法
		1800～2000	2000～3000	3000～5000	
		允许偏差，mm			
1	直径	±2	±3	±4	钢尺检查
2	圆度	2	3	4	
3	风筒内壁与风机叶片尖端的间距	2～6	3～8	4～12	

(五)监督抽查记录

工程质量监督人员在进行监督抽查时,应及时填写《空冷器安装工程构架安装监督记录》表单(表5-27)。

二、空冷器安装工程风机试运转

(一)监督抽查的频次

监督抽查的数量不少于1次。

(二)监督抽查的时机

(1)抽查的单元划分:按照事先与监理单位约定,抽查的基本单元可以是一台风机或一个分项工程等。

(2)到位时段:

① 监督单位接到监理单位正式的报监。

② 可根据具体情况在试运转过程中到位监督或试运转后检查试运转记录。

(三)监督抽查的依据

监督抽查的主要依据有 NB/T 47007—2010《空冷式热换热器》、GB 50275《风机、压缩机、泵安装工程施工及验收规范》。如设计或技术文件另有要求,应按照要求执行。

(四)监督抽查的内容

工程质量监督人员应抽查但不限于下列内容:

(1)核查经批准的试运转施工方案、技术交底。

(2)核查试运转条件、风机安装检查记录。

风机试运转应在空冷器安装完毕、检查合格后进行。

(3)核查试运转是否符合技术文件或规范要求,主要抽查:

① 风机轴承的温度、振动;

风机运转试验,在轴承温升稳定后连续运转时间不应少于1h;轴承部位的温度和振幅要符合随机技术文件的规定,无规定时不应超过表5-28的规定。

② 减速器轴承温度,有无渗漏现象。

试验后,减速器各部位不得有渗漏现象,轴承、循环油温升不应超过40℃,最高温度不应超过80℃。

(五)监督抽查记录

工程质量监督人员在进行监督抽查时,应及时填写《空冷器安装工程风机试运转监督记录》表单(表5-29)。

表 5-27 空冷器安装工程构架安装监督记录

单位工程名称： 第 页,共 页

被检查单位			监督抽查时间	
监督检查部位	设备名称或位号：			
检查依据				

☐构件安装质量

检查内容	立柱的垂直度	构架的平面对角线之差
数据,mm		
符合情况	○符合 ○不符合	○符合 ○不符合

描述：

☐风筒安装质量

检查内容	直径偏差	圆度	风筒内壁与风机叶片尖端的间距
数据,mm			
符合情况	○符合 ○不符合	○符合 ○不符合	○符合 ○不符合

描述：

☐其他检查内容情况

监督工程师： 总监督工程师：

表 5-28 轴承部位的温度和振幅

主轴转速，r/min	≤ 500	> 500～600	> 600～750	> 750
允许最大径向振幅（双向），mm	0.15	0.14	0.12	0.10
滚动轴承表面温度，℃	70			

表 5-29 空冷器安装工程风机试运转监督记录

单位工程名称：　　　　　　　　　　　　　　　　　　　　　　　　　第　页，共　页

被检查单位		监督抽查时间	
监督检查部位	设备名称或位号：		
检查依据			

□试运转风机轴振动

检查位置	风机	
方向	垂直	水平
数据　○ μm　○ mm/s		
符合情况	○符合 ○不符合	○符合 ○不符合

描述：

□试运转轴温度

检查位置	风机	减速器
数据，℃		
符合情况	○符合 ○不符合	○符合 ○不符合

描述：

□其他检查内容情况

监督工程师：　　　　　　　　　　　　　　　　　　　　总监督工程师：

第七节　普通工业炉安装工程

一、钢结构安装

（一）监督抽查频次

覆盖到每个单位工程。

（二）监督抽查时机

钢结构主体焊接完成。

（三）监督抽查依据

GB 50273《锅炉安装工程施工及验收规范》、相关设计文件等。

（四）监督抽查内容

（1）钢结构验收记录是否合格。
（2）钢结构焊接验收记录。
（3）高强度螺栓复验。
（4）高强度螺栓终拧率是否符合要求。

（五）监督抽查记录

监督抽查时，及时填写《普通工业炉钢结构安装监督记录》表单（表 5-30），对于表单覆盖不了的内容，应同时填写质量监督巡视检查记录。

二、炉管焊接安装

（一）监督抽查频次

覆盖到每个单位工程。

（二）监督抽查时机

炉管焊接完成，相连接的附件焊接完成。

（三）监督抽查依据

GB 50273《锅炉安装工程施工及验收规范》、GB 50211《工业炉砌筑工程施工与验收规范》、相关设计文件等。

表 5-30 普通工业炉钢结构安装监督记录

单位工程名称:			第 页,共 页	
监督检查部位			监督检查时间	
被检查单位				
设备名称:		设备规格:		设备位号:
监检点:普通工业炉钢结构安装		是否下发质量问题处理通知书 □是 □否 编号:		
检查依据:GB 50273,GB 50211				
所有构件是否全部完工并检验合格 □是 □否			基础发生不允许沉降 □是 □否	
合格的焊缝无损检测报告是否出具:□是 □否				
监理是否进行检查,有平检记录 □是 □否				
资料核查	钢结构验收记录是否合格:□是 □否 钢结构焊接验收记录是否合格:□是 □否 高强度螺栓复验报告是否合格:□是 □否			
实体质量	框架对角线误差(mm): 柱子垂直度: 框架水平度: 焊缝高度: 间断焊间距:			
存在问题				
检查结论				
监督人员:			总监督工程师(审核):	

（四）监督抽查内容

（1）工艺评定报告是否审批合格。

（2）无损检测方案是否审批合格。

（3）热处理方案是否审批合格。

（4）热处理实施情况：焊缝余高。

（5）炉管焊接焊工布置图是否提供。

（6）炉管焊接记录是否完成。

（7）焊缝外观质量：焊缝余高、咬边长度、气孔个数等。

（五）监督抽查记录

监督抽查时，及时填写《普通工业炉炉管焊接安装监督记录》表单（表5-31），对于表单覆盖不了的内容，应同时填写质量监督巡视检查记录。

三、炉管试压

（一）监督抽查频次

覆盖到每个单位工程。

（二）监督抽查时机

炉管及其相连接件的焊接工作完成。

（三）监督抽查依据

GB 50273《锅炉安装工程施工及验收规范》、GB 50211《工业炉砌筑工程施工与验收规范》、相关设计文件等。

（四）监督抽查内容

（1）压力表数值是否达到强度压力试验值。

（2）试压过程中管身是否变形，焊缝是否渗漏。

（五）监督抽查记录

监督抽查时，及时填写《普通工业炉炉管试压监督记录》表单（表5-32），对于表单覆盖不了的内容，应同时填写质量监督巡视检查记录。

四、炉砌筑与衬里

（一）监督抽查频次

覆盖到每个单位工程。

表 5-31 普通工业炉炉管焊接安装监督记录

单位工程名称:			第 页,共 页	
监督检查部位			监督检查时间	
被检查单位				
设备名称:		设备规格:		设备位号:
监检点:炉管焊接及热处理		是否下发质量问题处理通知书 □是 □否 编号:		
检查依据:GB 50273,GB 50211				
所有与炉管焊接的部件是否全部完工并检验合格 □是 □否				
合格的焊缝无损检测报告是否出具:□是 □否				
监理是否进行检查,有平检记录:□是 □否				
资料核查	工艺评定报告是否审批合格:□是 □否 无损检测方案是否审批合格:□是 □否 热处理方案是否审批合格:□是 □否 炉管焊接焊工布置图是否提供:□是 □否 炉管焊接记录是否完成:□是 □否			
实体质量	抽查热处理实施情况: 抽查焊缝外观质量: 焊缝余高(mm): 咬边长度(mm): 气孔个数:			
存在问题				
检查结论				
监督人员:			总监督工程师(审核):	

表 5-32 普通工业炉炉管试压监督记录

单位工程名称:			第 页,共 页
监督检查部位		监督检查时间	
被检查单位			
设备名称:	设备规格:		设备位号:
监检点:炉管试压	是否下发质量问题处理通知书 □是 □否 编号:		
检查依据:GB 50273,GB 50211			
所有与炉管焊接的部件是否全部完工并检验合格 □是 □否			
合格的焊缝无损检测报告是否出具:□是 □否			
资料核查	炉管无损检测比例是否符合规范要求:□是 □否 炉管试压条件的具备是否经确认:□是 □否 炉管试压方案是否经审批合格:□是 □否 压力表是否有计量鉴定证书:□是 □否		
实体质量	强度压力试验压力表数值是否达到要求:□是 □否 试压过程中管道是否有变形渗漏:□是 □否 试压中是否有以阀门替代盲板的情况:□是 □否		
存在问题			
检查结论			
监督人员:		总监督工程师(审核):	

（二）监督抽查时机

工业炉砌筑与衬里施工中或完工后。

（三）监督抽查依据

GB 50273《锅炉安装工程施工及验收规范》、GB 50211《工业炉砌筑工程施工与验收规范》、相关设计文件等。

（四）监督抽查内容

（1）保温钉的施工是否符合要求。
（2）砌筑及衬里材料复验是否符合要求。
（3）砌筑及衬里材料膨胀缝的预留是否符合要求。
（4）砌筑是否要求预留试块。
（5）砌筑的平整度。

（五）监督抽查记录

监督抽查时，及时填写《普通工业炉砌筑及衬里监督记录》表单（表 5-33），对于表单覆盖不了的内容，应同时填写质量监督巡视检查记录。

五、烘炉后检查

（一）监督抽查频次

覆盖到每个单位工程。

（二）监督抽查时机

工业炉烘炉完成。

（三）监督抽查依据

GB 50273《锅炉安装工程施工及验收规范》、GB 50211《工业炉砌筑工程施工与验收规范》、相关设计文件等。

（四）监督抽查内容

（1）烘炉过程是否符合规范要求。
（2）是否有超标的裂纹、空鼓。
（3）烘炉曲线是否符合要求。

（五）监督抽查记录

监督抽查时，及时填写《普通工业炉烘炉后检查监督记录》表单（表 5-34），对于表单覆盖不了的内容，应同时填写质量监督巡视检查记录。

表 5-33 普通工业炉砌筑及衬里监督记录

单位工程名称:				第 页,共 页	
监督检查部位			监督检查时间		
被检查单位					
设备名称:		设备规格:		设备位号:	
监检点:工业炉砌筑及衬里		是否下发质量问题处理通知书 □是 □否 编号:			
监理是否进行检查,有平检记录 □是 □否					
检查依据:GB 50273,GB 50211					
资料核查	砌筑及衬里材料是否要求复验:□是 □否 砌筑及衬里材料是否有复验报告:□是 □否				
实体质量	砌筑及衬里是否留有膨胀缝:□是 □否 保温钉是否按设计图纸施工:□是 □否 砌筑平整度是否符合要求:□是 □否 砌筑及衬里施工厚度是否符合设计要求:□是 □否 砌筑是否要求预留试块,是否预留:□是 □否				
存在问题					
检查结论					
监督人员:				总监督工程师(审核):	

表 5-34 普通工业炉烘炉后检查监督记录

单位工程名称：			第 页,共 页	
监督检查部位			监督检查时间	
被检查单位				
设备名称：		设备规格：		设备位号：
监检点：工业炉砌筑及衬里		是否下发质量问题处理通知书 □是 □否 编号：		
监理是否进行检查,有平检记录：□是 □否				
检查依据:GB 50273, GB 50211				
资料核查	是否有烘炉记录：□是 □否			
实体质量	烘炉过程是否符合规范要求：□是 □否 烘炉曲线是否符合要求：□是 □否 是否有超标的裂纹、空鼓：□是 □否			
存在问题				
检查结论				
监督人员：			总监督工程师(审核)：	

第八节 转化炉、乙烯裂解炉安装工程

一、钢结构安装工程

(一)监督抽查频次

覆盖到每个单位工程。

(二)监督抽查时机

钢结构组装结束,并经施工单位自检合格;监理单位能提供平行检验记录并检查合格。

(三)监督抽查依据

SH/T 3507《石油化工钢结构工程施工与验收规范》、SH/T 3511《石油化工乙烯裂解炉和制氢转化炉施工技术规程》及相关设计文件等。

(四)监督抽查内容

(1)资料核查:钢结构原材料及工厂化制造的钢结构合格证及质量证明书;施工单位自检记录;监理单位平行检验记录及认可合格的书面文件。
(2)抽查钢结构安装几何尺寸偏差是否符合规范要求。
(3)抽查辐射段炉壳安装后的总体尺寸偏差是否符合规范要求。
(4)抽查钢结构焊接质量。
(5)抽查高强螺栓连接情况。
(6)抽查焊缝无损检测情况。

(五)监督抽查记录

监督抽查时,及时填写《转化炉/乙烯裂解炉钢结构安装工程质监点监督抽查记录》表单(表5-35),对于表单覆盖不了的内容,应同时填写质量监督巡视检查记录。

二、炉管焊接

(一)监督抽查频次

覆盖到每个单位工程。

(二)监督抽查时机

炉管焊接施工结束后,经施工单位自检合格;监理单位能提供平行检验记录并检查合格。

表 5-35 转化炉/乙烯裂解炉钢结构安装工程质监点监督检查记录

单位工程名称：			第　页,共　页
监督检查部位		监督检查时间：	
被检查单位			
设备名称：	设备规格：		设备位号：
监检点:钢结构安装工程		是否下发质量问题处理通知书 □是　□否　编号：	
检查依据:SH/T 3507《石油化工钢结构工程施工与验收规范》、SH/T 3511《石油化工乙烯裂解炉和制氢转化炉施工技术规程》及相关设计文件等			
资料核查			
钢结构几何尺寸偏差是否符合要求 □是　□否		辐射段炉壳安装后的总体尺寸偏差是否符合规范要求 □是　□否	
钢结构焊接质量是否符合要求　□是　□否		高强螺栓连接是否符合要求　□是　□否	
焊缝无损检测是否符合要求　□是　□否			
存在问题			
检查结论			
监督人员：		总监督工程师(审核)：	

（三）监督抽查依据

按照 SH/T 3506《管式炉安装工程施工及验收规范》、SH/T 3511《石油化工乙烯裂解炉和制氢转化炉施工技术规程》及相关设计文件等。

（四）监督抽查内容

（1）资料核查：核查焊接工艺评定报告、焊接工艺规程及焊工资格证书；无损检测报告。
（2）核查管材、焊材、焊接方法、焊接工艺参数等是否符合焊接工艺规程的规定。
（3）焊缝外观质量是否符合规定。
（4）抽查焊缝无损检测情况。

（五）监督抽查记录

监督抽查时，及时填写《转化炉/乙烯裂解炉安装工程炉管焊接监督抽查记录》表单（表5-36），对于表单覆盖不了的内容，应同时填写质量监督巡视检查记录。

三、炉管焊后热处理

（一）监督抽查频次

覆盖到每个单位工程。

（二）督抽查时机

炉管焊接施工结束，热处理过程中或热处理完毕后，已经完成热处理的焊缝经施工单位自检合格；监理单位能提供平行检验记录并检查合格。

（三）监督抽查依据

按照 SH/T 3506《管式炉安装工程施工及验收规范》、SH/T 3511《石油化工乙烯裂解炉和制氢转化炉施工技术规程》及相关设计文件等。

（四）监督抽查内容

（1）资料核查：热处理人员资格；热处理工艺文件；热处理报告及硬度检测报告。
（2）热处理作业人员与报审人员相符。
（3）热处理设备、热处理曲线、热处理工艺措施与热处理工艺文件是否相符。
（4）热处理报告、硬度检测报告等是否与实际相符。
（5）抽查热处理焊缝硬度是否控制在工艺文件规定的范围内。

（五）监督抽查记录

监督抽查时，及时填写《转化炉/乙烯裂解炉安装工程炉管焊后热处理监督抽查记录》表单（表5-37），对于表单覆盖不了的内容，应同时填写质量监督巡视检查记录。

表 5-36 转化炉/乙烯裂解炉安装工程炉管焊接监督检查记录

单位工程名称：			第 页,共 页	
监督检查部位			监督检查时间	
被检查单位				
设备名称：		设备规格：		设备位号：
监检点：炉管焊接质量		是否下发质量问题处理通知书 □是　□否　编号：		
检查依据：SH/T 3506《管式炉安装工程施工及验收规范》，SH/T 3511《石油化工乙烯裂解炉和制氢转化炉施工技术规程》及设计文件等				
资料核查				
焊工资格是否符合规范要求　□是　□否		焊材的保管、烘干及发放是否规范　□是　□否		
管材、焊材、焊接方法、焊接工艺参数是否符合焊接工艺规程的规定　□是　□否		焊缝外观质量是否符合要求　□是　□否		
无损检测是否符合要求　□是　□否				
存在问题				
检查结论				
监督人员：		总监督工程师(审核)：		

表 5-37 转化炉/乙烯裂解炉安装工程炉管焊后热处理监督检查记录

单位工程名称:			第　页,共　页
监督检查部位		监督检查时间	
被检查单位			
设备名称:	设备规格:		设备位号:
监检点:炉管焊后热处理	是否下发质量问题处理通知书 □是　□否　编号:		
检查依据:SH/T 3506《管式炉安装工程施工及验收规范》,SH/T 3511《石油化工乙烯裂解炉和制氢转化炉施工技术规程》			
资料核查			
热处理作业人员与报审人员是否相符 □是　□否		热处理设备、热处理曲线、热处理工艺措施与热处理工艺文件是否相符　□是　□否	
热处理报告、硬度检测报告等是否与实际相符 □是　□否		热处理焊缝硬度是否控制在工艺文件规定的范围内 □是　□否	
存在问题			
检查结论			
监督人员:		总监督工程师(审核):	

四、炉管系统试压工程

(一)监督抽查频次

覆盖到每个单位工程。

(二)监督抽查时机

炉管系统全部按设计文件施工完毕,焊接及热处理全部完成且无损检测合格;有批准的试压方案并进行了技术交底。监理单位向监督机构报监;尽量选择在试压过程中到位监督。

(三)监督抽查依据

SH/T 3506《管式炉安装工程施工及验收规范》、SH/T 3511《石油化工乙烯裂解炉和制氢转化炉施工技术规程》及相关设计文件等。

(四)监督抽查内容

(1)资料核查:核查重要工序的质量保证资料、试压方案、试压记录等。
(2)是否按照试压方案进行系统试压。
(3)试压设备及辅助设施、测量仪器是否满足试压需要并安装正确,校验合格。
(4)试压介质是否满足规范要求。
(5)试压时有无降压、渗漏或者变形。

(五)监督抽查记录

监督抽查时,及时填写《炉管系统试压工程监督检查记录》表单(表5-38),对于表单覆盖不了的内容,应同时填写质量监督巡视检查记录。

五、砌筑与衬里工程

(一)监督抽查频次

覆盖到每个单位工程。

(二)监督抽查时机

基本单元安装作业结束,辐射室炉墙耐火砖砌筑、耐火浇注料施工结束并经施工单位自检合格;监理单位能提供平行检验记录并检查合格。

(三)监督抽查依据

GB 50211《工业炉砌筑工程施工与验收规范》、SH/T 3534《石油化工筑炉工程施工质量验收规范》、SH/T 3511《石油化工乙烯裂解炉和制氢转化炉施工技术规程》及相关设计文件等。

表 5-38 炉管系统试压工程监督检查记录

单位工程名称:		第 页,共 页	
监督检查部位		监督检查时间	
被检查单位			
设备名称:	设备规格:		设备位号:
监检点:炉管系统试压	是否下发质量问题处理通知书 □是　□否　编号:		
检查依据:SH/T 3506《管式炉安装工程施工及验收规范》、SH/T 3511《石油化工乙烯裂解炉和制氢转化炉施工技术规程》及相关设计文件等			
资料核查			
是否按照试压方案进行系统试压 □是　□否	试压设备及辅助设施、测量仪器是否满足试压需要并安装正确,校验合格　□是　□否		
试压介质是否满足规范要求　□是　□否	试压时有无降压、渗漏或者变形　□是　□否		
设计压力:	试验压力:		
稳压时间:	试压结果:□合格　□不合格		
存在问题			
检查结论			
监督人员:	总监督工程师(审核):		

（四）监督抽查内容

（1）资料核查：施工方案；耐火材料合格证等质量证明文件，复检报告和配合比试验报告；工序交接记录，监理单位平行检验记录等。

（2）抽查炉墙耐火砖砌筑质量。

（3）抽查耐火浇注料炉衬施工质量。

（4）抽查耐火纤维炉衬施工质量。

（五）监督抽查记录

监督抽查时，及时填写《砌筑与衬里工程质监点监督检查记录》表单（表5-39），对于表单覆盖不了的内容，应同时填写质量监督巡视检查记录。

六、烘炉后检查

（一）监督抽查频次

覆盖到每个单位工程。

（二）监督抽查时机

衬里烘干后，经施工单位自检合格；监理单位能提供平行检验记录并检查合格。

（三）监督抽查依据

SH/T 3534《石油化工筑炉工程施工质量验收规范》、SH/T 3511《石油化工乙烯裂解炉和制氢转化炉施工技术规程》及相关设计文件等。

（四）监督抽查内容

（1）资料核查：衬里材料质量证明文件、烘炉方案、衬里烘炉温度曲线、试块检验报告等。

（2）烘炉过程是否符合烘炉曲线要求。

（3）烘炉结束后耐火衬里质量检查。

（4）烘炉结束后炉管膨胀情况检查。

（5）衬里烘干后外观质量检查。

（五）监督抽查记录

监督抽查时，及时填写《烘炉后检查质监点监督检查记录》表单（表5-40），对于表单覆盖不了的内容，应同时填写质量监督巡视检查记录。

表 5-39 砌筑与衬里工程质监点监督检查记录

单位工程名称:		第 页,共 页
监督检查部位		监督检查时间
被检查单位		
设备名称:	设备规格:	设备位号:
监检点:砌筑与衬里工程	是否下发质量问题处理通知书 □是 □否 编号:	
检查依据:GB 50211《工业炉砌筑工程施工与验收规范》、SH/T 3534《石油化工筑炉工程施工质量验收规范》、SH/T 3511《石油化工乙烯裂解炉和制氢转化炉施工技术规程》及相关设计文件等		
资料核查		
耐火砖砌体的砖缝厚度是否符合规范要求 □是 □否	膨胀缝留设是否符合规范要求 □是 □否	
砌体质量是否满足规范要求 □是 □否		
炉墙耐火砖砌筑质量是否合格 □是 □否	耐火浇注料炉衬施工质量是否合格 □是 □否	
耐火纤维炉衬施工质量是否合格 □是 □否	尺寸偏差是否符合规范要求 □是 □否	
存在问题		
检查结论		
监督人员:	总监督工程师(审核):	

表 5-40 烘炉后检查质监点监督检查记录

单位工程名称:			第 页,共 页
监督检查部位		监督检查时间	
被检查单位			
设备名称:		设备规格:	设备位号:
监检点:烘炉后检查		是否下发质量问题处理通知书 □是　□否　编号:	
检查依据:SH/T 3534《石油化工筑炉工程施工质量验收规范》、SH/T 3511《石油化工乙烯裂解炉和制氢转化炉施工技术规程》及相关设计文件等			
资料核查			
烘炉过程是否符合烘炉曲线要求 □是　□否		烘炉结束后耐火衬里脱落、剥离、异常裂缝 □是　□否	
烘炉结束后耐火衬里外观质量是否符合要求 □是　□否		炉管膨胀情况,有无严重变形或伸缩部位卡死 □是　□否	
存在问题			
检查结论			
监督人员:		总监督工程师(审核):	

第九节 锅炉(含快装锅炉)安装工程

一、钢架安装

(一)监督抽查的频次

监督抽查的频次至少1次,且覆盖到单项工程内所有类别锅炉。

(二)监督抽查的时机

(1)抽查的单元划分:按照事先与监理单位约定,抽查的基本单元可以是每种型号的锅炉。

(2)到位时段:

① 监督单位接到监理单位正式的报监。

② 符合规范要求的检验批验收条件之后到位监督,也可在检验批验收后检查验收记录及相关见证资料。

(三)监督抽查的依据

监督抽查的主要依据有 GB 50273《锅炉安装工程施工及验收规范》及设计文件。

(四)监督抽查的内容

工程质量监督人员应抽查但不限于下列内容:

(1)抽查钢架安装施工方案或技术交底记录。

(2)抽查钢架安装是否符合设计文件要求。

(3)抽查钢架安装资料是否符合规范要求。

(4)抽查钢架安装质量验收参与各方质量行为情况(见表5-41)。

(五)监督抽查记录

工程质量监督人员在进行监督抽查时,应及时填写《钢架安装监督记录》表单(表5-42)。

二、锅筒、集箱安装质监点监督抽查程序内容

(一)监督抽查的频次

监督抽查的频次至少1次,且覆盖到单项工程内所有类别锅炉。

(二)监督抽查的时机

(1)抽查的单元划分:按照事先与监理单位的约定,抽查的基本单元可以是每种型号的锅炉。

(2)到位时段:

① 监督单位接到监理单位正式的报监。

表 5-41　钢架安装质量要求

检查项目	执行标准	
验收要求	设计文件	GB 50273《锅炉安装工程施工及验收规范》
验收要求	钢架安装符合设计文件的要求	3.0.1 钢架安装前，应按施工图样清点构件数量，并应对柱子、梁、框架等主要构件的长度和直线度按表 3.0.1 的规定进行复检。 表 3.0.1 钢架主要构件长度和直线度的允许偏差 [见下表] 注：框架包括护板框架、顶护板框架或其他矩形框架。 3.0.3 钢架安装的允许偏差及其检测位置，应符合表 3.0.3 的规定。 表 3.0.3 钢架安装的允许偏差及其检测位置 [见下表]

表 3.0.1 钢架主要构件长度和直线度的允许偏差

构件的复检项目		允许偏差（mm）
柱子的长度（m）	≤ 8	0 -4
	> 8	+2 -6
梁的长度（m）	≤ 1	0 -4
	> 1～3	0 -6
	> 3～5	0 -8
	> 5	0 -10
柱子、梁的直线度		长度的 1‰，且不应大于 10
框架长度（m）	≤ 1	0 -6
	> 1～3	0 -8
	> 3～5	0 -10
	> 5	0 -12
拉条、支柱长度（m）	≤ 5	0 -3
	> 5～10	0 -4
	> 10～15	0 -6
	> 15	0 -8

表 3.0.3 钢架安装的允许偏差及其检测位置

检测项目		允许偏差（mm）	检测位置
各柱子的位置		±5	—
任意两柱子间的距离		间距的 1‰且不大于 10	—
柱子上的 1m 标高线与标高基准点的高度差		±2	以支承锅筒的任一根柱子作为基准，然后测定其他柱子
各柱子相互间标高之差		3	—
柱子的铅垂度		高度的 1‰，且不大于 10	—
各柱子相应两对角线的长度之差		长度的 1.5‰，且不大于 15	在柱脚 1m 标高和柱顶处测量
两柱子间在铅垂面内两对角线的长度之差		长度的 1‰，且不大于 10	在柱子的两端测量
支承锅筒的梁的标高		0 -5	—
支承锅筒的梁的水平度		长度的 1‰，且不大于 3	—
其他梁的标高		±5	—
框架两对角线长度	框架边长 ≤ 2500	≤ 5	在框架的同一标高处或框架两端处测量
	框架边长 > 2500～5000	≤ 8	
	框架边长 > 5000	≤ 10	

表 5-42　钢架安装监督记录

单位工程名称：　　　　　　　　　　　　　　　　　　　　　　　　　　　　第　页，共　页

被检查单位		监督抽查时间	
监督检查部位	锅炉名称或位号：		
检查依据	□ GB 50273　□设计文件 □设备技术文件□中国石油天然气集团公司工程建设项目质量管理规定□		

□钢架质量抽查

编号	1	2	3	4	5	6	7	8	9	10
柱位置偏差										
柱间距偏差										
标高基准偏差										
柱铅垂度										
柱子铅垂面内对角线偏差										
支撑锅筒梁标高偏差										
支撑锅筒梁水平度偏差										
其他梁的标高偏差										
框架对角线长度偏差										

描述：

□抽查主要资料

检查项目	设计文件钢架施工说明	钢架施工检查记录	钢架质量验收记录	其他资料
符合情况				

描述：

□质量行为

检查项目	施工方案	验收程序	验收内容	验收手续
符合情况				

描述：

□其他检查内容情况

监督工程师

② 符合规范要求的检验批验收条件之后到位监督,也可在检验批验收后检查验收记录及相关见证资料。

(三)监督抽查的依据

监督抽查的主要依据有 GB 50273《锅炉安装工程施工及验收规范》及设计文件。

(四)监督抽查的内容

工程质量监督人员应抽查但不限于下列内容:

(1)抽查锅筒、集箱安装施工方案或技术交底记录。

(2)抽查锅筒、集箱安装是否符合设计文件要求。

(3)抽查锅筒、集箱安装资料是否符合规范要求。

(4)抽查锅筒、集箱安装质量验收参与各方质量行为情况。

检查项目	执行标准	
	设计文件	GB 50273《锅炉安装工程施工及验收规范》
验收要求	锅筒、集箱安装符合设计文件的要求	4.1.3 锅筒、集箱就位找正时,应根据纵向和横向安装基准线以及标高基准线对锅筒、集箱中心线进行检测,其安装的允许偏差应符合表4.1.3 的规定。 **表 4.1.3　锅筒、集箱安装的允许偏差(mm)** <table><tr><th>检测项目</th><th>允许偏差</th></tr><tr><td>主锅筒的标高</td><td>±5</td></tr><tr><td>锅筒纵向和横向中心线与安装基准线的水平方向距离</td><td>±5</td></tr><tr><td>锅筒、集箱全长的纵向水平度</td><td>2</td></tr><tr><td>锅筒全长的横向水平度</td><td>1</td></tr><tr><td>上下锅筒之间水平方向和垂直方向距离</td><td>±3</td></tr><tr><td>上锅筒与上集箱的轴心线距离</td><td>±3</td></tr><tr><td>上锅筒与过热器集箱的水平和垂直距离;过热器集箱之间的水平和垂直距离</td><td>±3</td></tr><tr><td>上、下集箱之间的距离;上、下集箱与相邻立柱中心距离</td><td>±3</td></tr><tr><td>上、下锅筒横向中心线相对偏移</td><td>2</td></tr><tr><td>锅筒横向中心线和过热器集箱横向中心线相对偏移</td><td>3</td></tr></table>注:锅筒纵向和横向中心线两端所测距离的长度之差不应大于2mm。

续表

检查项目	执行标准	
	设计文件	GB 50273《锅炉安装工程施工及验收规范》
验收要求	锅筒、集箱安装符合设计文件的要求	图4.13 锅筒、集箱间的距离 1—上锅筒（主锅筒）；2—下锅筒；3—上集箱；4—下集箱；5—过热器集箱；6—立柱； a—上、下锅筒之间水平方向距离；b—上、下锅筒之间垂直方向距离； c—上锅筒与上集箱的轴心线距离；d—上锅筒与过热器集箱水平方向的距离； d'—上锅筒与过热器集箱垂直方向的距离；f—过热器集箱之间水平方向的距离； f'—过热器集箱之间垂直方向的距离；g—上、下集箱之间的距离； h—上集箱与相邻立柱中心距离；l—下集箱与相邻立柱中心距离； e—上、下锅筒横向中心线相对偏移； s—锅筒横向中心线和过热器集箱横向中心线相对偏移。 4.1.4 安装前，应对锅筒、集箱的支座和吊挂装置进行检查，且应符合下列要求： 1 接触部位圆弧应吻合，局部间隙不宜大于2mm； 2 支座与梁接触应良好，不得有晃动现象； 3 吊挂装置应牢固，弹簧吊挂装置应整定，并应进行临时固定。 4.1.5 锅筒、集箱就位时，应在其膨胀方向预留支座的膨胀间隙，并应进行临时固定，膨胀间隙应符合随机技术文件的规定。 4.1.6 锅筒内部装置的安装，应在水压试验合格后进行，其安装应符合下列要求： 1 锅筒内零部件的安装，应符合产品图样要求； 2 蒸汽、给水连接隔板的连接应严密不泄漏，焊缝应无漏焊和裂纹； 3 法兰结合面应严密； 4 连接件的连接应牢固，且应有防松装置。

（五）监督抽查记录

工程质量监督人员在进行监督抽查时，应及时填写《锅筒、集箱安装监督记录》表单（表5-43）。

表 5-43 锅筒、集箱安装监督记录

单位工程名称：　　　　　　　　　　　　　　　　　　　　　　　第　页,共　页

被检查单位		监督抽查时间	
监督检查部位	锅炉名称或位号：		
检查依据	□ GB 50273　□设计文件 □设备技术文件　□中国石油天然气集团公司工程建设项目质量管理规定□		

□钢架质量抽查

编号	1	2	3	4	5	6	7	8	9	10
主锅筒标高										
锅筒中心线与基准线偏差										
锅筒、集箱全长纵向水平度										
锅筒全长横向水平度										
上下锅筒水平方向和垂直方向距离										
上锅筒与上集箱轴心线距离										
上锅筒与过热器集箱水平和垂直距离										
上下锅筒横向中心线相对偏移										
锅筒和过热器集箱横向中心线偏移										

描述：

□抽查主要资料

检查项目	设计文件施工说明	施工检查记录	质量验收记录	其他资料
符合情况				

描述：

□质量行为

检查项目	施工方案	验收程序	验收内容	验收手续
符合情况				

描述：

□其他检查内容情况

监督工程师：

三、锅炉受热面胀管

（一）监督抽查的频次

监督抽查的频次至少1次，且覆盖到单项工程内所有类别锅炉。

（二）监督抽查的时机

（1）抽查的单元划分：按照事先与监理单位约定，抽查的基本单元可以是每种型号的锅炉。
（2）到位时段：
① 监督单位接到监理单位正式的报监。
② 符合规范要求的检验批验收条件之后到位监督，也可在检验批验收后检查验收记录及相关见证资料。

（三）监督抽查的依据

监督抽查的主要依据有 GB 50273《锅炉安装工程施工及验收规范》及设计文件。

（四）监督抽查的内容

工程质量监督人员应抽查但不限于下列内容：
（1）抽查锅炉受热面胀管安装施工方案或技术交底记录。
（2）抽查锅炉受热面胀管安装是否符合设计文件要求。
（3）抽查锅炉受热面胀管安装资料是否符合规范要求。
（4）抽查锅炉受热面胀管安装质量验收参与各方质量行为情况。
锅炉受热面胀管质量要求见表5-44。

（五）监督抽查记录

工程质量监督人员在进行监督抽查时，应及时填写《锅炉受热面胀管安装监督记录》表单（表5-45）。

四、受压元件焊接安装

（一）监督抽查的频次

监督抽查的频次至少1次，且覆盖到单项工程内所有类别锅炉。

（二）监督抽查的时机

（1）抽查的单元划分：按照事先与监理单位约定，抽查的基本单元可以是每种型号的锅炉。
（2）到位时段：
① 监督单位接到监理单位正式的报监。
② 符合规范要求的检验批验收条件之后到位监督，也可在检验批验收后检查验收记录及相关见证资料。

表 5-44 锅炉受热面胀管质量要求

检查项目	执行标准	
	设计文件	GB 50273《锅炉安装工程施工及验收规范》
验收要求	锅炉受热面胀管安装符合设计文件的要求	第 4.2.1 条 受热面管子安装前的检查,应符合下列要求: 一、管子表面不应有重皮、裂纹、压扁和严重锈蚀等缺陷。当管子表面有刻痕、麻点等其他缺陷时,其深度不应超过管子公称壁厚的 10%。 二、合金钢管应逐根进行光谱检查。 三、对流管束应作外形检查及矫正,校管平台应平整牢固,放样尺寸误差不应大于 1mm,矫正后的管子与放样实线应吻合,局部间隙不应大于 2mm,并应进行试装检查。 四、受热面管排列应整齐,局部管段与设计安装位置偏差不宜大于 5mm。 五、胀接管口的端面倾斜度不应大于管子公称外径的 1.5%,且不大于 1mm。 六、受热面管子应作通球检查,通球后的管子应有可靠的封闭措施,通球直径应符合表 4.2.1 的规定。 表 4.2.1 通球直径 (mm) | 弯管半径 | < 2.5D_w | ≥ 2.5D_w 且 < 3.5D_w | ≥ 3.5D_w | |---|---|---|---| | 通球直径 | 0.70D_n | 0.80D_n | 0.85D_n | 注:1.D_w—管子公称外径;D_n—管子公称内径; 2. 试验用球一般用不易产生塑性变形的材料制造。 六、胀接后,管端不应有起皮、皱纹、裂纹、切口和偏斜等缺陷。 第 4.2.11 条 胀管率超出控制值范围时,超胀的最大胀管率,当采用内径控制法控制时,不得超过 2.6%,当采用外径控制法控制时,不得超过 2.5%;在同一锅筒上的超胀管口数量不得大于胀接总数的 4%,且不得超过 15 个。

表5-45 锅炉受热面胀管安装监督记录

单位工程名称： 第 页,共 页

被检查单位		监督抽查时间	
监督检查部位	锅炉名称或位号：		
检查依据	□ GB 50273 □设计文件 □设备技术文件□中国石油天然气集团公司工程建设项目质量管理规定□		

□锅炉受热面胀管质量抽查

编号	1	2	3	4	5	6	7	8	9	10
管子外观质量										
钢管光谱检查										
受热面管排列偏差										
胀口端面倾斜度										
通球检查										

描述：

□抽查主要资料

检查项目	设计文件施工说明	胀管施工检查记录	质量验收记录	其他资料
符合情况				

描述：

□质量行为

检查项目	施工方案	验收程序	验收内容	验收手续
符合情况				

描述：

□其他检查内容情况

监督工程师：

（三）监督抽查的依据

监督抽查的主要依据有 GB 50273《锅炉安装工程施工及验收规范》及设计文件。

（四）监督抽查的内容

工程质量监督人员应抽查但不限于下列内容：
(1) 抽查受压元件焊接施工方案或技术交底记录。
(2) 抽查受压元件焊接施工是否符合设计文件要求。
(3) 抽查受压元件焊接资料是否符合规范要求。
(4) 抽查受压元件焊接质量验收参与各方质量行为情况。

受压元件焊接质量要求见表 5-46。

表 5-46 受压元件焊接质量要求

检查项目	执行标准	
	设计文件	GB 50273《锅炉安装工程施工及验收规范》
验收要求	受压元件焊接符合设计文件的要求	第 4.3.8 条 管子由焊接引起的弯折度应采用直尺检查，在距焊缝中心 200mm 处的间隙不应大于 1mm。 第 4.3.9 条 管子一端为焊接，另一端为胀接时，应先焊后胀。 第 4.3.10 条 受压元件焊缝的外观质量，应符合下列要求： 一、焊缝高度不应低于母材表面；焊缝与母材应圆滑过渡。 二、焊缝及其热影响区表面应无裂纹、未熔合、夹渣、弧坑和气孔。 三、焊缝咬边深度不应大于 0.5mm；两侧咬边总长度不应大于管子周长的 20%，且不应大于 40mm。 第 4.3.11 条 射线探伤人员必须持有国家主管部门颁发的资格证，且只能在有效期内担任与考试合格的技术等级相应的射线探伤工作。 第 4.3.12 条 锅炉受热面管子及其本体管道焊缝的射线探伤，应在外观检查合格后进行，并符合下列规定： 一、抽检焊接接头数量应为焊接接头总数的 2%～5%。 二、射线探伤应符合现行国家标准的有关规定，射线照片的质量要求不应低于 AB 级。 三、对于额定压力大于或等于 0.1MPa 的蒸汽锅炉和额定出口温度大于等于 120℃ 的热水锅炉，Ⅱ级焊缝为合格；对于额定蒸汽压力小于 0.1MPa 的蒸汽锅炉和额定出口温度小于 120℃ 的热水锅炉，Ⅲ级焊缝为合格。 四、当射线探伤结果不合格时，除应对不合格焊缝进行返修外，尚应对该焊工所焊接的同类焊接接头，增做不合格数的双倍复检；当复检仍不合格时，应对该焊工焊接的同类焊接接头全部做探伤检查。 五、焊接接头经射线探伤发现存在不应有的缺陷时，应找出原因，制定可行的返修方案，方可进行返修；同一位置上的返修不应超过三次；补焊后，补焊区仍应做外观和射线探伤检查。 第 4.3.13 条 管子上所有的附属焊接件，均应在水压试验前焊接完毕。 第 4.3.14 条 管排的排列应整齐，不应影响砌(挂)砖。

（五）监督抽查记录

工程质量监督人员在进行监督抽查时，应及时填写《受压元件焊接监督记录》表单（表5-47）。

五、炉墙砌筑

（一）监督抽查的频次

监督抽查的频次至少 1 次，且覆盖到单项工程内所有类别锅炉。

（二）监督抽查的时机

（1）抽查的单元划分：按照事先与监理单位约定，抽查的基本单元可以是每种型号的锅炉。

（2）到位时段：

① 监督单位接到监理单位正式的报监。

② 符合规范要求的检验批验收条件之后到位监督，也可在检验批验收后检查验收记录及相关见证资料。

（三）监督抽查的依据

监督抽查的主要依据有 GB 50273《锅炉安装工程施工及验收规范》及设计文件。

（四）监督抽查的内容

工程质量监督人员应抽查但不限于下列内容：

（1）抽查炉墙砌筑施工方案或技术交底记录。

（2）抽查炉墙砌筑施工是否符合设计文件要求。

（3）抽查炉墙砌筑资料是否符合规范要求。

（4）抽查炉墙砌筑质量验收参与各方质量行为情况。

炉墙砌筑质量要求见表 5-48。

（五）监督抽查记录

工程质量监督人员在进行监督抽查时，应及时填写《炉墙砌筑焊接监督记录》表单（表5-49）。

表 5-47 受压元件焊接监督记录

单位工程名称：　　　　　　　　　　　　　　　　　　　　　　　　第　页，共　页

被检查单位			监督抽查时间	
监督检查部位	受压元件名称或位号：			
检查依据	□ GB 50273　□设计文件 □设备技术文件□中国石油天然气集团公司工程建设项目质量管理规定□			

□受压元件焊接外观质量抽查

焊口编号	宽度	余高	错边	咬边深度	咬边长度	结论

描述：

□焊工资格

焊工姓名	资格证书	上岗证书	结论

描述：

□抽查主要资料

检查项目	设计文件施工说明	焊接工艺文件	施工技术交底	施工检查记录	无损检测资料	质量验收记录	其他资料
符合情况							

描述：

□质量行为

检查项目	施工工方案	验收程序	验收内容	验续手续
符合情况				

描述：

□其他检查内容情况

监督工程师：

表 5-48 炉墙砌筑质量要求

检查项目		执行标准
	设计文件	GB 50273《锅炉安装工程施工及验收规范》
验收要求	炉墙砌筑符合设计文件的要求	第 8.0.9 条 砌体伸缩缝的大小、构造及分布位置,应符合设计规定,留设的伸缩应均匀平直。伸缩缝宽度的允许偏差为 $^{+5}_{0}$mm,伸缩缝内应无杂物,并应充填直径大于缝宽的涂有耐火泥浆的石棉绳;朝向火焰的缝内,宜充填硅酸铝耐火纤维毡条。炉墙垂直伸缩缝内的石棉绳应在砌砖的同时压入。 第 8.0.10 条 当砖的尺寸偏差满足不了砖缝要求时,应进行砖的加工或选砖;砖砌体应拉线砌筑,砖缝应横平竖直,泥浆饱满。砖砌体的允许偏差应符合表 8.0.10 的规定。 表 8.0.10 砖砌体允许偏差 	项 目			允许偏差(mm)	检查方法
---	---	---	---	---
垂直度	黏土砖墙	每米	3	—
		全高	15	
	红砖墙	全高 ≤ 10m	10	
		全高 > 10m	20	
表面平整度	黏土砖墙面		5	用 2m 长靠尺检查靠尺与墙体之间的间隙
	挂砖墙面		7	
	红砖清水墙面		5	
炉膛长度和宽度			± 10	—
炉膛两对角线长度之差			15	—
烟道的宽度、高度			± 15	—
拱顶跨度			± 10	— | 第 8.0.11 条 砌体各部位砖缝的允许厚度,应符合表 8.0.11 的规定。 表 8.0.11 砌体各部位砖缝的允许厚度 | 部位名称		砖缝允许厚度(mm)			
---	---	---	---	---	---
		Ⅰ	Ⅱ	Ⅲ	Ⅳ
落灰斗					3
燃烧室	无水冷壁		2		
	有水冷壁			3	
前后拱及各类拱门			2		
折焰墙				3	
炉顶				3	
省煤器				3	
硅藻土砖					5
烧嘴砖			2		
红砖外墙					8～10	 第 8.0.12 条 砌体砖缝回家的饱满程度不应低于 90%;砌体砖缝的厚度应在炉子每部分砌体每 5m² 的表面上用塞尺检查 10 处,其中比规定砖缝厚度大于 50% 以内的砖缝,不应超过下列的规定: 一、Ⅰ 类砌体为 4 处; 二、Ⅱ 类砌体为 4 处; 三、Ⅲ 类砌体为 5 处; 四、Ⅳ 类砌体为 5 处。

表 5-49 炉墙砌筑焊接监督记录

单位工程名称：　　　　　　　　　　　　　　　　　　　　　　　第　页,共　页

被检查单位			监督抽查时间	
监督检查部位	锅炉名称或位号：			
检查依据	□ GB 50273　□设计文件 □设备技术文件□中国石油天然气集团公司工程建设项目质量管理规定□			

□炉墙砌筑外观质量

编号	灰缝宽度	平整度	垂直度	膨胀缝宽度	炉膛长度	炉膛宽度	对角线长度

描述：

□抽查主要资料

检查项目	设计文件	施工技术交底	施工检查记录	质量验收记录	其他资料
符合情况					

描述：

□质量行为

检查项目	施工方案	验收程序	验收内容	验收手续
符合情况				

描述：

□其他检查内容情况

监督工程师：

六、烘炉

（一）监督抽查的频次

监督抽查的频次至少 1 次，且覆盖到单项工程内所有类别锅炉。

（二）监督抽查的时机

（1）抽查的单元划分：按照事先与监理单位约定，抽查的基本单元可以是每种型号的锅炉。

（2）到位时段：

① 监督单位接到监理单位正式的报监。

② 符合规范要求的检验批验收条件之后到位监督，也可在检验批验收后检查验收记录及相关见证资料。

（三）监督抽查的依据

监督抽查的主要依据有 GB 50273《锅炉安装工程施工及验收规范》及设计文件。

（四）监督抽查的内容

工程质量监督人员应抽查但不限于下列内容：

（1）抽查烘炉方案或技术交底记录。

（2）抽查烘炉施工是否符合设计文件要求。

（3）抽查烘炉资料是否符合规范要求。

（4）抽查烘炉质量验收参与各方质量行为情况，烘炉质量要求见表 5-50。

（五）监督抽查记录

工程质量监督人员在进行监督抽查时，应及时填写《烘炉焊接监督记录》表单（表 5-51）。

七、管道安装

（一）监督抽查频次

覆盖到每个单位工程。

（二）监督抽查时机

锅炉本体安装完毕并验收合格；管材、管件和阀门等管道组成件及焊接材料经施工单位检验合格并得到监理单位确认；有可供抽查的管道组对作业面或已经完成的工程部位；施工单位管道组对自查合格并提供自查记录，能提供管道焊接施工方案等，监理单位能提供平行检验记录和对管道组对检查合格的书面文件。最好选择在管道焊接过程中。

表 5-50 烘炉质量要求

检查项目	设计文件	执行标准
		GB 50273《锅炉安装工程施工及验收规范》
验收要求	烘炉符合设计文件的要求	第9.1.1条 烘炉前,应制订烘炉方案,并应具备下列条件: 锅炉及其水处理、汽水、排污、输煤、除渣、送风、除尘、照明、循环冷却水等系统均应安装完毕,并经试运转合格。 炉体砌筑和绝热工程应结束,并经炉体漏风试验合格。 水位表、压力表、测温仪表等烘炉需用的热工和电气仪表均应安装和试验完毕。 锅炉给水应符合国际标准《低压锅炉水质标准》的规定。 锅筒和集箱上的膨胀指示器应安装完毕,在冷状态下应调整到零位。 炉墙上的测温点或灰浆取样点应设置完毕。 应有烘炉升温曲线图。 管道、风道、烟道、灰道、阀门及挡板均应标明介质流向、开启方向和开度指示。 炉内外及各通道应全部清理完毕。 第9.1.2条 烘炉可根据现场条件,采用火焰、蒸汽等方法进行;蒸汽烘炉适用于有水冷壁的各种类型的锅炉,用于链条炉排的燃料不应有铁钉等金属杂物。 第9.1.3条 火焰烘炉应符合下列要求: 一、火焰应集中在炉膛中央,烘炉初期宜采用文火烘焙,初期以后的火势应均匀,并逐日缓慢加大。 二、链条炉排在烘炉过程中应定期转动,并应防止烧坏炉排。 三、烘炉温升应按过热器后(或相当位置)的烟气温度测定。 根据不同的炉墙结构,其温升应符合下列规定: 1. 重型炉墙第一天温升不宜大于50℃,以后每天温升不宜大于20℃,后期烟温不应大于220℃; 2. 砖砌轻型炉墙温升每天不应大于80℃,后期烟温不应大于160℃; 3. 耐火浇注斜炉墙养护期满后,方可开始烘炉;温升每小时不应大于10℃,后期烟温不应大于160℃,在最高温度范围内的持续时间不应小于24h。 四、当炉墙特别潮湿时,应适当减慢升温速度,延长烘炉时间。 第9.1.4条 蒸汽烘炉应符合下列要求: 一、应采用0.3~0.4MPa的饱和蒸汽从水冷壁集箱的排污阀处连续、均匀地送入锅炉,逐渐加热炉水;炉水水位应保持正常,温度宜为90℃,烘炉后期宜补用火焰烘炉。 二、应开启必要的挡板和炉门排除湿气,并应使炉墙各部均能烘干。 第9.1.5条 烘炉时间应根据锅炉类型、砌体湿度和自然通风干燥程度确定,宜为14~16天;但整体安装的锅炉,宜为2~4天。 第9.1.6条 烘炉时,应经常检查砌体的膨胀情况。当出现裂纹或变形迹象时,应减慢升温速度,并应查明原因后,采取相应措施。 第9.1.7条 烘炉满足下列要求之一,应判定为合格: 一、当采用炉墙灰浆试样法时,在燃烧室两侧墙的中部、炉排上方1.5~2m处,或燃烧器上方1~1.5m处和过热器两侧墙的中部,取黏土砖、红砖的丁字交叉缝处的灰浆样品各50g测定,其含水率均应小于2.5%。 二、当采用测温法时,在燃烧室两侧墙的中部、炉排上方1.5~2m处,或燃烧器上方1~1.5m处,测定红砖墙外表面向内100mm处的温度应达到50℃,并继续维持48h;或测定过热器两侧墙黏土砖与绝热层结合处的温度应达到100℃,并继续维持48h。 第9.1.8条 烘炉过程中应测定和绘制实际升温曲线图。

表 5-51 烘炉焊接监督记录

单位工程名称： 第 页,共 页

被检查单位			监督抽查时间	
监督检查部位	锅炉名称或位号：			
检查依据	□ GB 50273 □设计文件 □设备技术文件□中国石油天然气集团公司工程建设项目质量管理规定□			

□烘炉质量

编号	烘炉方法	灰浆含水率	裂纹及变形	升温速率	升温偏差	后期烟温	烘炉时间	结论

描述：

□抽查主要资料

检查项目	设计文件	施工技术交底	烘炉检查记录	质量验收记录	其他资料
符合情况					

描述：

□质量行为

检查项目	施工方案	验收程序	验收内容	验收手续
符合情况				

描述：

□其他检查内容情况

监督工程师：

（三）监督抽查依据

GB 50235《工业金属管道工程施工及验收规范》、SH/T 3501《石油化工有毒、可燃介质钢制管道工程施工及验收规范》及相关设计文件等。

（四）监督抽查内容

（1）资料核查：管材、管件及阀门等管道组成件及焊接材料的质量证明文件和复验报告；焊工资格证书；焊接工艺评定、管道焊接施工方案或焊接作业指导书；监理单位的平行检验记录等。

（2）抽查管道组成件和焊材向监理单位报验情况。

（3）抽查焊工资格及焊工报验情况。

（4）抽查管道焊缝设置是否符合工艺文件和相关标准的要求。

（5）抽查管道组对质量是否符合标准规范要求。

（6）抽查管材、焊材、焊接方法、接头设计、焊接防护措施、焊接工艺参数等是否符合焊接工艺规程的规定。

（7）抽查焊缝外观质量是否符合相关规范的要求。

（8）抽查焊缝无损检测情况。

（五）监督抽查记录

监督抽查时，及时填写《管道安装监督抽查记录》表单（表5-52），对于表单覆盖不了的内容，应同时填写质量监督巡视检查记录。

八、水压试验

（一）监督抽查的频次

监督抽查的频次至少1次，且覆盖到单项工程内所有类别锅炉。

（二）监督抽查的时机

（1）抽查的单元划分：按照事先与监理单位约定，抽查的基本单元可以是每种型号的锅炉。

（2）到位时段：

① 监督单位接到监理单位正式的报监。

② 符合规范要求的检验批验收条件之后到位监督，也可在检验批验收后检查验收记录及相关见证资料。

（三）监督抽查的依据

监督抽查的主要依据有 GB 50273《锅炉安装工程施工及验收规范》及设计文件。

（四）监督抽查的内容

工程质量监督人员应抽查但不限于下列内容：

（1）抽查水压试验方案或技术交底记录。

表 5-52　管道安装监督抽查记录

单位工程名称：			第　页,共　页
监督检查部位			监督检查时间：
被检查单位			
设备名称：	设备规格：		设备位号：
监检点：管道安装		是否下发质量问题处理通知书 □是　□否　编号：	
检查依据:GB 50235《工业金属管道工程施工及验收规范》、SH/T 3501《石油化工有毒、可燃介质钢制管道工程施工及验收规范》及相关设计文件等。			
资料核查			
管道组成件和焊材、焊机等是否向监理单位报验 □是　□否		管道焊缝设置是否符合工艺文件和相关标准的要求 □是　□否	
焊工资格及报验情况是否符合要求 □是　□否		管道组对质量是否符合规范要求 □是　□否	
管材、焊材、焊接方法、接头设计、焊接防护措施、焊接工艺参数等是否符合焊接工艺规程的规定 □是　□否		焊缝外观质量是否符合规范的要求 □是　□否	
焊缝无损检测是否符合规范要求 □是　□否			
存在问题			
检查结论			
监督人员：		总监督工程师(审核)：	

（2）抽查水压试验施工是否符合设计文件要求。
（3）抽查水压试验资料是否符合规范要求。
（4）抽查水压试验质量验收参与各方质量行为情况。
管道安装质量要求见表5-53。

（五）监督抽查记录

工程质量监督人员在进行监督抽查时，应及时填写《水压试验焊接监督记录》表单（表5-54）。

表5-53 管道安装质量要求

检查项目	执行标准	
	设计文件	GB 50273《锅炉安装工程施工及验收规范》
验收要求	水压试验符合设计文件的要求	第5.0.1条 锅炉的汽、水压力系统及其附属装置安装完毕后，必须进行水压试验。 第5.0.2条 主汽阀、出水阀、排污阀和给水截止阀应与锅炉一起作水压试验，安全阀应单独作水压试验。 第5.0.3条 水压试验的压力应符合表5.0.3的规定。 表5.0.3 水压试验的压力（MPa） | 名　称	锅筒工作压力 p	试验压力
锅炉本体及过热器	< 0.59	$1.5p$，且不小于0.20
	0.59～1.18	$p+0.29$
	> 1.18	$1.25p$
可分式省煤器		$1.25p+0.49$ | 第5.0.4条 水压试验前的检查应符合下列要求： 一、对锅筒、集箱等受压部件应进行内部清理和表面检查。 二、检查水冷壁，对流管束及其他管子应畅通。 三、装设的压力表不应少于2只，其精度等级不应低于2.5级；额定工作压力为2.5MPa的锅炉，精度等级不应低于1.5级。压力表经过校验应合格，其表盘量程应为试验压力的1.5～3倍，宜选用2倍。 四、应装设排水管道和放空阀。 第5.0.5条 水压试验应符合下列要求： 一、水压试验的环境温度不应低于5℃，当环境温度低于5℃时，应有防冻措施。 二、水温应高于周围露点温度。 三、锅炉应充满水，待排尽空气后，方可关闭放空阀。 四、当初步检查无漏水现象时，再缓慢升压，当升到0.3～0.4MPa时应进行一次检查，必要时可拧紧人孔、手孔和法兰等的螺栓。 五、当水压上升到额定工作压力时，暂停升压，检查各部分，应无漏水或变形等异常现象，然后应关闭就地水位计，继续升到试验压力，并保持5min，其间压力下降不应超过0.05MPa，最后回降到额定工作压力进行检查，检查期间压力应保持不变，水压试验时受压元件金属壁和焊缝上应无水珠和水雾，胀口不应滴水珠。 第5.0.6条 当水压试验不合格时，应返修。返修后应重做水压试验。 第5.0.7条 水压试验后，应及时将锅炉内的水全部放尽。当立式过热器内的水不能放尽时，在冰冻期应采取防冻措施。 第5.0.8条 每次水压试验应有记录，水压试验合格后应办理签证手续。

表 5-54 水压试验焊接监督记录

单位工程名称：　　　　　　　　　　　　　　　　　　　　　　　　　　第　页，共　页

被检查单位			监督抽查时间	
监督检查部位	锅炉名称或位号：			
检查依据	□ GB 50273　　□设计文件 □设备技术文件　　□中国石油天然气集团公司工程建设项目质量管理规定　　□			

□水压试验质量

锅炉编号	试验压力，MPa	稳压时间，min	环境温度，℃	水温，℃	结论

描述：

□抽查主要资料

检查项目	设计文件	施工技术交底	试压检查记录	质量验收记录	其他资料
符合情况					

描述：

□质量行为

检查项目	试压方案	试压程序	验收内容	验收手续
符合情况				

描述：

□其他检查内容情况

监督工程师：

第六章 防腐、绝热工程质量监督

第一节 防腐工程

一、除锈检查

(一)监督抽查的频次

监督抽查要覆盖到各施工单位,抽查数量可根据工程量大小确定,抽查频次不小于1次。对于需编制监督方案的较大项目,应在方案中明确检查频次。

(二)监督抽查时机

基本单元施工结束后,监督机构收到监理单位书面报监后按照约定的时间进行抽查。按照事先与监理单位约定,抽查的基本单元可以是一个时期、一个批次或一个分项。

(三)监督抽查的依据

监督抽查的主要依据有 GB 50726《工业设备及管道防腐蚀工程施工规范》;GB 50727《工业设备及管道防腐蚀工程施工质量验收规范》;GB/T 8923.1《涂覆涂料前钢材表面处理表面清洁度的目视评定 第1部分:未涂覆过的钢材表面和全面清除原有涂层后的锈蚀等级和处理等级》的有关规定,以及其他有关标准等。

(四)监督抽查的内容

工程质量监督人员应抽查但不仅限于下列内容:
(1)检查除锈等级、除锈质量;基体表面粗糙度等级是否满足设计和规范要求。
(2)核查施工单位和监理单位记录、签认与现场符合性。

(五)监督抽查的记录

工程质量监督人员在进行监督抽查时,应及时填写《除锈监督记录》表单(表6-1)。对于《除锈监督记录》表单覆盖不了的其他监督检查内容,应同时填写质量监督巡视检查记录。

二、防腐层质量

(一)监督抽查的频次

监督抽查要覆盖到各施工单位,抽查数量可根据工程量大小确定,抽查频次不小于1次。对于需编制监督方案的较大项目,应在方案中明确检查频次。

表 6-1　除锈监督记录

单位工程名称：		第 1 页，共 1 页	
被检查单位：		监督检查时间	
监督检查部位：			
除锈检查 质监点第 1 次抽查质监点名称：除锈 检查方式：必监点抽查(　　)　　　　　巡查(　　)			
除锈等级、除锈质量否满足设计和规范要求			
是否符合要求	存在缺陷	问题情况	
○是 ○否		○未发现问题 ○存在问题	
添加 问题情况描述或其他：			
基体表面粗糙度等级是否满足设计和规范要求			
是否符合要求	存在缺陷	问题情况	
○是 ○否		○未发现问题 ○存在问题	
问题情况描述或其他：			
施工单位记录、签认与现场符合性			
是否符合要求	存在缺陷	问题情况	
○是 ○否		○未发现问题 ○存在问题	
问题情况描述或其他：			
监理单位记录、签认与现场符合性			
是否符合要求	存在缺陷	问题情况	
○是 ○否		○未发现问题 ○存在问题	
问题情况描述或其他：			
存在问题 问题情况描述或其他：			
监督结论			
监督工程师：		总监督工程师：	

(二)监督抽查的时机

基本单元施工结束后,监督机构收到监理单位书面报监后按照约定的时间进行抽查。按照事先与监理单位约定,抽查的基本单元可以是一个时期、一个批次或一个分项。

(三)监督抽查的依据

监督抽查的主要依据有 GB 50726《工业设备及管道防腐蚀工程施工规范》;GB 50727《工业设备及管道防腐蚀工程施工质量验收规范》,以及其他有关标准等。

(四)监督抽查的内容

工程质量监督人员应抽查但不仅限于下列内容:

(1)抽查防腐层结构、厚度、搭接、附着力是否满足设计或规范要求;是否有针眼、漏点等质量缺陷。

(2)核查施工单位和监理单位记录、签认与现场符合性。

(五)监督抽查的记录

工程质量监督人员在进行监督抽查时,应及时填写《防腐层监督记录》表单(表6-2)。对于《防腐层监督记录》表单覆盖不了的其他监督检查内容,应同时填写质量监督巡视检查记录。

三、补口、补伤质量

(一)监督抽查的频次

监督抽查要覆盖到各施工单位,抽查数量可根据工程量大小确定,抽查频次不小于1次。对于需编制监督方案的较大项目,应在方案中明确检查频次。

(二)监督抽查的时机

基本单元施工结束后,监督机构收到监理单位书面报监后按照约定的时间进行抽查。按照事先与监理单位约定,抽查的基本单元可以是一个时期、一个批次或一个分项。

(三)监督抽查的依据

监督抽查的主要依据有 GB 50726《工业设备及管道防腐蚀工程施工规范》;GB 50727《工业设备及管道防腐蚀工程施工质量验收规范》,以及其他有关标准等。

(四)监督抽查的内容

工程质量监督人员应抽查但不仅限于下列内容:

(1)抽查补口、补伤处的防腐层搭接、附着力是否满足设计和规范要求。

(2)核查施工单位和监理单位记录、签认与现场符合性。

(五)监督抽查的记录

工程质量监督人员在进行监督抽查时,应及时填写《补口、补伤质量监督记录》表单(表6-3)。对于《补口、补伤质量监督记录》表单覆盖不了的其他监督检查内容,应同时填写质量监督巡视检查记录。

表 6-2　防腐层监督记录

单位工程名称：						第 1 页,共 1 页	
被检查单位：				监督检查时间			
监督检查部位：							

防腐层抽查 质监点第 1 次抽查质监点名称:防腐层抽查 检查方式：必监点抽查(　　)　　　　　巡查(　　)

防腐层是否满足设计或规范要求						
厚度	搭接	附着力	针眼	漏点	存在缺陷	问题情况
			○有 ○无	○有 ○无		○未发现问题 ○存在问题

添加：
问题情况描述或其他：

施工单位和监理单位记录、签认与现场符合性					
施工方案是否经业主或监理单位审批	是否有监理认定合格的防腐层材料质量证明文件及书面文件	是否有施工单位提供的防腐层施工记录、防腐隐蔽记录及自检记录	是否有监理单位对防腐层平行检查记录及认定合格的书面文件	存在缺陷	问题情况
○是 ○否	○是 ○否	○是 ○否	○是 ○否		○未发现问题 ○存在问题

添加：
问题情况描述或其他：

存在问题

监督结论

监督工程师：	总监督工程师：

表 6-3 补口、补伤质量监督记录

单位工程名称:		第 1 页,共 1 页
被检查单位:	监督检查时间	
监督检查部位:		

补口、补伤质量抽查
质监点第 1 次抽查质监点名称:补口、补伤质量抽查
检查方式:必监点抽查(　　)　　　　　　巡查(　　)

防腐层补口、补伤质量是否满足设计或规范要求

搭接	附着力	存在缺陷	问题情况
			○未发现问题 ○存在问题

添加:
问题情况描述或其他:

施工单位和监理单位记录、签认与现场符合性

施工方案是否经业主或监理单位审批	是否有监理认定合格的补口、补伤材料质量证明文件及书面文件	是否有施工单位提供的防腐层补口、补伤施工记录、隐蔽记录及自检记录	是否有监理单位对防腐层补口、补伤平行检查记录及认定合格的书面文件	存在缺陷	问题情况
○是 ○否	○是 ○否	○是 ○否	○是 ○否		○未发现问题 ○存在问题

添加:
问题情况描述或其他:

存在问题

监督结论

监督工程师:	总监督工程师:

第二节 绝热工程

一、绝热层质量

(一)监督抽查的频次

监督抽查要覆盖到各施工单位,抽查数量可根据工程量大小确定,抽查频次不小于1次。对于需编制监督方案的较大项目,应在方案中明确检查频次。

(二)监督抽查的时机

基本单元施工结束后,监督机构收到监理单位书面报监后按照约定的时间进行抽查。按照事先与监理单位约定,抽查的基本单元可以是一个时期、一个批次或一个分项。

(三)监督抽查的依据

监督抽查的主要依据有 GB 50126《工业设备及管道绝热工程施工规范》;GB 50185《工业设备及管道绝热工程施工质量验收规范》;GB 50645《石油化工绝热工程施工质量验收规范》,以及其他有关标准等。

(四)监督抽查的内容

工程质量监督人员应抽查但不仅限于下列内容:
(1)抽查绝热层材料、厚度、接缝、固定是否满足设计和规范要求。
(2)核查施工单位和监理单位记录、签认与现场符合性。

(五)监督抽查的记录

工程质量监督人员在进行监督抽查时,应及时填写《绝热层质量监督记录》表单(表6-4)。对于《绝热层质量监督记录》表单覆盖不了的其他监督检查内容,应同时填写质量监督巡视检查记录。

二、防潮层质量

(一)监督抽查的频次

监督抽查要覆盖到各施工单位,抽查数量可根据工程量大小确定,抽查频次不小于1次。对于需编制监督方案的较大项目,应在方案中明确检查频次。

(二)监督抽查的时机

基本单元施工结束后,监督机构收到监理单位书面报监后按照约定的时间进行抽查。按照事先与监理单位约定,抽查的基本单元可以是一个时期、一个批次或一个分项。

表 6-4 绝热层质量监督记录

单位工程名称:		第 1 页,共 1 页	
被检查单位:		监督检查时间	
监督检查部位:			

绝热层质量抽查 质监点第 1 次抽查质监点名称:绝热层质量抽查 检查方式:必监点抽查(   )　　　　　巡查(   )

绝热层质量是否满足设计或规范要求				
厚度	接缝	固定	存在缺陷	问题情况
				○未发现问题 ○存在问题

添加:
问题情况描述或其他:

施工单位和监理单位记录、签认与现场符合性					
施工方案是否经业主或监理单位审批	是否有监理认定合格的绝热层材料质量证明文件及书面文件	是否有施工单位提供的绝热层施工记录及自检记录	是否有监理单位对绝热层平行检查记录及认定合格的书面文件	存在缺陷	问题情况
○是 ○否	○是 ○否	○是 ○否	○是 ○否		○未发现问题 ○存在问题

添加:
问题情况描述或其他:

存在问题

监督结论

监督工程师:	总监督工程师:

(三)监督抽查的依据

监督抽查的主要依据有 GB 50126《工业设备及管道绝热工程施工规范》;GB 50185《工业设备及管道绝热工程施工质量验收规范》;GB 50645《石油化工绝热工程施工质量验收规范》,以及其他有关标准等。

(四)监督抽查的内容

工程质量监督人员应抽查但不仅限于下列内容:
(1)核查绝热层材料、厚度是否满足设计和规范要求。
(2)核查施工单位和监理单位记录、签认与现场符合性。

(五)监督抽查的记录

工程质量监督人员在进行监督抽查时,应及时填写《防潮层质量监督记录》表单(表6-5)。对于《防潮层质量监督记录》表单覆盖不了的其他监督检查内容,应同时填写质量监督巡视检查记录。

三、保护层层质量

(一)监督抽查的频次

监督抽查要覆盖到各施工单位,抽查数量可根据工程量大小确定,抽查频次不小于1次。对于需编制监督方案的较大项目,应在方案中明确检查频次。

(二)监督抽查的时机

基本单元施工结束后,监督机构收到监理单位书面报监后按照约定的时间进行抽查。按照事先与监理单位约定,抽查的基本单元可以是一个时期、一个批次或一个分项。

(三)监督抽查的依据

监督抽查的主要依据有 GB 50126《工业设备及管道绝热工程施工规范》;GB 50185《工业设备及管道绝热工程施工质量验收规范》;GB 50645《石油化工绝热工程施工质量验收规范》,以及其他有关标准等。

(四)监督抽查的内容

工程质量监督人员应抽查但不仅限于下列内容:
(1)抽查保护层搭接、坡向、密封、直线度等外观质量是否满足设计和规范要求。
(2)核查施工单位和监理单位记录、签认与现场符合性。

(五)监督抽查的记录

工程质量监督人员在进行监督抽查时,应及时填写《保护层质量监督记录》表单(表6-6)。对于《保护层质量监督记录》表单覆盖不了的其他监督检查内容,应同时填写质量监督巡视检查记录。

表 6-5 防潮层质量监督记录

单位工程名称：		第 1 页，共 1 页
被检查单位：	监督检查时间	
监督检查部位：		

防潮层质量抽查
质监点第 1 次抽查质监点名称：防潮层质量抽查
检查方式：必监点抽查( )　　　　　　　巡查( )

绝热层质量是否满足设计或规范要求

厚度	接头及层次应密实、连续，无机械损伤	防潮层外不得设置铁丝、钢带等硬质捆扎件	防潮层应紧密粘贴在绝热层上，并应封闭良好，不得有虚粘、气泡、褶皱或裂缝等缺陷	防潮层表面应平整、无气泡、翘口、脱层、开裂等缺陷	存在缺陷	问题情况
						○未发现问题 ○存在问题

添加：
问题情况描述或其他：

施工单位和监理单位记录、签认与现场符合性

施工方案是否经业主或监理单位审批	是否有监理认定合格的绝热层材料质量证明文件及书面文件	是否有施工单位提供的绝热层施工记录及自检记录	是否有监理单位对绝热层平行检查记录及认定合格的书面文件	存在缺陷	问题情况
○是 ○否	○是 ○否	○是 ○否	○是 ○否		○未发现问题 ○存在问题

添加：
问题情况描述或其他：

存在问题

监督结论

监督工程师：	总监督工程师：

表 6-6 保护层质量监督记录

单位工程名称:		第 1 页,共 1 页
被检查单位:	监督检查时间	
监督检查部位:		

保护层质量抽查 质监点第 1 次抽查质监点名称:保护层质量抽查 检查方式:必监点抽查(　)　　　　巡查(　)					
保护层质量是否满足设计或规范要求					
搭接	坡向	密封	直线度	存在缺陷	问题情况
					○未发现问题 ○存在问题
添加: 问题情况描述或其他:					

施工单位和监理单位记录、签认与现场符合性					
施工方案是否经业主或监理单位审批	是否有监理认定合格的保护层材料质量证明文件及书面文件	是否有施工单位提供的保护层施工记录及自检记录	是否有监理单位对保护层平行检查记录及认定合格的书面文件	存在缺陷	问题情况
○是 ○否	○是 ○否	○是 ○否	○是 ○否		○未发现问题 ○存在问题
添加: 问题情况描述或其他:					

存在问题

监督结论

监督工程师:	总监督工程师:

第七章　电气安装工程质量监督

第一节　架空电力线路安装工程

一、杆塔基础验收(必监点)

(一)监督抽查的频次

监督抽查要覆盖到各单位工程,不同施工单位、不同地质条件及施工的不同时间段。抽查数量可根据工程量大小确定,各单位工程质监点监督抽查的数量不少于三处。

(二)监督抽查的时机

基础作业完成之后、杆塔组立之前,施工单位自查合格并已经得到监理单位的确认。监督机构在接到监理单位正式书面报监后可按照约定时间对杆塔的基础进行现场监督抽查。监督检查活动也可在不提前通知被监督方的情况下进行。

(三)监督抽查的依据

监督抽查的主要依据有 GB 50233—2014《110kV～750kV 架空输电线路施工及验收规范》、GB 50173—2014《66kV 及以下架空电力线路施工及验收规范》、SY 4206—2016《石油天然气建设工程施工质量验收规范 电气工程》,以及工程的设计文件、相关的技术协议等。

(四)监督抽查的内容

1. 资料核查

(1)核查使用的水泥、砂石等原材料的品种及规格是否符合设计要求,预制基础相应的合格证或检验报告。
(2)核查钢材、水泥等原材料的出厂质量证明文件及相关的复验报告。
(3)核查原材料及混凝土试块的见证取样和送检资料。
(4)核查混凝土配合比报告。
(5)核查施工单位施工记录。
(6)核查监理单位的监理资料。

2. 现场监督检查内容

(1)混凝土浇筑作业阶段现场监督的检查内容。
核查施工作业人员是否与申报人员相符合,人员专业配备和数量是否满足质量控制职责的需要。

(2) 杆塔基础作业完成之后、杆塔组立之前的检查内容。

① 检查浇筑基础表面是否平整,应无明显蜂窝、孔洞、露筋、夹渣层等缺陷。单腿尺寸允许偏差为:保护层厚度 −5mm;立柱及各底座断面尺寸 −1%。

② 检查浇筑基础中地脚螺栓及预埋件安装是否正确、牢固、无遗漏,螺栓与基础表面是否垂直,螺栓螺纹是否完好并加以保护;同组地脚螺栓中心对立柱中心偏移允许偏差为10mm,地脚螺栓露出混凝土面高度允许偏差为 +10mm,−5mm。

③ 检查整基铁塔基础回填土夯实后的质量情况,转角及终端塔的基础顶面在操平时,应使受压侧较高或按照设计要求。

3. 监督抽查质量要求

(1) 浇筑混凝土基础质量施工单位自检合格,结论准确,经监理认定合格,验收和审批程序符合质量验收规范和相关规定,并经监理签认。

(2) 质量保证资料真实、完整,无伪造虚假记录。

(3) 现场监督检查结果符合下列要求。

① 主要质量项目。

a) 符合下列标准强制性条文的要求:

GB 50233—2014《110kV~750kV 架空送电线路施工及验收规范》。

b) 浇筑基础所使用的钢材、水泥等原材料的品种、规格及混凝土强度应符合设计要求,并且应具有产品技术质量证明文件及钢材的复验报告、混凝土强度试验报告,且结论合格。

c) 基础混凝土中不应掺入氯盐。

② 一般项目。

a) 基础表面应平整,无明显缺陷。

b) 浇筑铁塔基础单腿尺寸的偏差不超过下列规定:保护层厚度 −5mm;立柱断面尺寸 −1%;同组地脚螺栓中心对立柱中心的偏移 10mm。

c) 地脚螺栓及预埋件的安装应牢固、正确、无遗漏;螺栓应与基础面垂直;螺栓螺纹应完好;螺栓长度应符合设计要求,并涂防锈剂保护。

d) 整基铁塔基础回填土夯实后的质量应符合下列要求。

——转角及终端塔的基础顶面在操平时,应使受压侧较高或按照设计要求。

——整基铁塔基础尺寸允许误差应符合规定要求。

(五)监督抽查的记录

工程质量监督人员在进行监督抽查时,应及时填写《杆塔基础验收监督记录》表单(表7-1)。对于表单覆盖不了的其他监督检查内容,应同时填写质量监督巡视检查记录。

表 7-1　杆塔基础验收监督记录

单位工程名称：　　　　　　　　　　　　　　　　　　　　　　　　　第　页,共　页

监督检查部位:		监督检查时间	年　月　日
被检查单位:			
质监点名称:杆塔基础验收 检查方式:必监点抽查(　)　　　巡查(　)　　　第　次抽查			
□砂、石、水泥质量证明文件及复试报告			
□混凝土配合比	附件:		是否发现问题 是(　)否(　)
□混凝土质量证明文件	附件:		是否发现问题 是(　)否(　)
□钢筋质量证明文件	附件:		是否发现问题 是(　)否(　)
□钢筋复试报告	附件:		是否发现问题 是(　)否(　)
□连接接头报告	附件:		是否发现问题 是(　)否(　)
添加 问题情况描述或其他:			
□工程定位测量记录			
□地基验槽记录	附件:		是否发现问题 是(　)否(　)
□地基钎探	附件:		是否发现问题 是(　)否(　)
□浇筑基础尺寸测量记录	附件:		是否发现问题 是(　)否(　)
□混凝土施工记录	附件:		是否发现问题 是(　)否(　)
□基础坑回填记录	附件:		是否发现问题 是(　)否(　)
□隐蔽工程记录	附件:		是否发现问题 是(　)否(　)
添加 问题情况描述或其他:			
□混凝土标准试件(抗压/抗渗/抗冻)检查情况			
□标准试件组数及统计平均值	附件:		是否发现问题 是(　)否(　)
□检测试件组数及统计平均值	附件:		是否发现问题 是(　)否(　)
添加 问题情况描述或其他:			
□基础结构实测实量			

续表

监督检查部位:		监督检查时间	年　月　日
被检查单位:			
质监点名称:杆塔基础验收 检查方式:必监点抽查(　　)　　　巡查(　　)　　　第　次抽查			
□整基基础中心与中心桩间之位移（30mm）	附件:		是否发现问题 是(　)否(　)
□基础根开及对角线尺寸,mm（±2,±1,±0.7）	附件:		是否发现问题 是(　)否(　)
□基础顶面或主角钢操平印记间的相对高差,mm（≤5mm）	附件:		是否发现问题 是(　)否(　)
□整基基础扭转（10mm,5mm）	附件:		是否发现问题 是(　)否(　)
实测　点,合格　点,合格率　% 问题情况描述或其他:			
□外观质量缺陷			
□有无露筋	附件:		是否发现问题 是(　)否(　)
□有无孔洞	附件:		是否发现问题 是(　)否(　)
□有无疏松	附件:		是否发现问题 是(　)否(　)
□有无裂纹	附件:		是否发现问题 是(　)否(　)
□有无外形缺陷	附件:		是否发现问题 是(　)否(　)
添加 问题情况描述或其他:			
监督工程师:		总监督工程师:	

二、杆塔组立(巡监点)

(一)监督抽查的频次

监督抽查要覆盖到各单位工程,且覆盖到不同施工单位、施工的不同时期,不同环境条件的一级或数级杆塔。监督抽查的次数不小于一次。

(二)监督抽查的时机

混凝土基础强度达到设计要求,铁塔基本单元组立完成,且在导线架设之前;施工单位自检合格,监理单位核验合格且签字认可。监督机构在接到监理单位正式的书面报监后可按照约定的时间进行现场监督检查。

(三)监督抽查的依据

监督抽查的主要依据有 GB 50233—2014《110kV～750kV 架空输电线路施工及验收规范》、GB 50173—2014《66kV 及以下架空电力线路施工及验收规范》、SY 4206—2016《石油天然气建设工程施工质量验收规范 电气工程》,以及工程的设计文件、相关的技术协议等。

(四)监督抽查的内容

1. 资料核查

(1)核查电焊工资格证书及施焊项目。
(2)核查混凝土电杆规格型号、铁塔材料的规格及其出厂质量证明文件是否符合设计要求。
(3)核查组立铁塔时混凝土基础强度(应注意报告、记录与组立时的日期)。
(4)核查施工单位杆塔组立施工记录及基础隐蔽工程记录。
(5)核查监理工程师对该工序的报验签认资料和旁站、平行检验等资料;监理工程师应对电杆结构根开、螺栓紧固值等进行平行检验;监理工程师应对焊接质量进行旁站,应按一定比例对焊接后的电杆弯曲度进行平行检验。
(6)核查工程质量验收记录。

2. 现场监督检查内容

监督抽查质量要求:

杆塔组立质量施工单位自检合格,结论正确,经监理认定合格,验收和审批程序符合质量验收规范和相关规定,并经监理签认。

质量保证资料真实、完整、无伪造虚假记录。

现场监督检查结果符合下列要求：

1）混凝土电杆、钢管电杆

（1）杆塔型号及规格应符合设计要求，并且应具有产品技术质量证明文件。

（2）混凝土电杆及预制构件在装卸及运输中不得互相碰撞、急剧坠落和不正确的支吊。钢管电杆在装卸及运输中应有保护措施。运至桩位的杆段及构件不应有明显的凹坑、扭曲等变形。

（3）钢圈连接的混凝土电杆，宜采用电弧焊接。

（4）检查整杆弯曲度是否符合下列要求。

电杆焊接后，放置地平面检查时，其分段及整根电杆的弯曲均不应超过其对应长度的2‰。超过时应割断调直，并应重新焊接。

（5）检查接头处防腐质量是否符合下列要求。

钢圈焊接接头焊完后应及时将表面铁锈、焊渣及氧化层清理干净，并应按设计要求进行防锈处理。设计无规定时，应涂刷防锈漆或采取其他防锈措施。

（6）现场监督检查结果符合下列要求：

① 符合 GB 50233—2014《110kV～750kV 架空输电线路施工及验收规范》、GB 50173—2014《66kV 及以下架空电力线路施工及验收规范》的要求。

混凝土电杆及预制构件在装卸及运输中严禁互相碰撞、急剧坠落和不正确的支吊，以防止混凝土产生裂缝和其他损伤。

电杆（钢管电杆）在装卸及运输中应有保护措施。运至桩位的杆段及构件不应有明显的凹坑、扭曲等变形。

② 电杆型号及规格应符合设计要求，并且应具有产品技术质量证明文件。

③ 钢圈焊接质量符合规范要求，焊接后电杆分段及整根的弯曲度不应超过其对应长度的 2‰。

④ 混凝土电杆上端应封堵。设计无特殊要求时，下端不应封堵，放水孔应打通。

⑤ 混凝土电杆在组立前应在根部标有明显埋入深度标志，埋入深度应符合设计要求。

⑥ 单电杆立好后应正直，位置偏差应符合规定：

⑦ 终端杆应向拉线受力侧预偏，其预偏值不应大于杆顶直径。紧线后不应向受力侧倾斜。

⑧ 双杆立好后应正直，位置偏差应符合规定：

⑨ 钢管电杆架线后，直线电杆的倾斜不应超过杆高的 5‰。转角杆组立前宜向受力侧预倾斜，预倾斜值应由设计确定。

2）铁塔组立

（1）杆塔型号及规格应符合设计要求，并且应具有产品技术质量证明文件。

（2）检查螺栓穿入方向是否符合要求。

（3）检查螺栓紧固值。

（4）螺栓扩孔部分不得超过 3mm，否则应先堵焊再扩孔；严禁用气割扩孔或烧孔。

（5）铁塔组立结束后，必须把螺栓全部紧固一次，架设导线后再复紧一遍。复紧并检查扭矩合格后，应随即对使用单螺母的螺栓的外露螺纹进行涂漆（使用防松螺栓除外）。

（6）铁塔组立后，检查塔脚板是否与基础面接触良好，有空隙时应垫铁片，并浇筑水泥砂浆。铁塔经检查合格后可随即浇筑混凝土保护帽；混凝土保护帽的尺寸应符合设计要求，与塔座接合应严密，且不得有裂缝。

（7）110kV 及以上铁塔组立后，各相邻节点间主材弯曲度不应超过 1/750。

铁塔组立的允许偏差、螺栓穿向及紧固值、塔脚板与基础接触面、螺孔扩孔方式、铁塔塔材的弯曲度等质量指标符合规范要求，保护帽质量符合要求。

（8）拉线盘的埋设深度和方向，应符合设计要求。拉线棒与拉线盘应垂直，连接处应采用双螺母，其外露地面部分的长度应为 500~700mm。

（9）拉线的安装应符合规定：

（10）跨越道路的水平拉线与拉桩杆的安装应符合规定。

（11）当一级电杆装设多条拉线时，各条拉线的受力应一致。

（12）杆塔的拉线应在监视下对称调整。

（13）对一般塔杆的拉线应及时进行调整收紧。对设计有初应力规定的拉线，应按设计要求的初应力允许范围且观察杆塔倾斜不超过允许值的情况下进行安装与调整。

（14）架线后应对全部拉线进行复查和调整，拉线安装后应符合规定。

（15）拉线应避免设在通道处，当无法避免时应在拉线下部设反光标志，且拉线上部应设绝缘子。

（16）顶(撑)杆的安装应符合规定。

（五）监督抽查的记录

工程质量监督人员在进行监督抽查时，应及时填写《杆塔组立监督记录》表单（表7-2 或表 7-3）。对于表单覆盖不了的其他监督检查内容，应同时填写质量监督巡视检查记录。

表 7-2 杆塔组立监督记录(适用于电杆)

单位工程名称： 第 页,共 页

监督检查部位：		监督检查时间	年 月 日
被检查单位：			
质监点名称:杆塔组立 检查方式:必监点抽查(　) 巡查(　) 第　次抽查			
□人员资格	附件：	是否发现问题 是(　)否(　)	
□计量器具	附件：	是否发现问题 是(　)否(　)	
□杆塔质量证明文件	附件：	是否发现问题 是(　)否(　)	
□电杆进场验收	附件：	是否发现问题 是(　)否(　)	
添加 问题情况描述或其他：			
□电杆组立			
□焊前处理	附件：	是否发现问题 是(　)否(　)	
□焊缝高度和宽度	附件：	是否发现问题 是(　)否(　)	
□焊缝外观缺陷	附件：	是否发现问题 是(　)否(　)	
□采用气焊时施工质量	附件：	是否发现问题 是(　)否(　)	
□整杆弯曲度	附件：	是否发现问题 是(　)否(　)	
□焊接接头防腐质量	附件：	是否发现问题 是(　)否(　)	
添加 问题情况描述或其他：			
□电杆位置偏差(单杆)			
□横向位移	附件：	是否发现问题 是(　)否(　)	
□倾斜	附件：	是否发现问题 是(　)否(　)	
添加 问题情况描述或其他：			
□电杆位置偏差(双杆)			
□横向位移	附件：	是否发现问题 是(　)否(　)	

续表

监督检查部位:		监督检查时间	年 月 日
被检查单位:			
质监点名称:杆塔组立 检查方式:必监点抽查( )　　　巡查( )　　　第　次抽查			
□倾斜	附件:		是否发现问题 是( )否( )
□迈步	附件:w		是否发现问题 是( )否( )
□根开	附件:		是否发现问题 是( )否( )
□高低差	附件:		是否发现问题 是( )否( )
添加 问题情况描述或其他:			
□拉线			
□拉线盘的埋设深度和方向	附件:		是否发现问题 是( )否( )
□拉线的安装	附件:		是否发现问题 是( )否( )
□拉桩杆的安装	附件:		是否发现问题 是( )否( )
□复查和调整	附件:		是否发现问题 是( )否( )
□顶(撑)杆的安装	附件:		是否发现问题 是( )否( )
添加 问题情况描述或其他:			
□电杆施工记录	附件:		是否发现问题 是( )否( )
添加 问题情况描述或其他:			
监督工程师:		总监督工程师:	

表 7-3 杆塔组立监督记录(适用于铁塔)

单位工程名称：　　　　　　　　　　　　　　　　　　　　　　　　　　　第　页,共　页

监督检查部位：		监督检查时间	年　月　日
被检查单位：			
质监点名称：杆塔组立 检查方式：必监点抽查(　)　　　巡查(　)　　　第　次抽查			
□人员资格	附件：		是否发现问题 是(　)否(　)
□计量器具	附件：		是否发现问题 是(　)否(　)
□铁塔质量证明文件	附件：		是否发现问题 是(　)否(　)
□电杆进场验收	附件：		是否发现问题 是(　)否(　)
添加 问题情况描述或其他：			
□铁塔组立条件			
□混凝土抗压强度	附件：		是否发现问题 是(　)否(　)
□中间检查验收记录	附件：		是否发现问题 是(　)否(　)
添加 问题情况描述或其他：			
□铁塔组装			
□铁塔主材弯曲度	附件：		是否发现问题 是(　)否(　)
□螺栓穿入方向	附件：		是否发现问题 是(　)否(　)
□螺栓紧固值	附件：		是否发现问题 是(　)否(　)
□螺栓孔扩孔方式	附件：		是否发现问题 是(　)否(　)
□螺栓保护、防盗	附件：		是否发现问题 是(　)否(　)
□塔脚板与基础接触面	附件：		是否发现问题 是(　)否(　)
□混凝土保护帽与塔脚上部铁板结合	附件：		是否发现问题 是(　)否(　)
添加 问题情况描述或其他：			
□拉线			
□拉线盘的埋设深度和方向	附件：		是否发现问题 是(　)否(　)
□拉线的安装	附件：		是否发现问题 是(　)否(　)
□拉桩杆的安装	附件：		是否发现问题 是(　)否(　)

续表

监督检查部位:		监督检查时间	年　月　日
被检查单位:			
质监点名称:杆塔组立 检查方式:必监点抽查(　)　　　巡查(　)　　　第　次抽查			
□复查和调整	附件:		是否发现问题 是(　)否(　)
□顶(撑)杆的安装	附件:		是否发现问题 是(　)否(　)
添加 问题情况描述或其他:			
□电杆施工记录	附件:		是否发现问题 是(　)否(　)
添加 问题情况描述或其他:			
监督工程师:		总监督工程师:	

三、导(地)线架设(必监点)

(一)监督抽查的频次

监督抽查要覆盖到各单位工程,且覆盖到不同施工单位、施工的不同时期,不同环境条件的线路。监督抽查的次数不小于一次。

(二)监督抽查的时机

线路架设完毕,有可供抽查检查的线路交叉跨越点,施工单位自检合格,监理单位核验合格且已签字认可。监督机构在接到监理单位正式的书面报监后,按照约定的时间进行现场监督检查。

(三)监督抽查的依据

监督抽查的主要依据有 GB 50233—2014《110kV～750kV 架空输电线路施工及验收规范》、GB 50173—2014《66kV 及以下架空电力线路施工及验收规范》、SY 4206—2016《石油天然气建设工程施工质量验收规范 电气工程》,以及工程的设计文件、相关的技术协议等。

(四)监督抽查的内容

1. 资料核查

(1)核查导线、拉线、连接金具的规格型号及其出厂证明文件是否符合设计要求。

(2)核查施工方案。符合 GB 50233—2014《110kV～750kV 架空输电线路施工及验收规范》、GB 50173—2014《66kV 及以下架空电力线路施工及验收规范》的规定:放线前应有完整有效的架线(包括放线、紧线及附件安装等)施工技术文件。

(3)核查施工单位施工记录:

(4)核查监理工程师对材料及该工序的报验及其签认资料。核查监理工程师的平行检验资料,监理工程师应对被穿跨的位置和距离进行平行检验。

(5)核查工程质量验收记录。

2. 现场监督检查内容

1)监督抽查质量要求

(1)导线架设质量施工单位自检合格,结论准确,经监理认定合格,验收和审批程序符合质量验收规范和相关规定,并经监理签认。

(2)质量保证资料真实、完整、无伪造虚假记录。

2)现场监督检查结果符合要求

(1)放线前应编制架线施工技术文件。跨越电力线、弱电线路、铁路、公路、索道及通航河流时,应编制跨越施工技术措施。导线或架空线在跨越档内接头应符合设计要求。当设计无规定时,应符合规范的规定。

(2)放线过程中,对展放的导线或架空地线应进行外观检查,且应符合规定。

(3)放线滑轮的使用应符合规定,轮槽尺寸及所用材料应与导线或架空地线相适应。导线放线滑轮轮槽底部的轮径,应符合现行行业标准 DL/T 685《放线滑轮基本要求、检验规定及测试方法》的规定。

(4)绝缘导线应在放线施工前后进行外观检查和绝缘电阻的测量,绝缘电阻值应合格,绝缘层应无损伤。

(5)放、紧线过程中,导线不得在地面、杆塔、横担、架构、绝缘子及其他物体上拖拉,对牵引线头应设专人看护。

(6)对已展放的导线和地线应进行外观检查,导线和地线不应有散股、磨伤、断股、扭曲、金钩等缺陷。

(7)导线损伤补修处理标准和处理方法应符合规定。

(8)用作架空地线的镀锌钢绞线,其损伤处理标准应符合规定。

(9)绝缘导线损伤补修处理应符合规定。

(10)张力放线每相导线放完,应在牵张机前将导线临时锚固,锚线的水平张力不应超过导线设计计算拉断力的16%,锚固时导线与地面净空距离不应小于5m。

（11）张力放线、紧线及附件安装时，应防止导线损伤，在容易产生损伤处应采取防护措施。导线损伤的处理应符合规定。

（12）不同金属、不同规格、不同绞制方向的导线或架空地线，不得在同一个耐张段内连接。

（13）当导线或架空地线采用液压连接时，操作人员应经过培训及考试合格、持有操作许可证。连接完成并自检合格后，应在压接管上打上操作人员的钢印。

（14）导线或架空地线，应使用合格的电力金具配套接续管及耐张线夹进行连接。连接后的握着强度，应在架线施工前进行试件试验。试件不得少于3组（允许接续管与耐张线夹合为一组试件）。其试验握着强度不得小于导线或架空地线设计计算拉断力的95%。

（15）导线切割及连接应符合规定。

（16）接续管及耐张线夹压接后应检查外观质量。在一个档距内每根导线或架空地线上不应超过一个接续管和三个补修管，当张力放线时不应超过两个补修管，并应符合规定。

（17）1kV及以下架空电力线路的导线，当采用缠绕方法连接时，连接部分的线股应缠绕良好，不应有断股、松股等缺陷。

（18）绝缘导线的连接不得缠绕，应采用专用的线夹、接续管连接；绝缘导线连接后应进行绝缘处理；绝缘导线的全部端头、接头应进行绝缘护封，不得有导线、接头裸露，防止进水、进潮；绝缘导线接头应进行屏蔽处理。

（19）绝缘导线的承力接头的连接应采用钳压法、液压法施工，在接头处应安装绝缘护套，绝缘护套管径应为被处理部位接续管的1.5~2.0倍。

（20）绝缘导线承力接续应符合规定。

（21）绝缘导线剥离绝缘层、半导体层时应使用专用切削工具，不得损伤导线，绝缘层剥离长度应与连接金具长度相同，误差不应大于+10mm，绝缘层切口处应有45°倒角。

（22）紧线应在基础混凝土强度达到100%后施工，并应在全紧线段内杆塔已全部检查合格后再进行。

（23）紧线施工前应根据施工荷载验算耐张、转角型杆塔强度，必要时应装设临时拉线或进行补强。采用直线杆塔紧线时，应采用设计允许的杆塔做紧线临锚杆塔。

（24）紧线弧垂在挂线后应随即在该观测档检查，其允许偏差应符合规定。导线或架空地线各相间的弧垂应保持一致。

（25）导线的固定应牢固、可靠，且应符合规定。

（26）架空电力线路的导线与杆塔构件、拉线之间的最小间隙：35kV时不应小于600mm；3~10kV时不应小于200mm；3kV以下时不应小于100mm。

（27）绝缘子安装前应逐个表面清洗干净，并应逐个、逐串进行外观检查。安装时应检查碗头、球头与弹簧销子之间的间隙。在安装好弹簧销子的情况下球头不得自碗头中脱出。验收前应清除瓷、玻璃表面的污垢。有机复合绝缘子伞套的表面不应有开裂、脱落、破损等现象，绝缘子的芯棒与端部附件不应有明显的歪斜。

（28）安装针式绝缘子、线路柱式绝缘子时应加平垫及弹簧垫圈,安装应牢固。

（29）安装悬式、蝴蝶式绝缘子时,绝缘子安装应牢固,并应连接可靠,安装后不应积水。与电杆、横担及金具应无卡压现象,悬式绝缘子裙边与带电部位的间隙不应小于50mm。

（30）金具的镀锌层有局部碰损、剥落或缺锌时,应除锈后补刷防腐漆。

（31）弧垂合格后应及时安装附件,附件(包括防振动装置)安装时间不应超过5d。永久性防振装置难以立即安装时,应会同设计单位采取临时防振措施。

（32）悬垂线夹安装后,绝缘子串应垂直地平面,其在顺线路方向与垂直位置的偏移角不应超过5°,连续上(下)山坡处杆塔上的悬垂线夹的安装位置应符合设计要求。

（33）绝缘子串、导线及架空地线上的各种金具上的螺栓、穿钉及弹簧销子,除有固定的穿向外,其余穿向应统一。

（34）各种类型的铝质绞线,在与金具的线夹夹紧时,除并沟线夹及使用预绞丝护线条外,安装时应在铝股外缠绕铝包带。

（35）安装预绞丝护线条时,每条的中心与线夹中心应重合,对导线包裹应紧固。

（36）防振锤及阻尼线与被连接的导线或架空地线应在同一铅垂面内,设计有特殊要求时应按设计要求安装。其安装距离偏差应为±30mm。

（37）绝缘架空地线放电间隙的安装距离偏差应为±2mm。

（38）柔性引流线应呈近似悬链状自然下垂,其对杆塔及拉线等的电气间隙应符合设计要求。使用压接引流线时其中间不得有接头。刚性引流线的安装应符合设计要求。

（39）铝制引流板及并沟线夹的连接应平整、光洁。

（40）光缆盘运输到现场指定卸货点后,应进行检查和验收。

（41）光缆盘应直立装卸、运输及存放,不得平放。

（42）光缆的架线施工应符合规定。

（43）紧线时,应使用专用夹具。

（44）光纤的熔接应由专业人员操作。光纤的熔接应符合要求。

（45）光缆引下线夹具的安装应保证光缆顺直、圆滑,不得有硬弯、折角。

（46）紧线完成后应及时安装附件,光缆在滑轮中的停留时间不宜超过48h。附件安装后,当不能立即接头时,光纤端头应做密封处理。

（47）附件安装前光缆应接地。提线时与光缆接触的工具应包橡胶或缠绕铝包带,不得以硬质工具接触光缆表面。

（48）施工全过程中,光纤复合架空地线的曲率半径不得小于设计和制造厂的规定。

（49）光纤复合架空地线在同一处损伤、强度损失不超过总拉断力的17%时,应用光纤复合架空地线专用预绞丝补修。

（五）监督抽查的记录

工程质量监督人员在进行监督抽查时,应及时填写《导(地)线架设工程质量监督记录》表单(表7-4)。对于表单覆盖不了的其他监督检查内容,应同时填写质量监督巡视检查记录。

表 7-4 导(地)线架设工程质量监督记录

单位工程名称： 第 页,共 页

监督检查部位：		监督检查时间		年 月 日
被检查单位：				
质监点名称:导(地)线架设 检查方式:必监点抽查( ) 巡查( ) 第 次抽查				
□人员资格	附件：			是否发现问题 是( )否( )
□机具	附件：			是否发现问题 是( )否( )
□材料质量证明文件	附件：			是否发现问题 是( )否( )
□施工技术文件	附件：			是否发现问题 是( )否( )
添加 问题情况描述或其他：				
□导线或架空地线进场验收				
□外观检查	附件：			是否发现问题 是( )否( )
□损伤或断头处理	附件：			是否发现问题 是( )否( )
添加 问题情况描述或其他：				
□放线				
□架设天气确认	附件：			是否发现问题 是( )否( )
□放线前后外观检查	附件：			是否发现问题 是( )否( )
□绝缘电阻的测量	附件：			是否发现问题 是( )否( )
□损失修补	附件：			是否发现问题 是( )否( )
□交叉跨越	附件：			是否发现问题 是( )否( )
□跨越档内接头	附件：			是否发现问题 是( )否( )
□安全距离				
添加 问题情况描述或其他：				
□连接				
□握着强度	附件：			是否发现问题 是( )否( )
□导线切割及连接	附件：			是否发现问题 是( )否( )
□接续、修补	附件：			是否发现问题 是( )否( )
□接续外观检查	附件：			是否发现问题 是( )否( )
添加 问题情况描述或其他：				

续表

监督检查部位：		监督检查时间		年　月　日
被检查单位：				
质监点名称：导（地）线架设 检查方式：必监点抽查（　）　　　巡查（　）　　　第　次抽查				
□紧线				
□混凝土基础强度报告	附件：		是否发现问题 是（ ）否（ ）	
□弧垂观测	附件：		是否发现问题 是（ ）否（ ）	
□过牵引长度	附件：		是否发现问题 是（ ）否（ ）	
□附件安装	附件：		是否发现问题 是（ ）否（ ）	
添加 问题情况描述或其他：				
□光缆架设				
□品种、型号、规格	附件：		是否发现问题 是（ ）否（ ）	
□光纤衰减值	附件：		是否发现问题 是（ ）否（ ）	
□端头密封	附件：		是否发现问题 是（ ）否（ ）	
□光缆架线	附件：		是否发现问题 是（ ）否（ ）	
□光纤的熔接	附件：		是否发现问题 是（ ）否（ ）	
□光缆引下线	附件：		是否发现问题 是（ ）否（ ）	
□附件安装	附件：		是否发现问题 是（ ）否（ ）	
添加 问题情况描述或其他：				
□施工记录				
□交叉跨越、安全距离检测报告	附件：		是否发现问题 是（ ）否（ ）	
□导线接续试验报告	附件：		是否发现问题 是（ ）否（ ）	
□导线驰度观察施工记录	附件：		是否发现问题 是（ ）否（ ）	
□绝缘电阻测试记录	附件：		是否发现问题 是（ ）否（ ）	
添加 问题情况描述或其他：				
监督工程师：		总监督工程师：		

四、接地体(线)安装(必监点)

(一)监督抽查的频次

监督抽查要覆盖到各单位工程,且覆盖到施工作业期内不同施工单位不同时间段、不同区域的数个接地装置。监督抽查的次数不小于1次。

(二)监督抽查的时机

接地体、接地线连接敷设焊接及防腐施工完成,降阻剂在施工中或已施工完(有降阻剂时),土方尚未回填前,施工单位自检合格并已经得到监理单位的确认。监督机构在接到监理单位正式的书面报监后,可按照约定的时间进行现场监督检查。

(三)监督抽查的依据

监督抽查的主要依据有 GB 50233—2014《110kV～750kV 架空输电线路施工及验收规范》、GB 50173—2014《66kV 及以下架空电力线路施工及验收规范》、SY 4206—2016《石油天然气建设工程施工质量验收规范 电气工程》,以及工程的设计文件、相关的技术协议等。

(四)监督抽查的内容

1. 资料核查

(1)检查接地材料的的规格型号是否符合设计要求,其与出厂质量证明文件是否一致。

(2)检查施工单位的接地隐蔽工程记录、接地电阻测试记录及监理工程师对报验的签认和监理单位的平行检验记录。

(3)检查工程质量验收记录。

2. 现场监督检查内容

(1)检查接地材料的规格型号是否符合设计要求,其与出厂质量证明文件是否一致。当设计无要求时,接地装置的材料应采用钢材,并应热浸镀锌处理,电力线路杆塔的接地体引出线的截面不应小于 $50mm^2$,引出线应热镀锌。

(2)接地装置应按设计图敷设,受地质地形条件限制时,可作局部修改,并应在施工质量验收记录中绘制接地装置敷设简图,并标示相对位置和尺寸。

(3)接地装置的连接焊应可靠。连接前,应清除连接部位的铁锈及其附着物。

(4)采用水平敷设的接地体,应符合下列规定:

① 遇倾斜地形宜沿等高线敷设。

② 两接地体间的平行距离不应小于 5m。

③ 接地体铺设应平直。

(5)采用垂直接地体时,应垂直打入,并应与土壤保持良好接触。

（6）接地体的连接采用搭接焊时,应符合下列规定：

① 扁钢的搭接长度不应小于宽度的 2 倍,应四面施焊。

② 圆钢的搭接长度不应小于其直径的 6 倍,应双面施焊。

③ 圆钢与扁钢连接时,其搭接长度不应小于圆钢直径的 6 倍,应双面施焊。

④ 扁钢与钢管、扁钢与角钢焊接时,除应在其接触部位两侧进行焊接外,并应辅以由钢带弯成的弧形或直角形,应与钢管或角钢焊接。

⑤ 所有焊接部位均应进行防腐处理。

（7）当接地圆钢采用液压压接方式连接时,其接续管的型号与规格应与所压圆钢匹配。接续管的壁厚不得小于 3mm；搭接时接续管的长度不得小于圆钢直径的 10 倍,对接时接续管的长度不得小于圆钢直径的 20 倍。

（8）接地引下线与接地体连接应接触良好可靠,并便于解开进行测量接地电阻和检修。当引下线从架空地线上引下时,接地引下线应紧靠杆身,并应每隔一定距离与杆身固定。

（9）架空线路杆塔的每一腿均应与接地体引下线连接。

（10）检查接地体埋设深度,接地体顶面埋设深度应符合设计规定。当无规定时,不应小于 0.6m。

（11）检查接地线的保护措施是否符合下列要求。

接地线应采取防止发生机械损伤和化学腐蚀的措施。在与公路、铁路或管道等交叉及其他可能使接地线遭受损伤处,应用钢管或角钢等加以保护。

（12）接地电阻值应符合设计要求。

（五）监督抽查的记录

工程质量监督人员在进行监督抽查时,应及时填写《接地体(线)安装工程质量监督记录》表单(表 7-5)。对于表单覆盖不了的其他监督检查内容,应同时填写质量监督巡视检查记录。

表 7-5 接地体(线)安装工程质量监督记录

单位工程名称：　　　　　　　　　　　　　　　　　　　　　　　　　第　　页,共　　页

监督检查部位：		监督检查时间	年　月　日
被检查单位：			
质监点名称：接地体(线)安装 检查方式：必监点抽查(　) 巡查(　) 第　次抽查			
□资料核查			
□接地材料的质量证明文件	附件：		是否发现问题 是(　)否(　)
□隐蔽工程记录	附件：		是否发现问题 是(　)否(　)
□接地电阻测试记录	附件：		是否发现问题 是(　)否(　)
□工程质量验收记录	附件：		是否发现问题 是(　)否(　)
添加 问题情况描述或其他：			
□敷设方式检查情况			
□水平敷设	附件：		是否发现问题 是(　)否(　)
□垂直敷设	附件：		是否发现问题 是(　)否(　)
添加 问题情况描述或其他：			
□搭接长度			
□圆钢：	实测____点、合格____点、合格率____%；		是否发现问题 是(　)否(　)
□扁钢：	实测____点、合格____点、合格率____%；		是否发现问题 是(　)否(　)
添加 问题情况描述或其他：			
□焊接质量检查情况			
□连续、饱满、无咬肉	实测____点、合格____点、合格率____%		是否发现问题 是(　)否(　)
添加 问题情况描述或其他：			
□防腐处理检查情况	实测____点、合格____点、合格率____%		是否发现问题 是(　)否(　)
添加 问题情况描述或其他：			
□埋设深度检查情况	实测____点、合格____点、合格率____%		是否发现问题 是(　)否(　)
问题情况描述或其他：			
□保护措施检查情况	实测____点、合格____点、合格率____%		是否发现问题 是(　)否(　)
添加 问题情况描述或其他：			
监督工程师：		总监督工程师：	

第二节　电气装置安装工程

一、电缆(线)线路敷设

(一)监督检查的频次

监督抽查要覆盖到各单位工程,抽查数量可根据工程量大小确定,但各单位工程质监点的抽查频次不小于1次。对于需编制监督方案的较大项目,应在方案中明确检查频次。

(二)监督抽查的时机

现场质监点到位检查:主要是在电缆敷设完成,电缆尚未隐蔽,电缆交接试验合格,施工单位、监理单位对当前施工内容自检及核验合格;监督机构在接到监理单位书面报监后,可按照约定的时间、约定有关方面代表到现场进行监督抽查。监督检查活动也可在不提前通知被监督方的情况下进行。

检查的单元可以为电缆线路分项工程或检验批。

随机抽查(巡查):包括电缆隐蔽前、隐蔽后等整个施工过程。在隐蔽后可抽查已完工程的实体质量,施工记录、测试记录、监理记录等技术资料。抽查时间节点可在监理单位报监后的任意时间段。

(三)监督抽查的依据

监督抽查的主要依据有 GB 50168《电气装置安装工程 电缆线路施工及验收规范》、SY 4206《石油天然气建设工程施工质量验收规范 电气工程》、GB 50150《电气装置安装工程 电气设备交接试验标准》、设计文件以及其他有关标准等。

(四)监督抽查的内容

1. 现场监督抽查内容

工程质量监督人员现场应抽查但不仅限于下列内容:

(1)电缆及附件、防火阻燃材料规格、型号与设计的一致性以及报验情况、电缆的贮存等。

(2)电缆导管(保护管)的加工及敷设质量:管口加工质量、弯头数量及弯制质量、固定点间距、对焊连接方式、水平及垂直度、防腐情况、接地情况。

（3）电缆支（托、吊）架及槽盒安装：固定、螺栓连接、防腐、接地情况。

（4）电缆敷设：敷设路径、电缆排列方式、固定间距、表面损伤、电缆的弯曲半径、直埋电缆的埋设深度、保护措施、终端或中间接头连接、标识桩设置、交流单芯电缆的排列及保护方式、电缆终端头金属护层的接地、相序及标志、电缆沟或电缆通道的排水及杂物清理、电缆的接地。

（5）交叉及水平距离：与其他电缆、与各类管道、与热力设备、与铁路、公路、街道路面、与建筑物基础、排水沟交叉及水平距离。

（6）爆炸（火灾）危险环境的电气线路：电缆沟充砂及排水措施、电气线路敷设位置、桥架、导管等穿过不同区域间的隔离密封措施、电缆或导线的额定电压及截面、连接方式与分路、架空线路与爆炸（火灾）危险环境的水平距离、电缆进出设备、导管管口处的密封措施、钢管连接方式及连接质量。

（7）防火阻燃：防火阻燃措施、施工质量。

（8）电缆接地：屏蔽层或铠装接地。

（9）相关资料检查：

① 原材料的质量证明文件或复验报告。

② 施工图纸、设计变更等。

③ 过程资料：电缆隐蔽工程记录、电缆敷设记录、电缆头施工记录、绝缘电阻测试记录、交接试验报告、接地电阻测试记录。

④ 分部、分项或检验批质量验收记录。

⑤ 监理单位相关资料（旁站、平行检验、监理单位对施工单位材料和过程资料的签认文件、工程验收等）。

（10）其他有关质量情况的抽查。

2.现场检验方法及所需检验器具

（1）检验器具：钢卷尺、绝缘测试仪等。

（2）检验方法：观察检查、尺量法检查。

（五）监督抽查的记录

工程质量监督人员在进行监督抽查时，应及时填写《电缆线路敷设监督记录》表单（表7-6），对于本表单覆盖不了的其他监督检查内容，应同时填写质量监督巡视检查记录。

表 7-6　电缆线路敷设监督记录

单位工程名称：		第　页,共　页
被检查单位：	监督检查时间	
监督检查部位：		

质监点名称：电缆(线)线路敷设
检查方式：必监点抽查(　)　巡查(　)

□电缆及附件、防火阻燃材料

材料名称	规格型号	质量证明文件	是否已报验	是否发现问题
			是(　)否(　)	是(　)否(　)

添加
问题情况描述或其他：

□测试仪器

仪器名称	规格型号	精度	测量范围	检定证书	是否已报验	是否发现问题
					是(　)否(　)	是(　)否(　)

添加
问题情况描述或其他：

□电缆导管(保护管)的加工及敷设

□管口加工质量	附件：	是否发现问题 是(　)否(　)
□弯头数量及弯制质量	附件：	是否发现问题 是(　)否(　)
□固定点间距	附件：	是否发现问题 是(　)否(　)
□对焊连接方式	附件：	是否发现问题 是(　)否(　)
□水平及垂直度	附件：	是否发现问题 是(　)否(　)
□防腐情况	附件：	是否发现问题 是(　)否(　)
□接地情况	附件：	是否发现问题 是(　)否(　)

添加
问题情况描述或其他：

□电缆支(托、吊)架及槽盒安装

□固定	附件：	是否发现问题 是(　)否(　)

续表

单位工程名称：			第　页,共　页
被检查单位：		监督检查时间	
监督检查部位：			
质监点名称：电缆(线)线路敷设 检查方式：必监点抽查( )　巡查( )			
□螺栓连接	附件：		是否发现问题 是( )否( )
□防腐	附件：		是否发现问题 是( )否( )
□接地	附件：		是否发现问题 是( )否( )
添加 问题情况描述或其他：			
□电缆敷设			
□敷设路径	附件：		是否发现问题 是( )否( )
□电缆排列方式	附件：		是否发现问题 是( )否( )
□固定间距	附件：		是否发现问题 是( )否( )
□表面损伤	附件：		是否发现问题 是( )否( )
□电缆的弯曲半径	附件：		是否发现问题 是( )否( )
□直埋电缆的埋设深度	附件：		是否发现问题 是( )否( )
□保护措施	附件：		是否发现问题 是( )否( )
□终端或中间接头连接	附件：		是否发现问题 是( )否( )
□标识桩设置	附件：		是否发现问题 是( )否( )
□交流单芯电缆的排列及保护方式	附件：		是否发现问题 是( )否( )
□电缆终端头金属护层的接地、相序及标志	附件：		是否发现问题 是( )否( )
□电缆沟或电缆通道的排水及杂物清理	附件：		是否发现问题 是( )否( )
□电缆的接地	附件：		是否发现问题 是( )否( )
添加 问题情况描述或其他：			
□交叉及水平距离			
□与其他电缆	附件：		是否发现问题 是( )否( )

续表

单位工程名称：			第　页,共　页
被检查单位：		监督检查时间	
监督检查部位：			
质监点名称：电缆(线)线路敷设 检查方式：必监点抽查(　)　巡查(　)			
□与各类管道	附件：		是否发现问题 是(　)否(　)
□与热力设备	附件：		是否发现问题 是(　)否(　)
□与铁路、公路、街道路面	附件：		是否发现问题 是(　)否(　)
□与建筑物基础、排水沟	附件：		是否发现问题 是(　)否(　)
添加 问题情况描述或其他：			
□爆炸(火灾)危险环境的电气线路			
□电缆沟充砂及排水措施	附件：		是否发现问题 是(　)否(　)
□电气线路敷设位置	附件：		是否发现问题 是(　)否(　)
□桥架、导管等穿过不同区域间的隔离密封措施	附件：		是否发现问题 是(　)否(　)
□电缆或导线的额定电压及截面	附件：		是否发现问题 是(　)否(　)
□连接方式与分路	附件：		是否发现问题 是(　)否(　)
□架空线路与爆炸(火灾)危险环境的水平距离	附件：		是否发现问题 是(　)否(　)
□电缆进出设备、导管管口处的密封措施	附件：		是否发现问题 是(　)否(　)
□钢管连接方式及连接质量	附件：		是否发现问题 是(　)否(　)
添加 问题情况描述或其他：			
□防火阻燃			
□防火阻燃措施	附件：		是否发现问题 是(　)否(　)
□施工质量	附件：		是否发现问题 是(　)否(　)
添加 问题情况描述或其他：			

续表

单位工程名称：		第 页,共 页	
被检查单位：		监督检查时间	
监督检查部位：			
质监点名称：电缆(线)线路敷设 检查方式：必监点抽查（ ） 巡查（ ）			
□电缆接地			
□屏蔽层或铠装接地	附件：	是否发现问题 是（ ）否（ ）	
添加 问题情况描述或其他：			
□资料抽查			
□电缆隐蔽工程记录	附件：	是否发现问题 是（ ）否（ ）	
□电缆敷设记录	附件：	是否发现问题 是（ ）否（ ）	
□电缆头施工记录	附件：	是否发现问题 是（ ）否（ ）	
□绝缘电阻测试记录	附件：	是否发现问题 是（ ）否（ ）	
□交接试验报告	附件：	是否发现问题 是（ ）否（ ）	
□接地电阻测试记录	附件：	是否发现问题 是（ ）否（ ）	
□质量验收记录	附件：	是否发现问题 是（ ）否（ ）	
□监理单位相关资料	附件：	是否发现问题 是（ ）否（ ）	
添加 问题情况描述或其他：			
监督工程师：		总监督工程师：	

二、盘(柜)安装

（一）监督检查的频次

监督抽查要覆盖到各单位工程,抽查数量可根据工程量大小确定,但各单位工程质监点的抽查频次不小于1次。对于需编制监督方案的较大项目,应在方案中明确检查频次。

（二）监督抽查的时机

现场质监点到位检查：主要是在盘(柜)及其母线安装基本完毕,电气性能试验项目全部完成且合格,施工单位自检合格；监理单位核验合格；尚未送电投运；监督机构在接到监理单位书面报监后可按照约定的时间、约定有关方面代表到现场进行监督抽查。

检查的单元可以为盘(柜)安装分项工程或检验批。

(三)监督抽查的依据

监督抽查的主要依据有 GB 50171《电气装置安装工程 盘、柜及二次回路接线施工及验收规范》、GB 50149《电气装置安装工程 母线装置施工及验收规范》、GB 50147《电气装置安装工程 高压电器施工及验收规范》、GB 50150《电气装置安装工程 电气设备交接试验标准》、SY 4206《石油天然气建设工程施工质量验收规范 电气工程》、设计文件以及其他有关标准等。

(四)监督抽查的内容

1. 现场监督抽查内容

工程质量监督人员现场应抽查但不仅限于下列内容:

(1)盘柜、母线及附件的规格型号、质量证明文件与设计文件的一致性以及报验情况等。

(2)盘柜安装:基础槽钢安装误差、垂直度、水平偏差、盘面偏差、盘间接缝。

(3)安全防护装置及安全距离:电气闭锁及机械闭锁(高压柜的"五防"功能)、电气间隙及爬电距离。

(4)二次回路:接线、线路及电缆头固定、端子及电缆头编号或标识、绝缘测试。

(5)母线安装:母线外观及加工、母线连接、相序及相色、安全距离、螺栓紧固。

(6)接地:基础型钢接地、接地母线、盘柜金属门接地。

(7)相关资料检查:

① 设备材料的质量证明文件。

② 过程资料:盘柜安装检查记录、母线安装检查记录、绝缘电阻测试记录、交接试验报告、接地电阻测试记录。

③ 分部、分项、检验批质量验收记录。

④ 监理单位相关资料(旁站、平行检验、监理单位对施工单位材料和过程资料的签认文件、工程验收等)。

(8)其他有关质量情况的抽查。

2. 现场检验方法及所需检验器具

(1)检验器具:钢板尺(卷尺)、力矩扳手、磁力线坠等。

(2)检验方法:观察检查、尺量法检查、用力矩扳手检查。

(五)监督抽查的记录

工程质量监督人员在进行监督抽查时,应及时填写《盘(柜)安装监督记录》表单(表7-7),对于本表单覆盖不了的其他监督检查内容,应同时填写质量监督巡视检查记录。

表 7-7 盘(柜)安装监督记录

单位工程名称:				第 页,共 页	
被检查单位:			监督检查时间		
监督检查部位:					
质监点名称:盘(柜)安装 检查方式:必监点抽查( )　　　　　巡查( )					
□盘柜、母线及附件					
设备材料名称	规格型号	质量证明文件		是否已报验	是否发现问题
		附件:		是( )否( )	是( )否( )
添加 问题情况描述或其他:					
□测试仪器					
仪器名称	规格型号	精度	测量范围	检定证书	是否已报验	是否发现问题
					是( )否( )	是( )否( )
添加 问题情况描述或其他:					
□盘柜安装					
□基础槽钢安装误差	不直度:　　　　　　水平度: 位置偏差及不平行度:			是否发现问题 是( )否( )	
□垂直度				是否发现问题 是( )否( )	
□水平偏差	相邻两盘顶部:　　　　成列盘顶部:			是否发现问题 是( )否( )	
□盘面偏差	相邻两盘边:　　　　　成列盘面:			是否发现问题 是( )否( )	
□盘间接缝				是否发现问题 是( )否( )	
添加 问题情况描述或其他:					
□安全防护装置及安全距离					
□电气闭锁及机械闭锁	附件:			是否发现问题 是( )否( )	
□电气间隙及爬电距离	附件:			是否发现问题 是( )否( )	
添加 问题情况描述或其他:					
□二次回路					
□接线	附件:			是否发现问题 是( )否( )	
□线路及电缆头固定	附件:			是否发现问题 是( )否( )	
□端子及电缆头编号或标识	附件:			是否发现问题 是( )否( )	

续表

单位工程名称：			第 页,共 页	
被检查单位：		监督检查时间		
监督检查部位：				
质监点名称：盘（柜）安装 检查方式：必监点抽查（ ） 巡查（ ）				
□绝缘测试	附件：		是否发现问题 是（ ）否（ ）	
添加 问题情况描述或其他：				
□母线安装				
□母线外观及加工	附件：		是否发现问题 是（ ）否（ ）	
□母线连接	附件：		是否发现问题 是（ ）否（ ）	
□相序及相色	附件：		是否发现问题 是（ ）否（ ）	
□安全距离	附件：		是否发现问题 是（ ）否（ ）	
□螺栓紧固	附件：		是否发现问题 是（ ）否（ ）	
添加 问题情况描述或其他：				
□接地				
□基础型钢接地	附件：		是否发现问题 是（ ）否（ ）	
□接地母线	附件：		是否发现问题 是（ ）否（ ）	
□盘柜金属门接地	附件：		是否发现问题 是（ ）否（ ）	
添加 问题情况描述或其他：				
□资料抽查				
□盘柜安装检查记录	附件：		是否发现问题 是（ ）否（ ）	
□母线安装检查记录	附件：		是否发现问题 是（ ）否（ ）	
□绝缘电阻测试记录	附件：		是否发现问题 是（ ）否（ ）	
□交接试验报告	附件：		是否发现问题 是（ ）否（ ）	
□接地电阻测试记录	附件：		是否发现问题 是（ ）否（ ）	
□质量验收记录	附件：		是否发现问题 是（ ）否（ ）	
□监理单位相关资料	附件：		是否发现问题 是（ ）否（ ）	
添加 问题情况描述或其他：				
监督工程师：		总监督工程师：		

三、电机检查及接线

（一）监督检查的频次

监督抽查要覆盖到各单位工程，抽查数量可根据工程量大小确定，但各单位工程质监点的抽查频次不小于 1 次。对于需编制监督方案的较大项目，应在方案中明确检查频次。

（二）监督抽查的时机

现场质监点到位检查：主要是在电机安装完毕，电气性能试验项目全部完成且合格，施工单位自检合格；监理单位核验合格；尚未投运；监督机构在接到监理单位书面报监后可按照约定的时间、约定有关方面代表到现场进行监督抽查。

检查的单元可以为电机的检查和接线分项工程或检验批。

（三）监督抽查的依据

监督抽查的主要依据有 GB 50170《电气装置安装工程 旋转电机施工及验收规范》、SY 4206《石油天然气建设工程施工质量验收规范 电气工程》、GB 50150《电气装置安装工程电气设备交接试验标准》、设计文件以及其他有关标准等。

（四）监督抽查的内容

1. 现场监督抽查内容

工程质量监督人员现场应抽查但不仅限于下列内容：

（1）电机及附件的规格型号、质量证明文件与设计文件的一致性以及报验情况等。
（2）电机检查：铭牌及外观、盘动转子检查、绝缘测试或耐压试验。
（3）电机接线检查：引出线连接、电气间隙、绝缘检测、防爆电机进线口密封。
（4）试运转：转子盘动、空载试运。
（5）接地：电机外壳保护接地、条形底座电机接地。
（6）相关资料检查：
① 设备质量证明文件；
② 过程资料：交接试验报告、接地电阻测试记录、试运转记录；
③ 分部、分项或检验批质量验收记录；
④ 监理单位相关资料（旁站、平行检验、监理单位对施工单位材料和过程资料的签认文件、工程验收等）。
（7）其他有关质量情况的抽查。

2. 现场检验方法及所需检验器具

（1）检验器具：钢卷尺、绝缘测试仪等。
（2）检验方法：观察检查、尺量法检查、仪器测试。

（五）监督抽查的记录

工程质量监督人员在进行监督抽查时，应及时填写《电机检查及接线监督记录》表单（表7-8），对于本表单覆盖不了的其他监督检查内容，应同时填写质量监督巡视检查记录。

表 7-8 电机检查及接线监督记录

单位工程名称：				第 页,共 页	
被检查单位：			监督检查时间		
监督检查部位：					
质监点名称：电机检查及接线 检查方式：必监点抽查（ ）　　　　巡查（ ）					
□电机及附件					
设备及附件名称	规格型号	质量证明文件		是否已报验	是否发现问题
		附件：		是（ ）否（ ）	是（ ）否（ ）
添加 问题情况描述或其他：					
□测试仪器					
仪器名称	规格型号	测量范围	检定证书	是否已报验	是否发现问题
				是（ ）否（ ）	是（ ）否（ ）
添加 问题情况描述或其他：					
□电机检查					
□铭牌及外观	附件：			是否发现问题 是（ ）否（ ）	
□盘动转子检查	附件：			是否发现问题 是（ ）否（ ）	
□绝缘测试或耐压试验	附件：			是否发现问题 是（ ）否（ ）	
添加 问题情况描述或其他：					
□电机接线检查					
□引出线连接	附件：			是否发现问题 是（ ）否（ ）	
□电气间隙	附件：			是否发现问题 是（ ）否（ ）	
□绝缘检测	附件：			是否发现问题 是（ ）否（ ）	
□防爆电机进线口密封	附件：			是否发现问题 是（ ）否（ ）	
添加 问题情况描述或其他：					

续表

单位工程名称:			第　页,共　页	
被检查单位:		监督检查时间		
监督检查部位:				
质监点名称:电机检查及接线 检查方式:必监点抽查(　)　　　巡查(　)				
□试运转				
□转子盘动	附件:		是否发现问题 是(　)否(　)	
□空载试运	附件:		是否发现问题 是(　)否(　)	
添加 问题情况描述或其他:				
□接地				
□电机外壳保护接地	附件:		是否发现问题 是(　)否(　)	
□条形底座电机接地	附件:		是否发现问题 是(　)否(　)	
添加 问题情况描述或其他:				
□资料抽查				
□交接试验报告	附件:		是否发现问题 是(　)否(　)	
□试运转记录	附件:		是否发现问题 是(　)否(　)	
□接地电阻测试记录	附件:		是否发现问题 是(　)否(　)	
□质量验收记录	附件:		是否发现问题 是(　)否(　)	
□监理单位相关资料	附件:		是否发现问题 是(　)否(　)	
添加 问题情况描述或其他:				
监督工程师:		总监督工程师:		

四、变压器安装

(一)监督检查的频次

监督抽查要覆盖到各单位工程,抽查数量可根据工程量大小确定,但各单位工程质监点的抽查频次不小于1次。对于需编制监督方案的较大项目,应在方案中明确检查频次。

(二)监督抽查的时机

现场质监点到位检查:主要是在变压器及其附件安装基本完毕,电气交接试验项目全部完成且合格,施工单位自检合格;监理单位核验合格;尚未送电投运;监督机构在接到监理单位书面报监后,可按照约定的时间、约定有关方面代表到现场进行监督抽查。

检查的单元可以为变压器安装分项工程或检验批。

(三)监督抽查的依据

监督抽查的主要依据有 GB 50148《电气装置安装工程 变压器、油浸电抗器、互感器施工及验收规范》、SY 4206《石油天然气建设工程施工质量验收规范 电气工程》、GB 50150《电气装置安装工程 电气设备交接试验标准》、设计文件以及其他有关标准等。

(四)监督抽查的内容

1. 现场监督抽查内容

工程质量监督人员现场应抽查但不仅限于下列内容:
(1)变压器及附件的规格型号、质量证明文件与设计文件的一致性以及报验情况等。
(2)装卸、运输、存放:冲击及振动、充气压力、防潮措施等。
(3)外观检查:油位、套管、设备安装紧固件、机械损伤及防腐、密封及渗漏、器身检查(吊罩或器身)。
(4)安装检查:安装前基础强度、基础与底座尺寸配合、水平度及固定、法兰连接及密封垫圈、压力释放装置安装方向、吸湿器油位、注油、测度装置、本体电缆敷设及接线。
(5)交接试验:绝缘油取样试验、保护装置整定值、并列运行条件、空载冲击合闸。
(6)接地:控制箱接地、本体及中性点接地。
(7)相关资料检查:
① 变压器及附件的质量证明文件;
② 过程资料:变压器安装检查记录、变压器器身检查记录、绝缘油试验报告、变压器试验报告、保护装置整定记录;
③ 分部、分项、检验批质量验收记录;
④ 监理单位相关资料(旁站、平行检验、监理单位对施工单位材料和过程资料的签认文件、工程验收等)。
(8)其他有关质量情况的抽查。

2. 现场检验方法及所需检验器具

（1）检验器具：水平尺、绝缘测试仪等。
（2）检验方法：观察检查、尺量法检查、仪器测试。

（五）监督抽查的记录

工程质量监督人员在进行监督抽查时，应及时填写《变压器安装监督记录》表单（表7-9），对于本表单覆盖不了的其他监督检查内容，应同时填写质量监督巡视检查记录。

五、高压电气安装

（一）监督检查的频次

监督抽查要覆盖到各单位工程，抽查数量可根据工程量大小确定，但各单位工程质监点的抽查频次不小于1次。对于需编制监督方案的较大项目，应在方案中明确检查频次。

（二）监督抽查的时机

现场质监点到位检查：主要是在高压电气安装基本完毕，电气性能试验项目全部完成且合格，施工单位自检合格；监理单位核验合格；尚未送电投运；监督机构在接到监理单位书面报监后，可按照约定的时间、约定有关方面代表到现场进行监督抽查。

检查的单元可以为断路器安装、隔离开关（负荷开关、高压熔断器）安装、避雷器安装、电抗器安装、电容器安装等分项或检验批。

注：本条高压电气安装主要是指高压开关柜、断路器、气体组合开关、隔离开关、负荷开关、熔断器、避雷器、电抗器、阻波器、电容器等设备的安装。油浸电抗器、互感器安装可参考本质监点抽查内容。

（三）监督抽查的依据

监督抽查的主要依据有 GB 50147《电气装置安装工程 高压电器施工及验收规范》、SY 4206《石油天然气建设工程施工质量验收规范 电气工程》、GB 50150《电气装置安装工程 电气设备交接试验标准》、设计文件以及其他有关标准等。

（四）监督抽查的内容

1. 现场监督抽查内容

工程质量监督人员现场应抽查但不仅限于下列内容：

（1）高压电气设备及附件的规格型号、质量证明文件与设计文件的一致性以及报验情况等。
（2）装卸、运输、存放：冲击及振动、防潮（防雨）措施。
（3）外观检查：绝缘件或瓷件、设备安装固定可靠性、损伤及防腐、相色标志、渗漏。

表 7-9 变压器安装监督记录

单位工程名称:				第 页,共 页
被检查单位:			监督检查时间	
监督检查部位:				
质监点名称:变压器安装 检查方式:必监点抽查( )　　　　巡查( )				
□变压器及附件				
设备及附件名称	规格型号	质量证明文件	是否已报验	是否发现问题
		附件:	是( )否( )	是( )否( )
添加 问题情况描述或其他:				
□测试仪器					
仪器名称	规格型号	出厂编号	测量范围	检定证书	是否已报验	是否发现问题
					是( )否( )	是( )否( )

添加 问题情况描述或其他:		
□装卸、运输、存放		
□冲击及振动	附件:	是否发现问题 是( )否( )
□充气压力	附件:	是否发现问题 是( )否( )
□防潮措施	附件:	是否发现问题 是( )否( )
添加 问题情况描述或其他:		
□外观检查		
□油位	附件:	是否发现问题 是( )否( )
□套管	附件:	是否发现问题 是( )否( )
□设备安装紧固件	附件:	是否发现问题 是( )否( )
□机械损伤及防腐	附件:	是否发现问题 是( )否( )
□密封及渗漏	附件:	是否发现问题 是( )否( )
□器身检查(吊罩或器身)	附件:	是否发现问题 是( )否( )
添加 问题情况描述或其他:		
□安装检查		

续表

单位工程名称：		第 页,共 页	
被检查单位：		监督检查时间	
监督检查部位：			
质监点名称：变压器安装 检查方式：必监点抽查（　）　　　　　巡查（　）			
□安装前基础强度	附件：	是否发现问题 是（ ）否（ ）	
□基础与底座尺寸配合	附件：	是否发现问题 是（ ）否（ ）	
□水平度及固定	附件：	是否发现问题 是（ ）否（ ）	
□法兰连接及密封垫圈	附件：	是否发现问题 是（ ）否（ ）	
□压力释放装置安装方向	附件：	是否发现问题 是（ ）否（ ）	
□吸湿器油位	附件：	是否发现问题 是（ ）否（ ）	
□注油	附件：	是否发现问题 是（ ）否（ ）	
□测温装置	附件：	是否发现问题 是（ ）否（ ）	
□本体电缆敷设及接线	附件：	是否发现问题 是（ ）否（ ）	
添加 问题情况描述或其他：			
□交接试验			
□绝缘油取样试验	附件：	是否发现问题 是（ ）否（ ）	
□保护装置整定值	附件：	是否发现问题 是（ ）否（ ）	
□并列运行条件	附件：	是否发现问题 是（ ）否（ ）	
□空载冲击合闸	附件：	是否发现问题 是（ ）否（ ）	
添加 问题情况描述或其他：			
□接地			
□控制箱接地	附件：	是否发现问题 是（ ）否（ ）	
□本体及中性点接地	附件：	是否发现问题 是（ ）否（ ）	
添加 问题情况描述或其他：			
□资料抽查			
□变压器安装检查记录	附件：	是否发现问题 是（ ）否（ ）	
□变压器器身检查记录	附件：	是否发现问题 是（ ）否（ ）	

续表

单位工程名称:		第 页,共 页	
被检查单位:		监督检查时间	
监督检查部位:			
质监点名称:变压器安装 检查方式:必监点抽查(　)　　　巡查(　)			
□绝缘油试验报告	附件:	是否发现问题 是( )否( )	
□变压器试验报告	附件:	是否发现问题 是( )否( )	
□保护装置整定记录	附件:	是否发现问题 是( )否( )	
□质量验收记录	附件:	是否发现问题 是( )否( )	
□监理单位相关资料	附件:	是否发现问题 是( )否( )	
添加 问题情况描述或其他:			
监督工程师:		总监督工程师:	

（4）安装检查：安装前基础强度、基础位置及尺寸偏差、操作机构动作可靠性、底座与基础连接、电气连接、各控制（保护、报警、闭锁）等回路可靠性、接地。

（5）相关资料检查：

① 设备的证明文件或出厂检验报告；

② 过程资料：设备安装检查记录、交接试验报告、接地电阻测试记录、绝缘电阻测试记录；

③ 分部、分项、检验批质量验收记录；

④ 监理单位相关资料（旁站、平行检验、监理单位对施工单位材料和过程资料的签认文件、工程验收等）。

（6）其他有关质量情况的抽查。

2．现场检验方法及所需检验器具

（1）检验器具：钢卷尺、力矩扳手、绝缘电阻测试仪、接地电阻测试仪等。

（2）检验方法：用手扳动检查、试操作检查、观察检查、用力矩扳手检查、尺量法检查、仪器测试。

（五）监督抽查的记录

工程质量监督人员在进行监督抽查时，应及时填写《高压电气安装监督记录》（表7-10），对于本表单覆盖不了的其他监督检查内容，应同时填写质量监督巡视检查记录。

表 7-10　高压电气安装监督记录

单位工程名称：				第　页,共　页	
被检查单位：			监督检查时间		
监督检查部位：					
质监点名称：高压电气安装 检查方式：必监点抽查(　)　　　　　巡查(　)					
□高压设备(高压开关柜、断路器、气体组合开关、隔离开关、负荷开关、熔断器、避雷器、电抗器、阻波器、电容器)					
设备名称	规格型号	质量证明文件		是否已报验	是否发现问题
		附件：		是(　)否(　)	是(　)否(　)
添加 问题情况描述或其他：					
□测试仪器					
仪器名称	规格型号	出厂编号	测量范围	检定证书	是否已报验	是否发现问题
					是(　)否(　)	是(　)否(　)

添加 问题情况描述或其他：		
□装卸、运输、存放		
□冲击及振动	附件：	是否发现问题　是(　)否(　)
□防潮、防雨措施	附件：	是否发现问题　是(　)否(　)
添加 问题情况描述或其他：		
□外观检查		
□绝缘件或瓷件	附件：	是否发现问题　是(　)否(　)
□设备安装固定可靠性	附件：	是否发现问题　是(　)否(　)
□相色标志	附件：	是否发现问题　是(　)否(　)
□渗漏	附件：	是否发现问题　是(　)否(　)
添加 问题情况描述或其他：		

续表

单位工程名称:			第 页,共 页	
被检查单位:		监督检查时间		
监督检查部位:				
质监点名称:高压电气安装 检查方式:必监点抽查( )　　　　　巡查( )				
□安装检查				
□安装前基础强度	附件:		是否发现问题 是( )否( )	
□基础位置及尺寸偏差	附件:		是否发现问题 是( )否( )	
□操作机构动作可靠性	附件:		是否发现问题 是( )否( )	
□底座与基础连接	附件:		是否发现问题 是( )否( )	
□电气连接	附件:		是否发现问题 是( )否( )	
□各控制、保护、报警、闭锁等回路可靠性	附件:		是否发现问题 是( )否( )	
□接地	附件:		是否发现问题 是( )否( )	
添加 问题情况描述或其他:				
□资料抽查				
□设备安装检查记录	附件:		是否发现问题 是( )否( )	
□交接试验报告	附件:		是否发现问题 是( )否( )	
□绝缘电阻测试记录	附件:		是否发现问题 是( )否( )	
□接地电阻测试记录	附件:		是否发现问题 是( )否( )	
□质量验收记录	附件:		是否发现问题 是( )否( )	
□监理单位相关资料	附件:		是否发现问题 是( )否( )	
添加 问题情况描述或其他:				
监督工程师:		总监督工程师:		

第三节 爆炸和火灾危险环境电气装置安装工程

一、防爆电气设备安装

(一)监督检查的频次

监督抽查要覆盖到各单位工程,抽查数量可根据工程量大小确定,但各单位工程质监点的抽查频次不小于1次。对于需编制监督方案的较大项目,应在方案中明确检查频次。

(二)监督抽查的时机

现场质监点到位检查:主要是在防爆电气设备及其附件安装基本完毕,电气性能试验或调试全部完成且合格,施工单位自检合格;监理单位核验合格;尚未投运;监督机构在接到监理单位书面报监后,可按照约定的时间、约定有关方面代表到现场进行监督抽查。

检查的单元可以为爆炸和火灾危险环境区域内各防爆电气设备、电缆线路、管配线等。

(三)监督抽查的依据

监督抽查的主要依据有 GB 50257《电气装置安装工程 爆炸和火灾危险环境电气装置施工及验收规范》、GB 50149《电气装置安装工程 母线装置施工及验收规范》、SY 4206《石油天然气建设工程施工质量验收规范 电气工程》、设计文件以及其他有关标准等。

(四)监督抽查的内容

1. 现场监督抽查内容

工程质量监督人员现场应抽查但不仅限于下列内容:

(1)防爆电气设备及附件的规格型号、质量证明文件与设计文件的一致性以及报验情况等。

(2)防爆电气设备安装:电气间隙和爬电距离、进出口的密封、安装固定可靠性、电气接线、接地。

(3)相关资料检查:
① 原材料的证明文件或复验报告;
② 施工图纸、设计变更等;
③ 过程资料:设备安装调试记录、交接试验报告、接地电阻测试记录;
④ 分部、分项、检验批质量验收记录;
⑤ 监理单位相关资料(旁站、平行检验、监理单位对施工单位材料和过程资料的签认文件、工程验收等)。

(4)其他有关质量情况的抽查。

2. 现场检验方法及所需检验器具

（1）检验器具：钢卷尺、接地电阻测试仪等。
（2）检验方法：观察检查、尺量法检查、仪器测试。

（五）监督抽查的记录

工程质量监督人员在进行监督抽查时，应及时填写《防爆电气设备安装监督记录》（表7-11），对于本表单覆盖不了的其他监督检查内容，应同时填写质量监督巡视检查记录。

表7-11 防爆电气设备安装监督记录

单位工程名称：				第　页，共　页	
被检查单位：			监督检查时间		
监督检查部位：					
质监点名称：防爆电气设备安装 检查方式：必监点抽查（　）　　　　巡查（　）					
□防爆电气设备及附件					
设备及附件名称	规格型号	防爆标志及防爆合格证号	质量证明文件	是否已报验	是否发现问题
			附件：	是（　）否（　）	是（　）否（　）
添加问题情况描述或其他：					
□防爆电气设备安装					
□电气间隙和爬电距离		附件：		是否发现问题	是（　）否（　）
□进出口的密封		附件：		是否发现问题	是（　）否（　）
□安装固定可靠性		附件：		是否发现问题	是（　）否（　）
□电气接线		附件：		是否发现问题	是（　）否（　）
□接地		附件：		是否发现问题	是（　）否（　）
添加问题情况描述或其他：					
□资料抽查					
□设备安装调试记录		附件：		是否发现问题	是（　）否（　）
□交接试验报告		附件：		是否发现问题	是（　）否（　）
□绝缘电阻测试记录		附件：		是否发现问题	是（　）否（　）
□接地电阻测试记录		附件：		是否发现问题	是（　）否（　）
□质量验收记录		附件：		是否发现问题	是（　）否（　）
□监理单位相关资料		附件：		是否发现问题	是（　）否（　）
添加问题情况描述或其他：					
监督工程师：			总监督工程师：		

第四节　接地装置安装工程

一、接地装置安装

(一) 监督检查的频次

监督抽查要覆盖到各单位工程,抽查数量可根据工程量大小确定,但各单位工程质监点的抽查频次不小于1次。对于需编制监督方案的较大项目,应在方案中明确检查频次。

(二) 监督抽查的时机

现场质监点到位检查:主要是在盘(柜)及其母线安装基本完毕,电气性能试验项目全部完成且合格,施工单位自检合格;监理单位核验合格;尚未送电投运;监督机构在接到监理单位书面报监后,可按照约定的时间、约定有关方面代表到现场进行监督抽查。

检查的单元可以为接地装置及避雷针(带、网)分项工程或检验批。

(三) 监督抽查的依据

监督抽查的主要依据有 GB 50169《电气装置安装工程 接地装置施工及验收规范》、GB 50168《电气装置安装工程 电缆线路施工及验收规范》、GB 50303《建筑电气工程施工质量验收规范》、GB 50601《建筑物防雷工程施工与质量验收规范》、GB 50150《电气装置安装工程电气设备交接试验标准》、SY 4206《石油天然气建设工程施工质量验收规范 电气工程》设计文件以及其他有关标准等。

(四) 监督抽查的内容

1. 现场监督抽查内容

工程质量监督人员现场应抽查但不仅限于下列内容:

(1) 接地材料及降阻剂的规格型号、质量证明文件与设计文件的一致性以及报验情况等。

(2) 设备接地:电气装置接地情况、设备接地线有无串接、接地电阻值。

(3) 接地装置敷设:接地体埋设位置、接地体埋设深度、垂直接地体间距、连接方式、连接质量、防腐情况、敷设路径与图纸的符合性、明敷接地线安装、安全距离、断接卡设置及保护、施工程序。

(4) 相关资料检查:

① 原材料的证明文件或复验报告;

② 施工图纸、设计变更等;

③ 过程资料:电缆隐蔽工程记录、接地装置安装记录、接地电阻测试记录;

④ 分部、分项、检验批质量验收记录;

⑤ 监理单位相关资料(旁站、平行检验、监理单位对施工单位材料和过程资料的签认文件、工程验收等)。

(5)其他有关质量情况的抽查。

2.现场检验方法及所需检验器具

(1)检验器具:钢卷尺、接地电阻测试仪等。

(2)检验方法:观察检查、尺量法检查、仪器测试。

(五)监督抽查的记录

工程质量监督人员在进行监督抽查时,应及时填写《接地装置安装监督记录》(表7-12),对于本表单覆盖不了的其他监督检查内容,应同时填写质量监督巡视检查记录。

表7-12 接地装置安装监督记录

单位工程名称:				第 页,共 页	
被检查单位:			监督检查时间		
监督检查部位:					
质监点名称:接地装置安装 检查方式:必监点抽查( )　　　　巡查( )					
□接地材料及降阻剂					
材料名称	规格型号	质量证明文件		是否已报验	是否发现问题
		附件:		是( )否( )	是( )否( )
添加 问题情况描述或其他:					
□测试仪器					
仪器名称	规格型号	精度	测量范围	检定证书	是否已报验	是否发现问题
					是( )否( )	是( )否( )
添加 问题情况描述或其他:					
□设备接地					
□电气装置接地情况	附件:			是否发现问题 是( )否( )	
□设备接地线有无串接	附件:			是否发现问题 是( )否( )	
□接地电阻值	附件:			是否发现问题 是( )否( )	
□	附件:			是否发现问题 是( )否( )	

续表

单位工程名称：			第 页,共 页
被检查单位：		监督检查时间	
监督检查部位：			
质监点名称：接地装置安装 检查方式：必监点抽查( )　　　　　巡查( )			
添加 问题情况描述或其他：			
□接地装置敷设			
□接地体埋设位置	附件：		是否发现问题 是( )否( )
□接地体埋设深度	附件：		是否发现问题 是( )否( )
□垂直接地体间距	附件：		是否发现问题 是( )否( )
□连接方式	焊接( ) 螺栓连接( )热剂焊( )		是否发现问题 是( )否( )
□连接质量	搭接尺寸：焊接面：		是否发现问题 是( )否( )
□防腐情况	附件：		是否发现问题 是( )否( )
□敷设路径与图纸的符合性	附件：		是否发现问题 是( )否( )
□明敷接地线安装	附件：		是否发现问题 是( )否( )
□安全距离	附件：		是否发现问题 是( )否( )
□断接卡设置及保护	附件：		是否发现问题 是( )否( )
□施工程序	附件：		是否发现问题 是( )否( )
添加 问题情况描述或其他：			
□资料抽查			
□隐蔽工程检查记录	附件：		是否发现问题 是( )否( )
□接地装置安装记录	附件：		是否发现问题 是( )否( )
□接地电阻测试记录	附件：		是否发现问题 是( )否( )
□质量验收记录	附件：		是否发现问题 是( )否( )
□监理单位相关资料	附件：		是否发现问题 是( )否( )
添加 问题情况描述或其他：			
监督工程师：		总监督工程师：	

第八章 自动化仪表安装工程质量监督

第一节 仪表设备及取源部件安装工程

一、仪表盘(箱)安装

（一）监督抽查次数

仪表盘（柜、台、箱）安装抽查，覆盖每个单位工程。次数不少于 1 次。

（二）监督抽查时机

仪表盘（柜、台）安装就位、固定、接地完成后；仪表箱安装完，仪表设备安装前进行检查。

（三）监督抽查依据

设计文件、GB 50093《自动化仪表工程施工及验收规范》、SY 4205《石油天然气建设工程施工质量验收规范 自动化仪表工程》。

（四）监督抽查的内容

（1）资料核查：仪表盘、箱、柜、操作台其规格、型号、附件等质量证明文件与设计文件的一致性。监理单位的报验情况。

（2）抽查仪表盘、柜、操作台、仪表箱安装的安装位置是否符合设计文件要求。

（3）抽查仪表盘、柜、操作台的安装质量防腐、接地、密封等是否符合规范要求，以及是否有破损、油漆脱落、变形、焊接等情况。

（4）抽查仪表箱、保温箱、保护箱的安装质量是否符合规范要求。

（5）抽查已安装完成的仪表盘、柜、仪表箱垂直度，其垂直度应满足规范要求。

（五）监督抽查的记录

工程质量监督人员在进行监督抽查时，应及时填写《仪表盘（箱）安装监督记录》（表8-1），对于本表单覆盖不了的其他监督检查内容，应同时填写质量监督巡视检查记录。

第八章 | 自动化仪表安装工程质量监督

表 8-1　仪表盘(箱)安装监督记录

单位工程名称：　　　　　　　　　　　　　　　　　　　　　　　　　　第　页,共　页

监督检查部位	仪表盘(柜、箱、台)安装	监督检查时间	
被检查单位			

质监点：仪表盘(柜、箱、台)安装(巡监点)抽查频次　次：第　次抽查
抽(检)查内容：水平度、垂直度、仪表盘安装记录；仪表盘(柜、台)接地
抽查依据：设计文件、GB 50093—2013《自动化仪表工程施工及验收规范》

(1)仪表盘(柜、台、箱)安装位置、型号、位号、数量、外形尺寸等是否符合设计文件＿＿＿＿＿＿规定；
检查仪表盘＿＿＿＿＿＿面；控制柜＿＿＿＿＿＿；仪表箱＿＿＿＿＿＿。
(2)质量证明是否文件齐全。
(3)检查仪表盘(柜、箱)安装是否牢固无松动。
(4)盘面有无破损及油漆脱落。
(5)实测仪表盘(柜)垂直度＿＿＿点；合格＿＿＿点,仪表盘(柜)安装＿＿＿＿＿合格。
实测仪表箱的安装垂直度＿＿＿点；实测数据合格＿＿＿点,实测＿＿＿＿＿合格。

仪表盘(柜)										
仪表箱										

(6)仪表盘(柜)基础的保护接地系统是否符合规范、设计文件规定。
(7)检查现场安装的正压防爆仪表盘规格、型号安装位置,防爆级别是否符合设计文件、规范要求,质量证明文件是否齐全。
(8)检查正压防爆仪表盘的通风、密封、减震、接地措施等是否符合设计文件及规范的规定。
(9)检查仪表盘、柜、操作台安装检查记录中,盘柜安装、保护接地,是否与设计文件、规范符合。
问题描述：
(1)口头要求整改：

(2)下发质量问题整改通知单。
(3)附质量问题照片。

监督人员：　　　　　　　　　　　　　　　　　总监督工程师(审核)：

二、仪表安装

仪表安装主要分为温度仪表、压力仪表、流量仪表、物位仪表等。

(一)温度检测仪表

1. 监督抽查次数

温度检测仪表安装抽查次数不少于1次,覆盖单位工程。

2. 监督抽查时机

温度检测仪表(测温元件)安装抽查时机,应在温度检测仪表(测温元件)安装完成。

3. 监督抽查依据

设计文件、GB 50093《自动化仪表工程施工及验收规范》、SY 4205《石油天然气建设工程施工质量验收规范 自动化仪表工程》。

4. 监督抽查内容

资料核查:质量证明文件是否齐全,是否有合格的检定证明证书;监理单位的报验情况。

(1)抽查温度检测仪表(测温元件)仪表型号、规格、材质、测量范围、螺栓、垫片、防爆等级应符合设计文件规定。

(2)抽查用于高温、低压、高压、易燃、易爆、有毒、有害物料及取源部件的安装位置,以及测温元件深入管道或设备的角度和深度符合设计文件。

(3)抽查接触式(直读式)温度检测仪表的安装位置应位于介质温度变化灵敏和具有代表性的位置。

5. 监督抽查的记录

工程质量监督人员在进行监督抽查时,应及时填写《温度检测仪表安装监督记录》(表8-2),对于本表单覆盖不了的其他监督检查内容,应同时填写质量监督巡视检查记录。

(二)压力检测仪表

1. 监督抽查次数

压力检测仪表安装抽查次数不少于1次,覆盖单位工程。

2. 监督抽查时机

压力检测仪表安装抽查时机,应在压力检测仪表安装完成,压力变送器配管前。

3. 监督抽查依据

设计文件、GB 50093《自动化仪表工程施工及验收规范》、SY 4205《石油天然气建设工程施工质量验收规范 自动化仪表工程》。

表 8-2　温度检测仪表安装监督记录

单位工程名称：　　　　　　　　　　　　　　　　　　　　　　　　　　　　第　页,共　页

监督检查部位		温度检测仪表	监督检查时间	
被检查单位				
质监点：仪表安装（必监点）温度仪表安装　抽查频次　次：第　次抽查 抽（检）查内容：规格、型号、防爆等级、防爆证号、安装位置、方向、连接质量、防爆附件安装、接地等或安装、校验记录 检查依据：设计文件、GB 50093—2013《自动化仪表工程施工及验收规范》				
温度检测仪表抽查位号： （1）抽查的温度检测仪表的仪表的型号、规格、材质、防爆等级及防爆附件安装是否符合设计文件和标准规范的规定； （2）质量证明文件是否齐全。防爆证号＿＿＿＿＿＿＿＿＿＿。 （3）抽查的温度检测仪表安装位置、方向、是否符合设计文件规定及标准规范规定。 连接质量及测温元件是否能安装在准确反映被检测对象的温度部位。 （4）抽查的温度检测仪表测温元件插入深度。 （5）抽查的温度检测仪表连接方式（法兰、螺纹），使用的螺栓、垫片是否符合设计文件的规定。 （6）检查《热电偶、热电阻检查记录》中（仪表位号、仪表型号）栏是否符合设计文件要求。 问题描述： （1）口头要求整改： （2）下发质量问题整改通知单。 （3）附质量问题。 				
监督人员：		总监督工程师（审核）：		

4. 监督抽查内容

资料核查：质量证明文件是否齐全，压力仪表（压力表、压力开关、压力变送器）校验记录；监理单位的报验情况。

（1）抽查仪表型号、规格、材质、测量范围、防爆等级应符合设计文件规定。

（2）抽查压力取源部件的安装方式、位置应符合设计文件规定，应位于被测物料流速稳定的位置。

（3）抽查就地安装的仪表是否安装固定在强烈振动的管道或设备上。

（4）抽查测量高压的压力仪表安装在操作岗位附近时，仪表的安装位置高度和防护措施应满足安全操作要求。

5. 监督抽查的记录

工程质量监督人员在进行监督抽查时，应及时填写《压力检测仪表安装监督记录》（表8-3），对于本表单覆盖不了的其他监督检查内容，应同时填写质量监督巡视检查记录。

（三）流量检测仪表

1. 监督抽查次数

流量检测仪表安装抽查次数不少于1次，覆盖单位工程。

2. 监督抽查时机

流量检测仪表安装抽查时机，应在流量检测仪表安装完成接线前，差压变送器配管前。

3. 监督抽查依据

设计文件、GB 50093《自动化仪表工程施工及验收规范》、SY 4205《石油天然气建设工程施工质量验收规范 自动化仪表工程》。

4. 监督抽查内容

资料核查：质量证明文件是否齐全，流量仪表校验记录、检定证书；监理单位的报验情况。

（1）抽查仪表型号、规格、材质、测量范围、防爆等级应符合设计文件规定。

（2）抽查检测元件、流量取压部件的安装位置，流量取源部件上、下游直管段的最小长度符合设计文件和标准规范要求。

（3）抽查特殊流量仪表安装应符合下列规定：

转子流量计应安装在无振动的管道上，其中心线与铅垂线间的夹角不应超过2°，被测流体流向应自下而上，上游直管段长度不应小于2倍管道直径。

靶式流量计的靶中心应与管道同心，靶面应迎着流向且与管道垂直，上、下游直管段长度应符合设计文件规定。

表 8-3　压力检测仪表安装监督记录

单位工程名称：　　　　　　　　　　　　　　　　　　　　　　　　　　　　第　页,共　页

监督检查部位	压力检测仪表	监督检查时间	
被检查单位			

质监点：仪表安装（必监点）压力检测仪表　抽查频次　次：第　次抽查

抽（检）查内容：规格、型号、防爆等级、防爆证号、安装位置、方向、连接质量、防爆附件安装、接地或安装、校验记录

检查依据：设计文件、GB 50093—2013《自动化仪表工程施工及验收规范》

监督记录

抽查压力检测仪表压力变送器、压力表位号：

（1）抽查压力检测仪表的型号、规格、材质、防爆等级及防爆附件安装是否符合设计文件及标准规范要求。

（2）质量证明文件是否齐全。防爆证号＿＿＿＿＿＿＿＿＿＿＿。

（3）抽查压力仪表检测能安装位置、方向、连接等是否准确反映被检测对象的压力部位。

（4）抽查压力变送器安装是否平正、牢固。不承受外力。

（5）检查《压力仪表校验记录》中校验数据是否真实准确及符合规范要求。

问题描述：

（1）口头要求整改：

（2）下发质量问题整改通知单。

（3）附质量问题照片。

监督人员：	总监督工程师（审核）：

超声波流量计的被测管道内壁应没有影响测量精度的结垢层或涂层。

电磁流量计的外壳、被测流体、管道连接法兰三者之间的等电位连接和接地应符合随机技术文件的要求。

质量流量计的安装方式应满足被测流体的正确测量。

均速管流量计的总压侧孔迎着流向,其角度允许偏差不大于3°,检查杆应通过并垂直于管道中心线,其偏离中心线和不垂直的误差不大于3°。

安装位置便于观察、操作和维护。

5. 监督抽查的记录

工程质量监督人员在进行监督抽查时,应及时填写《流量检测仪表安装监督记录》(表8-4),对于本表单覆盖不了的其他监督检查内容,应同时填写质量监督巡视检查记录。

(四)物位检测仪表

1. 监督抽查次数

物位检测仪表安装抽查次数不少于1次,覆盖单位工程。

2. 监督抽查时机

物位检测仪表安装抽查时机,应在物位检测仪表安装完成接线前进行抽查。

3. 监督抽查依据

设计文件、GB 50093《自动化仪表工程施工及验收规范》、SY 4205《石油天然气建设工程施工质量验收规范 自动化仪表工程》

4. 监督抽查内容

资料核查:质量证明文件是否齐全,物位仪表校验、试压记录、监理单位的报验情况。

(1)抽查仪表型号、规格、材质、测量范围、防爆等级应符合设计文件规定。
(2)抽查浮筒液位计的安装应使浮筒呈垂直状态,垂直度允许偏差应为2mm/m。
(3)抽查钢带液位计安装是否符合规范要求。
(4)抽查差压变送器测量液位时,仪表变送器安装高度是否高于下部取压口。
(5)抽查超声波物位计的安装应符合规范要求。
(6)抽查雷达物位计安装应符合设计文件和规范要求。
(7)抽查直读式物位计安装是否便于观察。

5. 监督抽查的记录

工程质量监督人员在进行监督抽查时,应及时填写《物位检测仪表安装监督记录》(表8-5),对于本表单覆盖不了的其他监督检查内容,应同时填写质量监督巡视检查记录。

表 8-4　流量检测仪表安装监督记录

单位工程名称：　　　　　　　　　　　　　　　　　　　　　　　　　　第　页，共　页

监督检查部位	流量检测仪表安装	监督检查时间	
被检查单位			

质监点：仪表安装（巡监点）流量检测仪表安装　抽查频次　次：第　次抽查
抽（检）查内容：规格、型号、防爆等级、防爆证号、安装位置、方向、连接质量、防爆附件安装、接地等或安装、校验记录
检查依据：设计文件、GB 50093—2013《自动化仪表工程施工及验收规范》

监督记录
抽查流量仪表检测流量变送器、电磁流量计等测量仪表位号。
（1）抽查流量变送器、电磁流量计等流量检测仪表的型号、规格、材质、防爆等级及防爆附件安装是否符合设计文件及标准规范要求。
（2）质量证明文件是否齐全。防爆证号＿＿＿＿＿＿＿＿＿＿＿＿＿＿。
（3）流量变送器仪表检测元件安装方向是否正确。
（4）孔板端面与管线轴线垂直角度是否大于1°，是否能准确反映被检测对象的流量部位符合规范要求。
（5）变送器安装是否平正、牢固、不承受外力。
（6）电磁流量计外壳与管道法兰之间等电位连接是否可靠，接地是否符合规范要求。
（7）检查《流量仪表校验记录》中校验数据是否真实准确及符合规范要求。

问题描述：
（1）口头要求整改：

（2）下发质量问题整改通知单。
（3）附质量问题照片。

监督人员：　　　　　　　　　　　　　　　　　　　总监督工程师（审核）：

表 8-5 物位检测仪表安装监督记录

单位工程名称： 第 页,共 页

监督检查部位	物位仪表安装	监督检查时间	
被检查单位			

质监点:仪表安装(巡监点)物位检测仪表安装 抽查频次 次:第 次抽查
抽(检)查内容:规格、型号、防爆等级、防爆证号、安装位置、方向、连接质量、防爆附件安装、接地等或安装、校验记录
抽查依据:设计文件、GB 50093—2013《自动化仪表工程施工及验收规范》

监督记录
抽查物位仪表检测仪表位号
(1)抽查检测物位仪表的型号、规格、材质、防爆等级及防爆附件安装是否符合设计文件及标准规范要求。
(2)质量证明文件是否齐全。防爆证号_____。
(3)玻璃板、磁浮子液位计安装位置是否正确,便于观察,《玻璃板液位计试验记录》中强度试验、严密性试验的试验压力、时间等技术数据是否准确,其试验数据是否符合规范要求。
(4)双法兰液位变送器,安装位置、位号是否正确,是否符合设计文件要求。
(5)双法兰毛细管的敷设是否有保护措施,其弯曲半径小于 50mm。
(6)浮筒液位变送器安装位置、位号、浮筒安装是否呈垂直状态便于维护。
(7)雷达仪表安装,是否符合设计文件及标准规范要求。
(8)《物位仪表校验记录》中校验数据是否真实准确及符合规范要求
问题描述:
(1)口头要求整改:

(2)下发质量问题整改通知单。
(3)附质量问题照片。

监督人员: 总监督工程师(审核):

三、控制阀安装

（一）监督抽查次数

控制阀安装抽查次数不少于1次，覆盖单位工程。

（二）监督抽查时机

控制阀安装抽查时机，应在控制阀安装完成、配管、接线前。

（三）监督抽查依据

设计文件、GB 50093《自动化仪表工程施工及验收规范》、SY 4205《石油天然气建设工程施工质量验收规范自动化仪表工程》。

（四）监督抽查内容

资料核查：质量证明文件是否齐全，控制阀校验记录、监理单位的报验情况
（1）抽查控制阀型号、规格、材质、测量范围、（电磁阀防爆等级）应符合设计文件规定。
（2）抽查控制阀的安装位置、安装角度和介质流向应符合设计文件规定。
（3）抽查控制阀安装位置是否便于观察、操作和维护。

（五）监督抽查的记录

工程质量监督人员在进行监督抽查时，应及时填写《控制阀安装监督记录》（表8-6），对于本表单覆盖不了的其他监督检查内容，应同时填写质量监督巡视检查记录。

四、火灾报警器安装

（一）监督抽查次数

火灾报警器安装抽查次数不少于1次，覆盖项目工程。

（二）监督抽查时机

火灾报警器及设备安装完，消防系统调试前。

（三）监督抽查依据

设计文件、GB 50166—2007《火灾自动报警系统施工及验收规范》

（四）监督抽查内容

资料核查：设备的质量证明文件与设计文件一致；火灾自动报警系统的主要设备应是通过国家认证（认可）的产品。产品名称、型号、规格应与检验报告一致。核对认证（认可）证书、检验报告。火灾报警设备的防爆等级是否符合设计文件和相关标准规范要求。是否有《火灾自动报警系统施工过程检查记录》《火灾自动报警系统工程质量控制资料核查记录》。

表 8-6　控制阀安装监督记录

单位工程名称：　　　　　　　　　　　　　　　　　　　　　　　　　　　第　页,共　页

监督检查部位	控制阀安装	监督检查时间	
被检查单位			
质监点：调节阀、执行机构和电磁阀安装　必监点　抽查频次　次：第　次抽查 抽(检)查内容：规格、型号、材质、安装位置、方向、传动可靠性或试压及校验记录 检查依据：设计文件、GB 50093—2013《自动化仪表工程施工及验收规范》			
（1）抽查控制阀(调节阀、执行机构和电磁阀)安装位号： （2）抽查控制阀的型号、规格、材质、压力等级是否符合设计文件规定。 （3）控制阀的安装位置、安装角度和介质流向是否符合设计文件规定。 （4）质量证明文件是否齐全。 （5）控制阀(调节阀、执行机构)安装后是否便于操作维护及传动可靠性。 （6）检查《调节阀、执行器校验记录》,抽查记录中阀门强度试验、膜头气密性试验、泄漏量试验项目的试验数据,是否真实、准确、符合规范要求。 问题描述： （1）口头要求整改： （2）下发质量问题整改通知单。 （3）附质量问题照片。			
监督人员：　　　　　　　　　　　　　　　　　　　　　　总监督工程师(审核)：			

（1）火灾自动报警系统的电缆（导线）的规格、型号、绝缘电阻测试应符合设计文件和标准规范要求。

（2）抽查火灾探测器安装。点型感烟、感温火灾探测器、缆式线型感温火灾探测器、线型红外光束感烟火灾探测器、手动报警按钮等消防设备安装位置、高度、周围水平距离、牢固性是否符合设计文件和标准规范要求。

（3）抽查消防用电设备的接地保护系统是否与电气保护接地干线（PE）相连接。其接地系统应符合相关标准规范要求。

（五）监督抽查的记录

工程质量监督人员在进行监督抽查时，应及时填写《火灾报警器安装监督记录》（表8-7），对于本表单覆盖不了的其他监督检查内容，应同时填写质量监督巡视检查记录。

五、可燃、有毒气体检测器安装

（一）监督抽查次数

可燃、有毒气体检测器安装抽查次数不少于1次，覆盖项目工程。

（二）监督抽查时机

可燃、有毒气体检测器安装完成，调试开始前。

（三）监督抽查依据

设计文件、GB 50093《自动化仪表工程施工及验收规范》、SY 4205《石油天然气建设工程施工质量验收规范 自动化仪表工程》、SY 6503《石油天然气工程可燃气体检测报警系统安全技术规范》。

（四）监督抽查内容

资料核查：可燃、有毒气体检测器质量证明文件是否齐全，监理单位的报验情况。

（1）抽查可燃、有毒气体检测器型号、规格、检测范围、防爆等级、安装位置应符合设计文件规定。

（2）抽查可燃气体检测器和有毒气体检测器的安装位置是否根据所检测气体的密度确定。当其检测介质密度大于空气密度时，检测器应安装在距地面200～300mm的位置；当其检测介质密度小于空气密度时，检测器应安装在泄漏区域的上方。

（五）监督抽查的记录

工程质量监督人员在进行监督抽查时，应及时填写《可燃、有毒气体检测器安装监督记录》（表8-8），对于本表单覆盖不了的其他监督检查内容，应同时填写质量监督巡视检查记录。

表 8-7　火灾报警器安装监督记录

单位工程名称：　　　　　　　　　　　　　　　　　　　　　　　第　　页，共　　页

监督检查部位		监督检查时间	
被检查单位			

质监点：火灾报警器安装　巡监点　抽查频次　次：第　次抽查
抽(检)查内容：安装位置、高度或安装测试记录
检查依据：设计文件、GB 50166—2007《火灾自动报警系统施工及验收规范》

（1）抽查火灾报警器安装共＿＿＿＿个。手动火灾报警按钮＿＿＿＿个。
（2）火灾自动报警系统的火灾报警器手动火灾报警按钮的设备、材料及配件的型号、规格、材质是否符合设计文件规定，随机技术文件是否齐全。
（3）火灾报警探测器安装位置、探测器报警灯位置安装是否符合设计文件和规范要求。
（4）在防爆区域安装火灾报警器，其防爆等级是否符合设计文件要求。
（5）检查手动火灾报警按钮是否安装在明显和便于操作的位置和高度，是否符合设计文件和规范的要求。
（6）检查《火灾自动报警系统施工过程检查记录》、《火灾自动报警系统工程验收记录》，核查记录中施工、验收过程的检测数据是否准确，相关人员是否确认签字。
问题描述：
（1）口头要求整改：

（2）下发质量问题整改通知单。
（3）附质量问题照片。

监督人员：　　　　　　　　　　　　　　　　　总监督工程师(审核)：

表 8-8 可燃、有毒气体检测器安装监督记录

单位工程名称：　　　　　　　　　　　　　　　　　　　　　　　　　　　　第　页，共　页

监督检查部位	可燃、有毒气体检测器安装	监督检查时间	
被检查单位			

质监点：可燃、有毒气体检测器安装　巡监点　抽查频次　次：第　次抽查
抽(检)查内容：安装位置、高度或安装、测试记录
检查依据：设计文件、GB 50093—2013《自动化仪表工程施工及验收规范》

(1)本次共抽查可燃气体检测器位号：

有毒有害气体检测器位号：

(2)可燃、有毒气体检测器的型号、规格是否符合设计文件规定。
(3)防爆标志和许可证及防爆合格证编号、质量证明文件是否齐全。
(4)检查可燃、有毒有害气体检测器安装位置、高度、接线、成品保护符合设计文件、规范要求。
(5)检查《可燃气体报警仪检验记录》中标准值、指示值、报警试验结果栏的检测数据是否符合标准规范要求，相关人员是否已签字确认。
问题描述：
(1)口头要求整改：

(2)下发质量问题整改通知单。
(3)附质量问题照片。

监督人员：　　　　　　　　　　　　　　　　　总监督工程师(审核)：

第二节 仪表线路安装工程

一、仪表电缆线路敷设

（一）监督抽查次数

仪表电缆线路敷设抽查次数不少于1次。

（二）监督抽查时机

仪表电缆敷设完成，仪表安装及控制室内接线开始之前进行。

（三）监督抽查依据

设计文件、GB 50093《自动化仪表工程施工及验收规范》、SY 4205《石油天然气建设工程施工质量验收规范 自动化仪表工程》。

（四）监督抽查内容

资料核查：仪表槽架、保护管、接线箱、仪表电缆的规格、型号是否符合设计文件要求。监理单位的报验情况。

（1）抽查已安装完成的仪表槽架（平直度、膨胀间隙，内部应清洁、无毛刺，牢固、接地）是否符合标准要求。

（2）抽查仪表保护管的安装质量（牢固、无严重变形、同设备工艺管线的间距等），是否符合标准规范要求

（3）抽查仪表接线箱安装位置，防爆等级符合设计文件和规范要求。

（4）抽查仪表槽架、保护管、接线箱、电缆支架安装的合理性。

（5）检查施工单位使用的绝缘电阻测试仪表（检定证书）。

（6）抽查仪表电缆的外观质量（破损、褶皱）。

（7）抽查仪表线路与绝热的设备和管道绝热层之间的距离是否大于200mm，与其他设备和管道表面之间的距离应大于150mm。

（8）抽查仪表信号线路、仪表供电线路、补偿导线、本质安全型仪表线路是否按规范要求进行敷设。

（五）监督抽查的记录

工程质量监督人员在进行监督抽查时，应及时填写《仪表电缆线路敷设安装监督记录》（表8-9），对于本表单覆盖不了的其他监督检查内容，应同时填写质量监督巡视检查记录。

表 8-9 仪表电缆线路敷设安装监督记录

单位工程名称： 第 页,共 页

监督检查部位	仪表电缆绝缘测试	监督检查时间	
被检查单位			

质监点:仪表电缆绝缘测试 必监点 抽查频次 次:第 次抽查
抽(检)查内容:规格、型号、电缆敷设、防爆附件安装、绝缘电阻值或测试记录
检查依据:设计文件、GB 50093—2013《自动化仪表工程施工及验收规范》

在仪表敷设前,应先检查仪表槽架、仪表保护管、防爆附件安装是否完成。施工、监理单位应检查合格。
1. 仪表电缆
(1)本次共抽查仪表电缆_____条,电缆的规格型号:

是否符合设计文件要求。
(2)电缆的质量证明文件是否齐全,其技术参数(电流、电压、绝缘电阻、阻燃、耐温)是否符合设计文件要求;防爆附件的防爆等级是否符合设计文件要求。
(3)检测仪表电缆的绝缘电阻测试仪器是否在检定的有效期内。
(4)电缆电线敷设前,施工单位是否对电缆外观检查和导通进行检查,并用直流 500V 兆欧表测量绝缘电阻,100V 以下的线路采用直流 250V 兆欧表测量绝缘电阻,其电阻值不应小于 5MΩ,实测值为____MΩ;是否符合规范要求。
(5)已经敷设的仪表电缆是否按标准规范进行敷设。
(6)检查《电缆敷设及绝缘电阻测量记录》栏绝缘电阻测试阻值是否符合规范要求。
2. 仪表光缆
(1)检查光缆产品的合格证、质量证明文件电感技术参数等资料是否齐全。
(2)对光缆敷设前、后是否进行外观检查和光纤导通及敷设质量检查,检查是否符合规范要求。
(3)检查《光缆测试记录》栏中连接接头总数、测量总损耗等是否符合规范要求。
问题描述:
(1)口头要求整改:

(2)下发质量问题整改通知单。
(3)附质量问题照片。

监督人员： 总监督工程师(审核)：

第三节 仪表管道安装工程

一、仪表管线安装及管线(阀门)试压

(一)监督抽查次数

仪表管线安装及管线(阀门)试压抽查次数不少于2次,覆盖单位工程。

(二)监督抽查时机

仪表管道安装及管线(阀门)安装过程中及仪表管道试压过程至少各抽查一次。

(三)监督抽查依据

设计文件、GB 50093《自动化仪表工程施工及验收规范》、SY 4205《石油天然气建设工程施工质量验收规范 自动化仪表工程》。

(四)监督抽查内容

资料核查:管材、管件及阀门等管道组成件及焊接材料的质量证明文件;阀门试验记录、焊工资格证书;焊接作业指导书;监理单位的平行检验记录等。监理单位报验情况

(1)抽查焊工资格及焊工报验情况。

(2)抽查仪表管道安装所用材料、阀门及管配件的型号、规格、材质、压力等级等应符合设计文件规定。

(3)抽查仪表管道在弯制过程中有无裂纹、凹陷。

(4)抽查仪表管道的连接质量、焊接质量。

(5)抽查测量管道与设备、工艺管道或建筑物表面之间的距离不得小于50mm。测量油类及易燃易爆物质的管道与热表面之间的距离不得小于150mm。

(6)抽查仪表管道支架安装的合理性(支架的水平间距和垂直间距),不锈钢仪表管道与碳钢支架直接接触。

(7)抽查仪表管道试验:

① 抽查试验用的设备能否满足试验要求,管道试压用压力表反映真实灵敏,在检定有效期内。

② 抽查仪表管道设计压力、试验压力、试验时间,稳压时间,能否满足规范要求。

(五)监督抽查的记录

工程质量监督人员在进行监督抽查时,应及时填写《仪表管道安装监督记录》(表8-10),对于本表单覆盖不了的其他监督检查内容,应同时填写质量监督巡视检查记录。

表 8-10 仪表管道安装监督记录

单位工程名称： 第 页,共 页

监督检查部位	仪表管线安装	监督检查时间	
被检查单位			

质监点:仪表管线安装及试压 必监点 抽查频次 次:第 次抽查
抽(检)查内容:安装质量、加工弯制质量、保护措施、固定、试验(试压)试验记录
检查依据:设计文件、GB 5009—2013《自动化仪表工程施工及验收规范》

(1)抽查仪表管线安装(位号)。
(2)所抽查仪表管道的规格型号材质是否符合设计文件的规定,质量证明文件是否齐全。
(3)所抽查仪表管线安装质量、加工弯制质量、保护措施、固定:
① 管线水平敷设时是否有(1:10,1:100)坡度。
② 仪表管线同钢结构、工艺管线的表面距离是否大于 50cm。实测数据。
③ 测量油类、易燃、易爆物质的设备及工艺管线与仪表管道其热表面距离是否大于 150cm。
④ 已经安装的管线表面是否有裂纹、伤痕;管道冷弯后有凹陷。

仪表管线同钢结构、工艺管线的表面距离				
测量油类、易燃、易爆物质的设备及工艺管线与仪表管道其热表面距离				

⑤ 不锈钢仪表管线是否采用热弯。
(4)仪表管线保护措施、固定:
① 不锈钢仪表管线与碳钢支架是否直接接触,是否有污染。
② 管线支架安装是否牢固、规范。
(5)仪表管线试压,检查试压设备能否满足压力试验要求,试验用压力表是否检定合格,在有效期内。
(6)仪表管线试压,设计压力____,液压试验的压力为设计压力的压力的 1.5 倍,____MPa 时,稳压 10min,其试验的表体、焊口、无渗漏,再将试验压力降至设计压力____MPa,稳压 10min 其试验的表体、焊口、无渗漏。

仪表管道试压位号				
仪表管线试压设计压力				
仪表管线试压压力				

(7)检查《仪表及管道试压、脱脂、酸洗检查记录》中工作压力、试验压力试验数据是否真实准确符合规范要求。相关责任人是否签字确认。
问题描述:
(1)漏口头要求整改:

(2)下发质量问题整改通知单。
(3)附质量问题照片。

监督人员: 总监督工程师(审核):

二、脱脂件检验

(一)监督抽查次数

脱脂件检验调试抽查次数不少于1次,覆盖单位工程。

(二)监督抽查时机

仪表设备、管件等脱脂完成。

(三)监督抽查依据

设计文件、HG20202—2014《脱脂工程施工及验收规范》、GB 50093《自动化仪表工程施工及验收规范》。

(四)监督抽查内容

资料核查:脱脂溶剂的质量证明文件。监理单位的报验情况。
(1)抽查仪表设备、管件等脱脂使用的脱脂溶剂是否符合设计文件和相关规范要求。
(2)抽查仪表设备、管件等脱脂情况:用紫外光检查脱脂件的表面,应无紫蓝荧光为合格。用清洁干燥的白色滤纸擦拭脱脂件表面,应无油脂痕迹为合格。

(五)监督抽查的记录

工程质量监督人员在进行监督抽查时,应及时填写《脱脂件检验监督记录》表单(表8-11)。

表 8-11 脱脂件检验监督记录

单位工程名称: 第 页,共 页

监督检查部位		脱脂件检验	监督检查时间	
被检查单位				
质监点:脱脂件检验 必监点 抽查频次1:第1次抽查 抽(检)查内容:滤纸及紫外灯检查或检验记录 检查依据:设计文件、GB 50093—2013《自动化仪表工程施工及验收规范》					
(1)检查仪表、控制阀、管子和其他管道组成件,是否按设计文件的规定脱脂;是否按设计文件的规定和规范要求选用脱脂溶剂。 (2)使用脱脂溶剂的名称: (3)用清洁干燥的白滤纸擦洗脱脂件表面时,纸上是否无油迹。 (4)用紫外线灯照射脱脂表面时,有无紫蓝荧光。 (5)检查脱脂合格的仪表、控制阀、管子和其他管道组成件是否成品保护合格,并加设标识。 问题描述: (1)口头要求整改: (2)下发质量问题整改通知单: (3)附质量问题照片。				
监督人员:			总监督工程师(审核):	

第四节 仪表试验

一、标准仪表检验

(一)监督抽查次数

标准仪表检查1次,覆盖全部标准仪表。

(二)监督抽查时机

仪表安装校验前进行。

(三)监督抽查依据

GB 50093《自动化仪表工程施工及验收规范》。

(四)监督抽查内容

(1)抽查施工单位用于仪表校准的试验间,能否满足仪表试验要求。
(2)抽查用于仪表校准和试验的标准仪器仪表,应具备有效的计量检定合格证明。
(3)抽查用于仪表校准和试验的标准仪器仪表的精度是否满足被校准仪表的要求。

(五)监督抽查的记录

工程质量监督人员在进行监督抽查时,应及时填写《标准仪表检验监督记录》表单(表8-12)。

二、回路试验和系统调试

(一)监督抽查次数

系统调试和回路试验抽查次数不少于1次,覆盖项目工程。

(二)监督抽查时机

仪表安装完成,回路调试中。

(三)监督抽查依据

设计文件、GB 50093《自动化仪表工程施工及验收规范》、SY 4205《石油天然气建设工程施工质量验收规范 自动化仪表工程》。

(四)监督抽查内容

资料核查:仪表(温度、压力、流量、物位、调节阀)校验记录、电缆敷设及绝缘电阻测试记录、仪表管道试压记录、综合控制系统基本功能测试记录、综合控制系统I/O卡模拟量测试记录、综合控制系统I/O卡开关量测试记录。

表 8-12　标准仪表检验监督记录

单位工程名称：　　　　　　　　　　　　　　　　　　　　　　　　　第　　页,共　　页

监督检查部位	标准仪表检验	监督检查时间	
被检查单位			

质监点：标准仪表检验　　必监点　　抽查频次　次：第　　次抽查
抽(检)查内容：精度、检定标识或检定/校准证书
检查依据：设计文件、GB 50093—2013《自动化仪表工程施工及验收规范》

监督记录
（1）抽查标准仪表(标准检测仪、数字万用表、压力校验台、标准压力表)。
（2）检查标准仪器、仪表是否经有资质的计量检定部门进行过检定,标准仪器的检定是否在计量检定的有校期内。
（3）用于仪表校准和试验的标准仪器仪表,基本误差的绝对值是否未超过被校准仪表基本误差绝对值的1/3。
（4）标准仪器仪表的种类能否满足校验、检验需要。
问题描述：
（1）口头要求整改：

（2）下发质量问题整改通知单。
（3）附质量问题照片。

监督人员：　　　　　　　　　　　　　　　　总监督工程师(审核)：

（1）抽查仪表设备、装置、仪表线路、仪表管道应安装完毕。单台试验和校准已完成。仪表配线和配管应经检查确认正确完整，配件附件齐全。电源、气源和液压源正常运行，并符合仪表运行的回路试验要求。

（2）抽查检测回路的信号输入端输入模拟被测变量的标准信号，回路的显示仪表部分的示值误差是否有误差。

（3）抽查控制回路中控制器和执行器的作用方向是否符合设计文件要求。

（4）抽查报警系统的报警灯光、音响和屏幕应显示正确。其消音、复位和记录功能正确。

（五）监督抽查的记录

工程质量监督人员在进行监督抽查时，应及时填写《回路试验和系统调试监督记录》表单（表8-13）。

表8-13　回路试验和系统调试监督记录

单位工程名称：　　　　　　　　　　　　　　　　　　　　第　页，共　页

监督检查部位		监督检查时间	
被检查单位			

报警系统试验　　　　抽查频次　　次：第　　次抽查
抽(检)查内容：报警系统试验记录
检查依据：设计文件、GB 50093—2013《自动化仪表工程施工及验收规范》

监督记录
（1）本次共抽查报警系统： （2）检查报警系统中有报警信号的仪表设备，检测报警开关，仪表的报警输出点，是否根据设计文件规定的设定值进行整定。 （3）在报警回路的信号发生端模拟输入信号，检查报警灯光、音响和屏幕显示是否正确。 （4）报警的消音、复位和记录功能是否正确。 （5）检查《报警、连锁系统试验记录》中相关责任主体签字确认情况，是否符合要求。

问题描述： （1）口头要求整改：   （2）下发质量问题整改通知单。 （3）附质量问题照片。

监督人员：　　　　　　　　　　　　　　　总监督工程师（审核）：

第九章　通信工程质量监督

一、直埋电(光)缆

(一)监督检查的频次

监督抽查要覆盖到各单位工程,抽查数量可根据工程量大小确定,但各单位工程质监点的抽查频次不小于1次。对于需编制监督方案的较大项目,应在方案中明确检查频次。

(二)监督抽查的时机

现场质监点到位检查:主要是在电(光)缆敷设完成,电(光)缆尚未隐蔽,电缆交接试验合格,施工单位、监理单位对当前施工内容自检及核验合格;监督机构在接到监理单位书面报监后,可按照约定的时间、约定有关方面代表到现场进行监督抽查。

检查的单元可以为通信工程电(光)缆线路分项工程或检验批。

随机抽查(巡查):包括电(光)缆隐蔽前、隐蔽后等整个施工过程。在隐蔽后可抽查已完工程的实体质量,施工记录、测试记录、监理记录等技术资料。抽查时间节点可在监理单位的报监后的任意时间段。

(三)监督抽查的依据

监督抽查的主要依据有GB 50374《通信管道工程施工及验收规范》、YD 5103《通信管道工程施工及验收技术规范》、YD 5121《通信线路工程验收规范》、SY/T 4108《输油(气)管道同沟敷设光缆(硅芯管)设计及施工规范》、设计文件以及其他有关标准等。

(四)监督抽查的内容

1. 现场监督抽查内容

工程质量监督人员现场应抽查但不仅限于下列内容:
(1)电(光)缆、硅芯管及附件规格、型号与设计的一致性以及报验情况。
(2)电(光)缆、硅芯管敷设:敷设路由、敷设深度、敷设相对位置、表面损伤、接连(接续)及接头位置、弯曲半径、特殊地段保护措施、施工工序(管道同沟)、硅芯管的清理、试通及封堵、保护管的封堵、标识桩设置、手孔位置及质量。
(3)相关资料检查:
①原材料的质量证明文件或复验报告。
②施工图纸、设计变更等。

③ 过程资料：隐蔽工程记录、电（光）缆敷设记录、电缆接续施工记录、绝缘电阻测试记录、光缆熔接测试记录、光缆单盘测试记录。

④ 分部、分项或检验批质量验收记录。

⑤ 监理单位相关资料（旁站、平行检验、监理单位对施工单位材料和过程资料的签认文件、工程验收等）。

（4）其他有关质量情况的抽查。

2. 现场检验方法及所需检验器具

（1）检验器具：钢卷尺、绝缘测试仪、光功率测试仪等。

（2）检验方法：观察检查、尺量法检查。

（五）监督抽查记录

工程质量监督人员在进行监督抽查时，应及时填写《直埋电（光）缆监督记录》表单（表9-1），对于本表单覆盖不了的其他监督检查内容，应同时填写质量监督巡视检查记录。

二、系统测试

（一）监督检查的频次

监督抽查要覆盖到各单位工程，抽查数量可根据工程量大小确定，但各单位工程质监点的抽查频次不小于1次。对于需编制监督方案的较大项目，应在方案中明确检查频次。

（二）监督抽查的时机

现场质监点到位检查：主要是在电（光）缆施工完毕或独立段施工完成，施工单位在做测试时；监督机构在接到监理单位通知后可组织监督人员到现场进行监督抽查。

检查的单元可以为通信工程电（光）缆线路分项工程或检验批。

随机抽查（巡查）：在施工过程中可对已测试完毕的独立段进行测试记录等资料进行抽查；在施工完成后可对整个系统测试资料进行抽查。抽查时间节点可在监理单位的报监后的任意时间段。

（三）监督抽查的依据

监督抽查的主要依据有 GB 50374《通信管道工程施工及验收规范》、YD 5103《通信管道工程施工及验收技术规范》、YD 5121《通信线路工程验收规范》、SY/T 4108《输油（气）管道同沟敷设光缆（硅芯管）设计及施工规范》、设计文件以及其他有关标准等。

表 9-1　直埋电(光)缆监督记录

单位工程名称:	第　页,共　页	
被检查单位:	监督检查时间	
监督检查部位:		
质监点名称:直埋电(光)缆 检查方式:必监点抽查(　)　　巡查(　)		
□电(光)缆、硅芯管及附件		

材料名称	规格型号	质量证明文件	是否已报验	是否发现问题
			是(　)否(　)	是(　)否(　)
添加 问题情况描述或其他:				
□测试仪器				

仪器名称	规格型号	精度	测量范围	检定证书	是否已报验	是否发现问题
					是(　)否(　)	是(　)否(　)
添加 问题情况描述或其他:						
□电(光)缆、硅芯管敷设						

□敷设路由	附件:	是否发现问题 是(　)否(　)
□敷设深度	附件:	是否发现问题 是(　)否(　)
□敷设相对位置	附件:	是否发现问题 是(　)否(　)
□表面损伤	附件:	是否发现问题 是(　)否(　)
□接连(接续)及接头位置	附件:	是否发现问题 是(　)否(　)
□弯曲半径	附件:	是否发现问题 是(　)否(　)
□特殊地段保护措施	附件:	是否发现问题 是(　)否(　)
□施工工序(管道同沟)	附件:	是否发现问题 是(　)否(　)

续表

单位工程名称:			第 页,共 页	
被检查单位:		监督检查时间		
监督检查部位:				
质监点名称:直埋电(光)缆 检查方式:必监点抽查( ) 巡查( )				
□硅芯管的清理、试通及封堵	附件:		是否发现问题 是( )否( )	
□保护管的封堵	附件:		是否发现问题 是( )否( )	
□标识桩设置	附件:		是否发现问题 是( )否( )	
□手孔位置及质量	附件:		是否发现问题 是( )否( )	
添加 问题情况描述或其他:				
□资料抽查				
□隐蔽工程记录	附件:		是否发现问题 是( )否( )	
□电(光)缆敷设记录	附件:		是否发现问题 是( )否( )	
□电缆接续施工记录	附件:		是否发现问题 是( )否( )	
□绝缘电阻测试记录	附件:		是否发现问题 是( )否( )	
□光缆熔接测试记录	附件:		是否发现问题 是( )否( )	
□光缆单盘测试记录	附件:		是否发现问题 是( )否( )	
□质量验收记录	附件:		是否发现问题 是( )否( )	
□监理单位相关资料	附件:		是否发现问题 是( )否( )	
添加 问题情况描述或其他:				
监督工程师:		总监督工程师:		

（四）监督抽查的内容

1. 主要是对以下测试资料进行检查

（1）过程资料：绝缘电阻测试记录、光缆熔接测试记录、中继段光纤线路衰减测试记录、光端设备安装测试记录。

（2）分部、分项或检验批质量验收记录。

（3）监理单位相关资料（旁站、平行检验、监理单位对施工单位材料和过程资料的签认文件、工程验收等）。

（4）其他有关质量情况的抽查。

2. 现场检验方法及所需检验器具

（1）检验器具：绝缘测试仪、光功率测试仪、光时域反射仪等。

（2）检验方法：仪器测试或查看记录。

（五）监督抽查记录

工程质量监督人员在进行监督抽查时，应及时填写《通信系统测试监督记录》表单（表9-2），对于本表单覆盖不了的其他监督检查内容，应同时填写质量监督巡视检查记录。

表9-2 通信系统测试监督记录

单位工程名称：					第 页，共 页	
被检查单位：				监督检查时间		
监督检查部位：						
质监点名称：通信系统测试 检查方式：必监点抽查（ ） 巡查（ ）						
□测试仪器						
仪器名称	规格型号	精度	测量范围	检定证书	是否已报验	是否发现问题
					是（ ）否（ ）	是（ ）否（ ）
添加 问题情况描述或其他：						
□资料抽查						
□绝缘电阻测试记录	附件：				是否发现问题 是（ ）否（ ）	
□中继段光纤线路衰减测试记录	附件：				是否发现问题 是（ ）否（ ）	
□质量验收记录	附件：				是否发现问题 是（ ）否（ ）	
□监理单位相关资料	附件：				是否发现问题 是（ ）否（ ）	
添加 问题情况描述或其他：						
监督工程师：			总监督工程师：			

第十章　建筑安装工程质量监督

第一节　建筑工程

一、基础结构

基础结构质监点包含地基处理、桩基础、混凝土基础、砌体基础、地下防水及基础结构验收等内容。

(一)地基处理

1. 监督抽查频次

覆盖到每个单位工程，根据分部工程来设置检查频次。

2. 监督抽查的时机

到位监督时段一般应选择在地基处理已完成，基础工程施工之前；但大型或重点石油天然气建设工程应在施工过程中对部分工序或部位进行监督抽查，监督抽查的部位、频次应事先在工程质量监督计划中确定，并与监理单位约定到位监督的时间，并满足下列原则：

（1）有可供监督抽查的施工作业面及施工成品。
（2）至少已施工完一个检验批，并最迟于基础工程施工之前进行现场监督检查。
（3）监督抽查单元应根据工程实际确定，可为一个或多个检验批，也可为一个分项工程。
（4）施工单位自检合格。
（5）施工单位能提供施工工艺规程、施工质量自检记录以及相关质量保证资料。
（6）监理单位能提供平行检验记录和对施工质量进行合格认定的书面文件。
（7）已接到监理单位正式的书面报监。

3. 监督抽查的依据

设计文件、施工方案、GB 50202《建筑地基基础工程施工质量验收规范》、JGJ 79《建筑地基处理技术规范》、SH/T 3528《石油化工钢储罐地基与基础工程施工及验收规范》、SH/T 3535《石油化工混凝土水池工程施工及验收规范》、SH 3510《石油化工设备混凝土基础工程施工及验收规范》等现行标准的有关规定。

4. 监督抽查的内容（不仅限于以下内容）

1）资料检查

（1）核查设计文件、施工方案、施工工艺文件，审核地基处理施工方案是否符合设计要求及技术规范。

（2）核查地基处理的施工单位和检测单位资质。

（3）核查水泥、砂、石等原材料进场验收记录、质量证明文件。

（4）核查施工配合比报告、施工试验报告、压实度检测报告、地基承载力检测报告。

（5）核查施工单位的施工记录、隐蔽工程记录、核查监理单位旁站及平行检验记录。

（6）核查施工质量验收记录，核查地基处理的质量验收程序及结论是否合规和准确。

2）现场检查

（1）现场核查各类原材料的使用情况。

（2）现场核查地基处理施工工艺的执行情况。

（3）现场抽查地基处理的工序施工质量。

（4）现场核查地基处理的范围和深度。

5. 监督抽查记录

监督抽查时，及时填写《地基处理抽查内容》（表 10-1）。

（二）桩基础

1. 监督抽查频次

覆盖到每个单位工程，根据分部工程来设置检查频次。

2. 监督抽查的时机

桩基础施工质量的监督，应按照事先制定的工程质量监督计划所确定的本质监点监督抽查的部位、频次，与监理单位约定的到位监督时间，并满足下列原则：

（1）桩基施工结束后，承台或地板施工前到位监督。

（2）施工单位自检合格。

（3）施工单位能提供施工工艺规程、施工质量自检记录以及相关质量保证资料。

（4）监理单位能提供平行检验记录和对施工质量进行合格认定的书面文件。

（5）约定的有关方面代表到场。

（6）已接到监理单位正式的书面报监。

3. 监督抽查的依据

设计文件、施工方案、GB 50202《建筑地基基础工程施工质量验收规范》、SH/T 3528《石油化工钢储罐地基与基础工程施工及验收规范》等。

第十章 建筑安装工程质量监督

表 10-1　地基处理抽查内容

单位工程名称：

监督检查部位		监督检查时间	
被检查单位			
监督依据	执行标准：		
	设计文件编号：		
抽查内容	抽查情况		
质量保证资料	抽查内容应包括但不限于以下内容： （1）材料质量证明文件。 （2）相关复验报告。 （3）相关检试验报告。 （4）关键部位、关键工序隐蔽工程记录。 （5）关键部位、关键工序施工记录。 （6）其他相关技术文件。		
实体质量抽查	抽查内容应包括但不限于以下内容： （1）观感质量。 （2）实测数量及实测值。		
存在问题描述			
整改要求			
施工单位： 监理（建设）单位：		监督人员：	

4. 监督抽查的内容(不仅限于以下内容)

1)资料检查

(1)核查桩质量证明文件、进场验收记录。

(2)核查桩体检测报告,承载力、低应变与高应变检测报告。

(3)核查岩土详勘报告、桩基设计文件、施工方案和施工工艺文件。

(4)核查桩位竣工平面图及桩顶标高图。

(5)核查桩位定位测量记录、桩位验收记录。

(6)核查施工单位施工记录、自检记录、监理旁站及平行检验记录。

2)现场检查

(1)桩位偏差应在规范规定的允许偏差范围内;

(2)桩顶标高符合设计规定。

5. 监督抽查记录

监督抽查时,及时填写《桩基础抽查内容》(表10-2)。

(三)混凝土基础

1. 监督抽查频次

覆盖到每个单位工程,根据分部工程来设置检查频次。

2. 监督抽查的时机

混凝土浇筑的监督,应按照事先制订的工程质量监督计划所确定的本质监点监督抽查的部位、频次,与监理单位约定到位监督时间,并同时满足下列原则。

(1)到位监督时间段应控制在混凝土开始浇筑,并至少已施工完成一个检验批,有可供抽查检查的混凝土浇筑作业面或已经完成的工程部位。

(2)监督抽查单元应根据工程实际确定,可为一个或多个检验批,也可以为一个分项工程。

(3)施工单位自检合格。

(4)施工单位能提供施工工艺规程、施工质量自检记录以及相关质量保证资料。

(5)监理单位能提供旁站记录、平行检验记录和对施工质量进行合格认定的书面文件。

(6)已接到监理单位正式的书面报监。

3. 监督抽查的依据

设计文件、施工方案、GB 50204《混凝土结构工程施工质量验收规范》、GB 1596《用于水泥和混凝土中的粉煤灰》、JGJ 52《普通混凝土用砂、石质量及检验方法标准》、JGJ 63《混凝土板和用水标准》、SH/T 3535《石油化工混凝土水池工程施工及验收规范》、SH 3510《石油化工设备混凝土基础工程施工及验收规范》等。

表 10-2 桩基础抽查内容

单位工程名称：

监督检查部位			监督检查时间	
被检查单位				
监督依据	执行标准：			
	设计文件编号：			
抽查内容	抽查情况			
质量保证资料	抽查内容应包括但不限于以下内容： （1）材料质量证明文件。 （2）相关复验报告。 （3）相关检试验报告。 （4）关键部位、关键工序隐蔽工程记录。 （5）关键部位、关键工序施工记录。 （6）其他相关技术文件。			
实体质量抽查	抽查内容应包括但不限于以下内容： （1）观感质量。 （2）实测数量及实测值。			
存在问题描述				
整改要求				
施工单位： 监理(建设)单位：			监督人员：	

4.监督抽查的内容(不仅限于以下内容)

1)资料检查

(1)核查设计文件、施工方案和施工工艺文件。

(2)核查水泥、砂、石子、外加剂等各种原材料质量证明文件、进场验收记录、复试报告以及预拌混凝土的质量证明文件。

(3)核查混凝土氯化物和碱含量计算书。

(4)核查混凝土配合比报告。

(5)核查混凝土开盘鉴定记录、混凝土塌落度测试记录、混凝土施工记录、试件制作记录及混凝土养护记录。

(6)具备条件时,核查混凝土抗压、抗渗抗冻试件的试验报告。

(7)核查质量验收记录、监理旁站记录和平行检验记录。

2)现场检查

(1)核查混凝土的拌制质量,抽查混凝土的塌落度。

(2)现场核查混凝土浇筑情况。

(3)现场核查混凝土外观质量和结构的外形尺寸。

(4)现场核查混凝土试件的制作和养护情况。

5.监督抽查记录

监督抽查时,及时填写《混凝土基础抽查内容》(表10-3)。

(四)砌体基础

1.监督抽查频次

覆盖到每个单位工程,根据分部工程来设置检查频次。

2.监督抽查的时机

砌体砌筑施工质量的监督,应按照事先制定的工程质量监督计划所确定的本质监点监督抽查的部位、频次,与监理单位约定的到位监督时间,并满足下列原则:

(1)有可供监督抽查的砌体施工作业面及砌体施工成品。

(2)至少已施工完一个检验批,并最迟于砌体隐蔽之前进行现场监督检查。

(3)监督抽查单元应根据工程实际确定,可为一个或多个检验批,也可为一个分项工程。

(4)施工单位自检合格。

(5)施工单位能提供施工工艺规程、施工质量自检记录以及相关质量保证资料。

(6)监理单位能提供平行检验记录和对施工质量进行合格认定的书面文件。

(7)已接到监理单位正式的书面报监。

表 10-3 混凝土基础抽查内容

单位工程名称：

监督检查部位		监督检查时间	
被检查单位			
监督依据	执行标准：		
	设计文件编号：		
抽查内容	抽查情况		
质量保证资料	抽查内容应包括但不限于以下内容： （1）材料质量证明文件。 （2）相关复验报告。 （3）相关检试验报告。 （4）关键部位、关键工序隐蔽工程记录。 （5）关键部位、关键工序施工记录。 （6）其他相关技术文件。		
实体质量抽查	抽查内容应包括但不限于以下内容： （1）观感质量。 （2）实测数量及实测值。		
存在问题描述			
整改要求			
施工单位：		监督人员：	
监理（建设）单位：			

3. 监督抽查的依据

设计文件、施工方案、GB 50203《砌体工程施工质量验收规范》、GB 50204《混凝土结构工程施工质量验收规范》等。

4. 监督抽查的内容（不仅限于以下内容）

1）资料检查

（1）施工图设计文件、设计变更和设计联系单，施工方案及施工工艺文件。

（2）核查水泥、砂、块材等原材料质量证明文件、进场验收记录、复试报告及产品性能检测报告。

（3）核查水泥砂浆、混合砂浆、构造柱及芯柱混凝土的配合比报告。

（4）核查施工记录、砌体拉结钢筋及构造柱钢筋隐蔽工程记录等施工技术及质量控制资料。

（5）核查砌筑砂浆试件、混凝土构造柱和芯柱试件强度报告及验收评定报告。

（6）核查施工质量验收记录；子分部工程验收时，还应提供砌体观感质量评价记录。

2）现场检查

（1）现场核查各类原材料的使用情况。

（2）现场核查砂浆、混凝土拌制质量及使用情况。

（3）现场核查砌体组砌方法、留槎情况和接槎质量，抽测砌体组砌质量。

5. 监督抽查记录

监督抽查时，及时填写《砌体基础结构抽查内容》（表10-4）。

（五）地下防水

1. 监督抽查频次

覆盖到每个单位工程，根据分部工程来设置检查频次。

2. 监督抽查的时机

（1）地下防水施工完毕，单位工程验收之前。

（2）监督抽查单元应根据工程实际确定，可为一个或多个分项工程，也可为一个子分部或多个子分部工程。

（3）施工单位自检合格。

（4）施工单位能提供施工工艺规程、施工质量自检记录以及相关质量保证资料。

（5）监理单位能提供平行检验记录和对施工质量进行合格认定的书面文件。

（6）已接到监理单位正式的书面报监。

表 10-4 砌体基础结构抽查内容

单位工程名称：

监督检查部位		监督检查时间	
被检查单位			
监督依据	执行标准： 设计文件编号：		
抽查内容	抽查情况		
质量保证资料	抽查内容应包括但不限于以下内容： （1）材料质量证明文件。 （2）相关复验报告。 （3）相关检试验报告。 （4）关键部位、关键工序隐蔽工程记录。 （5）关键部位、关键工序施工记录。 （6）其他相关技术文件。		
实体质量抽查	抽查内容应包括但不限于以下内容： （1）观感质量。 （2）实测数量及实测值。		
存在问题描述			
整改要求			
施工单位： 监理（建设）单位：		监督人员：	

3. 监督抽查的依据

设计文件、施工方案、GB 50208《地下防水工程质量验收规范》、SH/T 3535—2002《石油化工混凝土水池工程施工及验收规范》等。

4. 监督抽查的内容（不仅限于以下内容）

1）资料检查

（1）核查设计文件、施工方案及技术交底。

（2）核查防水材料的质量证明文件及进场复试报告。

（3）核查施工单位的专业资质及操作人员上岗证。

（4）核查施工检验记录及隐蔽工程验收记录。

（5）核查防渗试件检测报告。

2）现场检查

（1）现场核查地下防水层的施工质量。

（2）现场核查地下防水细部构造。

（3）现场核查室内有无渗漏痕迹。

5. 监督抽查记录

监督抽查时，及时填写《地下防水工程抽查内容》（表10-5）。

（六）结构验收

1. 监督抽查频次

覆盖到每个单位工程，根据分部工程来设置检查频次。

2. 监督抽查的时机

结构验收作为结构隐蔽前最终的质量检验环节，是对结构实体的安全性、耐久性以及是否存在影响使用功能的质量缺陷的全面考核，是对结构实体施工质量能否达到设计要求的安全性指标和耐久性指标的综合评价，监督抽查的部位、频次应事先在工程质量监督计划中确定，并与监理单位约定到位监督时间，并满足下列原则：

（1）基础结构验收除强度验收以外，应在地基基础分部（±0.00以下部分）施工完成，主体结构施工前进行；主体结构验收除强度验收外，应在主体结构施工完成，结构隐蔽施工前进行。

（2）结构实体施工已完成。

（3）施工单位自验合格。

（4）施工单位能提供施工工艺规程、施工质量自检记录以及相关质量保证资料。

（5）监理单位能提供平行检验记录和对施工质量进行合格认定的书面文件。

（6）已接到监理单位正式的书面报监。

表 10-5　地下防水工程抽查内容

单位工程名称：

监督检查部位		监督检查时间	
被检查单位			
监督依据	执行标准：		
	设计文件编号：		
抽查内容	抽查情况		
质量保证资料	抽查内容应包括但不限于以下内容： （1）材料质量证明文件。 （2）相关复验报告。 （3）相关检试验报告。 （4）关键部位、关键工序隐蔽工程记录。 （5）关键部位、关键工序施工记录。 （6）其他相关技术文件。		
实体质量抽查	抽查内容应包括但不限于以下内容： （1）观感质量。 （2）实测数量及实测值。		
存在问题描述			
整改要求			
施工单位：		监督人员：	
监理（建设）单位：			

3. 监督抽查的依据

设计文件、施工方案、GB 50202《建筑地基基础工程施工质量验收规范》、JGJ79《建筑地基处理技术规范》、SH/T 3528《石油化工钢储罐地基与基础工程施工及验收规范》、SH/T 3535《石油化工混凝土水池工程施工及验收规范》、SH 3510《石油化工设备混凝土基础工程施工及验收规范》、GB 50204《混凝土结构工程施工质量验收规范》、GB 50203《砌体工程施工质量验收规范》等现行标准的有关规定。

4. 监督抽查的内容（不仅限于以下内容）

1）资料检查

（1）核查设计文件及图纸会审记录。

（2）核查原材料及半成品的质量证明文件、见证取样复试报告以及预制构件结构性能试验报告。

（3）核查工程定位测量、放线记录，建筑物垂直度、标高、全高测量记录及沉降观测记录。

（4）核查施工配合比报告、施工试验报告、压实度检测报告、地基承载力检测报告、桩体强度及完整性试验报告。

（5）核查桩基、地基处理、地基承载力等检测报告。

（6）核查混凝土、砂浆等试件的试验报告及综合评定验收记录、结构实体检验记录。

（7）核查钢筋的链接、预应力筋的安装等记录。

（8）核查各项隐蔽工程验收记录及相关施工质量控制记录。

（9）核查观感质量验收记录。

（10）核查分部工程施工质量验收记录。

2）现场检查

现场查验结构实体观感质量。

5. 监督抽查记录

监督抽查时，及时填写《（基础、主体）结构验收抽查内容》（表10-6）。

二、主体结构

主体结构质监点包含承重砌体结构、混凝土结构、钢结构、主体结构验收等内容。

（一）承重砌体结构

1. 监督抽查频次

覆盖到每个单位工程，根据分部工程来设置检查频次。

表 10-6 （基础、主体）结构验收抽查内容

单位工程名称：

监督检查部位		监督检查时间	
被检查单位			
监督依据	执行标准： 设计文件编号：		
抽查内容	抽查情况		
质量保证资料	抽查内容应包括但不限于以下内容： （1）材料质量证明文件。 （2）相关复验报告。 （3）相关检试验报告。 （4）关键部位、关键工序隐蔽工程记录。 （5）关键部位、关键工序施工记录。 （6）其他相关技术文件。		
实体质量抽查	抽查内容应包括但不限于以下内容： （1）观感质量。 （2）实测数量及实测值。		
存在问题描述			
整改要求			
施工单位：		监督人员：	
监理（建设）单位：			

2. 监督抽查的时机

砌体砌筑施工质量的监督,应按照事先制定的工程质量监督计划所确定的本质监点监督抽查的部位、频次,与监理单位约定到位监督的时间,并满足下列原则:

(1)有可供监督抽查的砌体施工作业面及砌体施工成品。

(2)至少已施工完一个检验批,并最迟于砌体隐蔽之前进行现场监督检查。

(3)监督抽查单元应根据工程实际确定,可为一个或多个检验批,也可为一个分项工程。

(4)施工单位自检合格。

(5)施工单位能提供施工工艺规程、施工质量自检记录以及相关质量保证资料。

(6)监理单位能提供旁站记录、平行检验记录和对施工质量进行合格认定的书面文件。

(7)已接到监理单位正式的书面报监。

3. 监督抽查的依据

设计文件、施工方案、GB 50203《砌体工程施工质量验收规范》、GB 50204《混凝土结构工程施工质量验收规范》等。

4. 监督抽查的内容(不仅限于以下内容)

1)资料检查

(1)施工图设计文件、设计变更和设计联系单,施工方案及施工工艺文件。

(2)核查水泥、砂、块材等原材料质量证明文件、进场验收记录、复试报告及产品性能检测报告。

(3)核查水泥砂浆、混合砂浆、构造柱及芯柱混凝土的配合比报告。

(4)核查施工记录、砌体拉结钢筋及构造柱钢筋隐蔽工程记录等施工技术及质量控制资料。

(5)核查砌筑砂浆试件、混凝土构造柱和芯柱试件强度报告及验收评定报告。

(6)核查施工质量验收记录,子分部工程验收时,还应提供砌体观感质量评价记录。

2)现场检查

(1)现场核查各类原材料的使用情况。

(2)现场核查砂浆、混凝土拌制质量及使用情况。

(3)现场核查砌体组砌方法、留槎情况和接槎质量,抽测砌体组砌质量。

(4)现场核查配筋砌体钢筋的规格、数量、间距、锚固长度、防腐质量。

(5)现场核查预制梁、板的坐浆安装质量。

(6)现场核查脚手眼的设置及补砌情况。

(7)现场核查墙体、柱的自由高度。

5. 监督抽查记录

监督抽查时,及时填写《承重砌体结构抽查内容》(表10-7)。

表 10-7 承重砌体结构抽查内容

单位工程名称:

监督检查部位			监督检查时间	
被检查单位				
监督依据	执行标准: 设计文件编号:			
抽查内容	抽查情况			
质量保证资料	抽查内容应包括但不限于以下内容: (1)材料质量证明文件。 (2)相关复验报告。 (3)相关检试验报告。 (4)关键部位、关键工序隐蔽工程记录。 (5)关键部位、关键工序施工记录。 (6)其他相关技术文件。			
实体质量抽查	抽查内容应包括但不限于以下内容: (1)观感质量。 (2)实测数量及实测值。			
存在问题描述				
整改要求				
施工单位: 监理(建设)单位:			监督人员:	

（二）混凝土结构

1. 监督抽查频次

覆盖到每个单位工程，根据分部工程来设置检查频次。

2. 监督抽查的时机

混凝土浇筑的监督，应按照事先制订的工程质量监督计划所确定的本质监点监督抽查的部位、频次，与监理单位约定到位监督时间，并同时满足下列原则。

（1）到位监督时间段应控制在混凝土开始浇筑，并至少已施工完成一个检验批，有可供抽查检查的混凝土浇筑作业面或已经完成的工程部位。

（2）监督抽查单元应根据工程实际确定，可为一个或多个检验批，也可以为一个分项工程。

（3）施工单位自检合格。

（4）施工单位能提供施工工艺规程、施工质量自检记录以及相关质量保证资料。

（5）监理单位能提供旁站记录、平行检验记录和对施工质量进行合格认定的书面文件。

（6）已接到监理单位正式的书面报监。

3. 监督抽查的依据

设计文件、施工方案、GB 50204《混凝土结构工程施工质量验收规范》、GB 1596《用于水泥和混凝土中的粉煤灰》、JGJ 52《普通混凝土用砂、石质量及检验方法标准》、JGJ 63《混凝土板和用水标准》、SH/T 3535《石油化工混凝土水池工程施工及验收规范》、SH 3510《石油化工设备混凝土基础工程施工及验收规范》等。

4. 监督抽查的内容（不仅限于以下内容）

1）资料检查

（1）核查设计文件、施工方案和施工工艺文件。

（2）核查水泥、砂、石子、外加剂等各种原材料质量证明文件、进场验收记录、复试报告以及预拌混凝土的质量证明文件。

（3）核查混凝土氯化物和碱含量计算书。

（4）核查混凝土配合比报告。

（5）核查混凝土开盘鉴定记录、混凝土塌落度测试记录、混凝土施工记录、试件制作记录及混凝土养护记录。

（6）具备条件时，核查混凝土抗压、抗渗抗冻试件的试验报告。

（7）核查质量验收记录、监理旁站记录和平行检验记录。

2）现场检查

（1）核查混凝土的拌制质量,抽查混凝土的塌落度。

（2）现场核查混凝土浇筑情况。

（3）现场核查混凝土外观质量和结构的外形尺寸。

（4）现场核查混凝土试件的制作和养护情况。

5. 监督抽查记录

监督抽查时,及时填写《混凝土结构抽查内容》(表10-8)。

(三)钢结构

见第十一章钢结构工程质量监督。

(四)主体结构验收

见基础结构质监点基础结构验收。

三、节能及装饰工程

(一)建筑节能

1. 监督抽查频次

覆盖到每个单位工程,根据分部工程来设置检查频次。

2. 监督抽查的时机

到位监督时间段原则上应安排在建筑节能工程施工完毕,单位工程验收之前对于部分需要施工过程中监督检验的工序或部位,可按照事先制订的工程质量监督计划所确定的监督抽查的部位、频次、与监理单位约定到位监督时间。

（1）监督抽查单元应根据工程实际确定,可为一个或多个分项工程,也可为一个子分部或多个子分部工程。

（2）施工单位自检合格。

（3）施工单位能提供施工工艺规程、施工质量自检记录以及相关质量保证资料。

（4）监理单位能提供平行检验记录和对施工质量进行合格认定的书面文件。

（5）已接到监理单位正式的书面报监。

3. 监督抽查的依据

设计文件、施工方案、GB 50411《建筑节能工程施工质量验收规范》、GB 50210《建筑装饰工程质量验收规范》等。

表 10-8 混凝土结构质监点抽查内容

单位工程名称：

监督检查部位		监督检查时间	
被检查单位			
监督依据	执行标准：		
	设计文件编号：		
抽查内容	抽查情况		
质量保证资料	抽查内容应包括但不限于以下内容： (1)材料质量证明文件。 (2)相关复验报告。 (3)相关检试验报告。 (4)关键部位、关键工序隐蔽工程记录。 (5)关键部位、关键工序施工记录。 (6)其他相关技术文件。)		
实体质量抽查	抽查内容应包括但不限于以下内容： (1)观感质量。 (2)实测数量及实测值。		
存在问题描述			
整改要求			
施工单位：		监督人员：	
监理(建设)单位：			

4. 监督抽查的内容(不仅限于以下内容)

1)资料检查

(1)施工图设计文件、设计变更和设计联系单,施工方案及施工工艺文件。

(2)核查建筑节能工程所用各种材料、五金配件、构件及组件的产品合格证书、性能检测报告、进场验收记录和复试报告。

(3)核查施工过程中形成的各项检测报告。

(4)核查施工记录、隐蔽工程记录等施工技术及质量控制资料。

(5)核查工程施工质量验收记录。

2)现场检查

(1)现场核查建筑节能工程实物观感质量和重要节点处的施工质量。

(2)现场核查建筑节能工程观感质量和细部处理质量。

5. 监督抽查记录

监督抽查时,及时填写《建筑节能工程抽查内容》(表10-9)。

(二)装饰装修

1. 监督抽查频次

覆盖到每个单位工程,根据分部工程来设置检查频次。

2. 监督抽查的时机

(1)到位监督时间段原则上应安排在装饰、装修工程施工完毕,单位工程验收之前对于部分需要施工过程中监督检验的工序或部位,可按照事先制订的工程质量监督计划所确定的监督抽查的部位、频次、与监理单位约定到位监督时间。

(2)监督抽查单元应根据工程实际确定,可为一个或多个分项工程,也可为一个子分部或多个子分部工程。

(3)施工单位自检合格。

(4)施工单位能提供施工工艺规程、施工质量自检记录以及相关质量保证资料。

(5)监理单位能提供平行检验记录和对施工质量进行合格认定的书面文件。

(6)已接到监理单位正式的书面报监。

3. 监督抽查的依据

设计文件、施工方案、GB 50210《建筑装饰工程质量验收规范》、GB 50209《建筑地面工程施工质量验收规范》等。

表 10-9 建筑节能工程抽查内容

单位工程名称：

监督检查部位		监督检查时间	
被检查单位			
监督依据	执行标准：		
	设计文件编号：		
抽查内容	抽查情况		
质量保证资料	抽查内容应包括但不限于以下内容：(1)材料质量证明文件。(2)相关复验报告。(3)相关检试验报告。(4)关键部位、关键工序隐蔽工程记录。(5)关键部位、关键工序施工记录。(6)其他相关技术文件。)		
实体质量抽查	抽查内容应包括但不限于以下内容： (1)观感质量。 (2)实测数量及实测值。		
存在问题描述			
整改要求			
施工单位：		监督人员：	
监理(建设)单位：			

4. 监督抽查的内容（不仅限于以下内容）

1）资料检查

（1）施工图设计文件、设计变更和设计联系单，施工方案及施工工艺文件。

（2）核查装饰装修工程所用各种材料、五金配件、构件及组件的产品合格证书、性能检测报告、进场验收记录和复试报告。

（3）核查施工过程中形成的各项检测报告。

（4）核查施工记录、隐蔽工程记录等施工技术及质量控制资料。

（5）核查工程施工质量验收记录。

2）现场检查

（1）现场核查地面工程实物观感质量和重要节点处的施工质量。

（2）现场核查抹灰工程观感质量和细部处理质量。

（3）现场核查门窗安装工程的观感质量。

（4）现场核查吊顶工程的观感质量。

（5）现场核查轻质隔墙工程的观感质量。

（6）现场核查饰面板(砖)工程的观感质量。

（7）现场核查幕墙工程施工质量。

（8）现场核查涂饰工程的观感质量。

（9）现场核查细部工程的观感质量。

5. 监督抽查记录

监督抽查时，及时填写《装饰装修工程抽查内容》（表 10-10）。

四、屋面防水

（一）监督抽查频次

覆盖到每个单位工程，根据分部工程来设置检查频次。

（二）监督抽查的时机

（1）屋面防水施工完毕，单位工程验收之前。

（2）监督抽查单元应根据工程实际确定，可为一个或多个分项工程，也可为一个子分部或多个子分部工程。

（3）施工单位自检合格。

（4）施工单位能提供施工工艺规程、施工质量自检记录以及相关质量保证资料。

（5）监理单位能提供平行检验记录和对施工质量进行合格认定的书面文件。

（6）已接到监理单位正式的书面报监。

（三）监督抽查的依据

设计文件、施工方案、GB 50207《屋面工程质量验收规范》、GB 50411《建筑节能工程质量验收规范》等。

表 10-10 装饰装修工程抽查内容

单位工程名称：

监督检查部位		监督检查时间	
被检查单位			
监督依据	执行标准： 设计文件编号：		
抽查内容	抽查情况		
质量保证资料	抽查内容应包括但不限于以下内容： （1）材料质量证明文件。 （2）相关复验报告。 （3）相关检试验报告。 （4）关键部位、关键工序隐蔽工程记录。 （5）关键部位、关键工序施工记录。 （6）其他相关技术文件。		
实体质量抽查	抽查内容应包括但不限于以下内容： （1）观感质量。 （2）实测数量及实测值。		
存在问题描述			
整改要求			
施工单位：		监督人员：	
监理（建设）单位：			

(四)监督抽查的内容(不仅限于以下内容)

1. 资料检查

(1)核查设计文件、施工方案及技术交底。
(2)核查防水、保温隔热材料的质量证明文件及进场复试报告。
(3)核查施工单位的专业资质及操作人员上岗证。
(4)核查施工检验记录及隐蔽工程验收记录。
(5)核查保温层含水率现场抽样检测报告、屋面淋水或蓄水试验记录。

2. 现场检查

(1)现场核查屋面防水层、保温层的施工质量。
(2)现场核查架空屋面施工质量。
(3)现场核查屋面防水细部构造。
(4)现场核查室内有无渗漏痕迹。

(五)监督抽查记录

监督抽查时,及时填写《屋面防水工程抽查内容》(表10-11)。

表10-11 屋面防水工程抽查内容

监督检查部位		监督检查时间	
被检查单位			
监督依据			
	抽查内容	抽查情况	
质量保证资料	(1)材料质量证明文件		
	(2)相关复验报告		
	(3)相关检试验报告		
	(4)关键部位、关键工序隐蔽工程记录		
	(5)关键部位、关键工序施工记录		
	(6)其他相关技术文件		
实体质量抽查	观感质量	合格□ 不合格□	
	实体抽测	合格 点 不合格 点	
存在问题描述			
整改要求			
施工单位: 监理(建设)单位:		监督人员:	

第二节 建筑电气安装及给排水、消防、采暖管道安装工程

一、线路敷设(巡监点)

(一)监督抽查的频次

监督抽查要覆盖到各单位工程,且覆盖到不同施工单位,监督抽查的次数不小于1次。检查的单元是电气保护管、导线敷设安装分项工程。

(二)监督抽查的时机

电气配管、穿线已完成,施工单位自检合格;监督机构在接到监理单位正式的书面报监后可按照约定的时间进行现场监督检查。

(三)监督抽查的依据

监督抽查的主要依据有 GB 50303—2014《建筑电气工程施工质量验收规范》、GB 50617—2010《建筑电气照明装置施工与验收规范》、GB 50254—2014《电气装置安装工程低压电器施工及验收规范》,以及工程的设计文件、相关的技术协议等。

(四)监督抽查的内容

1. 资料核查

(1)核查所用管材、绝缘导线的出厂质量证明文件是否符合设计要求。

(2)检查施工单位的隐蔽工程记录、施工记录、绝缘电阻测试记录及监理工程师对报验的签认和监理单位的平行检验记录。

(3)检查工程质量验收记录。

2. 现场监督检查内容

(1)检查管材、绝缘导线的规格型号是否符合设计要求,其与出厂质量证明文件是否一致。

(2)检查金属导管的接地是否符合以下要求。

镀锌钢导管、可挠性导管不得熔焊跨接接地线,以专用接地卡跨接的两卡间连线为铜芯软导线,其截面积不小于 $4mm^2$;当镀锌钢导管采用螺纹连接时,连接处的两端用专用接地卡固定跨接接地线。

(3)检查金属导管是否采取对口熔焊连接(严禁);镀锌和壁厚小于或等于 2mm 的钢导

管不得套管熔焊连接。

（4）当塑料导管在墙体上剔槽埋设时，应采用强度等级不小于M10的水泥砂浆抹面保护，保护层厚度不应小于15mm。

（5）导管穿越密闭或防护密闭隔墙时，应设置预埋套管，预埋套管的制作和安装应符合设计要求，套管两端伸出墙面的长度宜为30～50mm，导管穿越密闭穿墙套管的两侧应设置过线盒，并应做好封堵。

（6）导管的弯曲半径应符合规定。

（7）导管支架安装应符合规定。

（8）检查暗配的导管埋设深度与建筑物、构筑物表面的距离是否大于15mm；明配的导管是否排列整齐，固定点间距均匀、安装固定。

（9）检查室内进入落地柜式、台、箱、盘内的导管管口是否高出柜、台、箱、盘的基础面50～80mm；室外导管的管口是否设置在盒、箱内，在落地式配电箱内的管口，箱底无封板的，管口是否高出基础面50～80mm。

（10）室外导管敷设、明配的电气导管敷设、塑料导管敷设、可弯曲金属导管及柔性导管敷设应符合规定。

（11）检查防爆导管敷设是否符合以下要求。

导管间及与灯具、开关、线盒等螺纹连接处紧固，除设计有特殊要求外，连接处不跨接接地线，在螺纹上涂以电力复合脂或导电性防锈脂；安装牢固顺直，镀锌层锈蚀或剥落处做防腐处理。

（12）检查三相项或单相的交流单芯电缆是否单独穿于钢导管内（不得）；不同回路、不同电压和交流与直流的电线是否穿于同一导管内（不得）；管内电线是否有接头（不得）。

（13）检查爆炸危险环境照明线路的电线和电缆额定电压是否高于750V，且电线是否穿于钢导管内。

（14）检查电线管口是否有保护措施，不进入接线盒（箱）的垂直管口穿入电线，电缆后管口是否密封。绝缘导线穿管前，应清除管内杂物和积水，绝缘导线穿入导管的管口在穿线前应装设护线口。

（15）检查采用多相供电时，同一建筑物、构筑物的电线绝缘层颜色选择是否一致，如保护地线（PE线）应是黄绿相间色。

（16）截面积$6mm^2$及以下铜芯导线间的连接应采用导线连接器或缠绕搪锡连接，并应符合规定。

（五）监督抽查的记录

工程质量监督人员在进行监督抽查时，应及时填写《线路敷设监督记录》表单（表10-12）。对于表单覆盖不了的其他监督检查内容，应同时填写质量监督巡视检查记录。

表 10-12 线路敷设监督记录

单位工程名称：　　　　　　　　　　　　　　　　　　　　　　　　　　　　第　页,共　页

监督检查部位：		监督检查时间		年　月　日
被检查单位：				
质监点名称：线路敷设 检查方式：必监点抽查（　）　　巡查（　）　　第　次抽查				
□资料核查				
□绝缘导线、电缆的质量证明文件		附件：		是否发现问题 是（ ）否（ ）
□管材的质量证明文件		附件：		是否发现问题 是（ ）否（ ）
□隐蔽工程记录		附件：		是否发现问题 是（ ）否（ ）
□绝缘电阻测试记录		附件：		是否发现问题 是（ ）否（ ）
□工程质量验收记录		附件：		是否发现问题 是（ ）否（ ）
添加 问题情况描述或其他：				
□线路敷设				
□配管连接		附件：		是否发现问题 是（ ）否（ ）
□保护层及弯曲半径		附件：		是否发现问题 是（ ）否（ ）
□防腐处理		附件：		是否发现问题 是（ ）否（ ）
□电气连接		附件：		是否发现问题 是（ ）否（ ）
□防爆密封、封堵		附件：		是否发现问题 是（ ）否（ ）
□接地		附件：		是否发现问题 是（ ）否（ ）
添加 问题情况描述或其他：				
监督工程师：		总监督工程师：		

二、给排水、消防、采暖管道安装

(一)监督抽查的频次

覆盖到每个单位工程。

(二)监督抽查的时机

管道安装分项工程完成,施工单位自检合格。监理单位能提供平行检验记录和对施工质量进行合格认定的书面文件。

(三)监督抽查的依据

设计文件、施工方案、GB 50242《建筑给排水及采暖工程施工质量验收规范》等。

(四)监督抽查的内容(不仅限于以下内容)

1. 资料检查

(1)施工图设计文件、施工方案。
(2)核查主要材料、成品、半成品、配件、器具和设备的质量证明文件,进场验收记录、性能检测报告。
(3)核查阀门的强度和严密性试验记录。
(4)核查隐蔽工程记录、施工检查记录、设备试运转记录。
(5)核查承压管道系统和设备及阀门水压试验。
(6)排水管道灌水、通球及通水试验;雨水管道灌水及通水试验。
(7)给水管道通水试验及冲洗、消毒检测;卫生器具通水试验。
(8)地漏及地面清扫口排水试验;溢流功能的器具满水试验。
(9)消火栓系统测试;采暖系统冲洗及测试;安全阀及报警联动系统动作测试。
(10)核查施工质量验收记录。

2. 现场检查

(1)检查室内给水系统的安装质量。
(2)检查室内排水系统的安装质量。
(3)检查卫生器具排水管道安装质量。
(4)检查室内采暖系统安装质量。

(五)监督抽查的记录

工程质量监督人员在进行监督抽查时,应及时填写《给排水、消防、采暖管道安装监督记录》表单(表10-13)。对于表单覆盖不了的其他监督检查内容,应同时填写质量监督巡视检查记录。

表 10-13 给排水、消防、采暖管道安装监督记录

工程名称：		监督检查时间： 年 月 日	
施工单位：		第___抽查	
监督抽查部位：			
监督到位时机：			
配管、穿线施工完成,施工单位自检合格	□是□否	□未发现问题 □存在问题	
监理单位确认	□是□否	□未发现问题 □存在问题	
存在问题：			
资料检查：			
核查隐蔽工程记录、施工检查记录、设备试运转记录	附件：添加附件	□未发现问题 □存在问题	
核查承压管道系统和设备及阀门水压试验	附件：添加附件	□未发现问题 □存在问题	
		□未发现问题 □存在问题	
存在问题：			
现场检查：			
检查室内给水系统的安装质量		□未发现问题 □存在问题	
		□未发现问题 □存在问题	
		□未发现问题 □存在问题	
存在问题：			
备注：			
监督工程师：		总监督工程师：	

第十一章 钢结构工程质量监督

一、钢结构高强螺栓连接

(一)监督抽查的频次

覆盖到每个单位工程。

(二)监督抽查的时机

钢结构高强螺栓完成一个或多个检验批,后续工序施工之前。施工单位自检合格,能提供施工工艺规程、施工质量自检记录以及相关质量保证资料。监理单位能提供平行检验记录和对施工质量进行合格认定的书面文件。

(三)监督抽查的依据

设计文件、施工方案、GB 50205《钢结构工程施工质量验收规范》、GB/T 1231《钢结构用高强度大六角螺栓、大六角螺母、垫圈技术条件》、GB/T 3633《钢结构用扭剪型高强度螺栓连接副技术条件》、SH/T 3507《石油化工钢结构工程施工及验收规范》、CECS 80《塔桅钢结构工程施工质量验收规程》等。

(四)监督抽查的内容(不仅限于以下内容)

1. 资料检查

(1)核查施工图设计文件,高强螺栓连接安装施工方案。
(2)核查原材料质量证明文件、进场验收记录和复验报告。
(3)核查高强螺栓连接副抗滑移系数检验报告。
(4)核查力矩扳手检定证书。
(5)核查隐蔽工程验收记录、施工检查记录(含初拧、终拧检查记录)。
(6)核查施工质量验收记录。

2. 现场检查

(1)抽查高强度螺栓终拧后,螺栓螺纹外露情况,外露2~3扣,允许10%有1扣或4扣。
(2)抽查高强度螺栓连接摩擦面。
(3)扭剪型高强度螺栓连接副终拧后梅花头检查。
(4)高强螺栓的螺栓孔。
(5)螺栓球节点网架总拼完成后,高强螺栓与球节点连接情况。

(五)监督抽查的记录

工程质量监督人员在进行监督抽查时,应及时填写《钢结构高强螺栓连接监督记录》表单(表11-1)。对于表单覆盖不了的其他监督检查内容,应同时填写质量监督巡视检查记录。

二、钢结构焊接

(一)监督抽查的频次

覆盖到每个单位工程,根据分部工程设定检查频次。

(二)监督抽查的时机

钢结构焊接完成一个或多个检验批,结构表面涂装之前。施工单位自检合格,能提供施工工艺规程、施工质量自检记录以及相关质量保证资料。监理单位能提供平行检验记录和对施工质量进行合格认定的书面文件。

(三)监督抽查的依据

设计文件、施工方案、GB 50205《钢结构工程施工质量验收规范》、SH/T 3507《石油化工钢结构工程施工及验收规范》、JGJ 81《建筑钢结构焊接技术规程》等。

(四)监督抽查的内容(不仅限于以下内容)

1. 资料检查

(1)核查施工图设计文件。
(2)核查施工方案、焊接工艺评定、焊接工艺规程、施工单位资质及焊工资格。
(3)核查原材料质量证明文件、进场验收记录和复试报告。
(4)核查无损检测报告。
(5)核查焊接材料烘干记录、焊接作业检查记录。
(6)核查施工质量验收记录。

2. 现场检查

(1)核查焊接过程的质量控制情况。
(2)核查焊缝质量。

(五)监督抽查的记录

工程质量监督人员在进行监督抽查时,应及时填写《钢结构焊接监督记录》表单(表11-2)。对于表单覆盖不了的其他监督检查内容,应同时填写质量监督巡视检查记录。

第十一章 | 钢结构工程质量监督

表 11-1 钢结构高强螺栓连接监督记录

必监点

工程名称:		监督检查时间: 年 月 日	
施工单位:		第___抽查	
监督抽查部位:			
监督到位时机:			
高强螺栓连接完成一个或多个检验批,结构表面涂装前,施工单位自检合格	□是 □否		□未发现问题 □存在问题
监理单位确认	□是 □否		□未发现问题 □存在问题
存在问题:			
资料检查:			
原材料质量证明文件、进场验收记录和复验报告	附件:添加附件		□未发现问题 □存在问题
核查施工质量验收记录	附件:添加附件		□未发现问题 □存在问题
			□未发现问题 □存在问题
存在问题:			
现场检查:			
抽查高强度螺栓终拧后,螺栓螺纹外露情况	实测值___扣		□未发现问题 □存在问题
			□未发现问题 □存在问题
			□未发现问题 □存在问题
存在问题:			
备注:			
监督工程师:		总监督工程师:	

表 11-2 钢结构焊接监督记录

巡监点

工程名称：		监督检查时间：	年 月 日
施工单位：		第___抽查	
监督抽查部位：			
监督到位时机：			
焊接完成一个或多个检验批,结构表面涂装前,施工单位自检合格	□是 □否	□未发现问题 □存在问题	
监理单位确认	□是 □否	□未发现问题 □存在问题	
存在问题：			

资料检查：			
核查无损检测报告	附件:添加附件	□未发现问题 □存在问题	
核查施工质量验收记录	附件:添加附件	□未发现问题 □存在问题	
		□未发现问题 □存在问题	
存在问题：			

现场检查：			
构件类型	□梁 □柱 □支撑 □其他		
核查焊缝质量	焊缝	□裂纹 □焊瘤 □焊脚尺寸偏差	□未发现问题 □存在问题
	一级焊缝	□未焊满 □根部收缩 □咬边 □接头不良	
	一级、二级焊缝	□表面气孔 □夹渣 □电弧擦伤 □其他	
			□未发现问题 □存在问题
			□未发现问题 □存在问题
存在问题：			

备注：			
监督工程师：		总监督工程师：	

三、钢结构主体验收

（一）监督抽查的频次

覆盖到每个单位工程。

（二）监督抽查的时机

钢结构施工完毕，施工单位自检合格，能提供施工工艺规程、施工质量自检记录以及相关质量保证资料。监理单位能提供平行检验记录和对施工质量进行合格认定的书面文件。

（三）监督抽查的依据

设计文件、施工方案、GB 50205《钢结构工程施工质量验收规范》、SH/T 3507《石油化工钢结构工程施工及验收规范》、CECS 80:2006《塔桅钢结构工程施工质量验收规程》等。

（四）监督抽查的内容（不仅限于以下内容）

1. 资料检查

（1）核查施工图设计文件。
（2）核查原材料、成品质量合格证明文件、检测报告。
（3）核查有关安全及功能的检验和见证检测报告。
（4）核查隐蔽工程验收记录、施工质量控制文件。
（5）核查观感质量检查记录。
（6）核查无损检测报告。
（7）核查施工质量验收记录。
（8）核查不合格项、质量问题处理及验收记录。

2. 现场检查

（1）核查钢结构工程实体的观感质量。
（2）核查钢结构构件的安装质量。
（3）核查结构关键节点部位的施工质量。

（五）监督抽查的记录

工程质量监督人员在进行监督抽查时，应及时填写《钢结构主体验收监督记录》表单（表11-3）。对于表单覆盖不了的其他监督检查内容，应同时填写质量监督巡视检查记录。

表 11-3 钢结构主体验收监督记录

必监点

工程名称：		监督检查时间： 年 月 日
施工单位：		第___抽查
监督抽查部位：		
监督到位时机：		
钢结构施工完成，施工单位自检合格	□是　□否	□未发现问题 □存在问题
监理单位确认	□是　□否	□未发现问题 □存在问题
存在问题：		
资料检查：		
核查无损检测报告	附件：添加附件	□未发现问题 □存在问题
核查施工质量验收记录	附件：添加附件	□未发现问题 □存在问题
		□未发现问题 □存在问题
存在问题：		
现场检查：		
核查钢结构工程实体的观感质量	整体垂直度：□合格　□不合格 网架结构挠度：□合格　□不合格	□未发现问题 □存在问题
		□未发现问题 □存在问题
		□未发现问题 □存在问题
存在问题：		
备注：		
监督工程师：		总监督工程师：

四、防腐、防火层验收

(一)监督抽查的频次

覆盖到每个单位工程,根据分部工程设定检查频次。

(二)监督抽查的时机

钢结构焊接或螺栓连接完成一个或多个检验批,下一工序施工之前。施工单位自检合格,能提供施工工艺规程、施工质量自检记录以及相关质量保证资料。监理单位能提供平行检验记录和对施工质量进行合格认定的书面文件。

(三)监督抽查的依据

设计文件、施工方案、GB 50205《钢结构工程施工质量验收规范》、CECS 200:2006《建筑钢结构防火技术规范》、SH/T 3507《石油化工钢结构工程施工及验收规范》、SH 3137《石油化工钢结构防火保护技术规范》、CECS 24《钢结构防火涂料应用技术规范》、CECS 80:2006《塔桅钢结构工程施工质量验收规程》等。

(四)监督抽查的内容(不仅限于以下内容)

1. 资料检查

(1)核查施工图设计文件、防腐层或防火层施工方案。
(2)核查防腐涂料的质量证明文件、进场验收记录及复验报告。
(3)核查防火材料的质量证明文件、进场验收记录及复验报告。
(4)核查隐蔽工程验收记录、施工检查记录。
(5)核查施工质量验收记录。

2. 现场检查

(1)核查钢结构防腐涂装质量(涂料、涂装遍数、涂层厚度、不应有误涂或漏涂)。
(2)核查钢结构防火保护层的施工质量(基层、厚度、裂纹、误涂或漏涂)。

(五)监督抽查的记录

工程质量监督人员在进行监督抽查时,应及时填写《钢结构防腐防火层验收监督记录》表单(表11-4)。对于表单覆盖不了的其他监督检查内容,应同时填写质量监督巡视检查记录。

表 11-4 钢结构防腐防火层验收监督记录

巡监点

工程名称:		监督检查时间: 年 月 日	
施工单位:		第___抽查	
监督抽查部位:			
监督到位时机:			
完成一个或多个检验批,施工单位自检合格	□是 □否		□未发现问题 □存在问题
监理单位确认	□是 □否		□未发现问题 □存在问题
存在问题:			
资料检查:			
核查防腐涂料的质量证明文件,复验报告	附件:添加附件		□未发现问题 □存在问题
核查防火材料的质量证明文件、复验报告	附件:添加附件		□未发现问题 □存在问题
			□未发现问题 □存在问题
存在问题:			
现场检查:			
核查钢结构防腐涂装质量(涂料、涂装遍数、涂层厚度、不应有误涂或漏涂)	遍数: 厚度:设计____μm 实测____μm		□未发现问题 □存在问题
核查钢结构防火保护层的施工质量(基层、厚度、裂纹、误涂或漏涂)	基层:□合格 □不合格 厚度:设计____mm 实测____mm 裂纹:□无 □少 □多		□未发现问题 □存在问题
			□未发现问题 □存在问题
存在问题:			
备注:			
监督工程师:		总监督工程师:	

第十二章 道路和桥梁工程质量监督

第一节 桥梁工程

一、基础验收

(一)监督抽查频次

覆盖到每个单位工程,根据分部工程来设置检查频次。

(二)监督抽查的时机

(1)到位监督时间段原则上可按照事先制订的工程质量监督计划所确定的监督抽查的部位、频次,与监理单位约定到位监督时间。

(2)应至少已施工完成一个检验批,并最迟于墩、台施工之前进行现场监督检查。

(3)监督抽查单元应按照桥梁类别确定,一般情况下,中桥以下类别的为一个分项工程,中桥及以上类别的应分为多个分项工程。

(4)施工单位自检合格。

(5)施工单位能提供施工工艺规程、施工质量自检记录以及相关质量保证资料。

(6)监理单位能提供平行检验记录和对施工质量进行合格认定的书面文件。

(7)已接到监理单位正式的书面报监。

(三)监督抽查的依据

设计文件、施工方案、JTG F80/1《公路工程质量检验评定标准》和 JTJ 041《公路桥涵施工技术规范》等。

(四)监督抽查的内容(不仅限于以下内容)

1. 资料检查

(1)核查施工图设计文件、地勘报告及施工方案(或施工组织设计)。

(2)核查原材料(或成品、半成品)的质量证明文件、进场验收记录及相关复验报告。

(3)核查混凝土配合比试验报告。

(4)核查混凝土抗压强度试验报告。

(5)核查桩基检测报告。

（6）核查沉井基底检验记录、沉降观测记录、施工检查记录、隐蔽工程记录等技术、质量控制资料。

（7）核查施工质量检验评定记录。

2. 现场检查

（1）现场核查灌注桩的施工质量。

（2）现场核查沉桩的施工质量。

（3）现场核查沉井的施工质量。

（五）监督抽查的记录

工程质量监督人员在进行监督抽查时，应及时填写《桥梁基础工程验收抽查内容》（表12-1）。

二、下部构造

（一）监督抽查频次

覆盖到每个单位工程，根据分部工程来设置检查频次。

（二）监督抽查的时机

（1）对桥墩、桥台的监督应按照事先制订的工程质量监督计划所确定的监督抽查的部位、频次与监理单位约定到位监督时间。

（2）应于桥墩、桥台钢筋安装工程至少已施工完成一个检验批开始，并最迟于桥梁上部结构施工之前进行现场监督检查。

（3）监督抽查单元应按照桥梁的类别确定，一般情况下、中桥以下类别的为一个分项工程，中桥及以上类别的应为多个分项工程。

（4）施工单位自检合格。

（5）施工单位能提供施工工艺规程、施工质量自检记录以及相关质量保证资料。

（6）监理单位能提供平行检验记录和对施工质量进行合格认定的书面文件。

（7）已接到监理单位正式的书面报监。

（三）监督抽查的依据

设计文件、施工方案、JTG F80/1《公路工程质量检验评定标准》和JTJ 041《公路桥涵施工技术规范》等。

（四）监督抽查的内容（不仅限于以下内容）

1）资料检查

（1）核查施工图设计文件、地勘报告及施工方案。

（2）核查原材料及预制构件的质量证明文件、进场验收记录及相关复验报告。

表 12-1　桥梁基础工程验收抽查内容

单位工程名称：

监督检查部位		监督检查时间	
被检查单位			
监督依据	执行标准： 设计文件编号：		
抽查内容	抽查情况		
质量保证资料	抽查内容应包括但不限于以下内容： (1) 材料质量证明文件。 (2) 相关复验报告。 (3) 相关检试验报告。 (4) 关键部位、关键工序隐蔽工程记录。 (5) 关键部位、关键工序施工记录。 (6) 其他相关技术文件。		
实体质量抽查	抽查内容应包括但不限于以下内容： (1) 观感质量。 (2) 实测数量及实测值。		
存在问题描述			
整改要求			
施工单位： 监理(建设)单位：		监督人员：	

(3)核查施工观测记录、隐蔽工程记录、施工检查记录等技术、施工质量控制资料。

(4)核查混凝土配合比试验报告。

(5)核查混凝土抗压强度试验报告、填土压实度检测报告等检测资料。

(6)核查施工质量检验评定记录。

2)现场检查

(1)现场核查混凝土墩、台身施工质量。

(2)现场核查砌体墩、台身砌筑质量。

(3)现场核查装配式墩、台身安装质量。

(4)现场核查墩、台帽或盖梁的施工质量。

(5)现场核查拱桥组合桥台的施工质量。

(6)现场核查台背填土的施工质量。

(五)监督抽查的记录

工程质量监督人员在进行监督抽查时,应及时填写《桥梁下部构造抽查内容》(表12-2)。

三、上部构造

(一)监督抽查频次

覆盖到每个单位工程,根据分部工程来设置检查频次。

(二)监督抽查的时机

(1)现浇梁(板)桥、预制梁(板)桥以及预应力混凝土悬臂体系桥梁的监督应按照事先制订的工程质量监督计划所确定的本质监点监督抽查的部位、频次,与监理单位约定到位监督时间。

(2)应从钢筋安装工程已至少施工完成一个检验批开始,并最迟于桥面铺装之前按工序分阶段进行现场监督检查。

(3)监督抽查单元应按照桥梁的类别确定,一般情况下、中桥以下类别的为一个分项工程,中桥及以上类别的应为多个分项工程。

(4)施工单位自检合格。

(5)施工单位能提供施工工艺规程、施工质量自检记录以及相关质量保证资料。

(6)监理单位能提供平行检验记录和对施工质量进行合格认定的书面文件。

(7)已接到监理单位正式的书面报监。

(三)监督抽查的依据

设计文件、施工方案、JTG F80/1《公路工程质量检验评定标准》和 JTJ 041《公路桥涵施工技术规范》、JTJ 023《公路钢筋混凝土及预应力混凝土桥涵设计规范》等。

表 12-2　桥梁下部构造抽查内容

单位工程名称：

监督检查部位		监督检查时间	
被检查单位			
监督依据	执行标准： 设计文件编号：		
抽查内容	抽查情况		
质量保证资料	抽查内容应包括但不限于以下内容： （1）材料质量证明文件。 （2）相关复验报告。 （3）相关检试验报告。 （4）关键部位、关键工序隐蔽工程记录。 （5）关键部位、关键工序施工记录。 （6）其他相关技术文件。		
实体质量抽查	抽查内容应包括但不限于以下内容： （1）观感质量。 （2）实测数量及实测值。		
存在问题描述			
整改要求			
施工单位： 监理（建设）单位：		监督人员：	

（四）监督抽查的内容（不仅限于以下内容）

1）资料检查

（1）核查施工图设计文件、施工方案。

（2）核查临时承重结构地基与基础的设计文件和施工方案。

（3）核查原材料、预制梁（板）和预制块件的质量证明文件、进场验收记录及相关复验报告。

（4）核查混凝土配合比试验报告。

（5）核查钢筋焊接或机械连接接头的试验报告、水泥浆（后张法有黏结）和混凝土的抗压强度报告。

（6）核查千斤顶、油表、钢尺等器具的校验证书。

（7）核查观测记录、隐蔽工程记录、挂篮荷载试验记录、预应力张拉记录、施工检查记录等技术、施工质量控制资料。

（8）核查施工质量检验评定记录。

2）现场检查

（1）现场核查普通钢筋加工及安装的质量。

（2）现场核查预应力钢筋加工及张拉的质量。

（3）现场核查预制梁（板）桥的施工质量。

（4）现场核查现浇梁（板）的施工质量。

（5）现场核查顶推梁的施工质量。

（6）现场核查悬臂梁的施工质量。

（7）现场核查转体施工梁的施工质量。

（五）监督抽查的记录

工程质量监督人员在进行监督抽查时，应及时填写《桥梁上部构造抽查内容》（表12-3）。

四、桥面及附属工程

（一）监督抽查频次

覆盖到每个单位工程，根据分部工程来设置检查频次。

（二）监督抽查的时机

（1）桥面铺装完成并最迟于工程交付使用之前进行现场监督检查。

第十二章 | 道路和桥梁工程质量监督

表 12-3 桥梁上部构造抽查内容

单位工程名称：

监督检查部位		监督检查时间	
被检查单位			
监督依据	执行标准： 设计文件编号：		
抽查内容	抽查情况		
质量保证资料	抽查内容应包括但不限于以下内容： （1）材料质量证明文件。 （2）相关复验报告。 （3）相关检试验报告。 （4）关键部位、关键工序隐蔽工程记录。 （5）关键部位、关键工序施工记录。 （6）其他相关技术文件。		
实体质量抽查	抽查内容应包括但不限于以下内容： （1）观感质量。 （2）实测数量及实测值。		
存在问题描述			
整改要求			
施工单位： 监理（建设）单位：		监督人员：	

（2）应从钢筋安装工程已至少施工完成一个检验批开始，并最迟于桥面铺装之前按工序分阶段进行现场监督检查。

（3）施工单位自检合格。

（4）施工单位能提供施工工艺规程、施工质量自检记录以及相关质量保证资料。

（5）监理单位能提供平行检验记录和对施工质量进行合格认定的书面文件。

（6）已接到监理单位正式的书面报监。

（三）监督抽查的依据

设计文件、施工方案、JTG F80/1《公路工程质量检验评定标准》和 JTJ 041《公路桥涵施工技术规范》、JTJ 023《公路钢筋混凝土及预应力混凝土桥涵设计规范》等。

（四）监督抽查的内容（不仅限于以下内容）

1）资料检查

（1）核查施工图设计文件、施工方案。

（2）核查原材料的质量证明文件、进场验收记录及相关复验报告。

（3）核查混凝土抗压强度报告、沥青混合料抽提试验以及马歇尔稳定度试验报告。

（4）核查隐蔽工程记录、施工检查记录等技术、施工质量控制资料。

（5）核查施工质量检验评定记录。

2）现场检查

（1）现场核查混凝土（或沥青）桥面铺装质量。

（2）现场核查钢桥面板上沥青混凝土桥面铺装质量。

（3）现场核查人行道铺装质量。

（4）现场核查栏杆、路灯施工质量。

（五）监督抽查的记录

工程质量监督人员在进行监督抽查时，应及时填写《桥面及附属工程抽查内容》（表12-4）。

五、桥梁总体验收

（一）监督抽查频次

覆盖到每个单位工程，根据分部工程来设置检查频次。

（二）监督抽查的时机

（1）应在桥梁施工完毕，交付使用之前进行现场监督检查。

表 12-4　桥面及附属工程抽查内容

单位工程名称：

监督检查部位		监督检查时间	
被检查单位			
监督依据	执行标准：		
	设计文件编号：		
抽查内容	抽查情况		
质量保证资料	抽查内容应包括但不限于以下内容： (1)材料质量证明文件。 (2)相关复验报告。 (3)相关检试验报告。 (4)关键部位、关键工序隐蔽工程记录。 (5)关键部位、关键工序施工记录。 (6)其他相关技术文件。		
实体质量抽查	抽查内容应包括但不限于以下内容： (1)观感质量。 (2)实测数量及实测值。		
存在问题描述			
整改要求			
施工单位：		监督人员：	
监理(建设)单位：			

（2）应从钢筋安装工程已至少施工完成一个检验批开始,并最迟于桥面铺装之前按工序分阶段进行现场监督检查。

（3）施工单位自检合格。

（4）施工单位能提供施工工艺规程、施工质量自检记录以及相关质量保证资料。

（5）监理单位能提供平行检验记录和对施工质量进行合格认定的书面文件。

（6）已接到监理单位正式的书面报监。

（三）监督抽查的依据

设计文件、施工方案、JTG F80/1《公路工程质量检验评定标准》和 JTJ 041《公路桥涵施工技术规范》、JTJ 023《公路钢筋混凝土及预应力混凝土桥涵设计规范》等。

（四）监督抽查的内容(不仅限于以下内容)

1）资料检查

（1）核查设计文件。

（2）核查所用原材料、成品、半成品的质量证明文件和检验结果。

（3）核查材料配比、拌和加工控制检验和试验数据。

（4）核查地基处理、施工观测、施工检查记录、隐蔽工程施工记录及相关施工技术、质量监控资料。

（5）核查各项质量控制指标的试验记录和质量检验汇总图表。

（6）核查施工过程中遇到的非正常情况记录及其对工程质量影响分析。

（7）核查施工过程中如发生质量事故,经处理补救后,达到设计要求的认可证明文件。

（8）核查施工质量等级评定记录。

2）现场检查

（1）现场核查桥梁及其附属工程的观感质量。

（2）现场核查桥梁的桥下净空是否与设计相符,抽测桥面中线偏位、桥宽、桥长、高程及中心线的衔接等偏差情况。

（五）监督抽查的记录

工程质量监督人员在进行监督抽查时,应及时填写《桥梁总体验收抽查内容》(表12-5)。

表 12-5 桥梁总体验收抽查内容

单位工程名称：

监督检查部位		监督检查时间	
被检查单位			
监督依据	执行标准：		
	设计文件编号：		
抽查内容	抽查情况		
质量保证资料	抽查内容应包括但不限于以下内容： （1）材料质量证明文件。 （2）相关复验报告。 （3）相关检试验报告。 （4）关键部位、关键工序隐蔽工程记录。 （5）关键部位、关键工序施工记录。 （6）其他相关技术文件。		
实体质量抽查	抽查内容应包括但不限于以下内容： （1）观感质量。 （2）实测数量及实测值。		
存在问题描述			
整改要求			
施工单位：		监督人员：	

第二节 道路工程

一、路基

(一)监督抽查的频次

覆盖到每个单位工程。

(二)监督抽查的时机

路基全部(或分段)完成,上层路面基层结构施工之前,施工单位自检合格,能提供施工工艺规程、施工质量自检记录以及相关质量保证资料。监理单位能提供平行检验记录和对施工质量进行合格认定的书面文件。

(三)监督抽查的依据

设计文件、施工方案、JTG B01《公路工程技术标准》、JTJ F10《公路路基施工技术规范》、JTJ 034《公路路面基层施工技术规范》。

(四)监督抽查的内容(不仅限于以下内容)

1)资料检查
(1)设计文件、施工方案。
(2)核查原材料质量证明文件、进场验收记录及复试报告。
(3)核查测量记录、路基验槽记录、施工记录、隐蔽工程记录、软土地基处理记录。
(4)核查击实试验报告、压实度检测报告。
(5)核查路基工序质量检验评定记录。

2)现场检查
(1)核查土方路基的施工质量(压实宽度、填土质量)。
(2)核查路床的施工质量(路中线标高、平整度、宽度、横坡)。
(3)核查边坡、边沟的施工质量(观感质量、边坡坡度、沟底标高、沟底宽)。
(4)核查附属结构物的施工质量。
(5)核查土方路基排水情况(是否积水)。
(6)核查路基的整修质量。

(五)监督抽查的记录

工程质量监督人员在进行监督抽查时,应及时填写《路基抽查内容》(表12-6)。

表12-6 路基抽查内容

工程名称：			监督检查时间： 年 月 日	
施工单位：			第 次抽查	
监督抽查部位：				
监督到位时机：				
路基施工完成(分段完成)，施工单位自检合格		□是 □否	□未发现问题 □存在问题	
监理单位确认		□是 □否	□未发现问题 □存在问题	
存在问题：				
资料检查：				
压实度检测报告		附件：添加附件	□未发现问题 □存在问题	
		附件：添加附件	□未发现问题 □存在问题	
			□未发现问题 □存在问题	
存在问题：				
现场检查：				
核查土方路基的施工质量		厚度____mm，宽度____mm 平整度____mm，边坡坡度____	□未发现问题 □存在问题	
			□未发现问题 □存在问题	
			□未发现问题 □存在问题	
存在问题：				
监督结论：该抽查点符合要求 存在问题：			□是 □否	
监督工程师： 责任主体相关人员：			总监督工程师：	

二、路面基层

（一）监督抽查频次

覆盖到每个单位工程，根据分部工程来设置检查频次。

（二）监督抽查的时机

（1）到位监督时间段原则上可按照事先制订的工程质量监督计划所确定的监督抽查的部位、频次，与监理单位约定到位监督时间。

（2）路面基层至少已正式施工完成一个路段，并最迟于路面（或路面下一基层）施工之前进行现场监督检查。

（3）监督抽查单元应按照工程实际确定，可为一个分项工程，也可为一个分部工程。

（4）施工单位自检合格。

（5）施工单位能提供施工工艺规程、施工质量自检记录以及相关质量保证资料。

（6）监理单位能提供平行检验记录和对施工质量进行合格认定的书面文件。

（7）已接到监理单位正式的书面报监。

（三）监督抽查的依据

设计文件、施工方案、JTG F10《公路路基施工技术规范》等。

（四）监督抽查的内容（不仅限于以下内容）

1）资料检查

（1）核查设计文件、施工方案。

（2）核查原材料及土工合成材料的质量证明文件、进场验收记录及相关复验报告。

（3）核查试验段相关技术文件。

（4）核查击实试验报告、压实度检测报告、弯沉值检测记录等质量保证资料；

（5）核查测量定位记录、隐蔽工程记录、软土地基处理记录、施工检查记录等技术、施工质量控制资料。

（6）核查施工质量检验评定资料。

2）现场检查

（1）现场核查路面基层的施工质量。

（2）现场核查路面基层排水的施工质量。

（3）现场核查路面基层防护的施工质量。

（五）监督抽查的记录

工程质量监督人员在进行监督抽查时，应及时填写《路面基层抽查内容》（表12-7）。

表 12-7　路面基层抽查内容

单位工程名称：

监督检查部位			监督检查时间	
被检查单位				
监督依据				
抽查内容			抽查情况	
质量保证资料	（1）材料质量证明文件			
	（2）相关复验报告			
	（3）相关检测试验报告			
	（4）关键部位、关键工序隐蔽工程记录			
	（5）关键部位、关键工序施工记录			
	（6）其他相关技术文件			
实体质量抽查	观感质量		合格□　　不合格□	
	实体抽测		合格　点　　不合格　点	
存在问题描述				
整改要求				
施工单位：			监督人员：	
监理(建设)单位：				

三、路面

(一)监督抽查的频次

覆盖到每个单位工程。

(二)监督抽查的时机

路面全部(或分段)完成,施工单位自检合格,能提供施工工艺规程、施工质量自检记录以及相关质量保证资料。监理单位能提供平行检验记录和对施工质量进行合格认定的书面文件。

(三)监督抽查的依据

设计文件、施工方案、JTG B01《公路工程技术标准》、GB 50092《沥青路面施工及验收规范》、GBJ 97《水泥混凝土路面工程施工及验收规范》。

(四)监督抽查的内容(不仅限于以下内容)

1)资料检查

(1)设计文件、施工方案。

(2)核查原材料质量证明文件、进场验收记录及复试报告。

(3)核查配合比报告、马歇尔稳定度试验报告、面层压实度检测报告、混凝土面层抗折、抗压强度检测报告。

(4)核查隐蔽工程验收记录、施工检查记录、施工质量检验评定记录。

(5)核查击实试验报告、压实度检测报告、弯沉值检测记录。

(6)核查测量定位记录。

2)现场检查

(1)核查沥青(混凝土)面层的施工质量,厚度、平整度、宽度、横坡坡度、外观质量。

(2)核查路缘石的施工质量。

(五)监督抽查的记录

工程质量监督人员在进行监督抽查时,应及时填写《路面抽查内容》(表12-8)。

表 12-8　路面抽查内容

工程名称：			监督检查时间：　年　月　日
施工单位：			第＿＿次抽查
监督抽查部位：			
监督到位时机：			
道路施工完成(分段完成),施工单位自检合格	□是　□否		□未发现问题 □存在问题
监理单位确认	□是　□否		□未发现问题 □存在问题
存在问题：			
资料检查：			
压实度检测报告(沥青)	附件：添加附件		□未发现问题 □存在问题
抗压强度(混凝土)	附件：添加附件		□未发现问题 □存在问题
			□未发现问题 □存在问题
存在问题：			
现场检查：			
核查面层的施工质量	厚度＿＿mm,宽度＿＿mm 外观质量　□合格　□不合格		□未发现问题 □存在问题
			□未发现问题 □存在问题
			□未发现问题 □存在问题
存在问题：			
监督结论：该抽查点符合要求 存在问题：		□是　□否	
监督工程师： 责任主体相关人员：		总监督工程师：	

四、挡土墙及涵洞

(一)监督抽查频次

覆盖到每个单位工程,根据分部工程来设置检查频次。

(二)监督抽查的时机

(1)挡土墙及涵洞到位监督时间段原则上可按照事先制订的工程质量监督计划所确定的监督抽查的部位、频次,与监理单位约定到位监督时间。

(2)挡土墙及涵洞至少已正式施工完成一个路段,并最迟于道路交付使用之前进行现场监督检查。

(3)监督抽查单元应按照工程实际确定,可为一个或多个分项工程,也可为一个或多个分部工程。

(4)施工单位自检合格。

(5)施工单位能提供施工工艺规程、施工质量自检记录以及相关质量保证资料。

(6)监理单位能提供平行检验记录和对施工质量进行合格认定的书面文件。

(7)已接到监理单位正式的书面报监。

(三)监督抽查的依据

设计文件、施工方案、JTG F10《公路路基施工技术规范》、JTG F80/1《公路工程质量检验评定标准》和 JTJ 041《公路桥涵施工技术规范》等。

(四)监督抽查的内容(不仅限于以下内容)

1)资料检查

(1)核查设计文件、施工方案。

(2)核查原材料及混凝土预制件的质量证明文件、进场验收记录及相关复验报告。

(3)核查砂浆和混凝土配合比报告。

(4)核查地基验槽记录、隐蔽工程记录、施工检查记录等技术、施工质量控制资料。

(5)核查砂浆和混凝土抗压强度试验报告、击实试验报告、压实度检测报告以及锚杆抗拔力试验报告。

(6)核查施工质量检验评定资料。

2)现场检查

(1)现场核查挡土墙及涵洞的施工质量。

(2)现场核查锚杆、锚碇板和加筋挡土墙的施工质量。

(3)现场核查挡土墙、涵洞的背填土施工质量。

(4)现场核查挡土墙及涵洞的实测及外观质量。

(五)监督抽查的记录

工程质量监督人员在进行监督抽查时,应及时填写《挡土墙及涵洞抽查内容》(表12-9)。

表 12-9 挡土墙及涵洞抽查内容

单位工程名称：

监督检查部位			监督检查时间	
被检查单位				
监督依据				
抽查内容			抽查情况	
质量保证资料	（1）材料质量证明文件			
	（2）相关复验报告			
	（3）相关检测试验报告			
	（4）关键部位、关键工序隐蔽工程记录			
	（5）关键部位、关键工序施工记录			
	（6）其他相关技术文件			
实体质量抽查	观感质量		合格□　　不合格□	
	实体抽测		合格　点　不合格　点	
存在问题描述				
整改要求				
施工单位：			监督人员：	
监理（建设）单位：				

五、路面总体验收

(一)监督抽查的频次

覆盖到每个单位工程。

(二)监督抽查的时机

道路施工完成交付使用前,施工单位自检合格,能提供施工工艺规程、施工质量自检记录以及相关质量保证资料。监理单位能提供平行检验记录和对施工质量进行合格认定的书面文件。

(三)监督抽查的依据

设计文件、施工方案、JTG B01—2003《公路工程技术标准》、GB 50092《沥青路面施工及验收规范》、GBJ 97《水泥混凝土路面工程施工及验收规范》。

(四)监督抽查的内容(不仅限于以下内容)

1)资料检查
(1)设计文件、施工方案。
(2)核查原材料、检(试)验报告。
(3)隐蔽工程验收记录、施工记录。
(4)核查施工质量检验评定记录。

2)现场检查
(1)核查道路面层观感质量。
(2)核查道路的边坡、边沟、排水、路缘石、人行道路铺装等观感质量。

(五)监督抽查的记录

工程质量监督人员在进行监督抽查时,应及时填写《路面总体验收监督记录》(表12-10)。

表 12-10　路面总体验收监督记录

必监点

工程名称：			监督检查时间：　年　月　日
施工单位：			第＿＿次抽查
监督抽查部位：			
监督到位时机：			
道路施工完毕，施工单位自检合格	□是　□否		□未发现问题 □存在问题
监理单位确认	□是　□否		□未发现问题 □存在问题
存在问题：			
资料检查：			
核查施工质量检验评定记录	附件：添加附件		□未发现问题 □存在问题
	附件：添加附件		□未发现问题 □存在问题
			□未发现问题 □存在问题
存在问题：			
现场检查：			
核查道路面层观感质量	□合格　□不合格		□未发现问题 □存在问题
			□未发现问题 □存在问题
			□未发现问题 □存在问题
存在问题：			
监督结论：该抽查点符合要求 存在问题：			□是　□否
监督工程师：			总监督工程师：

第三节 隧道工程

一、盾构环片

(一) 抽查频次

至少1次。

(二) 监督抽查时机

项目实施过程中。

(三) 监督抽查依据

GB 50446《盾构法隧道施工与验收规范》、JTG/T F50《公路桥涵施工技术规范》、CJJ/T 164《盾构隧道管片质量检测技术标准》、DB13/T 2085《盾构隧道混凝土管片》、SY/T 7023《油气输送管道工程水域盾构法隧道穿越设计规范》及相关的工程建设强制性标准、规范,制定本程序。

(四) 监督抽查的内容

工程质量监督人员应抽查但不仅限于下列内容:

(1) 核查盾构环片制作是否编制施工组织设计或技术方案,原材料规格、性能是否符合设计要求。

(2) 核查盾构片连接螺栓及防水封条质量是否合格,抽查盾构片拼装允许偏差是否满足规范要求。

(五) 监督抽查的记录

工程质量监督人员在进行抽查时,应及时填写《隧道工程盾构环片监督记录》表单(表12-11)。对于《隧道工程盾构环片监督记录》表单覆盖不了的其他检查内容,应同时填写质量监督巡视检查记录。

二、混凝土工程

(一) 抽查频次

至少1次。

(二) 监督抽查时机

项目实施过程中。

表 12-11　隧道工程盾构环片监督记录

单位工程名称：		第 1 页,共 1 页
被检查单位：	监督检查时间	
监督检查部位:隧道工程		
质监点:盾构环片(巡监点) 第　　次抽查		

☑ 盾构环片制作

是否编制施工组织设计或技术方案	方案附件	问题情况
□是 □否	添加	□存在问题 □未发现问题
原材料规格、性能是否符合设计要求	原材料复检报告附件	问题情况
□是 □否	添加	□存在问题 □未发现问题

添加：

☑ 盾构片拼装

盾构片连接螺栓及防水封条质量是否合格	验收记录附件	问题情况
□是 □否	添加	□存在问题 □未发现问题
盾构片拼装允许偏差是否满足规范要求	拼装验收记录 附件	问题情况
□是 □否	添加	□存在问题 □未发现问题

添加：

其他检查内容：

☑ 存在问题：

监督结论：

监督工程师		总监督工程师	

（三）监督抽查依据

GB 50446《盾构法隧道施工与验收规范》、JTG/T F50《公路桥涵施工技术规范》、SY 4207《石油天然气建设工程施工质量验收规范 管道穿跨越工程》、JTG F60《公路隧道施工技术规范》、JTG/T F72《公路隧道交通工程与附属设施施工技术规范》、TB 10417《铁路隧道工程施工质量验收标准》、TZ 204《铁路隧道工程施工技术指南》、GB 50086《锚杆喷射混凝土支护技术规范》及相关的工程建设强制性标准、规范，制定本程序。

（四）监督抽查的内容

工程质量监督人员应抽查但不仅限于下列内容：
（1）核查锚喷支护、二次衬砌原材料是否复验。
（2）检查是否对混凝土进行见证取样并送检。
（3）检查喷射混凝土厚度是否满足设计要求。

（五）监督抽查的记录

工程质量监督人员在进行抽查时，应及时填写《隧道工程混凝土工程监督记录》表单（表12-12）。对于《隧道工程混凝土工程监督记录》表单覆盖不了的其他检查内容，应同时填写质量监督巡视检查记录。

三、钢筋工程

（一）抽查频次

至少1次。

（二）监督抽查时机

项目实施过程中。

（三）监督抽查依据

GB 50446《盾构法隧道施工与验收规范》、JTG/T F50《公路桥涵施工技术规范》、SY 4207《石油天然气建设工程施工质量验收规范 管道穿跨越工程》、JTG F60《公路隧道施工技术规范》、JTG/T F72《公路隧道交通工程与附属设施施工技术规范》、TB 10417《铁路隧道工程施工质量验收标准》、TZ 204《铁路隧道工程施工技术指南》、GB 50086《锚杆喷射混凝土支护技术规范》、GB 1499.1《钢筋混凝土用钢 第1部分：热轧光圆钢筋》、GB 1499.2《钢筋混凝土用钢 第2部分：热轧带肋钢筋》及相关的工程建设强制性标准、规范，制定本程序。

（四）监督抽查的内容

工程质量监督人员应抽查但不仅限于下列内容：
（1）核查钢筋及连接接头原材料是否见证取样并送检。

表 12-12 隧道工程凝土工程监督记录

单位工程名称：		第 1 页,共 1 页	
被检查单位：		监督检查时间	
监督检查部位：隧道工程			
质监点：混凝土工程（必监点） 第　　次抽查			
☑锚喷支护、二次衬砌原材料			
锚喷支护、二次衬砌原材料是否复验	复检报告附件	问题情况	
□是 □否	添加	□存在问题 □未发现问题	
添加：			
☑混凝土强度			
是否对混凝土见证取样并送检	混凝土试块检测报告附件	问题情况	
□是 □否	添加	□存在问题 □未发现问题	
添加：			
☑混凝土厚度			
混凝土厚度是否满足设计要求	混凝土厚度验收记录附件	问题情况	
□是 □否	添加	□存在问题 □未发现问题	
添加：			
其他检查内容：			
☑存在问题：			
监督结论：			
监督工程师		总监督工程师	

（2）核查锚杆是否进行抗拔力试验。

（3）检查钢筋安装时，牌号、规格和数量等是否符合设计要求，实测锚杆的长度和间距是否满足设计要求。

（五）监督抽查的记录

工程质量监督人员在进行抽查时，应及时填写《隧道工程钢筋工程监督记录》表单（表12-13）。对于《隧道工程钢筋工程监督记录》表单覆盖不了的其他检查内容，应同时填写质量监督巡视检查记录。

四、总体验收

（一）抽查频次

至少1次。

（二）监督抽查时机

隧道实体质量完工交接或竣工验收时。

（三）监督抽查依据：

《建设工程质量管理条例》、《中国石油天然气集团公司工程建设项目质量管理规定》、GB 50446《盾构法隧道施工与验收规范》、JTG/T F50《公路桥涵施工技术规范》、SY 4207《石油天然气建设工程施工质量验收规范 管道穿跨越工程》、TB 10417《铁路隧道工程施工质量验收标准》及相关的工程建设强制性标准、规范，制定本程序。

（四）监督抽查的内容

工程质量监督人员应抽查但不仅限于下列内容：

（1）检查是否组织相关单位对隧道实体质量进行完工交接或竣工验收。

（2）核查验收时隧道断面尺寸是否符合设计要求。

（3）检查验收时混凝土质量是否存在质量缺陷。

（五）监督抽查的记录

工程质量监督人员在进行抽查时，应及时填写《隧道工程总体验收监督记录》表单（表12-14）。对于《隧道工程总体验收监督记录》表单覆盖不了的其他检查内容，应同时填写质量监督巡视检查记录。

第十二章 | 道路和桥梁工程质量监督

表 12-13 隧道工程钢筋工程监督记录

单位工程名称：		第 1 页,共 1 页	
被检查单位：		监督检查时间	
监督检查部位：隧道工程			
质监点：钢筋工程（必监点） 第　　次抽查			
☑钢筋及连接接头原材料			
钢筋及连接接头原材料是否见证取样并送检 □是 □否	复检报告附件 添加	问题情况 □存在问题 □未发现问题	
添加：			
☑锚杆抗拔力试验报告			
锚杆是否进行抗拔力试验 □是 □否	锚杆抗拔力试验 检测报告附件 添加	问题情况 □存在问题 □未发现问题	
添加：			
☑钢筋安装质量			
钢筋的牌号、规格和数量等是否符合设计要求 □是 □否	钢筋安装验收记录 附件 添加	问题情况 □存在问题 □未发现问题	
锚杆的长度和间距		问题情况	
锚杆长度实测值		□存在问题	
锚杆间距实测值		□未发现问题	
添加：			
其他检查内容：			
☑存在问题：			
监督结论：			
监督工程师		总监督工程师	

· 507 ·

表 12-14 隧道工程总体验收监督记录

单位工程名称：			第 1 页，共 1 页
被检查单位：		监督检查时间	
监督检查部位：隧道工程			
质监点：总体验收（必监点） 第 1 次抽查			

☑ 组织

是否组织相关单位进行实体质量验收	验收记录附件	问题情况
□是 □否	添加	□存在问题 □未发现问题

添加：

☑ 隧道断面尺寸

隧道断面尺寸是否符合设计要求	实测值				问题情况
□是 □否	宽				□存在问题
	高				□未发现问题

添加：

☑ 混凝土质量

混凝土质量是否存在质量缺陷		问题情况
□一般质量缺陷 □重大质量缺陷	□是 □否	□存在问题 □未发现问题

添加：

其他检查内容：

☑ 存在问题：

监督结论：

监督工程师		总监督工程师	